JN288263

ゼミナール
経済政策入門

岩田規久男
飯田泰之
著

日本経済新聞出版

まえがき

本書のねらい

　中央政府，地方自治体や中央銀行（日本では，日本銀行）による経済政策は，私たちの生活にきわめて大きな影響を及ぼします．経済政策を誤れば，10年以上もの間経済が停滞し，企業倒産や失業者が増大して，人々に多大な苦しみを与え，かけがえのない人の一生を台無しにしてしまうことさえありえます．本書は，こうした経済政策の重要性に鑑みて，具体的な経済政策を取り上げながら，それらの経済政策が私たちの生活にどのような影響を及ぼしているかを，読者がより深く理解するために必要不可欠な基礎理論を，できるだけわかりやすく解説しようとするものです．

統一的な視点で解説

　経済政策にはさまざまなものがあります．読者に最も馴染みの深い経済政策は，財政政策と金融政策でしょう．これらの経済政策はマクロ経済学の教科書で扱われています．しかし，経済政策は財政金融政策にとどまるものではありません．企業の行動に影響を及ぼす参入規制や価格規制などの規制や，特定の産業を育成するための補助金や，海外との競争から国内産業を保護する貿易保護政策なども重要な経済政策です．これらは，これまでミクロ経済学の教科書で断片的に扱われたり，国際経済学で専門的に解説されたりしてきました．さらに，税金と社会保障などによって，市場で決定された人々の所得分配を変える所得再分配政策については，財政学や公共経済学の一部として取り上げられてきました．

　本書は，このように多岐にわたり，個々の専門分野の教科書で取り上げられてきた経済政策を，統一した視点から捉えて，解説しようとするものです．その際，各々の経済政策を資源配分の効率性と所得分配の公平性の2つの基準から，その適切さを評価するとともに，経済政策に関する割り当て定理を応用し

て，より適切な経済政策のあり方を検討します．ここに，資源配分の効率性における資源配分とは，労働や資本（機械や建物など）や土地などの資源がどのような財・サービスの生産のために用いられるのかという問題です．市場経済システムにおいては，この資源配分を決めるのは市場における人々の行動です．しかし，政府はなんらかの理由から，この市場による資源配分の決定に税金，補助金，規制などの手段によって介入します．この政府の市場への介入は，市場で決定された資源配分だけでなく，所得分配をも変化させます．

経済政策は，ミクロ経済政策，マクロ経済政策，および所得再分配政策の3つに分けることができます．これら3つの経済政策を一定の基準と定理とから評価し，より良い経済政策へ向けての指針を示す理論が，経済政策の基礎理論です．

3つの政策をバランスよく解説

以上の考え方に立って，本書は導入部にあたる第1章と，ミクロ経済政策（第Ⅰ部），マクロ経済政策（第Ⅱ部）および所得再分配政策（第Ⅲ部）を扱う3部から構成されています．

第1章では，第Ⅰ部以下の理論を理解するために，最小限必要なミクロ経済学とマクロ経済学を復習します．そのうえで，さまざまな経済政策を評価するための基準と定理，すなわち，経済政策の基礎理論を説明します．この章は第Ⅰ部以下の理論の共通の基礎になる章です．

次に，第Ⅰ部では，市場が達成する資源配分と所得分配に影響を及ぼす，税，補助金，規制，公共財の供給や環境政策などのミクロ経済政策を扱います．最近，規制改革，政府企業の民営化，行政改革などを構造改革というようになりましたが，これらはミクロ経済政策に分類されます．

第Ⅱ部では，マクロ経済政策を扱います．貯蓄や投資などのマクロ経済変数に影響を及ぼす成長政策は，異時点間の資源配分と世代間の所得分配に影響を及ぼします．マクロ経済政策のうち，中央銀行の金融政策と政府の景気対策などの財政政策は，マクロ経済の安定化を通じて資源配分と所得分配に影響を及ぼす政策です．第Ⅱ部の第9章では，最近，日本をはじめ多くの国で問題になっている，国債の負担問題，財政破綻を回避する経済政策，動学的整合性を

もった金融政策のあり方など，現代的なマクロ経済政策の課題を扱っています．

第Ⅲ部では，税制と福祉・公共サービス支出および医療保険や年金のような社会保険による所得再分配政策を扱います．どんな経済政策も政府が意図するかどうかにかかわらず，所得再分配効果をもちますが，第Ⅲ部で扱う経済政策は，政府が意図的に市場で決定される所得分配を変えようとする経済政策である点に特徴があります．そこで問題になるのが，政府が採用している所得再分配政策は実際にどのような所得再分配効果を発揮しているのか，それらは一定の所得分配の公平性基準からみてどのように評価できるか，同じ所得再分配を達成するのであれば，より資源配分の効率性を阻害しないような所得再分配政策はないのか，といった点です．第Ⅲ部ではこれらの点を検討します．

その際，著者たち自身の所得分配の公平性基準を明らかにしたうえで，実際の所得再分配政策を評価した部分もあることをお断りしておきます．もちろん，著者たちの所得分配の公平性基準は参考として示した基準にすぎず，正しい基準というわけではありません．

実際に採用されている経済政策は多岐にわたっており，著者たちの専門外の経済政策も少なくありません．そうした経済政策については，専門家の論文・著書から多くのことを学び，その成果を本書に反映するように努めました．しかし，具体的な経済政策に対する評価はあくまでも著者たちのものであり，参考にした論文・著書における評価とは必ずしも一致していません．そのような評価の相違は，主として所得分配の公平性基準の相違から生じていますが，読者がさらに深く学習しようとする場合には，巻末や本文で示した参考文献を参照されることをお勧めします．

日本経済がより深く理解できる

以上のように，本書は日本で実際に採用されているほとんどの経済政策を経済政策の基礎理論に基づいて評価するとともに，その改革の方向を示している，という点に特徴があります．日本の経済政策を経済政策の基礎理論に則して理解することは，日本経済を理解するうえでも不可欠です．その意味で，本書の執筆にあたっては，読者が経済政策の理論だけではなく，その理解を通じ

て日本経済をより深く理解できるようになることを心がけました．

　本書の出版にあたっては，日本経済新聞社出版局編集部の堀口祐介氏に大変お世話になりました．また，学習院大学経済学部の小早川環さんと丸本裕美子さん，および早稲田大学政治経済学部の木下祐輔さんには，作図や原稿のパソコン入力，チェックの労をとっていただきました．ここに，厚く感謝の意を表します．

　　2006年1月

岩田　規久男
飯田　泰之

ゼミナール 経済政策入門　目次

第1章　経済学と経済政策の基礎理論 —— 1

1 経済政策のための経済学入門 …… 2
　経済用語の基礎知識…… 2　　経済学は稀少性を扱う…… 4
　経済学の登場人物とその行動原理…… 4　　裁定取引…… 7

2 グラフ・データに関する用語 …… 9
　平均と限界…… 9　　傾きと弾力性…… 10　　物価…… 11
　名目と実質…… 12

3 基本としての需給分析 …… 15
　需要曲線と供給曲線…… 15　　需給均衡…… 16

4 マクロ経済とは——国民経済計算の概念 …… 19
　GDP統計…… 20　　三面等価定理…… 21
　名目GDPと実質GDP…… 22

5 経済政策の基礎理論 …… 23
　資源配分の効率性…… 23　　競争均衡の望ましい性質——直観的な説明…… 27　　余剰分析による競争均衡の望ましさの証明…… 28
　競争市場の費用最小化メカニズム…… 28　　ミクロ経済政策の目的・評価基準——効率的な資源配分…… 32　　所得分配の公平とは…… 33
　経済学と所得分配の公平性基準…… 34　　マクロ経済政策の目的と資源配分の効率性…… 35　　マクロ経済政策と所得分配の公平…… 36
　独立した複数の目的には，独立した複数の手段を…… 38　　経済政策の割当問題…… 38　　ウォーム・ハートとクール・マインド…… 40
　経済政策の課題と3つの経済政策…… 41
　＜練習問題＞…… 42

第Ⅰ部　ミクロ経済政策

第2章　市場への政府介入 — 46

1　競争市場と税・補助金政策 — 46

個別物品税と効率性……46　　需要の価格弾力性と個別物品税の非効率性の程度……49　　供給の価格弾力性と個別物品税の非効率性の程度……51　　補助金の非効率性……52

2　競争市場における規制 — 55

価格の上限規制の非効率性——家賃規制を例に……55　　ガソリン価格の上限規制……58　　価格の下限規制の非効率性——最低賃金規制を例に……60　　参入規制の効果……63

3　保護貿易政策の評価 — 67

自由貿易の利益……67　　輸入関税による総余剰の減少……70　　輸入制限規制の非効率性……71　　生産者補助金と貿易の利益の減少……72

4　市場の失敗と産業政策の評価 — 73

市場の失敗……73　　産業政策とはなにか……74　　動学的規模の経済……75　　外部性と産業政策……76　　マーシャルの外部性と産業政策……78　　政府の失敗の可能性と直接投資……79

5　戦後日本の高度成長と自由競争 — 80

競争を促進した貿易の自由化……81　　夢の「所得倍増計画」の実現……82

＜練習問題＞……83

第3章　公益事業と競争政策 — 85

1　自然独占と規制 — 85

自然独占とは……85　　規模の経済の形式的表現……87　　範囲の経済と費用の劣加性……87　　自然独占の非効率性と市場の失敗……88　　限界費用価格規制と損失補塡……91　　平均費用価格規制……93　　総括原価方式と公正報酬……94　　公正報酬率規制の相反するインセンティブ……95　　公正報酬率規制と審査費用の増大……96

　　　　2部料金制……97　　　所得分配に配慮した2部料金制……97
2　内部非効率問題とインセンティブ規制……………………………………98
　　　　インセンティブ規制とは……98　　　免許入札制の導入とその有効性
　　　　……99　　　ヤードスティック規制の導入……101　　　プライスキャッ
　　　　プ規制（価格上限規制）……103
3　公益事業の規制緩和と民営化………………………………………………105
　　　　需要の増大と参入規制の緩和……105　　　技術革新と参入規制の緩和
　　　　……107　　　電力の自由化……108　　　国営企業の民営化……109
　　　　民営化と規制緩和の効果……110　　　規模の経済の存在と接続料金問
　　　　題……111　　　ユニバーサル・サービスとクリーム・スキミング問題
　　　　……112
　　　　＜練習問題＞……114

第4章　外部性と公共財　——————————————————116

1　外部性と市場の失敗…………………………………………………………116
　　　　外部性とは……116　　　外部性が存在するときの市場の失敗……118
　　　　汚染損害額の補償による外部性の内部化……121　　　権利配分とコー
　　　　スの定理……122　　　コースの定理と取引費用……124　　　環境税に
　　　　よる解決……125　　　汚染者に対する補助金による解決……127
　　　　最適な環境税の課税方式……128　　　環境税の長期的効果……130
　　　　環境税は最少の費用で最大の環境改善効果を発揮する……133　　　環
　　　　境税の環境改善技術開発効果……136　　　最適な環境税率……137
　　　　汚染物質排出権制度……139　　　排出上限規制と排出権の売買……141
2　公共財の供給…………………………………………………………………143
　　　　公共財と消費の非競合性……143　　　公共財と消費の非排除性……144
　　　　私的財，純粋公共財，準公共財……144　　　外部経済としての消費の
　　　　非競合性と無料の供給……145　　　消費の排除可能性と公共財……146
　　　　消費が競合しない財の有料供給……148　　　公共財の最適供給の条
　　　　件……149　　　公共財の費用・便益分析と費用負担……151　　　地域
　　　　公共財の足による投票……152

　　　　＜練習問題＞……154

第5章　情報の経済学と経済政策　　157
1　不完全情報　158
不完全情報下の選択基準としての期待効用仮説……158　　危険回避行動・愛好行動の問題点……162　　危険回避度と保険需要……162　　危険中立者と保険供給……164　　危険回避者と生命保険・損害保険……165　　リスク・プールと保険供給……166
2　情報の非対称性　167
逆選択——隠された情報の問題……168　　逆選択への市場の対応……169　　モラル・ハザード——隠された行動の問題……170　　モラル・ハザードへの市場の対応……172
3　不完全情報・非対称情報下の経済政策　172
経済政策としての情報開示……173　　プール不可能なリスクと公的供給……174　　情報の非対称性と参入規制・需給調整……175　　情報の非対称性と公的供給……177　　預金保険と決済システムの安全性……179　　有限責任制と危険愛好行動……183
4　金融市場と情報の経済学　185
自己資金と外部資金……186　　非対称情報の問題……188　　純資産と担保融資……189　　政策金融の役割……190
　　　　＜練習問題＞……192

第Ⅱ部　マクロ経済政策
第6章　成長政策の理論と課題　　196
1　経済成長とマクロ生産関数　196
経済学における短期と長期……197　　マクロ生産関数……197　　1人当たり生産量……198
2　新古典派成長理論　201
資本の蓄積……201　　投資の源泉としての貯蓄……201　　長期定常状態の決定要因……204　　貯蓄率上昇のための政策……208

　　　　人口成長の抑制……211
　3　収束論と発展的理論 ……………………………………………………………… 213
　　　　経済成長率と収束論……213　　先進国の地域間格差の収束……214
　　　　格差はなぜ維持されるのか……216　　低位均衡としての低開発……217
　　　　内生的成長モデル……220
　4　技術進歩と経済成長 ……………………………………………………………… 221
　　　　ソロー残差……222　　ソロー残差の注意点……223　　長期の経済
　　　　成長の要因……224　　技術進歩促進のための政策……225
　　　　＜練習問題＞……228

第7章　安定化政策の基礎と財政・金融政策 ──────── 230
　1　安定化政策の必要性 ……………………………………………………………… 231
　　　　リスク回避度と安定化……231　　不況と資源の不完全利用……232
　　　　経済厚生と引締政策……234　　成長政策を支援する安定化政策……235
　2　*IS-LM* モデルの導出 …………………………………………………………… 236
　　　　財市場の均衡と在庫……237　　消費の決定要因……238　　投資の決
　　　　定要因……239　　IS 曲線の導出……240　　資産市場の均衡と貨幣
　　　　……243　　LM 曲線の導出……245　　*IS-LM* モデルにおける実質
　　　　GDP の決定……247
　3　財政政策とその効果 ……………………………………………………………… 249
　　　　自動安定化装置としての財政システム……249　　フィスカル・ポリ
　　　　シーと *IS-LM* モデル……252　　政府支出と減税の違い……254
　　　　財政政策の有効性……256
　4　金融政策とその効果 ……………………………………………………………… 259
　　　　金融政策の手段……260　　金融政策と *IS-LM* モデル……262
　　　　金融政策の有効性……263
　5　伝統的モデルの拡張と財政政策の効果に対する批判 ……………………… 265
　　　　政府支出の財源と乗数……266　　恒常所得仮説……269　　乗数効
　　　　果への根本的批判──公債の中立命題……271
　　　　＜練習問題＞……272

第8章 インフレ・デフレと失業 ──274
1 個別市場価格の決定 ──274
フローとストックの均衡価格……274　財の相対価格の硬直性……278
実質賃金の硬直性……279　予想実質利子率の硬直性……280
名目価格の硬直性……281
2 物価水準の決定 ──282
貨幣数量説……283　予想物価水準と不十分な価格調整……284
インフレ率の決定……285
3 物価の変化と労働市場 ──287
フィリップス曲線……287　失業の定義……289　ケインジアン的解釈……291　新古典派的解釈……292　予想とフィリップス曲線……295　インフレと失業の経済厚生……300
4 物価の変化と金融市場 ──302
債務者利得と債権者利得……302　非対称情報とデット・デフレーション……303　名目利子率の下限問題……306　価格伸縮性と経済の安定……308　政策効果のスピード……309
5 インフレ・デフレの所得再分配効果 ──310
労働市場……310　金融・資産市場……312
6 金融政策は何を目的とすべきか ──313
失業のコスト……313　物価変動のコスト……314　金融政策の目的……316
＜練習問題＞……316

第9章 安定化政策の現代的課題 ──318
1 ラグ（遅れ）と経済政策 ──319
政策ラグと安定化……319　財政政策・金融政策のラグについて……320
裁量政策の不安定化効果……321
2 動学的思考と経済政策 ──322
金融政策における動学的非整合性……322　ディスインフレーションの問題点……324　コミットメントとインフレーション・ターゲ

　　　　　ティング……327
　3　財政の維持可能性と財政再建………………………………………………330
　　　　　政治的バイアスとソフトな予算制約……331　　財政赤字の問題点
　　　　　……332　　公債の負担とは……333　　リカード・バローの中立命
　　　　　題と公債の負担……338　　財政破綻の定義と条件……339　　政策
　　　　　の継続性と効果……345　　財政危機の予防と解決……346
　4　金融政策ルールと安定化……………………………………………………347
　　　　　IS-MP モデル……347　　予想実質利子率ルールと安定化……350
　　　　　受動的金融政策の不安定化効果……352　　テイラー・ルール……353
　　　　　マッカラム・ルール……355
　　　　　＜練習問題＞……357

第Ⅲ部　所得再分配政策

第10章　所得再分配政策の基礎理論————————362
　1　所得分配の公平性と資源配分の効率性……………………………………362
　　　　　市場の所得分配……362　　貧富を決めるもの……364　　効率性と
　　　　　公平性のトレード・オフ……365
　2　所得再分配政策の基準………………………………………………………366
　　　　　結果の平等……366　　負の所得税……367　　貨幣による分配と
　　　　　財・サービスによる分配……369　　「ただのランチ」の公共施設……372
　　　　　価値財の分配……373　　価値財・負の価値財と自由……374　　規
　　　　　制や産業保護による所得再分配……375　　財・サービスと企業・産
　　　　　業保護による分配から貨幣による分配へ……375　　所得再分配政策
　　　　　の原則……377
　3　機会の平等と資源配分の効率性……………………………………………377
　　　　　機会の平等と教育……377　　教育の外部経済効果……378　　教育
　　　　　と資本市場の不完全性……379　　教育切符制度……379　　機会の
　　　　　平等と相続税……380
　　　　　＜練習問題＞……383

第11章 税制の効率性と公平性 ———————————— 385

1 包括的所得税の理念 —————————————————— 385
2つの公平性基準……385　包括的所得税の問題点……386　包括的所得税の貯蓄に対する2重課税……387

2 支出税の考え方 —————————————————————— 391
支出税——貯蓄の2重課税を避ける課税……391　賃金税……393　支出税と賃金税の同等性……394　包括的所得税，支出税，および，賃金税の評価……394　税率の効率性と公平性……396

3 日本の所得税と消費税の評価 ———————————————— 398
日本の所得税の評価……398　日本の（賃金）所得税の評価……399　課税上のキャピタル・ロスの扱い……401　消費税の評価……401

＜練習問題＞……403

第12章 年金と医療政策 ———————————————— 405

1 社会保険制度の基礎理論 —————————————————— 405
保険とリスク・プールによる所得再分配……405　保険原理と財政原理の違い……406　社会保険制度の種類……407

2 医療保険と医療政策 ———————————————————— 408
日本の医療保険制度……408　医療保険への公的介入の根拠……408　医療費の現状……410　医療保険のモラル・ハザードとその対策……410　根拠に基づく医療……413　医療情報の開示……414

3 公的年金の諸問題 ————————————————————— 416
年金を公的に供給する根拠……416　積立方式と賦課方式……417　世代間の不公平を生む少子・高齢化社会における修正賦課方式……418　なぜ，修正賦課方式が採用されたのか……419　修正賦課方式の問題の根源……420　積立方式への移行……421　日本の修正賦課方式の世代内不公平……426　基礎年金をすべて税金でまかなう案……427

＜練習問題＞……428

参考文献 ……………………………………………………………… 429
索引 ………………………………………………………………… 432

[コラム]

価格以外の方法での割り当ては非効率と不正の温床……64
打算的行動と自動車事故……171
ハロッド・ドーマーモデル……210
1990年代日本のTFP……226
在庫循環の理論……250
短期マクロ計量モデルと政策効果……266
NEET問題と経済政策……298
合理的予想形成への誤解……300
実証分析手法の発展……329
主要国のドーマー条件と財政状況……344
保険者の医療機関選別機能は働くか……415

装丁・山崎　登

第 1 章
経済学と経済政策の基礎理論

　本書では，経済政策に関するさまざまな話題を扱います．その対象は個別の財・サービスの取引や産業に関するミクロ経済政策，一国全体の経済を扱うマクロ経済政策，および，所得再分配政策の3つに分けることができます．しかし，対象は異なっていても，いずれも経済学の分析手段を用いる点に変わりはありません．

　経済政策を理解するためには，経済学に関する基礎知識が必要です．しかし，読者の中にはミクロ経済学やマクロ経済学の基礎知識に不安がある方や経済学自体に初めて触れる方もおられるでしょう．そこで，この章の1節では，経済政策の理論を理解するうえで必要となる最小限の基礎知識を解説しておきたいと思います．したがって，経済学の一通りの知識をもっている方は，本章の1節を飛ばして，2節から読み始めてください．2節では，第Ⅰ部以下に共通する経済政策の基礎理論について説明します．

　しかし，経済学の基礎知識は本章1節で紹介するわずかな項目にとどまるものではありません．経済学全体に関するより詳しい知識を望まれる読者には，巻末で紹介するミクロ経済学とマクロ経済学の入門書を本書と並行して読むことをお勧めします．

1　経済政策のための経済学入門

経済用語の基礎知識

経済学そのものの解説に入る前に，経済学で用いられる用語について解説しておきましょう．経済学用語は訳語・造語が多く，思わぬ誤解のもとになります．ここでは，日常用語とは違った意味をもつ単語を中心に解説します．

市　場　　経済学は経済取引を対象にするため，市場という単語がつきものです．ここで注意する必要があるのは，経済学における「市場」とは，具体的な場所だけを指すものではないという点です．たとえば，「日本の生鮮食料品市場」といっても，東京都の築地のような卸売市場だけを指すのではなく，日本国内における生鮮食料品の取引全体を指します．

資　源　　日常用語で資源という場合に第1に思いつくのは，石油・鉄鉱石などの天然資源でしょう．しかし，経済学では資源という単語をより広く定義し，財・サービスを生み出すために必要とされるすべての財やサービスを資源と呼びます．

第1の資源は，「土地」と石油・鉄鉱石・森林・魚類などの「その他の天然資源」です．

第2の資源は「労働」です．労働とは人間の精神的・肉体的な生産的努力を指します．一国の労働の量を決定する基本的な要因は人口です．しかし，すべての人が生産に従事しているわけではありません．通常，16歳から65歳の人口を生産年齢人口と呼びます．しかし，生産年齢人口であっても，高等教育を受けている人や家事に従事している人は，その生産物が市場で取引されるような生産に従事していません．そこで，実際に生産に従事している人口を「労働力」とか「労働人口」といい，全体の人口のうちの労働人口の比率を「労働参加率」といいます．

第3の資源は，建造物（工場や事務所など）や設備や機械など，人間の生産活動によって生産された資源で，「資本」と呼ばれます．資本という言葉には，資金という意味もあります．日常用語では，資本とは後者の意味で，「お金」のことを指しています．そこで，資源としての資本と資金（あるいはお

金）としての資本との混同を避けようとするときには，資源としての資本を資本財または実物資本と呼びます．

　資本は固定資本と運転資本（あるいは，可変資本）とに分類されます．固定資本はその生存期間中，繰り返し，生産のために用いられる工場や事務所や機械などを指します．一方，運転資本とは，生産のために用いられる予定の原材料（たとえば，自動車を生産するための鉄），生産過程にある仕掛品（たとえば，組み立て途中の自動車）や売却予定の完成品（たとえば，組み立てが完了した自動車）などを指します．いま述べた原材料，仕掛品，まだ売却されていない完成品などの運転資本は，在庫とも呼ばれます．

　経済学では，生産に用いられる資源を「生産要素」と呼びますが，上に定義した土地・その他の天然資源と労働は，経済活動の産出物ではないという意味で，本源的生産要素と呼ばれることがあります．この定義では，資本は経済活動の産出物ですから，土地や労働などの本源的生産要素とは異なると考えます．

　しかし，こうした区別には次のような限定が必要です．たとえば，同じく土地といっても，自然のままに存在している土地と灌漑された土地とでは，農業における生産性が異なります．農地に限らず，多くの宅地（工業地，商業地，住宅地など）も経済活動の結果，生産された土地です．したがって，この意味では，実際に存在している土地の多くは，資本と本質的に異なるものではありません．

　同じことは，労働についてもいえます．実際に存在している労働の多くは，生まれながらの自然の労働ではなく，教育や訓練などの経済活動によって生産性が向上した生産要素です．そこで，このような労働を「人的資本」と呼びます．

投資と貯蓄　　「資本」と同様に投資・貯蓄といった用語も日常とはやや異なる方法で用いられます．経済学における投資とは，資源としての資本を増やす活動をいいます．たとえば，私たちは債券投資や株式投資といった言い方をしますが，これらは経済学上の投資ではありません．それは，たとえば，私が国債を購入しても，それだけでは機械などの資本は増えないからです．経済学上，債券や株式などの金融資産を増やす行為は貯蓄になります．ただし，預金

をおろして株式や債券を買うといったように，一方で，預金という資産の保有を減らし，他方で，債券や株式などの資産を増やす場合には，資産の純額（これを純資産といいます）は増えません．この場合には，経済主体は保有する資産の構成を変えただけで，貯蓄しているわけではありません．つまり，資産を購入する場合に，純資産が増えていなければ，貯蓄したことにはならないのです．

以上の他にも，日常用語と経済学上の用語法が一致しない単語は少なくありませんが，それらは以下，そのときどきの話題に即して説明していくことにします．

経済学は稀少性を扱う

次に，経済学が分析対象とする範囲と定義を明らかにしておきましょう．経済学の対象は財・サービスの取引から財政・金融，さらに，社会体制，社会システムにまで及びますが，経済学がこれらの問題を扱うときの基準は，「稀少性」です．

かりに，私たちの生活を豊かにする財・サービスを生産するための資源が，きわめて豊富に存在し，欲しい人が欲しいだけ財・サービスを入手できるとしましょう．そういう状況では，経済学や経済政策の必要性はまったくありませんし，経済学の主たる分析対象である「取引」自体が行われることもないでしょう．しかし残念なことに，多くの資源は人々の欲求に比べて少ない量しか存在しません．だからこそ，それを手に入れるには対価が必要になり，そのとき経済的な意味での「取引」が誕生します．そして，資源が少ないからこそ，その効率的な利用を図るためにはどのようにしたらよいかという経済政策の考え方が必要になるのです．財・サービスに限らず，時間や空間も経済学の分析対象になりますが，それはそれらが無限に存在するものではないからです．

経済学の登場人物とその行動原理

経済学は，稀少性のある財・サービスの取引，そしてその取引の結果として生じる経済状態に興味があります．先ほど解説したように，このような取引全体を市場といいます．

そこで，このような市場の参加者，すなわち，経済学に登場する主体について考えましょう．経済学における主要登場人物は家計・企業・政府に分類され，経済的な選択を決定する主体という意味で，経済主体と呼ばれます．これらの経済主体はさまざまな市場において，あるときは需要者として，あるときは供給者として登場します．たとえば，食肉市場における供給者は食肉加工を業とする企業，需要者は家計とレストランなどの企業になります．一方，労働市場においては，家計は供給者，企業・政府が需要者です．

ここで，ある個人が家計・企業・政府という分類のいずれか1つに当てはまるわけではない点に注意しておきましょう．自営業者の場合には，家計として日々の生活を営みながら，（自分の経営する企業に）労働を供給する一方で，企業経営者として生産に従事しています．また，今日では多くの人が株式を所有しています．その人は，家計であると同時に，わずかな割合かもしれませんが，株式を発行している企業の所有者でもあるのです．

家計・企業・政府の行動原理は「インセンティブの有無」です．インセンティブは通常，「誘因」あるいは「動機」と訳されます．ある行動がもたらす「利得」がそのための「費用」を上回るとき，「その行動をとるインセンティブがある」といいます．ここでの費用は実際に支出される金銭だけでなく，その行動によって犠牲になる価値を指しています．このようなある行動によって失われる価値を，機会費用といいます．

経済主体は，自分の置かれた状況・条件のもとで可能な選択肢の中から，インセンティブに従い，自らの行動を決定すると考えられます．たとえば，経済主体は一定の利得を獲得するために，自分自身で費用を負担しなくてはならない限り，できるだけ費用が安くなるような手段を選ぼうとするでしょう．こうした行動を通じて，彼らの「利得マイナス費用」は最大化されます．その意味で，経済主体は，自分の置かれた状況・条件のもとで自らの「利得マイナス費用」を最大化する人・組織であると定義されます．

このようにまとめると，経済主体を家計・企業・政府というように分類する理由が明確になります．家計・企業・政府の違いは，最大化する対象（利得マイナス費用）が異なっている点にあります．家計であれば，さまざまな財・サービスの便益の享受という利得（これを効用または満足といいます）とその

ために支払う費用とを比べながら，どのような財・サービスをどれだけ購入するかを決めていると考えられます．その場合，財・サービスの購入費用を負担するためには，家計には所得または資産がなければなりません．多くの家計は労働サービスを企業に供給して所得を得ようとします．したがって，家計にとって労働サービスの供給は，財・サービスを消費するための費用であると考えられます．このように考えると，家計は財・サービスの購入，すなわち，消費を決めるときには，同時に，どれだけ労働サービスの供給という費用を負担するかを考えて行動していると考えられます．

経済学では，家計の目的は効用（あるいは，満足）の最大化であると考えます．また，企業であれば，利潤の最大化を目的にしている，または，一定の収入を得るために，費用を最小化することを目的にしているなどと仮定して，企業行動を分析します．

このような定義づけをする際に，経済学に対して寄せられる批判に，「家計は自分の効用や満足のためにだけ行動しているのではない」とか，「企業は利潤だけを目的として行動しているわけではない」というものがあります．

しかし，このような仮定は経済学にとって必須のものではありません．経済学の論理は「経済主体が一定の制約のもとで，なにかを最大または最小にするように行動している」ならば，どのような行動にも当てはまります．家計が効用を最大化し，企業が利潤を最大化すると仮定して議論をスタートするのは，それらが他の最大化対象に比べて説得的であり，反論の余地が小さいと考えられるからです．より適切な最大化対象Xがあるならば，そのXを最大化するとして経済モデルを組んでも，その際の論理の進め方に変わりはありません．

一方，政府の目的，それを表す目的関数については経済学者の中でも大きな議論がありますが，分析対象に合わせて，「平均的な家計の効用最大化」「"経済成長率 $-a$（インフレ率）^{2}" の最大化」，または「政府関係者の利得最大化」などの目的が設定されます．また，政府がどのような目的関数を最大化または最小化するように行動すれば，一国全体での経済状況が最適になるかなどの議論も盛んです．

以上から，経済学の出発点となる経済主体の行動，その行動の際の条件は以下のようにまとめることができるでしょう．

稀少性
　　経済学の対象は稀少性である．

条件付最適化
　　経済主体はその目的である変数を，一定の制約条件のもとで，最大化または最小化しようとする．

インセンティブ
　　経済主体は目的とする変数を，より少ない費用で達成できるような手段を選択しようとする．

裁定取引

　これらの経済学の基本原則は，さまざまな理論分析での必須の前提になります．経済政策を考える際には，これらの原則と矛盾しない政策を選択することが必要です．そして，経済主体がインセンティブに基づいて行動するときには，市場では"ただのランチはない（No free lunch.）"と呼ばれる経済状態が導かれます．これは次の状態をいいます．

　A地点で100円でリンゴが販売されている一方で，B地点では200円で取引されているとしましょう．このとき，輸送費を無視すれば，A地点で購入しB地点で販売することで，100円の利益が得られます．このように，費用やリスクを負担することなく利益が得られる状況を「裁定機会がある」といい，AでかってBで売る活動を「裁定取引」といいます．このような裁定機会が存在するならば，経済主体にはそれを利用して利益を獲得するインセンティブがあります．したがって，A・B両地点の価格差に気づいただれしもが裁定取引を行うでしょう．

　ここで，経済学の対象が「稀少性」であることを思い出しましょう．裁定取引がさかんになると，A地点でリンゴの需要が増加し，稀少性の度合いが増します．これによってA地点でのリンゴの価格は上昇すると考えられます．一方，B地点では，リンゴの供給が増加して，その稀少性が低下しますから，その価格は下落するでしょう．両地点の価格が一致する，または輸送費分に等しくなったときに，裁定機会は消滅します．

　このように，裁定機会が存在すると，経済主体の利益追求というインセン

ティブに基づく行動によってその機会は消滅してしまうのです．このとき，同じ財の価格は地域を問わずに一致するという「一物一価の法則」が成立します．

裁定機会が消滅し，一物一価が成立している状況では，費用やリスクを負担することなしに利益を得ることはできなくなります．そこで，この状態を「ただのランチはない」といいます．この状況では，人々は住んでいる場所に関わりなく，同じ価格で同じ財を購入できます．このような状況は効率的（効率性の定義はこの章の5節で説明します）であると考えられます．このことから，裁定機会の有無は市場取引が効率的か否かのバロメーターになります．両地点間の取引が規制されているときには，価格差は消滅せず，市場はその分，非効率性を残すことになります．

裁定取引による効率性の達成は，経済学の多くの結論を導く基本になっています．さらに，裁定機会の消滅は，裁定取引で利益を得ようとする人が1人いれば成り立つため，経済学が導く結論の一般性が高いことの証明に使われます．

ところで，「ただのランチがない」ということは，稀少な財・サービスの生産には費用がかかることを意味します．ここに，費用とは次の意味で機会費用を意味します．すなわち，ある財・サービスを生産するためにはさまざまな稀少な資源を投入することになりますから，それらの資源を他の財・サービスの生産のために利用したならば，得られたはずの価値が失われることになります．この失われた価値が，ある財・サービスを生産するための機会費用になります．「ただのランチがない」ということは，どんな財・サービスでもその生産に伴って機会費用が発生していることを意味します．

第2章以下で説明しますが，ある財・サービスの生産に対して政府が補助金を支給すると，消費者はその財・サービスの生産のために必要になる費用（機会費用）の一部しか負担しないことになります．そのため，負担せずにすんだ費用の分は，その財・サービスの消費者にとっては「ただのランチ」になります．しかし，経済全体にとっては消費者が負担を免れた費用の一部は，補助金の財源を負担した納税者が負担していることを忘れてはいけません．

このように，経済全体にとっては「ただのランチはない」のですが，特定の

消費者や企業が機会費用のすべてを負担しないため,あたかも「ただのランチが存在する」かのように見える場合があります.

公共投資などの政府の活動についても,一部の住民にとって「ただのランチ」が発生し,それを原因とする非効率が生じることがあります.この問題については,4-2節で扱います.

第2章では,生産者や消費者に間違ったインセンティブを与えるとともに,「ただのランチはない」という資源の稀少性を無視した経済政策の例を取り上げ,その効果を分析します.

2　グラフ・データに関する用語

経済学ではグラフや数式を使って理論を作り,統計データを使ってその理論の妥当性を確認します.そこで,今後の解説をスムーズに進めるために,グラフと数式に関する基本用語を解説しておきましょう.

平均と限界

「平均」はとくに断らなければ,日常頻繁に用いられる算術平均を指します.一方,「限界」は,追加的な変化によって生じる影響について,変化とその影響の比を表す用語です.これらの用語は関数との関連で言及されることが多いため,数式を使って説明しておきましょう.

ある財 X を Q 個生産するためには C 円の費用が必要であるという関係は,$C=C(Q)$ という費用関数で表されます.このとき,

$$\text{平均費用} = \frac{C}{Q} \qquad (1-1)$$

$$\text{限界費用} = \frac{\Delta C}{\Delta Q} \left(= \frac{dC(Q)}{dQ} \right) \qquad (1-2)$$

になります.Δ は変数の変化量を表しますが,変化量が微少なとき,(1-2)の右辺のカッコの式のように,微分の形で表現することができます.以上の関係はグラフ上では,限界概念が関数のグラフの接線の傾き,平均概念は原点から引いた直線の傾きで表されます.

傾きと弾力性

　本書全体，とくに第Ⅰ部で頻繁に用いられる需要曲線・供給曲線の形状を表現するときには，傾き・弾力性といった用語が有用です．傾きは線の傾きを表すものです．たとえば，財 X の需要量 Q と価格 P の関係が，直線 $P = a + bQ$ のように表されるとしましょう．このとき，縦軸に P，横軸に Q を取ると，b が傾きになります．ただし，経済学では傾きの符号（右上がりか，右下がりか）は明らかなケースが多いため，傾きの大小ではなく，傾きの絶対値の大小を比較することが少なくありません．たとえば，$y = 10 - 2x$ よりも $y = 10 + x$ のほうが傾きは大きい（前者の傾きは -2，後者は 1）のですが，$y = 10 - 2x$ のほうが傾きは急であると表現します．

　一方，弾力性は物理学・経済学などで使われる反応の大きさを表す概念です．「Y の X 弾力性」は「X が１％変化したときの Y の変化のパーセンテージの比」を表します．たとえば，「供給の価格弾力性は２である」とは，「価格が１％上昇すると供給量は２％増加する」ことを表します．需要（Q）の価格（P）弾力性を数式で表現すると，

$$\text{需要（}Q\text{）の価格（}P\text{）弾力性} \quad \frac{\frac{\Delta Q}{Q} \times 100\%}{\frac{\Delta P}{P} \times 100\%} = \frac{\Delta Q}{\Delta P} \frac{P}{Q} \quad (1-3)$$

になります．なお，（1-3）の $\Delta Q / \Delta P$ は傾きですから，P/Q が一定ならば，傾きの大小と需要（Q）の価格（P）弾力性の大小は対応していることがわかります．弾力性の絶対値が大きい場合には，X が変化したときに Y は大幅に変化することになります．このとき「Y は X に対して弾力的（または，感応的）である」といいます．なお，弾力性に関しても絶対値だけが重要なことが多いため，通常の傾きが負の場合は，マイナスをつけて定義したり，（1-3）に絶対値をつけて定義する場合もあります．以上の関係をまとめたものが図1-1です．

　このようなグラフ・数式に関する用語だけでなく，経済学ではデータに関する基礎的な用語法を理解しておく必要があります．なお，以下の「物価」と「名目と実質」については，主として，マクロ経済政策に関わる用語ですので，第Ⅱ部に進む前に読むことをお勧めします．

図1-1 傾斜と弾力性

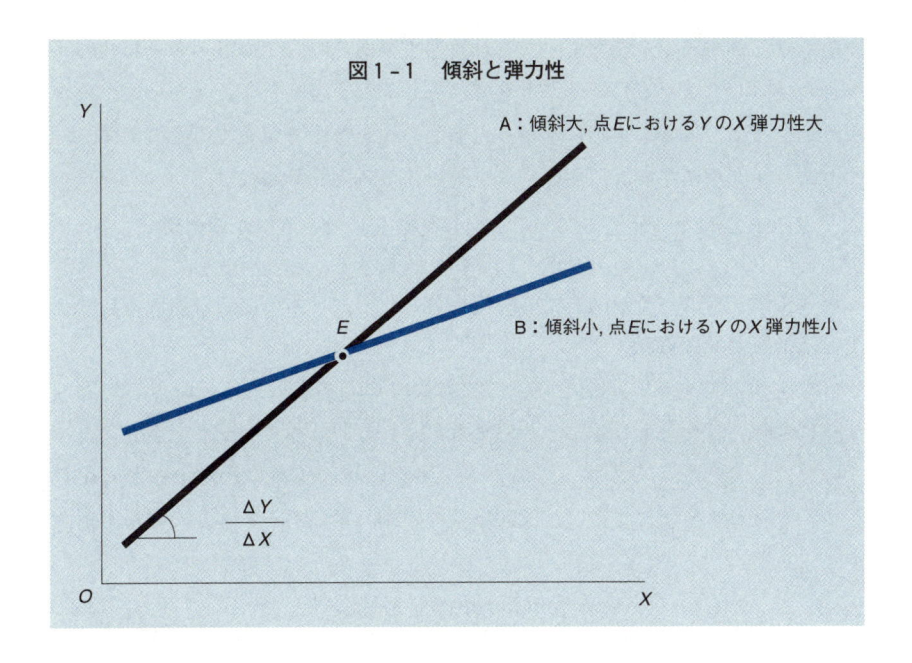

A：傾斜大，点EにおけるYのX弾力性大
B：傾斜小，点EにおけるYのX弾力性小

$\dfrac{\Delta Y}{\Delta X}$

物　価

　物価と個別の財の価格変化は区別して考える必要があります．たとえば，電化製品の価格が低下しても，食料品の価格が上昇すれば，物価は下がっているとは限りません．インフレーション（以下では，略してインフレといいます）やデフレーション（以下では，略してデフレといいます）といった問題を取り扱うときに重要になるのは，個別の財・サービスの価格ではなく，さまざまな財・サービスの平均的な価格を示す物価です．通常，物価は基準時点を100とした指数の形で表されます．

　物価指数は，同じ満足を得るために必要な最低金額をある年を基準にして指数化したものです．たとえば，ある一定の満足を得るのに，2000年は100万円かかっていたのに対して，2001年には110万円かかったならば，2000年基準（2000年＝100とした）の2001年の物価指数は110になります．しかし，満足度を直接観察することはできないため，いくつかの代用的な方法で物価水準を表すための指数が作成されています．

第1はラスパイレス指数です．これは過去のある時点での財・サービスの組み合わせ（バスケット）を基準として，もしそれを現在買うとしたらいくらかかるかを考え，過去に実際にかかった額との比をとって定義するものです．たとえば，2000年基準の2001年のラスパレイス方式の物価指数は，

$$P_L = \frac{2001年の価格で2000年と同じ支出をしたときかかる金額}{2000年の実際の支出額} \times 100$$

になります．ラスパイレス方式の物価指数としては日本の消費者物価指数や企業物価指数が挙げられます．

もう1つはパーシェ指数です．この方式の物価指数は，比較時点での財・サービスのバスケットを基準として，もしそれと同じバスケットを過去に買っていたとしたらいくらかかっていたかを考え，現在実際にかかる額との比をとって定義します．たとえば，2000年基準の2001年のパーシェ方式の物価指数は，

$$P_P = \frac{2001年の実際の支出額}{2000年の価格で2001年と同じ支出をしたときかかる金額} \times 100$$

となります．パーシェ指数を用いる物価指数には，GDP デフレーターがあります．

名目と実質

名目値は金額単位で表されたデータ，実質値は物価の影響を除去したデータを指します．私たちは財産や価格について円という金額単位で考えていますから，名目値だけを気にしているように感じます．一方，経済学の登場人物たちが気にかけるのは，多くの場合，実質値です．しかし，これは経済学が非現実的であるということではありません．

多くの場合，実質値は名目値を物価指数で割ったものになります．たとえば，実質 GDP は名目 GDP を GDP デフレーターという物価指数で割ることで，

$$実質 GDP = \frac{名目 GDP}{GDP デフレーター} \qquad (1-4)$$

と定義されます．このとき2000年基準の GDP デフレーターを用いるならば

(1-4) は，2000年基準の実質GDPを表します．

次に，労働サービスの価格である賃金について考えてみましょう．たとえば，「月給が5万円だ」というときに，それが現在の話ならば，ずいぶん安いと思うかもしれません．しかし，これが昭和30（1955）年であったらどうでしょう．当時の大卒銀行員の初任給は5,600円でしたから，これはかなりの高給取りということになります．昭和30年の賃金と現在の賃金を名目値で比べることにはほとんど意味がないのです．異なる時点間で賃金を比べる場合には，物価の変化の影響を考慮して，その実質値を比べなければなりません．2005年現在，消費者物価指数は1955年の約5.7倍です．この消費者物価指数の上昇を考慮すると，1955年の月給5万円は2005年の月給に換算すると，5万円を5.7倍した28.5万円に相当することになります．

家計にとって，実質賃金は名目賃金を消費者物価で割って求められます．上の例で，2005年の消費者物価を22.8万円（これは標準的な消費者が1カ月間にある消費バスケットを購入するときにかかる費用ですから，1カ月の生計費になります）としましょう．上に述べたように，2005年の消費者物価指数は1955年の約5.7倍ですから，1955年の消費者物価（1955年の1カ月間の生計費）は2005年の消費者物価の約5.7分の1の4万円になります．したがって，1955年の名目賃金5万円の実質価値（つまり，実質賃金）は，5万円を1955年の消費者物価4万円で割った1.25になります．この1.25は，1955年当時，月給が5万円あれば，1.25カ月分の生計費をまかなえた（つまり，1.25カ月間暮らせた）ことを意味します．

このように，実質賃金は家計にとっては「その給料でどの程度の生活ができるか」という意味で，賃金の実質的な購買力を表します．

他方，個々の企業にとっては，実質賃金はその企業が払っている名目賃金をその企業が売っている財・サービスの価格で割ったものです．上の例で，企業が売っている財の1個当たりの価格を1,000円とすれば，企業にとっての実質賃金は5万円の月給を1,000円で割った50になります．この50は，企業は5万円の月給を支払うためには，財を50個売る必要があることを意味しています．

このように，企業にとっては，実質賃金は，「その給料を支払うためには，どれだけの量の財・サービスを売らなければならないか」という意味で，実質

的な労働費用を表します．ここに実質的とは，「当該企業が売る財・サービスで測った」という意味です．

以上から，家計がどれだけ働くかという労働供給の決定と企業がどれだけ人を雇うかという労働需要の決定にあたって重要になるのは，名目賃金ではなく実質賃金であることがわかります．

また，労働市場だけでなく，通常の財・サービスの取引においても名目と実質の区別は重要です．たとえば，リンゴを買うかどうかを考えるときには，リンゴそのものの金額ではなく，他のさまざまな財の価格と比べたときのリンゴの価格，つまり，リンゴの実質価格が問題になるでしょう．なお，普通，個別財については実質価格ではなく，相対価格という用語が使われます．

かりに，リンゴ1個の価格を200円，ミカン1個の価格を100円としましょう．リンゴとミカンの相対価格は200円を100円で割った2になります．リンゴを1個買うためのお金200円で，ミカンを買えば2個買えます．これから，リンゴとミカンの相対価格2とは，リンゴを1個買うときに失われるミカンの個数を表すことがわかります．さきに，「ある行動によって失われる価値を機会費用という」と述べましたが，いま述べたリンゴとミカンの相対価格2は，「リンゴを買うことによって失われるミカンの個数」を表しますから，「ミカンで測ったリンゴの機会費用」になります．

家計はリンゴとミカンの相対価格（リンゴのミカンで測った機会費用）とリンゴとミカンから得られる効用の比とを比較して，限られた予算の中でリンゴとミカンを各々どれだけ買うかを決めると考えられます．

本書全体を通して，需要曲線と供給曲線を用いた需給分析が頻繁に登場しますが，その際，縦軸の価格は実質価格・相対価格を表している点に注意してください．

また，金融に関する問題を考えるときには，予想実質利子率が問題となります．利子率に関しては，その実質化の方法は賃金や財・サービスの価格とは異なり，次のようになります．

$$予想実質利子率＝名目利子率－予想インフレ率 \qquad (1-5)$$

貯蓄や投資の意思決定は，予想実質利子率に従って行われます．たとえば，企

業が銀行などから資金を調達して新しい設備を購入するか否かを決定する際には，名目の利子負担，設備価格の今後の動向，自社製品価格の今後の動向などに留意すると考えられます．たとえ名目の利子率は低くても，今後，デフレ（つまり，マイナスのインフレ）が予想されて，導入しようとしている設備が今後より安く入手できると予想されたり，自社製品の価格が今後低下すると予想されたりする場合には，予想実質利子率は高くなり，いまの時点での投資は見送られるかもしれません．「予想実質利子率」という単語自体を知らなくても，企業は実際に予想実質利子率を考慮して投資額を決定しているのです．

以上の注意をもとに，以下では実際の経済理論の解説に進みましょう．

3　基本としての需給分析

本書では需要曲線と供給曲線を基本的な分析手段として，さまざまな経済政策の影響を考えます．この分析手法を需給分析といいます．需給分析では，現実の経済に無数に存在する市場のうち，ごく一部の市場だけを取り出して，それ以外の市場については「一定である」と仮定して理論化を進めます．この分析手法を部分均衡分析といいます．それに対して，すべての市場をその相互関係を含めて分析する手法を一般均衡分析といいます．

部分均衡分析・需給分析では現実の経済をかなり単純化して考えるため，得られる結論が限定的である一方，その単純性ゆえに，政策効果などを大まかに知るうえで大変重要な分析手段になっています．

需要曲線と供給曲線

需要曲線と供給曲線そのものについては，すでにおなじみの人も多いでしょう．通常，

　　需要曲線：ある価格での需要量を表す
　　供給曲線：ある価格での供給量を表す

と定義されます．

しかし，需給曲線と供給曲線のもつ意味はそれだけではありません．家計は効用を最大化するように行動します．すると，効用が増えるような安い価格な

らば，その財を購入するでしょうし，効用が減るような高い価格では購入しません．すると，需要曲線は，このような購入するかどうかの分かれ目になる価格を表すことになります．供給曲線についても同様に考えられるため，需給曲線と供給曲線には次のようなもう1つの意味があります．

　　　需要曲線：Q個目の財を購入するときに支払ってもよい最高価格（これを需要価格といいます）を表す
　　　供給曲線：Q個目の財を販売するための最低価格（これを供給価格といいます）を表す

　需要曲線と供給曲線は図1-2のような形状をとると考えられます．通常，同じ財は消費が増えるにつれて，追加的な消費から得られる効用（追加的な消費から得られる効用を，消費全体から得られる効用と区別して限界効用といいます）は減少するでしょう．消費が増えるにつれて限界効用が減少すれば，家計はより安く買えなければ，需要量を増やそうとしないでしょう．そのため，需要曲線は右下がりになります．

　一方，生産量を増やすと生産能力の上限が近くなるため，追加的な生産に要する費用（追加的な生産に要する費用を，生産全体に要する費用と区別して限界費用といいます）は増大するでしょう．生産が増えるにつれて限界費用が増大すれば，企業はより高い価格で売れなければ，より多くを供給しないでしょう．そのため，供給曲線は右上がりになります．供給曲線は限界費用を表しています．

需給均衡

　図1-2では，縦軸に当該市場で取引される財・サービス（この財・サービスの名前をXとします）の価格P，横軸に取引の数量Qが，各々取られて，需要曲線と供給曲線が描かれています．各需要曲線と供給曲線はXの価格だけが変化したときに，Xの需要量と供給量がどのように変化するかを示しています．つまり，各需要曲線と供給曲線の上では，他の市場で取引される財・サービスの価格や家計の所得などは一定と仮定されています．

　このように，一定とされた他の市場の財・サービスの価格や所得などの変数を外生変数といいます．これらの外生変数を一定として，Xの価格とその需

図1-2 需要曲線と供給曲線

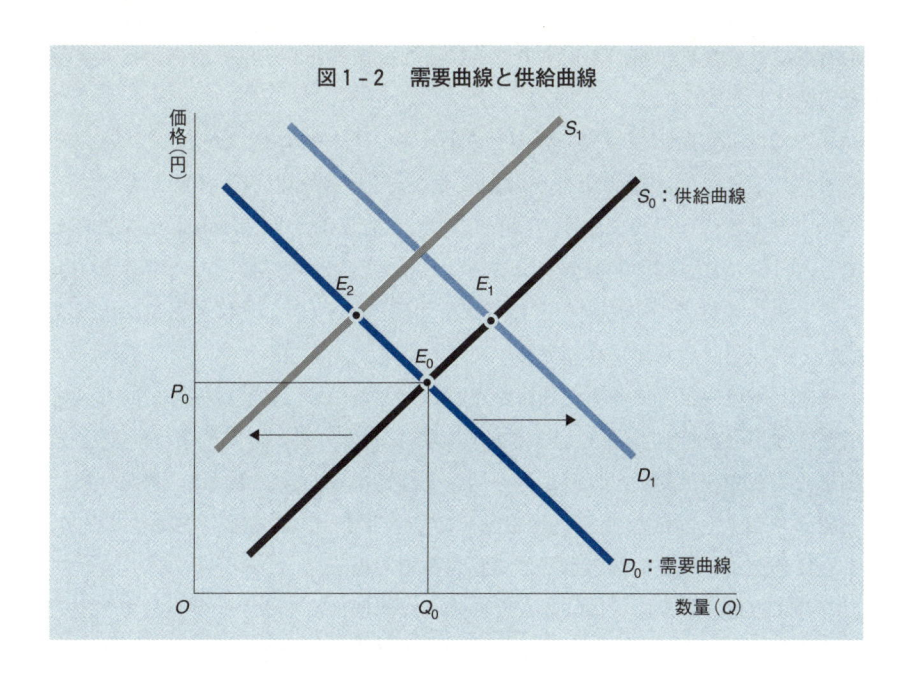

要量・供給量は X の市場で決定されると考えられます．このとき，X の市場で決定される X の価格と需給量を内生変数といいます．内生変数とは当該の理論で主に説明したい要因を，外生変数とは説明対象に影響を与えるその他の要因を指しています．

外生変数の値を一定とすると，X の価格 P が低下（上昇）するとき，他の市場の財・サービスの価格はすべて一定ですから，X の他の財・サービスに対する相対価格は低下（上昇）することになります．

この市場では，個々の需要者である家計が需要量を増やしても，減らしても，また，個々の企業が供給量を増やしても，減らしても，価格は変化しないと仮定されています．それは，ここで仮定されている市場では，個々の需要者の需要量と個々の企業の供給量は市場全体の取引量に対して小さいため，個々の家計の需要量や個々の企業の供給量が市場で決定された価格に及ぼす影響が小さいからです．このような市場を完全競争市場といいます．

さて，以上の仮定のもとで，X の価格が P_0 のとき，需要量と供給量は一致します．この需給一致点（E_0 点）を需給均衡点，または均衡点と呼びます．

第1章　経済学と経済政策の基礎理論

均衡点は外生変数の値が変化することにより,需要曲線や供給曲線が移動すると,変化します.

ここでは消費財市場を例に説明しましょう.当初の均衡点が E_0 であったとします.ここで,家計の所得が増加すると,X が普通財（上級財ともいいます）であれば,同じ X の価格のもとでの需要は所得が増える前よりも増えるでしょう.これは需要曲線の右シフト（D_0 から D_1 への移動）で表されます.このとき,供給者の事情が一定ならば,均衡点は E_1 のように,当初に比べ高価格・高取引量の水準に移動します.

一方,外生変数である原油価格が急騰したときには,企業は従来と同じ価格で販売すると赤字になってしまうかもしれません.そこで,企業は同じ X の価格のもとでの供給量を以前よりも減らそうとするでしょう.この状況は供給曲線の左シフト（S_0 から S_1 への移動）で表されます.すると,均衡点は E_2 のように高価格・低取引量の水準に移動するでしょう.

このように,経済学では均衡がどのような状態に決まるかを重視します.その理由は,自由で競争的な市場環境では,価格の調整を通じて市場は均衡へと調整されると考えるためです.

図1-3の価格 P_H では需要に比べ供給が多い,超過供給の状態にあります.この状態では,供給者は P_H では売れ残りに直面するため,値下げしてでも財を販売しようとするでしょう.その結果,価格は P_0 へ向けて低下していきます.これが超過供給における価格の調整です.一方,価格 P_L においては,需要が供給を上回る超過需要の状態にあります.このとき一部の需要者がより高い価格を申し出,一部の供給者がより高い価格で販売可能なことに気づくことで,市場はやはり均衡へと向かうことになります.需要者と供給者の自由な取引の結果達成される需給均衡は,競争均衡と呼ばれます.

しかし,価格調整が妨げられている場合には,均衡への調整はうまくいきません.なんらかの理由で価格が硬直的になる場合には,超過需要と超過供給が解消されずに残存するケースも考えられます.このような価格硬直性は,この章の2節で説明する競争市場の優位性を損なう原因になるため,なんらかの経済政策が必要になります.第Ⅱ部ではこのような価格硬直性が存在するときの経済政策について解説します.

図1-3 需給均衡への調整

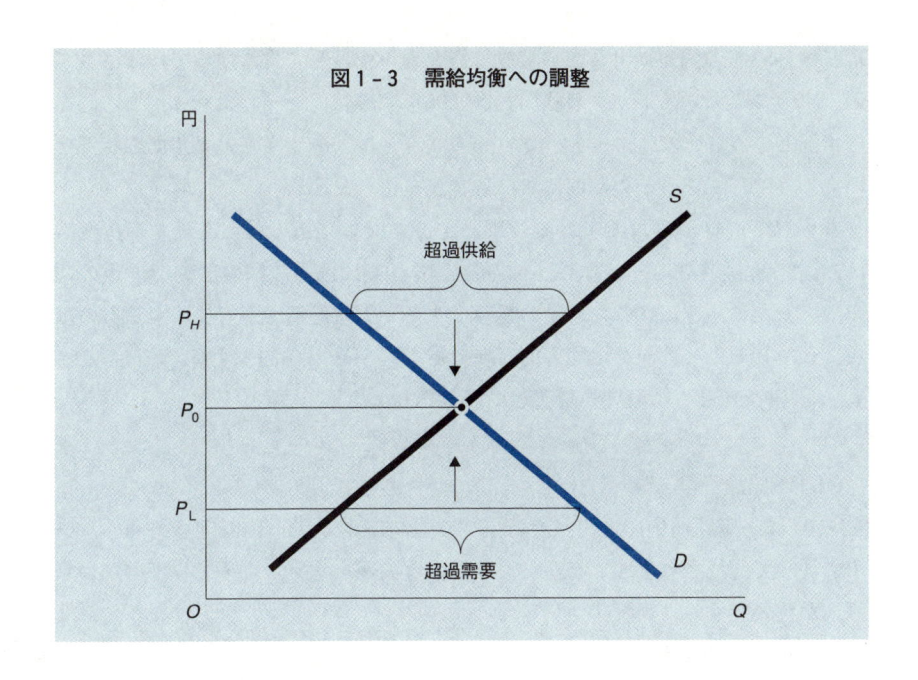

4 マクロ経済とは──国民経済計算の概念

　第Ⅱ部のマクロの経済政策の理論を理解するためには，マクロ経済学の基礎を理解しておくことが必要です．マクロ経済問題を考える際に第一の壁になるのは，「マクロ経済」とはなにかという問題です．たとえば，「日本経済の状態」はマクロ経済の話題ですが，「日本経済の状態そのもの」を直接目で見ることはできません．これまでに扱ってきた個々の市場の問題（ミクロ・産業レベルの問題）と比べて「マクロ経済」ははるかに抽象度の高い問題です．このように抽象的な問題を考える際には，対象に関して明確な定義が必要です．さらに，その定義は経済について論じるすべての人にとって共通のものである必要があります．

　マクロ経済の定義として国際的に用いられる会計・統計システムを，SNA（国民経済計算：System of National Account）といいます．SNAは一国経済のストックとフローの状況を総合的に把握するために作られる二次統計で，

現在は1993年の国連統計委員会で勧告された93SNA方式に従って作成されています．ここに，ストックの状況とは2006年末の状況というように，ある時点の状況という意味です．一方，フローの状況とは2006年からの1年間の状況というように，ある一定の期間における状況を指します．

本章以下の経済政策で主たる対象とするマクロ経済の状況を表す経済変数は，国民所得統計——通称GDP統計です．GDPは当該国の国内で一定の期間内に新たに生み出された価値の総額です．マクロ経済学が対象にするものはなにかを知るために，その中心的存在である，GDP（国内総生産：Gross Domestic Products）の概要を説明しておきましょう．

GDP統計

GDPは一定期間内の産出量を表すフローの統計量で，国際的に共通のルールに従って作成されます．なかでも政策的な問題を考えるうえで以下の3つの原則が重要です．

①付加価値を計上する

これがGDP統計の原則の最重要ルールです．付加価値とは「新たに生み出された（すなわち，付け加えられた）価値」を指します．これは，生産された額から，その生産にかかった原材料費（これを中間投入といいます）を差し引いたものになります．パン屋さんが40万円分の小麦粉から100万円分のパンを生産しているとしましょう．このとき，パン屋さんの生み出した「新たな価値」は60万円で，これがパン屋さんの付加価値です．

②市場で取引された財・サービスだけを計上する

市場では，価格（市場価格）で財・サービスが取引されるため，その額（つまり，評価）をとらえることができます．経済生活にいかに寄与していても，市場で取引されないものはその評価が定まらず，データ化が困難なため捨象されます．したがって，家事労働やボランティアなどが生み出した価値はGDPには算入されません．ただし，例外的に持ち家の帰属家賃や農家の自家消費は評価額を定めてGDPにカウントされています．

③期間内に生み出された財・サービスの価値だけを計上する

骨董品が何億円で取引されてもGDPには含まれません．骨董品が「生産」

されたのははるか昔であり,「今年生み出された」ものではないからです.このルールがなければ,中古品が何度も繰り返し取引されるだけでGDPが増えるという奇妙なことになってしまいます.ただし,中古品取引の仲介・手数料は「今年生み出された」サービスですからGDPに含まれます.

このようにして求められる,一国全体で,市場で取引される財・サービスに関して,その年に新たに生み出された付加価値の合計がその年のGDPです.

三面等価定理

次に,GDPが何を見て計測されているのかについて考えましょう.第1は生産に注目する方法です.GDPとは生産された付加価値ですから,これが最も直接的な方法です.第2は支出に注目する方法です.新たに生み出された付加価値はなんらかの用途に利用されますから,だれかの支出の対象になります.第3は分配からとらえる方法です.生み出されたものは必ずだれかのものになっているという点に注目するのです.

ここで,付加価値の生産量(生産面からのGDP)をYとしましょう.海外との取引がない場合には,生産されたものは消費(C)されるか,投資(I)されるか,政府によって利用(G)されるか(政府支出)のいずれかです.これらの用途への支出の合計が支出面からとらえたGDPです.生産されたものはC, I, Gのいずれかの支出対象になりますから,次式が成立します.

$$Y \equiv C + I + G \qquad (1\text{-}6)$$

(1-6)の左辺が生産面でのGDPで,右辺が支出面でのGDPです.

国民経済計算では,売れ残りを在庫投資としてまとめ,投資の一部に組み入れることによって,(1-6)がいつでも成立するように工夫されています.

海外との貿易を考える場合は,自国の生産と輸入(IM)が,消費・投資・政府支出・輸出(EX)のいずれかに用いられますから,次式が成立します.

$$Y + IM \equiv C + I + G + EX$$

したがって,

$$Y \equiv C + I + G + EX - IM \tag{1-7}$$

次に分配面からの GDP について考えます．付加価値は生産物の価値からその生産に用いた中間投入の価値を差し引いたものですから，残りは，資本家（ここでは，資金の供給者の意味です）か，地主・家主か，労働者のものになります．つまり，国内での付加価値生産は国内経済主体のだれかの所得になります．資本家の所得は内部留保（企業利益のうち配当されなかったもの），配当および利子から構成され，地主・家主の所得は賃貸料に，労働者の所得は賃金・俸給に等しくなりますから，

$$Y \equiv 内部留保・配当・利子 + 賃貸料 + 賃金・俸給 \tag{1-8}^1$$

（1-7）より生産面の GDP と支出面の GDP が等しく，（1-8）より，生産 GDP と分配 GDP が等しいため，生産・支出・分配いずれからとらえても GDP は等しいという三面等価定理が成立します．

なお，付加価値を受け取った資本家・地主・労働者は各自の受け取り分から，消費したり，貯蓄（S）したり，税金（T）を支払うため，

$$Y \equiv C + S + T$$

という関係が成立します．

名目 GDP と実質 GDP

マクロ経済政策を考えるうえでは，名目 GDP と実質 GDP とを区別しておくことが重要です．ここでは，簡単化のために財は X，Y の2種類であるとしましょう．このとき，基準時点（0期）と比較時点（1期）の名目 GDP はそれぞれ，

---

[1] 国民経済計算では，所得をまず一次所得として，雇用者所得と営業余剰とに分けます．営業余剰は企業の所得で，個人業者の所得を含みます．一方，利子，配当，賃貸料などの財産所得は営業余剰から分配された所得です．営業余剰のうち分配されずに企業内に留保されたものが（1-8）の内部留保になります．

$$\text{基準時点名目 GDP} = P_0^X X_0 + P_0^Y Y_0$$
$$\text{比較時点名目 GDP} = P_1^X X_1 + P_1^Y Y_1$$

となります．実質 GDP は名目 GDP を GDP デフレーターで割ったものです．GDP デフレーターはパーシェ方式ですから，基準時点を 0 とした比較時点物価は，

$$\text{比較時点物価} = \frac{P_1^X X_1 + P_1^Y Y_1}{P_0^X X_1 + P_0^Y Y_1}$$

になります．比較時点（1 期）の実質 GDP は，比較時点名目 GDP を比較時点物価で割ったものですから，次のようになります．

$$1 \text{ 期の実質 GDP} = P_0^X X_1 + P_0^Y Y_1$$
$$= \text{基準時点価格で評価した比較時点の産出額}$$

以上からわかるように，2000年基準の2005年の実質 GDP は「2000年以降価格の変化がなかったとしたら，現在の GDP は××兆円である」ことを表しています．

5 　経済政策の基礎理論

資源配分の効率性

以上で，経済学の基礎的な用語と理論を説明しましたので，ここでは，第 2 章以下の経済政策に共通な基礎理論を説明しておきましょう．

一般的にいえば，経済政策の目的は「人々の生活をよりよいものにすることにある」といえます．したがって，よりよい生活をもたらす経済政策ほど高く評価されます．しかし，どのような状態であれば，よい生活と考えるかを具体的に示さずに，一般的に，「よい」といっても意味がありません．経済学では，「よい状態」とは「経済厚生が大きい状態」と定義します．経済厚生の 1 つの尺度が余剰です[2]．

余剰は需要者が買ってもよい最高価格よりも安く購入できた場合や，供給者が売ってもよい最低価格よりも高く販売できたときに発生すると考えられま

図 1-4　消費者余剰と生産者余剰

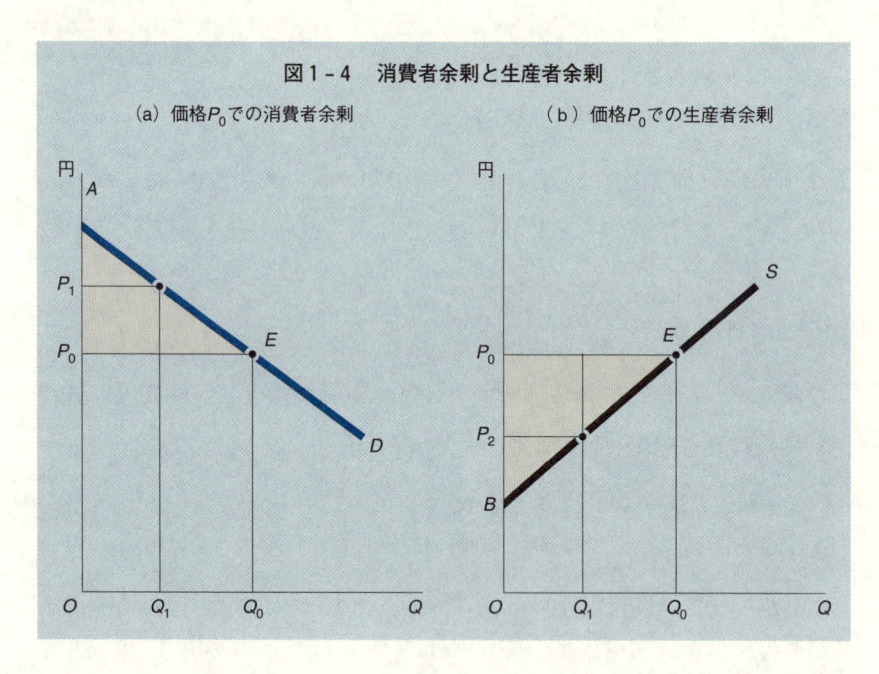

(a) 価格P_0での消費者余剰　　　　(b) 価格P_0での生産者余剰

す．消費者であれば5万円で買ってもよいと考えていた財が3万円で買えた場合には，「2万円分得した」と考えるでしょう．この2万円を消費者余剰といいます．

図1-4(a)は財Xの市場の需要曲線Dと消費者余剰との関係を示したものです．前節で述べたように，需要曲線は消費者がその財に対して支払ってもよい最高の価格を表しています．たとえば，消費者が財XをQ_1だけ消費するときに，Q_1個目のXに対して払ってもよい最高価格はP_1です．一方，Xの価格は市場でP_0に決まっているとすると，消費者はXをP_0で買うことができます．したがって，消費者はQ_1個目を消費するときに，(P_1-P_0)の利益を得ます．この消費者の利益を「消費者がXのQ_1個目の消費から得る消費者余剰」といいます．

2——本書よりも上級のテキストでは，「他の人の厚生を低下させずには，どの人の厚生も増大させることができない状態」を「最もよい状態」と定義して，望ましい経済政策を分析します．このように定義された「最もよい状態」をパレート最適といいます．パレート最適については，本書の巻末に示されている，より上級のテキストを参照してください．

一般的には，需要曲線上の各需要量に対応する価格（その財に対して払ってもよい最高価格）と実際に払わなければならない市場価格の縦方向の差が，当該財を1単位買うときの消費者余剰になります．需要曲線が右下がりのため，需要が増えるにつれて需要曲線上の価格と市場価格の差は縮小しますから，需要量1単位当たりの消費者余剰は需要量が増えるにつれて減少します．

　市場価格が P_0 であれば，消費者全体の需要量は Q_0 になりますから，この市場から生じる消費者余剰は，各需要量に対応する消費者余剰を需要量ゼロから需要量 Q_0 まで合計した図1-4(a)の三角形 AEP_0 の面積で表されます．

　一般に，市場全体の消費者余剰は，次のように計算することができます．

　　消費者余剰 AEP_0 の面積
　　＝需要量ゼロから Q_0 までの需要曲線の下の面積－長方形 P_0EQ_0O の面積　　　　　　　　　　　　　　　　　　　　　　　　　　　　（1-9）

（1-9）の「需要量ゼロから Q_0 までの需要曲線の下の面積」は，消費者が X を Q_0 だけ消費するときに支払ってもよい最高額を表します．一方，（1-9）の長方形 P_0EQ_0O の面積は，消費者が Q_0 だけ消費するときに支払わなければならない金額，すなわち，支払い総額を表します．

　他方，供給者は思ったよりも高く売れたときには，「得した」と感じるでしょう．この生産者が得した分を生産者余剰といいます．図1-4(b)には供給曲線 S と生産者余剰の関係が示されています．

　供給曲線は供給者がその財を売ってもよい最低の価格を表します．たとえば，供給者が財 X を Q_1 だけ供給するときに，X の Q_1 個目を売ってもよいと考える最低価格は P_2 です．一方，供給者は X を市場価格 P_0 で売ることができますから，供給者は Q_1 個目を供給するときに，(P_0-P_2) の利益を得ます．この供給者の利益を「供給者が X の Q_1 個目の供給から得る生産者余剰」といいます．

　一般的には，実際に売ることのできる市場価格と供給曲線上の各供給量に対応する価格（その財を供給してもよい最低価格）との縦方向の差が，当該財を1単位売るときの生産者余剰になります．供給曲線が右上がりのため，供給量が増えるにつれて，市場価格と供給曲線上の価格との差は縮小しますから，供

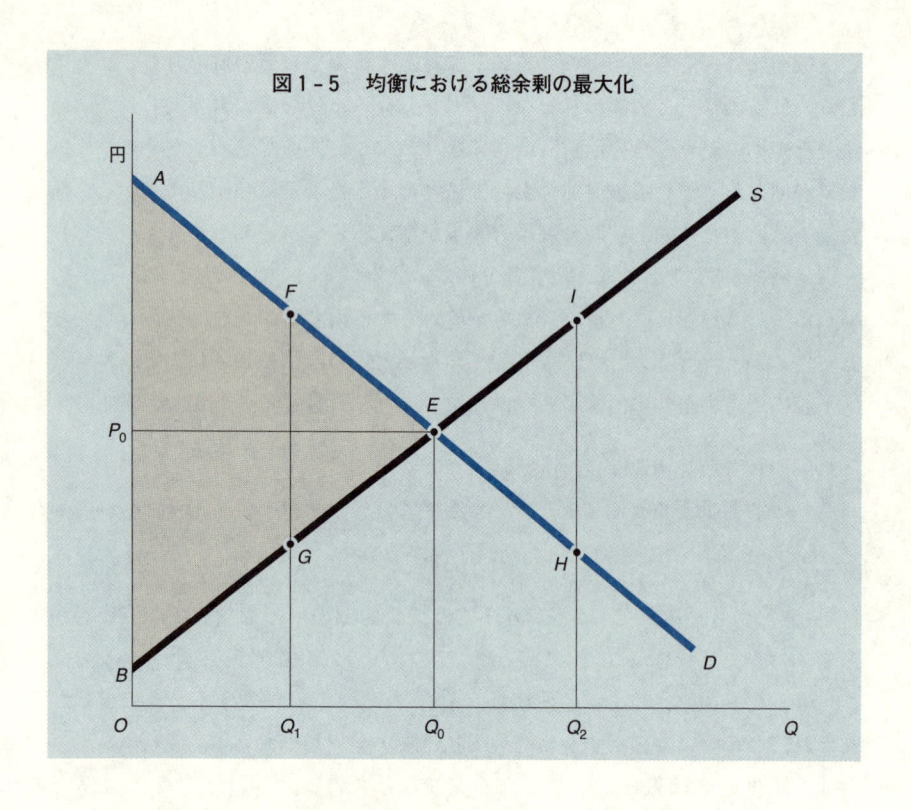

図1-5 均衡における総余剰の最大化

給量1単位当たりの生産者余剰は供給量が増えるにつれて減少します．

市場価格が P_0 であれば，供給量は Q_0 になりますから，市場全体の生産者余剰は各供給量に対応する生産者余剰を供給量ゼロから供給量 Q_0 まで合計した図1-4(b)の三角形 P_0EB の面積で表されます．

一般に，市場全体の生産者余剰は，次のように計算することができます．

　　　生産者余剰 P_0EB の面積
　　　＝長方形 P_0EQ_0O の面積 − 供給量ゼロから Q_0 までの供給曲線の下の面積　　　　　　　　　　　　　　　　　　　　　　　　　（1-10）

（1-10）の長方形 P_0EQ_0O （以下では，面積を省略します）は，供給者が Q_0 だけ供給するときの収入総額を表していますが，これは（1-9）の消費者の支払い総額と等しくなります．一方，（1-10）の「供給量ゼロから Q_0 までの

供給曲線の下の面積」は，供給者が X を Q_0 コ作ったときにかかる可変費用を表しています．

　市場から生じる全体の余剰は，消費者余剰と生産者余剰の和になります．これを総余剰または社会的余剰と呼びます．需給均衡点で取引されているときの総余剰は，図1-5の消費者余剰 AEP_0 と生産者余剰 P_0EB の合計，AEB になります．

　総余剰は次のように計算することもできます．図1-5からも明らかですが，(1-9) と (1-10) の辺辺を合計すると，消費者の支払い総額でもあり，供給者の収入総額でもある長方形 P_0EQ_0O が相殺されて，次の式が得られます．

　　　総余剰＝消費者余剰 AEP_0 ＋生産者余剰 P_0EB
　　　　　＝需要量ゼロから Q_0 までの需要曲線の下の面積
　　　　　　－供給量ゼロから Q_0 までの供給曲線の下の面積　　　(1-11)

競争均衡の望ましい性質——直観的な説明

　自由で競争的な市場において，価格がスムーズに変化するならば，市場は均衡状態に到達します．経済学では，自由で競争的な市場を完全競争市場といいます．完全競争市場で達成される需給均衡（これを競争均衡といいます）には非常に望ましい性質があります．

　競争均衡の望ましい性質の第1は，均衡点においては「その価格で売りたいと思う者全員が販売でき，その価格で買いたいと思う者全員が購入できる」という点にあります．需給が不均衡になる状況，たとえば，超過需要の状態では，同じ価格を支払うつもりがあっても購入できる者と購入できない者が発生します．

　このような状況で，もし価格が需給を調整するように機能しなければ，経済外的な要因が購入できる者と購入できない者を決定することになります．そのような要因としては，コネ，家柄，人種などさまざまなものが考えられますが，これらの経済外的な要因による決定は不正と不平等の温床になります．価格規制などによって均衡以外で取引されるときには，不正や不平等といった問題が起きますが，そうした問題については，第2章で取り上げます．

余剰分析による競争均衡の望ましさの証明

完全競争市場での均衡は，需要曲線と供給曲線の交点で決まります．そこで，需給均衡での総余剰を均衡数量以外の取引の総余剰と比較してみましょう．

図1-5で，需給均衡での総余剰は，消費者余剰 AEP_0 と生産者余剰 P_0EB の合計である AEB になります．それでは，取引量が均衡点の数量よりも少ない量 Q_1 の場合には，総余剰はどうなるでしょうか．(1-11) を使うと，そのときの総余剰は台形 $AFGB$ の面積に等しくなることがわかります．したがって，取引量が Q_1 のときの総余剰は均衡取引量 Q_0 のときの総余剰よりも三角形 FEG だけ少なくなります．

次に，取引量が均衡点の数量よりも多い Q_2 のときの総余剰を考えてみましょう．この問題はこの章の終わりの練習問題5にありますが，正解は，「均衡取引量 Q_0 のときの総余剰よりも三角形 IEH だけ少ない」というものです．

このように，取引量が均衡取引量よりも少なくても多くても，総余剰は均衡取引量の総余剰よりも小さくなります．つまり，総余剰は競争的な均衡において最大になるのです．

ただし，競争均衡において総余剰が最大になるためには，外部性（第4章）や情報の不確実性や非対称性（第5章）などの市場が失敗する要因（市場の失敗については，2-4節参照）が存在しないという条件が必要です．また，市場は必ずしも競争的であるとは限りません．これらの問題と経済政策との関係について説明することが，第2章から第5章の課題です．

競争市場の費用最小化メカニズム

競争市場では，企業間の競争を通じて，生産費用を最小化するメカニズが存在します．上で説明した需給分析を応用した余剰分析では，その点がはっきりしません．そこで，ここではそのメカニズムを説明しておきましょう．

競争的市場では，企業は市場で決まる価格よりも低い費用で財・サービスを供給できれば，利潤が得られます．そのため，企業はできるだけ高い利潤を求めて，費用の引き下げに努めます．逆に，費用の引き下げに努めなければ，競争から脱落して，当該市場にとどまることはできなくなってしまいます．

たとえば，原油価格が上がって，電気や重油などのエネルギー費用が増大したとしましょう．企業は電気などのエネルギーを使用して財・サービスを生産するのが普通ですから，エネルギー費用が上がったときに，当該の財・サービスの価格がその費用増加分だけ上昇しなければ，利潤は減少し，赤字になることもあります．

　そこで，企業は利潤の回復や赤字への転落を防ぐために，できるだけ高くなったエネルギーを節約しようとします．不要な電気をこまめに消すことはもちろんですが，長期的には省エネルギー投資により，少ないエネルギーでも以前と同じ量の生産が可能な機械や設備を導入しようとするでしょう．これは，エネルギー消費量の多い設備をエネルギー消費量の少ない設備で代替することによって，費用を引き下げる方法です．

　いま述べた例のように，企業は相対的に高くなった資源を他の資源で代替したり，その資源を以前よりも節約できる設備で代替したりして，費用を引き下げようと努力します．

　ある資源の価格が高くなれば，短期的には，生産費用の上昇によって，供給曲線は左（または，上方）にシフトし，市場価格は上昇します．しかし，上述のようにして，相対的に高くなった資源の節約と相対的に安くなった資源への代替が進むにつれて，長期的には，生産費用は低下し，それに伴って供給曲線も右（または，下方）にシフトし，いったん上がった価格は下がり始めます．

　需給分析における供給曲線は企業がそのときに保有する設備のもとで，費用を最小にしたときの限界費用曲線を示しています．この限界費用曲線は，長期的には，より費用が安くてすむ設備が導入されるにつれて，右（または，下方）にシフトしていきます．

　このように，経済学では，経済現象を短期と長期に分けて分析します．短期とは，各経済主体が経済環境に適応するに当たって，変えることのできないもの（上の例では，設備）が存在する期間をいいます．たとえば，エネルギー費用が上昇しても，省エネルギー投資には時間がかかるため，企業はある一定期間は従来の設備を使うしかありません．このときのある一定期間がこの企業にとっての短期です．しかし，十分な期間をとれば，この企業はエネルギー費用の増大に対応して，従来の設備に替えて省エネ型の設備を導入できるでしょ

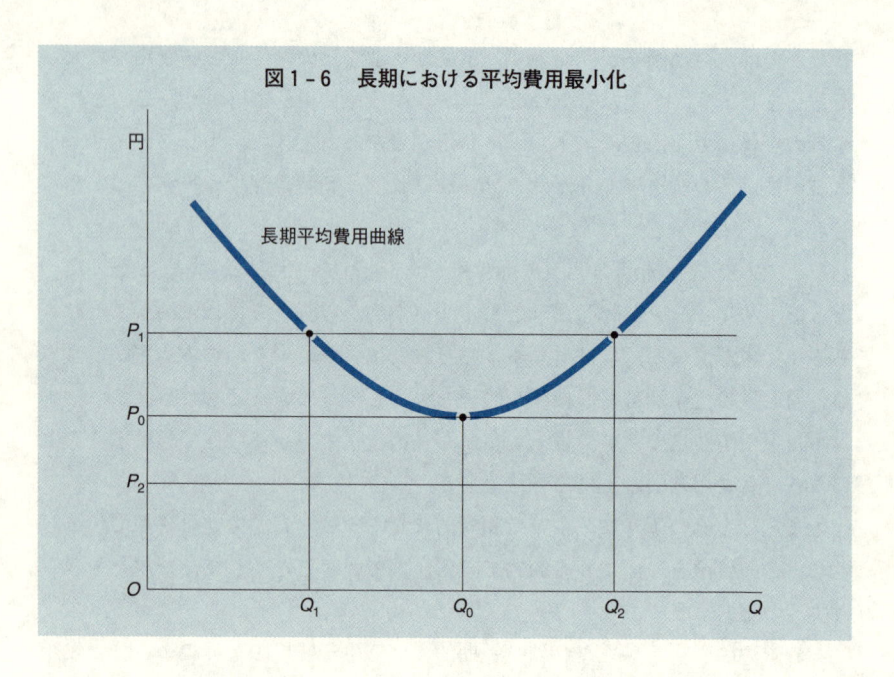

図1-6　長期における平均費用最小化

う．このように，企業が生産に投入する設備（資本）をはじめとして，すべての生産要素を経済環境の変化に合わせて，最適な水準に調整できる期間を，長期といいます．

次に，競争市場には，長期的にみると，資源の節約と代替を通じて，財・サービスの単位当たり生産費用，すなわち，平均費用を最小化するメカニズムが存在することを説明しておきましょう．

図1-6のU字形の曲線はある企業の長期平均費用曲線です．この曲線上の縦軸の値は，この企業が Q_1, Q_0, Q_2 などの生産量に応じて，長期的に費用を最小にする技術や設備を選んだときの平均費用を示しています．

ここで，経済学において定義される利潤と，企業会計で定義される利潤とは異なる点に注意する必要があります．企業会計では，企業の収入から費用を引いたものを利潤と定義します．しかし，経済学では，企業が当該の競争市場にとどまるために必要とする最小限の利潤を費用に含めて考えます．経済学では，この最小限の利潤を正常利潤といい，費用の一部と考えますから，収入から正常利潤込みの費用を引いた金額がゼロになるとき，企業の利潤はゼロであ

るといいます．したがって，価格が正常利潤込みの平均費用と等しければ，企業は正常利潤に等しい利潤を獲得していますが，そのとき，経済学的な利潤はゼロになります．一方，価格が平均費用を超えていれば，企業は正常利潤を超える利潤を得ることができます．この正常利潤を超える利潤を超過利潤といいます．

いま，図1-6で，財の価格が市場でP_1に決まったとしましょう．企業は生産量をQ_1よりも多く，Q_2よりも少ない範囲で選べば，平均費用をP_1よりも低い水準に抑えることができますから，正常利潤を超える利潤，すなわち，超過利潤を得ることができます．超過利潤は企業が当該の競争市場にとどまるために必要とする最小限の利潤（正常利潤）を超える利潤のことですから，他の企業がこの超過利潤の獲得を目指して，この市場に参入してくるでしょう．このようにして，この市場で財を供給する企業が増えれば，市場全体の供給量が増えるため，価格はP_0に向かって低下するでしょう．

逆に，市場で決まる価格がP_2のようにP_0よりも低ければ，企業はどんな生産量を選んでも赤字になり，この市場にとどまるために必要な最小限の正常利潤さえも獲得できません．そこで，この市場から退出していく企業が増えるでしょう．このようにして，この市場で財を供給する企業が減少すれば，市場全体の供給量が減るため，価格はP_0に向かって上昇するでしょう．

価格が長期平均費用の最低点に等しいP_0に決まれば，企業はちょうど正常利潤に等しい利潤（経済学的には，ゼロの利潤）を得ることになりますから，企業の参入も退出も止まります．この状態をこの市場の長期均衡といいます．長期均衡においては，企業は最小の平均費用（平均費用に生産量をかけた総費用も最小化されます）で財を生産していることになります．次に示すように，費用が最小化されることは資源が最も効率的に使われるための条件です．

以上から，企業が生産性の向上とそれによる費用の削減努力を怠って，超過利潤を享受していると，他の企業が超過利潤を目指して当該市場に参入してくるという「参入脅威」が存在することが，競争を確保することにより費用を引き下げるうえで重要な必要条件の1つであることがわかります．

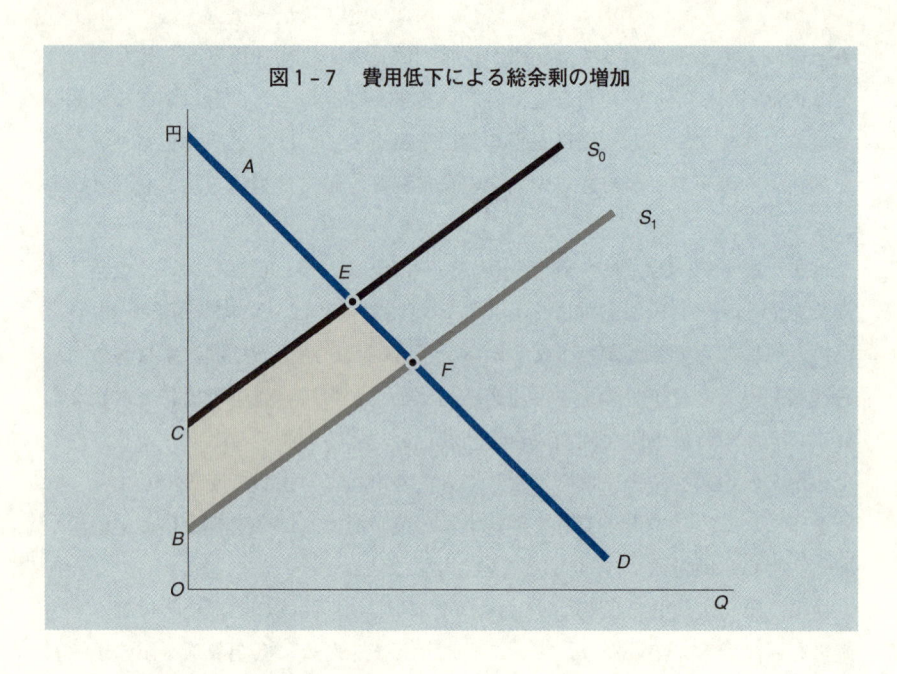

図1-7 費用低下による総余剰の増加

ミクロ経済政策の目的・評価基準——効率的な資源配分

ここで，ミクロ経済政策の目的あるいは評価基準の1つである「効率的資源配分」の概念を，余剰概念を用いて定義しておきましょう．

「ある市場で総余剰が最大になっているとき，その市場における資源配分は効率的である」といいます．

その意味は以下の通りです．たとえば，図1-5で需要量と供給量が均衡取引量の Q_0 に決まっているとしましょう．財 X を Q_0 だけ生産するためには，土地や労働や資本などの資源を投入しなければなりません．これらの資源は財 X 以外のさまざまな財・サービスの生産にも用いられますが，ある社会（たとえば，日本）のある時点において存在するこれらの資源の量は限られています．したがって，これらの資源を財 X の生産のために投入すると，他の財・サービスの生産に投入できる分がそれだけ減ってしまうため，他の財・サービスの生産を減らさなければなりません．

それでは，これらの資源をどれだけ財 X の生産のために投入すれば「最もよい状態」が達成されるでしょうか．上で定義した余剰概念を用いると，「あ

る財を生産して，供給するときに，総余剰が最大になっているならば，最もよい状態」と考えることができるでしょう．そこで，「Xの生産に関して総余剰が最大になっているとき，社会に存在するさまざまな稀少な資源は，Xの生産のために最も効率的に配分されている」と考えるのです．

資源配分の効率性は生産と費用との関係では，次のように定義されます．まず，ある財を一定量だけ生産するときには，生産費用が安ければ安いほどその財の生産のために，資源は効率的に配分されていると考えられます．

その理由はこうです．図 1-7 では，費用の低下に伴って，供給曲線が S_0 から S_1 に移動することにより，総余剰は AEC から AFB に $BCEF$（グレーの部分）だけ増えています．これは，費用の低下により，資源配分がより効率的になったことを意味します．前項で述べたように，長期的にみると，競争市場では費用は最小化されますから，資源は最も効率的に利用されることになります．

さて，経済政策の目的の 1 つは，いま述べた意味で，できるだけ効率的な資源配分を達成することです．経済政策の良し悪しを判断する基準の 1 つも資源配分の効率性です．この経済政策の評価基準を「資源配分の効率性基準」といいます．

資源配分は総余剰が大きいほど効率的になりますから，より大きな総余剰をもたらす経済政策は，資源配分の効率性基準からは，高く評価されます．

所得分配の公平とは

経済政策のもう 1 つの目的は，「公平な所得分配」（あるいは，「公正な所得分配」ということもあります）を達成することです．この目的を経済政策の目的として掲げる場合には，経済政策の良し悪しは所得分配の公平がどの程度達成されているかで評価されます．この評価基準を「所得分配の公平性（または，公正）基準」といいます．

それでは，どのような所得分配の状態を公平と考えればよいでしょうか．「平等な所得分配」が公平であると考えられるかもしれません．しかし，どのような所得分配を平等と考えればよいでしょうか．すべての人の所得が同じであれば平等でしょうか．そのように考える人もいるかもしれません．しかし，

なにも努力しない人と毎日一生懸命働いている人とが同じ所得であることは平等でしょうか．

あるいは，普通の会社員の年収が700万円であるときに，IT長者といわれる人の月給が1,000万円で，普通の会社員の年収よりも大きいことは，不公平でしょうか．

これに対しては，IT長者の巨額な所得はそれなりのリスクを取った結果であって，彼らの所得は安定したものではなく，巨額な損失を被ることもあり，たまたま得た巨額な所得は大きなリスクを取ることに対する正当な報酬である，という見方もあります．

経済学はこれまでのところ，これらのさまざまな所得分配の公平に関する考え方について，どれが妥当であるかを決定するための説得的な基準をもつに至っているとはいえません．何が公平な所得分配かは人々の価値判断の問題です．こうした価値判断のどれが正当であるかは経済学によっては判断できません．というよりも，経済学はこうした価値判断のどれが正当であるかに関しては，判断を控えるべきであると考えます．

経済学と所得分配の公平性基準

しかし，そうだからといって，経済学が所得分配の公平について無関心というわけではありません．

第1に，経済学はある経済政策がどのような所得分配をもたらすかを示すことができます．経済学は，コメの輸入を禁止する経済政策を採用すると，人々の所得分配はどう変わるか，あるいは，牛肉の輸入を自由化すると，だれが有利な所得分配を受け，だれが不利な所得分配を受けるか，といったことを明らかにすることができます．

経済政策によってもたらされる所得分配の変化は，文字通り，人々の所得の変化で考えることもできますが，第2章などでは，人々の間の余剰の変化で考えます．たとえば，コメの輸入を禁止すると，禁止しない場合よりも，コメの消費者の余剰（消費者余剰）が減る一方で，コメの生産者の余剰（生産者余剰）は増えることを，余剰分析を用いて示すことができます．これは，コメの輸入を禁止すると，禁止しない場合よりも，コメの価格が上昇するため，コメ

の消費者の所得の一部がコメの生産者に移転するために起きる現象です．したがって，コメの輸入禁止は消費者の所得を犠牲にして，コメの生産者の所得を増やすという所得再分配効果をもっています．

経済学は，このように，コメの輸入禁止の所得分配に及ぼす効果を明らかにしますが，コメの輸入を禁止する政策の所得再分配効果が「所得分配の公平性基準」からみて妥当かどうかは，国民の判断に任せるという立場に立っています．

民主主義社会では，経済政策に関する国民の判断は，最終的には国会議員や地方議会議員の選挙を通じて下されますから，民主主義的な選挙制度をどう構築するかが重要です．本書では解説する余裕はありませんが，経済政策の選択と選挙制度の関係も経済学の分析対象になります．

第2に，経済学はある特定の「所得分配の公平性基準」が与えられたとして，その基準を達成するにはどのような経済政策が最も資源配分の効率性を阻害しないかを明らかにすることができます．同じ所得分配の状況を達成するのであれば，「資源配分の効率性基準」からは，できるだけ，総余剰が大きくなる所得再分配政策が望ましいことになります．

たとえば，所得の低い人の生活水準をある水準以上に引き上げることを目的とする所得再分配政策としては，お金で一定額を補助する所得再分配政策と食費や住宅費用の補助といった，特定の財・サービスの消費に対して補助する所得再分配政策とが考えられます．これらのどちらが望ましいかは，再分配を受ける人々の総余剰の増加の程度と，そのような再分配政策の実施のために税金を負担する人々の総余剰の減少の程度とを考慮して判断することができます．

マクロ経済政策の目的と資源配分の効率性

ミクロ経済政策では，効率的な資源配分の達成が重要な経済政策の目的になりますが，マクロ経済政策では，実質GDPの増大，物価の安定，完全雇用の達成，経済成長の促進などが目的に掲げられます．これらの目的は一見，資源配分の効率性や所得分配の公平性と関係ないようですが，実は深く関係しています．

まず，実質GDPの増大という目的を考えてみましょう．経済的豊かさは利

用できる財の量に依存すると仮定すれば，利用できる財の増加を意味する実質GDPの増大は，他の事情を一定とすれば，経済的豊かさを増大させると考えられます．一国が与えられた資源の量と質のもとで，実質GDPを最大化するには，さまざまな資源をさまざまな財・サービスの生産のために効率的に配分しなければなりません．

第Ⅱ部で説明するように，物価の安定や完全雇用が達成されているときには，さまざまな資源がさまざまな財・サービスの生産のために効率的に配分される結果，実質GDPは最大になります．

完全雇用とは，狭義には，「現行の賃金で働きたい人はすべて働いている」状態をいいますが，広義には，労働や資本などの資源がすべて完全利用されている状態をいいます．第7章と第8章で説明しますが，価格が硬直的である場合には，労働や資本が完全利用されずに遊休化する可能性があり，資源配分は非効率になります．そこで，そのような場合には，効率的な資源配分を達成するために市場を競争的に維持する競争政策だけでは足りず，マクロ経済の安定化政策が必要になります．

マクロ経済政策と所得分配の公平

それでは，実質GDPの増大や経済成長と所得分配の公平性の関係はどうでしょうか．この問題を①世代内所得分配と②世代間所得分配に分けて考えてみましょう．

①世代内所得分配

競争政策とマクロ経済安定化政策によって，実質GDPが増大したとしましょう．それに伴って，人々の間の所得格差が拡大するか縮小するかは，当該国のさまざまな制度・慣行に依存し，一概にいえませんが，少なくとも最低所得者の生活水準は向上するといえるでしょう．たとえば，現在，実質GDPの高い国では，貧しいために，栄養が十分とれず，病気になっても医者にかかれないため，死亡せざるを得ない人口は大幅に減っています．また，実質GDPが増大すると，高所得者の税負担能力が高まるため，彼らからより重い税金を取って，低所得者へ所得を分配するという所得再分配政策も採用しやすくなります．

②世代間所得分配

　第6章で，マクロの経済政策の目的の1つとして，経済成長の促進について述べますが，経済成長の促進については，世代間の所得分配に注意する必要があります．経済成長は，さまざまな財・サービスの生産のために，できるだけ資源を効率的に配分することによって高められますが，第6章で説明するように，民間企業投資や政府による公共投資などの投資の割合を引き上げることによっても高めることができます．

　しかし，資源が効率的に配分された結果，すべての資源が完全に利用されていれば（つまり，完全雇用の状況），さしあたり，外国からの借入の可能性を無視すると，一国は消費を減らして貯蓄を増やさなければ，投資を増やして成長を高めることはできません（6－2節参照）．

　たとえば，経済が完全雇用の状態にあるときに，政府が増税による資金を財源に公共投資を増やすことによって，将来の経済成長を高めようとするとしましょう．この成長政策は現在世代の消費を削減して，政府貯蓄[3]を増やす政策です．消費の削減により，現在世代の消費者余剰は減少します．一方，公共投資によって，道路のような耐久期間が長期にわたる資本が増える結果，将来，一国の生産能力が高まれば，将来世代が可能な消費の量は増え，彼らの総余剰は増大するでしょう．

　このように，経済成長を高めようとする政策は現在世代と将来世代の総余剰で測った所得分配に影響を及ぼします．したがって，税金を負担する現在世代にとっては，公共投資によって経済成長を高めれば高めるほどよいということにはなりません．最適な成長政策を決めるには，世代間の所得分配の公平性の基準を導入する必要があります．経済学は世代間の所得分配の公平に関しては，説得的な基準を設定することはできませんから，経済成長政策についても，すでに述べた「経済学と所得分配の公平性基準」の議論（34ページ）が当てはまります．

3——財政支出は政府消費支出と公共投資の合計です．税収入などの財政収入から政府消費支出を引いたものを政府貯蓄といいます．いま述べたケースでは，政府は政府消費支出を一定として，増税分を貯蓄し，その貯蓄を公共投資の資金として用いることになります．

独立した複数の目的には，独立した複数の手段を

経済政策を運営するときの定理の1つに，「独立した複数の目的を達成するためには，独立した複数の政策手段を必要とする」という定理があります．この定理はそれを最初に明らかにした経済学者の名をとって，「ティンバーゲンの定理」と呼ばれます．

経済政策の目的は大別すれば，効率的資源配分と公平な所得分配になります．所得分配の公平性基準としてどのような基準を採用するかにもよりますが，一般的にいって，これらの2つの目的は相互に独立しているため，独立した1つの政策手段では達成できません．ここに，これら2つの目的が独立しているとは，効率的資源配分という目的を達成すれば，公平な所得分配というもう1つの目的も同時に達成できるという関係は存在しないことを意味します．

また，独立した政策手段とは，ある手段を採用するときに他の政策手段が影響を受けないことを意味します．

ある政策手段を用いて効率的な資源配分を達成しようとすると，所得分配の公平性基準が満たされなくなるとしましょう．その場合には，所得分配には影響するが資源配分の効率性には影響しない，別の政策手段が必要になります．

経済政策の割当問題

しかし，実際には，所得分配の公平性の基準は満たすが資源配分の効率性には影響しない，という好都合な政策手段はほとんどありません．そこで，所得分配の公平という目的のためには，次善の政策として，所得分配に大きな影響を及ぼす政策の中から，資源配分の効率性に及ぼす影響の最も小さな政策手段を選ぶことが重要になります．

この考え方から，「各政策手段は，それが相対的に最も効果のある政策目的に割り当てるべきである」という，経済政策の割り当て定理が導かれます．これはこの定理を最初に提言した経済学者の名をとって，「マンデルの定理」と呼ばれます．

たとえば，第2章で述べるように，規制緩和などの競争促進政策は資源配分を効率化します．このとき，非効率な生産者は競争の激化によって淘汰されますから，彼らの所得は減少するでしょう．そこでしばしば，非効率な生産者を

「弱者」と呼び，「弱者の所得を守れ」という名目で，規制緩和反対の声が強まり，規制を緩和できなくなることがあります（この「弱者の所得を守れ」という考え方は，特定の立場からの「所得分配の公平性基準」です）．

　しかし，このケースでは，まず，効率的な資源配分を達成するためには，他の政策手段よりも相対的に効果的な規制緩和政策を割り当て，それによって総余剰を最大化すべきです．そのうえで，相対的に所得再分配に対して効果的な所得税などの一般的な所得再分配政策を割り当てます．これにより，最大化された総余剰を「所得分配の公平性基準」に従って，人々の間に再分配することができます．つまり，効率的資源配分という目的には規制緩和政策を，公平な所得分配という目的には所得再分配政策を，それぞれ割り当てるべきであるということです．この経済政策の割り当て定理の意味は，お菓子のパイにたとえると，「まず，パイを最大限の大きさに焼き，次に，その最大化されたパイを家族の間で公平に分けよ」ということになります．

　第2章から第5章にかけて説明する市場の失敗がなければ，競争を制限する規制を撤廃して，競争を維持することによって，総余剰というパイを最大化することができます．したがって，そうした規制を撤廃しない場合には，社会は規制が撤廃されたときよりも「小さな総余剰というパイ」を分け合うことになります．それよりも，規制を撤廃することによって大きくなったパイという総余剰を分け合ったほうが，どの人のパイ（余剰）も大きくすることができます．

　さきに，実質GDPの増大は，「他の事情を一定とすれば」，経済的豊かさを増大させると，条件付きで述べましたが，それは，実質GDPが増加するときに，実質GDPに計上されない物質的豊かさや精神的豊かさといった「他の事情」が変化することがあるからです．

　高度経済成長時代の末期の1960年代終わりから70年代初めにかけて，水俣病などの公害問題が深刻化する一方，会社員の「モーレツ」な働きぶりが疑問視されるようになって，「くたばれGNP[4]」という言葉が流行語となったことがあります．GNPはGDPに対外資産・対外債務から生ずる財産所得の純受け取りを加えたものですが，「くたばれGNP」が流行語になった当時はGDPとGNPの差はほとんどありませんでした．

しかし，上に述べた経済政策の割り当て定理を適用して考えれば，公害をなくすために，「くたばれGNP」の掛け声のもとに，GNPを減らす政策手段を割り当てることは，GNPというパイを小さくする割りには，公害が減らないため，適切ではありません．生命に関わるような汚染物質については，ただちに排出を禁止し，生命に関わるほどではない汚染物質の排出に対しては，環境税などの課税によって汚染物質の排出を削減することが，GNPの減少を最小限にとどめつつ，環境を改善する適切な政策です．この点については，第4章で説明します．

ウォーム・ハートとクール・マインド

上に述べた経済政策の割り当て定理は，正義感だけから，どのような政策が望ましいかを判断しようとすると，思わぬ損害を人々に与えることを示しています．水俣病などの公害の被害者の悲惨な状況を知れば，だれもが，国や加害者の無責任を非難し，公害を一日も早くなくさなければと思うでしょう．そこで，人々が正義感に燃えて，GDPを減らす政策が一番よい政策と信じ，実際にその政策を実施した結果，GNPがくたばったとしましょう．そのときに，最初に職を失い，生活の糧を失うのは，未熟練の低賃金労働者です．お金持ちほど，GNPがくたばっても生活に困りません．公害の加害企業は生き残る一方で，公害に対してまったく責任のない，正義感にあふれる人たちが「こういう企業こそ残したいと思う」企業が最初に倒産する可能性も少なくありません．

経済政策の運営に限りませんが，温かい心（ウォーム・ハート）をもつことは大切です．しかし，それだけでは，物事をうまく解決することはできないどころか，かえって，物事を悪化させてしまう可能性すらあるのです．本当に，物事を解決しようと思うならば，「冷静な頭脳（クール・マインド）」をもたなくてはなりません．

4——現在の93SNAには，GNP (Gross National Products：国民総生産) という概念はありません．GNPは日本国内に1年以上継続して居住する人に帰属する付加価値総額を表します．旧SNAのGNPと類似した統計が93SNAのGNI (Gross National Income：国民総所得) です．

これを経済政策に当てはめれば，経済問題の発見のためには「ウォーム・ハート」をもって事実に接することが必要ですが，そこで発見した経済問題の解決のためには，経済学を十分に理解した「クール・マインド」をもっていなければならないということです．経済学と経済政策の理論を知らなければ，読者も各政党や新聞などのメディアが掲げる経済政策の是非について，とんでもない間違った判断を下したり，政治家のレトリック（功みな表現）に引っかかったりする可能性があるのです．この意味で，経済学と経済政策の理論の基礎を理解することによって読者が得るものは，きわめて大きいといえます．

経済政策の課題と3つの経済政策

経済政策は次の3つに分けて考えられます．3つの経済政策を本書の構成順に説明しておきましょう．

第1は，効率的な資源配分を達成する経済政策です．効率的な資源配分の達成のためには，第2章以下で説明する市場の失敗が存在しない限り，市場を競争的に維持する政策が必要です．そのような政策を競争政策といいます．競争を制限する規制や企業の国有化などによって，資源配分が非効率になっているときには，規制を撤廃・緩和したり，国有企業を民営化したりする政策が必要です．これらも広い意味で，競争政策ですが，ミクロ経済改革とか構造改革と呼ばれることがあります．

しかし，第3章で扱う費用逓減産業のケースでは，自由な競争市場では，供給は独占になり，効率的な資源配分は達成されません．また，公共財の供給や外部性や情報の非対称性などが存在する場合には，市場が競争的であっても，資源配分は効率的になりません．市場が効率的資源配分を達成できないことを，「市場の失敗」といいます．市場が失敗する場合には，市場の失敗を是正して，資源配分を効率化する経済政策が必要になります．そうした経済政策については，第3章（費用逓減産業のケース），第4章（公共財の供給と外部性が存在するケース）および第5章（情報の不確実性と非対称性が存在するケース）で説明します．

第I部の第2章以下では，このような資源配分の効率化を図る「ミクロ経済政策」を検討します．

第2は，第Ⅱ部で扱う「マクロ経済政策」です．すでに触れましたが，価格に硬直性がある場合には，ミクロ経済政策だけでは，効率的資源配分を達成できません．その場合には，第7章から第9章で説明するマクロ経済の安定化政策が必要になります．

また，現在の総余剰だけでなく，将来の総余剰を増やすためには，将来の生産性を引き上げる必要があります．生産性は競争政策によっても引き上げることができますが，長時間にわたって，外部経済効果を発揮する公共財（たとえば，基礎的研究）や教育の供給に関しては，市場は効率的な資源配分に失敗します．これは市場における異時点間の効率的資源配分の失敗の例です．第6章では，このような市場の失敗を是正する成長政策を説明します．

以上のマクロ経済の安定化政策と成長政策を，本書では，「マクロ経済政策」と呼びます．

第3の経済政策は，第Ⅲ部で扱う「所得再分配政策」です．ミクロとマクロの経済政策によって，効率的な資源配分（異時点間の資源配分を含む）が達成されても，そのときに分配される所得は，人々の「所得分配の公平性基準」からみて，不公平である可能性があります．この所得分配の不公平を「所得分配の公平性基準」から是正して，所得分配の公平化を図る経済政策が，所得再分配政策です．

経済政策の課題は，総余剰（異時点間の総余剰を含む）を最大化するミクロ経済政策とマクロ経済政策とはどのようなものか，そして，経済学の外から与えられた「所得分配の公平性基準」を満たすためには，市場で決定された所得分配をどのように政策的に再分配すれば，資源配分の効率性の低下を最小限にとどめることができるかを明らかにすることです．

【練習問題】
1. 「経済学は自分勝手な個人だけを想定して理論化が行われている．しかし，実際には私たちはボランティア活動などさまざまな利他的行動を行う．したがって，経済学はその出発点からして間違っている」と批判されたとき，どのように反論したらよいでしょうか．

2．連立方程式，
$$Y=a+bQ$$
$$Q=c+dY$$
について，a, b, c, dにさまざまな値を代入し，そのときのグラフの形状を観察しましょう．とくに，何が変化したときにグラフの傾きが変わるのか，何が変化したときにはグラフが平行移動するのかに注意しましょう．

3．需要曲線・供給曲線がそれぞれ，
　　需要曲線：$D=100-2P$
　　供給曲線：$S=5+P$
のような形状で与えられているとき，需給均衡での価格と数量はそれぞれいくらになるでしょうか．また均衡での総余剰は何円になるか求めましょう．

4．ある経済では，X財とY財だけが生産されているとします．2000年にはX財10個，Y財20個が生産され，X財価格は20円，Y財価格は10円でした．2005年にはX財15個，Y財25個が生産され，価格はそれぞれ15円，15円だったとします．このとき，この経済の2005年におけるGDPデフレーターと2000年基準実質GDPを求めなさい．

5．図1-5で，供給量がQ_2になるときの総余剰は取引量がQ_0のときの総余剰よりも三角形IEHだけ少なくなることを証明しなさい．

6．政党や新聞・テレビなどのメディアが「ウォーム・ハート」で訴えている経済政策の具体例を挙げてみましょう．読者はそのような経済政策をどのように考えるでしょうか．読者が本書を読み終わった段階で，読者のそのような経済政策に対する考え方はどのように変わったでしょうか．

【練習問題のヒント】

1．いくつかの反論が考えられます．本文に書かれているように利己的な個人を想定しなくてもかまわない，とう反論でもよいですし，ボランティア活動などはその活動自体が満足をもたらすといった議論も可能で

しょう．
2．直線の式のグラフ化は本書を通じて繰り返し登場します．直線の式に関し外生変数・係数の変化が位置・傾きにどのような影響を与えるかをチェックすることから始めてみましょう．
3．グラフに書かなくても解くことができる問題ですが，慣れるまでは，できるだけビジュアル化してから考えましょう．総余剰については，図1-5を参照してください．
4．2005年の名目GDPはX財・Y財の合計生産額になります．2005年のGDPデフレーターは23ページの比較時点物価の式を使って求めます．2000年基準の2005年の実質GDPは，各財を2000年時点の価格で評価することによって求めます．
5．取引量がQ_2のときの総余剰はAHQ_2OからBIQ_2Oの面積を引いたものになります．
6．「貧しい地方にはまだまだ道路が必要だ」，「健康や命ほど大切なものはないから，人々の医療費負担は国の負担でできるだけ軽くすべきだ」，「借家人は家主に比べて経済弱者だから，家賃は低く規制すべきだ」，「パートなどの非正規労働者の賃金交渉力は弱いから，最低賃金を規制して，彼らの生活を守るべきだ」などの主張が例として挙げられます．

第Ⅰ部

ミクロ経済政策

第 2 章

市場への政府介入

　第1章では，完全競争市場は総余剰を最大にするという意味で，効率的な資源配分を達成することを示しました．そこでこの章では，政府が税・補助金や規制などによって完全競争市場に介入すると，資源配分は非効率になってしまい，経済政策の効率性基準からみて望ましくないことを説明しましょう．以下では，完全競争市場を仮定して説明しますが，市場が厳密には，完全競争の条件を満たしていなくても，競争的であれば，この章の結論はほとんど修正されることなく妥当します．

　しかし，競争市場が効率的な資源配分を達成できないケースがあります．このケースを「市場の失敗」といいます．この章では，そのケースの1つとして，産業に外部性が存在する場合を取り上げ，その外部性に対処するための産業政策の妥当性を検討します．

　なお，補助金などによる市場への政府介入は，所得再分配を目的として実施される場合もありますが，そのような所得再分配政策の妥当性については，第10章で検討します．

1　競争市場と税・補助金政策

個別物品税と効率性

　完全競争市場で取引されている財の供給もしくは需要に，税金がかけられた場合に，総余剰がどのように変化するかを検討しましょう．

図2-1 個別物品税の非効率性

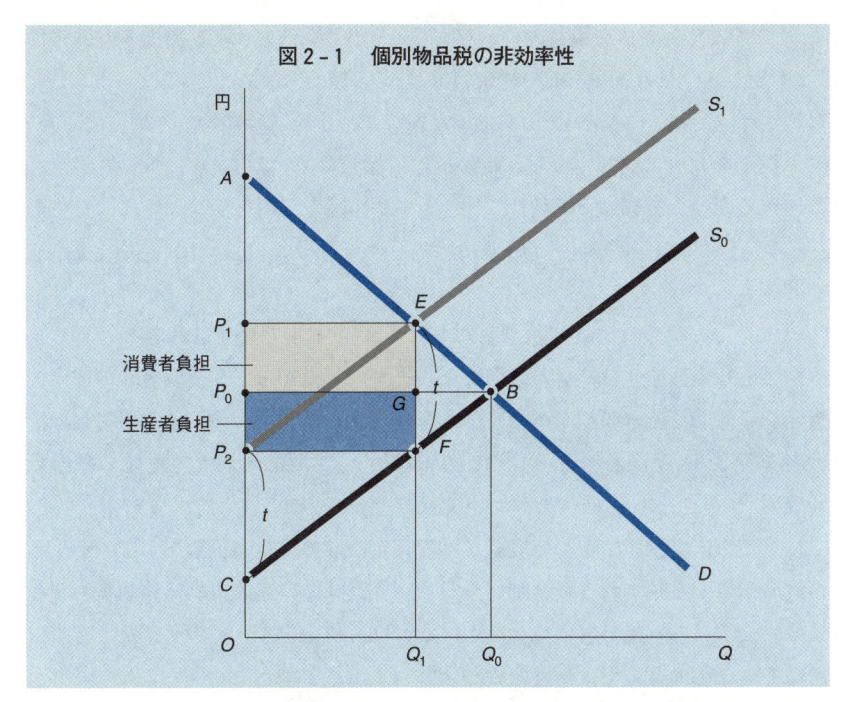

図2-1はある完全競争市場における消費財や耐久消費財（たとえば，お酒やビールや自動車を念頭に置いてください）の均衡を示したものです．図2-1の点 B は税金がない場合の均衡点で，需給均衡量は Q_0，需給均衡価格は P_0，総余剰は三角形 ABC です．

ここで，この財の供給量1単位当たり t 円の税金（お酒やビールの場合は，酒税になります）がかけられたとしましょう．このように，財の量を単位とする税金を従量税といいます．それに対して，財の価格を単位とする税金を従価税といいます．以下では，従量税のケースを扱いますが，従価税でも議論の本質は変わりません．

上に述べた課税により，供給における限界費用は t 円だけ増加します．完全競争市場の供給曲線は個々の供給者の「売ってもよい最低の価格」を示す曲線（限界費用曲線）を水平方向に合計したものです．したがって，限界費用が t 円だけ増加すると，課税後の供給曲線は，課税前の供給曲線 S_0 が t 円だけ上方にシフトして，S_1 になります．課税後の均衡点は課税前の B から E に移り

ます．消費者が支払う税込みの価格は P_1，供給者が受け取る税抜きの価格は P_2，税金の処分を考慮する前の総余剰は AEP_2 になります．

P_1 と P_2 の差は1単位当たりの税金 t 円です．供給者は供給量1単位につき t 円の税金を政府に支払います．課税後の供給量は Q_1 ですから，供給者が政府に納める税金の総額は P_1EFP_2 になります．作図から明らかなように，長方形 P_1EFP_2 と平行四辺形 P_2EFC の面積は等しくなります[1]．したがって，税金総額は P_2EFC の面積によって表すこともできます．

いま，この税金はすべて消費者になんらかの方法で還元されるとしましょう．この税金の還元は消費者余剰になります．したがって，消費者への税金の還元を考慮したときの総余剰は，それを考慮する前の総余剰 AEP_2 に税金の消費者還元額 P_2EFC を加えたものになります．この総余剰は課税前の総余剰 ABC よりも，三角形 EBF だけ小さくなります．

以上から，完全競争市場で取引される特定の財の供給に税金をかけると，その財の市場から生まれる総余剰が減るという意味で，当該市場は非効率になります．ここに，特定の財に税金をかけるとは，税金をすべての財にかけるのではなく，一部の財にだけかけることをいいます．

総余剰の減少額である三角形 EBF は，社会全体が被る損失，すなわち，社会的損失[2]を表します．この課税によって社会的損失が生ずるのは，図2-1からわかるように，課税後の需給均衡量が課税前よりも，Q_0 から Q_1 に減少するからです．

ここで，上の税金はどのように負担されるかを考えてみましょう．この場合の税の負担は，課税前の均衡との比較で考えることが適切です．消費者は課税前に単位当たり P_0 を支払って消費していましたが，課税後には単位当たり税込みで P_1 を支払っています．そこで，課税後の P_1 と課税前の P_0 との差を消費者が負担した税金と考えることができます．図2-1では，消費者が1単位

1——底辺が t で高さが P_2F（$P_2F=Q_1$ に注意）の平行四辺形 P_2EFC と，縦 t，横 P_2F の長方形 P_1EFP_2 の面積は等しくなります．
2——この社会的損失を英語で，dead weight loss というため，これまで日本の経済学教科書では，この損失を「死荷重損失」と呼んできましたが，意味不明な訳語ですので，本書では，「社会的損失」と呼ぶことにします．

当たり負担する税金 (P_1-P_0) は，単位当たりの税金 t よりも小さくなっています．このように，政府に税金を納めるのは供給者ですが，消費者が価格の上昇を通じて税金の一部を負担するとき，税金は一部消費者に転嫁されたといいます．消費者全体では Q_1 を消費していますから，消費者全体が負担した税金は P_1EGP_0（$Q_1=P_0G$ に注意）になります．

他方，供給者は課税前には単位当たり P_0 を受け取っていましたが，課税後の1単位当たり受取額は，税込みの P_1 から政府に支払った税金 t を差し引いた P_2 です．この課税前の P_0 と課税後の税抜き価格 P_2 との差（P_0-P_2）は，供給者が負担した単位当たり税金と考えることができます．供給量は Q_1 ですから，供給者全体が負担した税金の総額は P_0GFP_2 になります．

図2-1では，供給者が負担した単位当たり税金は，供給者が政府に納めた単位当たり税金 t より小さくなっています．それは，上で述べたように，供給者が税金の一部を消費者に転嫁したからです．

上の例のように，税がすべての財の供給または需要にではなく，一部の財にだけかけられる場合には，その税を個別物品税あるいは個別間接税といいます．それに対して，消費税は原則としてすべての財・サービスの取引に課せられますから，一般間接税です．

需要の価格弾力性と個別物品税の非効率性の程度

個別物品税の非効率性の程度は，供給や需要の価格弾力性の大きさによって異なります．図2-2は需要の価格弾力性がゼロで（このとき，需要曲線は垂直になります），供給の価格弾力性は無限大でない場合の個別物品税の効果を示したものです．課税後の供給曲線は，課税前の S_0 から t だけ上方にシフトして S_1 になります．需要の価格弾力性はゼロですから，価格が供給曲線の上方シフトに伴って上昇しても，需要量は変化しません．その結果，価格は税金 t だけ上昇して，P_0 から P_1（これは税込みの価格）になり，税金は全額消費者に転嫁されます．課税後の均衡需給量は Q_0 で課税前と同じで変化しませんから，社会的損失は生じません．

以上から，需要の価格弾力性がゼロの財に間接税をかければ，政府は資源配分の効率性を維持しながら，税収を確保できることがわかります．以上と同じ

図2-2 需要の価格弾力性がゼロのときの個別物品税の効果

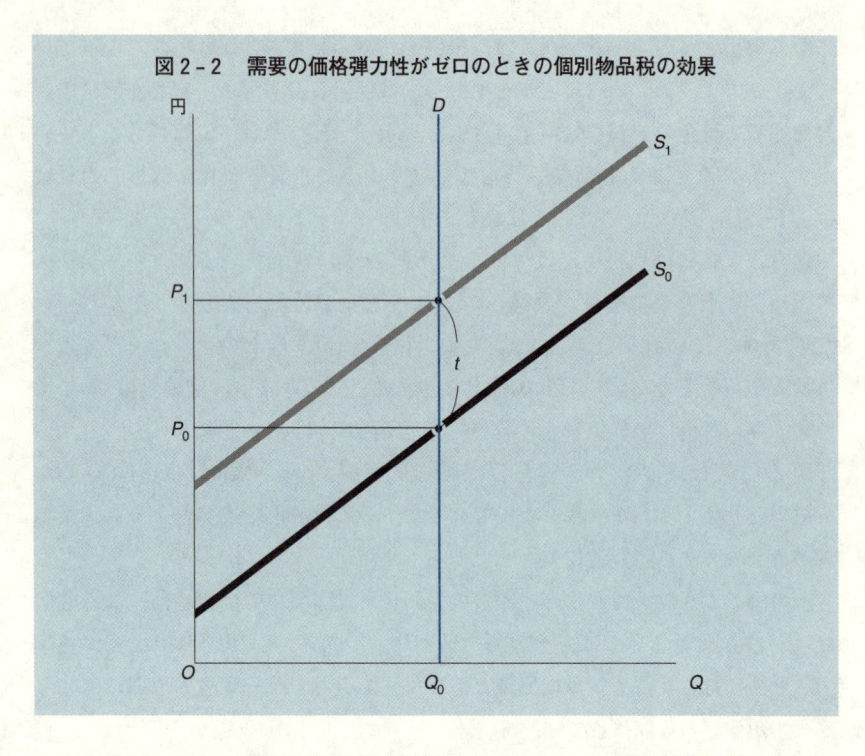

ような作図により，需要の価格弾力性が大きくなるほど，個別物品税による需給均衡量の減少は大きくなり，したがって，社会的損失も大きくなることがわかります[3]．これは，政府が同じ税収を確保しようとするならば，需要の価格弾力性が小さい財に個別物品税をかけることによって，社会的損失を小さなものにとどめることができることを意味しています．

このように，効率性基準からは，個別物品税はできるだけ需要の価格弾力性の小さな財にかけることが望ましいことになります．

しかし，需要の価格弾力性が小さな財は，食料品のように，価格が上がったからといって消費を減らしにくいという意味で，家計にとって必需性が強い財です．そのため，これらの財の消費額が所得に占める割合は，所得が小さな家計と所得が大きな家計とで大きな差はありません．そのため，上の考え方に

---

[3]——章末の練習問題1とそのヒントを参照．

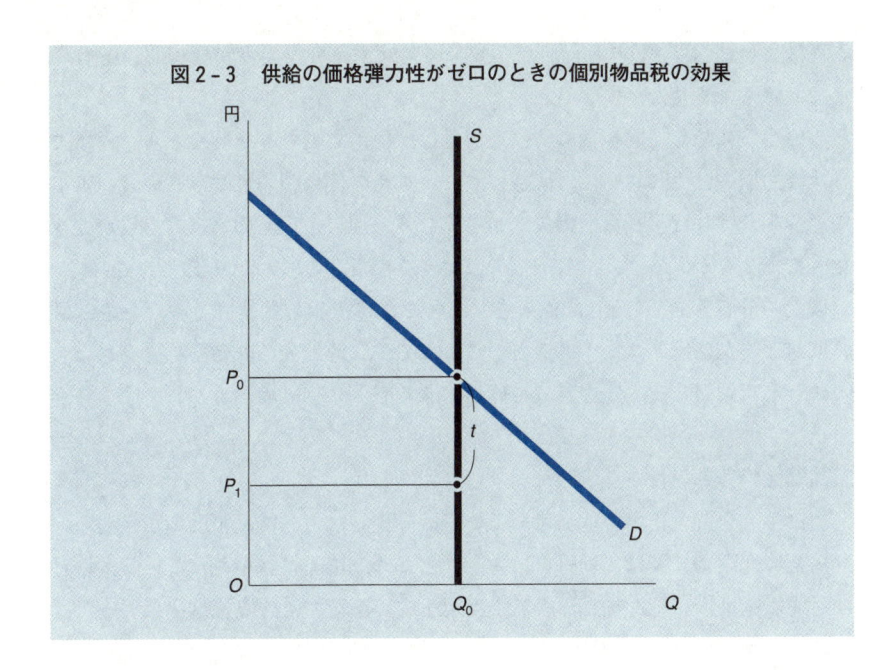

図2-3 供給の価格弾力性がゼロのときの個別物品税の効果

従って需要の価格弾力性の小さな財の供給や消費に税金をかけると,所得が小さな家計の税負担は所得の大きな家計に比べて重くなります.この意味で,需要の価格弾力性の小さな財に間接税をかけることは,効率性基準からは望ましいのですが,所得分配の公平の基準からは問題が生じます.こうした効率性基準と所得分配の公平性基準との対立(トレード・オフの関係)については,第10章で検討しましょう.

供給の価格弾力性と個別物品税の非効率性の程度

上では,需要の価格弾力性がゼロの場合の個別物品税の効果を取り上げましたが,ここでは,税金が供給の価格弾力性がゼロで,需要の価格弾力性は有限な財にかけられた場合に,効率性がどのように変化するかを,図2-3を使って考えてみましょう.供給の価格弾力性はゼロですから,供給量は価格が変化しても変わりません.したがって,供給曲線は垂直になります.この場合には,供給曲線は課税によってシフトしません.供給者は1単位につき,課税後も課税前の価格 P_0 を受け取って,税金 t を政府に納めます.供給者が受け取

る税抜き価格は P_1 です．したがって，税金はすべて供給者が負担し，消費者には転嫁されません．

このケースでも，課税後の需給均衡量は課税前と変わりませんから，税による社会的損失は生じません．同様にして，供給の価格弾力性が小さい財の供給に税金をかければ，社会的損失は小さくなり，逆に，供給の価格弾力性が大きな財に税金をかけると，社会的損失は大きくなることもわかります[4]．

以上の分析から，「政府は税金を，できるだけ供給の価格弾力性が小さい財の供給（または需要）にかけることによって，資源配分の非効率性を小さなものにとどめながら，一定の税収を確保できる」という結論が導かれます．

補助金の非効率性

次に，完全競争市場で取引されている財の供給に対して，補助金が与えられた場合の総余剰に及ぼす効果を検討しましょう．実際に採用されている供給者に対する補助金には，加工原料乳や肉用子牛の生産に対する補助金といった，農産物の生産に対する補助金や，都道府県や市町村が実施する中小企業やベンチャー企業の借入金利子に対する補給金などがあります．これらは財の供給に対する補助金政策です．以下の補助金の分析においては，こうした補助金政策を念頭に置いてください．

さて，図2-4の B 点は，図2-1と同じように，税金や補助金などの政府介入がない場合の均衡点です．ここで，財 X の供給に対して，供給1単位当たり s の補助金が与えられるとしましょう．これにより，供給の限界費用は s だけ減少しますから，供給者には補助金政策前よりも安い価格で供給するインセンティブがあります．その結果，補助金政策前の供給曲線 S_0 は，補助金政策後は，s だけ下方にシフトして，S_1 になります．均衡点は E に移動し，需給均衡量は Q_0 から Q_1 に増加し，価格は P_0 から P_1 に低下します．

補助金政策によって消費者余剰と生産者余剰がどのように変わるかを，初めに，補助金の財源を考慮せずに検討しましょう．

補助金政策による価格の低下により，消費者余剰は ABP_0 から AEP_1 に増加

---

[4] 章末の練習問題2とそのヒントを参照．

図2-4 補助金の非効率性

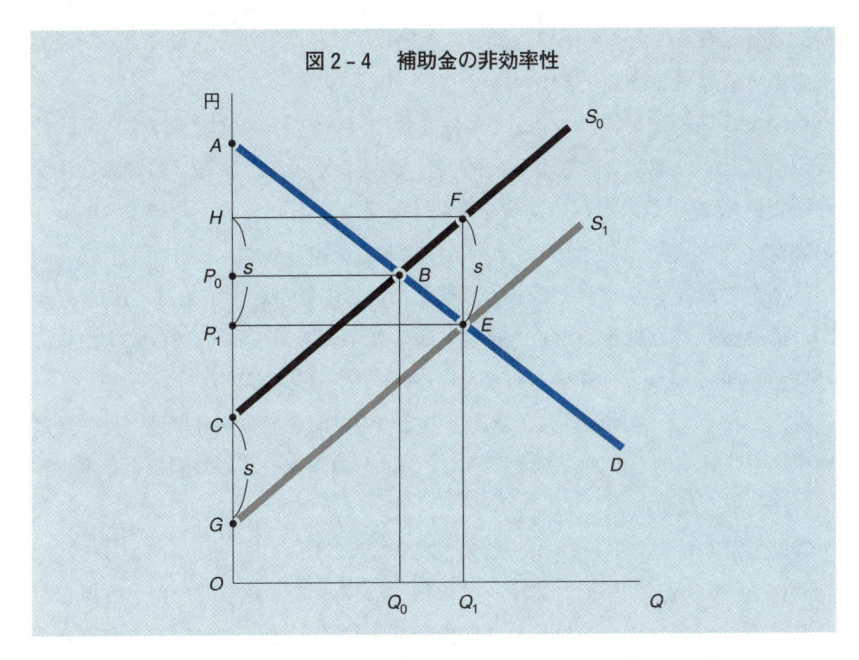

します．生産者余剰は P_0BC から P_1EG に増加します[5]．したがって，補助金のための財源を無視すれば，この補助金政策によって，総余剰は AEG になり，これは補助金政策前の総余剰 ABC よりも，$CBEG$ だけ大きな金額です．つまり，補助金のための財源を無視すれば，補助金政策によって，消費者も生産者も余剰の増加という利益を得，両者の合計である総余剰も増加し，効率性は改善されます．

次に，補助金の財源を考慮しましょう．政府が補助金政策を実施するには，なんらかの財源が必要です．ここでは，政府はこの財の消費者の所得に課税して補助金の財源にするとしましょう．簡単化のために，この所得税により，消費者の行動は変化しないとします．以下の結論は，課税された主体の行動が補

---

[5] 補助金政策前の生産者余剰を表す三角形 P_0BC の底辺の長さは $(P_0P_1+P_1C)$ です．他方，補助金政策後の生産者余剰を表す三角形 P_1EG の底辺の長さは $(s+P_1C)$ です．図2-4からわかるように，$P_0P_1<s\ (=FE)$ です．また，これら2つの三角形の高さは，後者のほうが Q_0Q_1 だけ高くなります．以上から，三角形 P_1EG の面積は三角形 P_0BC の面積よりも大きくなります．すなわち，補助金政策後の生産者余剰は補助金政策前の生産者余剰よりも大きいということです．

第2章 市場への政府介入

助金の財源調達のための課税によって変化しなければ，他の課税による財源調達の場合にも当てはまります．

　補助金は供給1単位につき s で，補助金政策後の供給量は Q_1 ですから，政府が必要とする補助金総額は $CFEG$ です[6]．したがって，政府は消費者全体から所得税によって $CFEG$ の税金を徴収する必要があります．消費者余剰はこの課税分だけ減少しますから，その分総余剰も減少します．

　補助金の財源を無視したときの，補助金による総余剰の増加は $CBEG$ ですが，補助金の財源調達のための課税による総余剰の減少は $CFEG$ ですから，補助金政策によって，総余剰は BEF（$=CFEG-CBEG$）だけ減ってしまいます．すなわち，補助金政策は補助金のための財源を無視すれば，一見，総余剰を増やす効率的な政策にみえるのですが，財源調達のための課税を考慮すると，非効率な政策なのです．

　補助金が非効率を生むのは，次の理由によります．補助金政策によって，需給量は Q_0 から Q_1 に増加します．この増加に伴って，実際に社会が負担しなければならない生産の限界費用は供給曲線 S_0 に沿って，B から F まで上昇します．他方，消費者のこの財に対する需要価格（消費者が支払ってもよいと考える最高の価格）は需要曲線 D に沿って，B から E まで低下します．このように，供給量 Q_0 から Q_1 までについては，生産の限界費用が消費者の需要価格を上回るため，合計 BEF の社会的損失が発生するのです．消費者たちの需要価格が限界費用を下回るという意味で，Q_0 を超える財は消費者にとって，費用に比べて価値の小さな財です．そうした財を生産者に補助金を支給してまで生産することは，当該の財の生産のために稀少な資源（労働などの生産要素のこと）を過剰に使っていることを意味します．この場合には，稀少な資源を別の財の生産のために使ったほうが総余剰は増加します．このように，補助金が支給された財を生産するために，資源が過剰に利用されることによって，社会的な損失が発生するのです．

　上では，簡単化のために，補助金の財源調達のための消費者に対する所得税

6——補助金総額は長方形 $HFEP_1$（$=s\times P_1E$，$P_1E=Q_1$ に注意）に等しくなります．他方，平行四辺形 $CFEG$ の面積は $s\times P_1E$ ですから，$HFEP_1$ に等しくなります．

は，消費者の行動を変えないと仮定しました．しかし，所得税は消費者の行動を変えるかもしれません．たとえば，彼らの勤労意欲を削ぐ結果，労働供給量が減るかもしれません．その場合には，上で述べた補助金による直接的な非効率に加えて，労働供給の減少に伴う非効率（総余剰の減少）が発生します．このように，補助金の財源調達がもたらす非効率を考慮すると，補助金政策は上の結論よりもいっそう非効率になります．

しかし，読者は補助金が非効率だからという理由で，政府は生乳農家や中小企業による財の生産をまったく補助せず，生乳農家や中小企業を自由な競争市場に放り出してよいのか，という疑問を抱かれるかもしれません．そのような疑問が生ずる根拠の1つに，ここでは無視した情報の非対称性に伴う金融の問題と所得分配の公平性の問題があります．

実際に採用されている補助金政策には，所得再分配を目的にしているものが少なくありません．その場合には，資源配分の効率性基準と所得分配の公平性基準との間のトレード・オフを考慮しなければなりません．

以上の情報の非対称性に伴う金融問題や効率性と所得分配の間のトレード・オフに関わる問題については，それぞれ，5－4節と第10章で検討することにし，ここでは，競争市場における補助金政策は資源配分の非効率を招く，という結論を確認しておきましょう．

2　競争市場における規制

価格の上限規制の非効率性——家賃規制を例に

政府は財・サービスの価格に上限を設けることがあります．たとえば，少なからぬ国の都市で，家賃に上限を課す家賃規制が実施されています．そこで，借家市場を例にとって，価格の上限規制，すなわち，家賃の上限規制の効率性に及ぼす効果を検討しましょう．

図2-5は借家市場を示したものです．縦軸は家賃，横軸は住宅の賃貸借量（面積）を示し，SとDは，それぞれ，供給曲線と需要曲線です．家賃規制前の均衡点はBで，賃貸借量はQ_0，家賃はP_0です．このとき，消費者余剰はABP_0，生産者余剰はP_0BCで，総余剰はABCです．

図2-5 家賃規制の非効率性

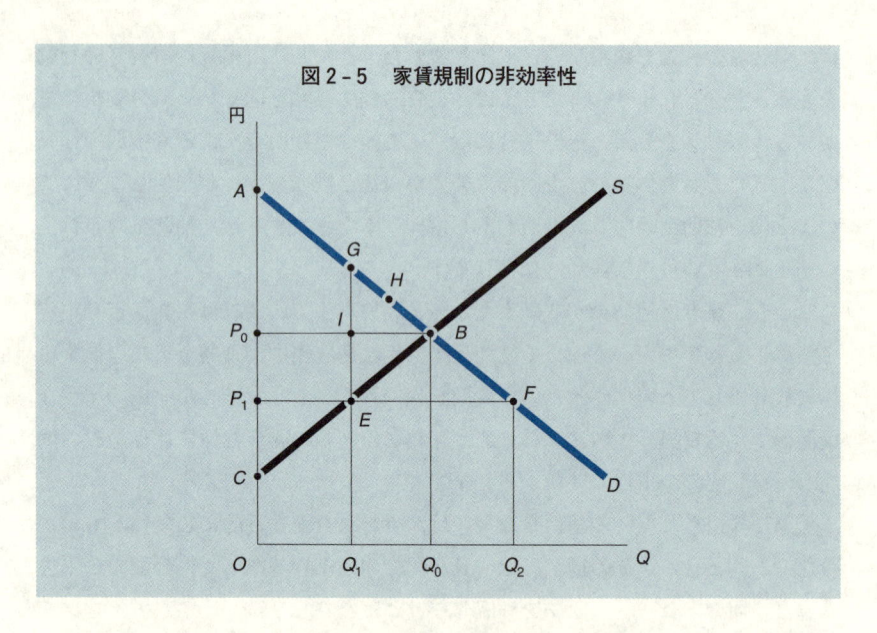

 ここで、政府が家賃の上限を競争的な均衡家賃 P_0 よりも低い P_1 に規制したとしましょう。これにより、借家経営は不利になりますから、借家経営から手を引く家主が現れ、その結果、借家の供給量は供給曲線 S に沿って、Q_1 にまで減少し、それに伴って、生産者余剰も P_1EC に減少します。

 このとき、消費者余剰がどのように変化するかは、規制家賃 P_1 でだれが住宅を賃貸できるかに依存します。初めに、需要曲線 D 上で、需要価格の高い順に規制家賃 P_1 で住宅を借りることができる場合を考えてみましょう。この場合には、借家の供給量は Q_1 ですから、需要曲線 D に沿って、需要価格が A から G の借家人までが、住宅を借りることができます。消費者余剰は需要価格と規制家賃 P_1 の差に等しくなりますから、このケースでは、借家人全体の消費者余剰は $AGEP_1$ になります。長方形 P_0IEP_1 の面積が三角形 GBI の面積よりも大きければ、家賃規制後の消費者余剰は家賃規制前より大きくなります。しかし、そうでない場合は、家賃規制後の消費者余剰は家賃規制前よりも小さくなってしまいます。いずれにせよ、いま想定しているケースでは、総余剰は $AGEC$ になり、家賃規制前よりも GBE だけ減ってしまいます。この総余剰の減少が社会的損失です。

しかし，規制家賃 P_1 のもとでは，借家の供給量は Q_1 であるのに対して，需要量は Q_2 になりますから，($Q_2 - Q_1 = EF$）の超過需要が存在します．そのため，家賃以外の手段，たとえば，早い者勝ちといった手段を用いて，借家の利用を割り当てなければなりません．規制のない，自由な借家市場であれば，需要曲線の AB 上に位置する借家人はすべて P_0 の家賃を支払って，住宅を借りることができます．しかし，規制家賃 P_1 のもとでは，たとえば，需要価格が G で，規制家賃 P_1 よりも高い借家人（家賃 G を払ってもよいと考える借家人）でも，住宅を借りられるとは限りません．その借家人に代わって，需要価格が G よりも低い，たとえば，H の借家人が住宅を借りれば，消費者余剰は需要価格 G の借家人が借りた場合よりも減ってしまいます．

以上から，P_1 の家賃規制のもとでの消費者余剰の最大値は，需要価格が需要曲線 D 上の AG に位置する借家人が住宅を借りることができる場合の $AGEP_1$ であること，および，借家がそれ以外の方法で割り当てられる場合には，消費者余剰はこの最大値よりも小さくなることがわかります．消費者余剰がこの最大値よりも小さくなるにつれて，家賃規制によって，消費者余剰は増えるどころか減ってしまう可能性が大きくなります．家賃規制によって消費者余剰が減れば，総余剰は上で述べた $AGEC$ よりもさらに減少し，それに伴って社会的損失は拡大します．つまり，家賃規制による社会的損失は GBE を最小値として，それ以上になる可能性があるということです

上の家賃規制の目的は低所得者の借家を確保することにあります．すなわち，所得が低いために，P_0 の家賃は負担できないが，P_1 ならば負担できるような借家人（この借家人をX氏とします）でも，住宅を借りられるようにしよう，というのがこの家賃規制の目的です．

しかし，家賃を P_1 に規制しただけでは，低所得者である借家人X氏が住宅を借りられるとは限らないことに注意する必要があります．というのは，P_1 の家賃を負担してもよいという借家人全体の需要量は Q_2 もあるのに，実際の供給量は Q_1 しかありませんから，規制家賃 P_1 で借家を借りたいと思うすべての借家人が P_1 で借りられるわけではないからです．つまり，規制家賃で借りることができる住宅は，需要に対して（$Q_2 - Q_1$）だけ不足しているのです．

上に述べた家賃規制政策の目的を達成するためには，政府は家賃規制に加え

て，借家市場の取引に介入して，借家が一定以下の所得の人にだけ賃貸されているかどうかを監視しなければなりません．しかし，そうした監視のコストは大きすぎるため，家賃規制を採用している各国の都市では，そうした監視制度は採用されていません．そのため，借家人の中には，所得が低いにもかかわらず，規制家賃では住宅を借りられず，家賃が規制家賃よりも高い，家賃規制対象外の借家に住まなければならない人がいます．その一方で，借家の需要価格が規制家賃よりもはるかに高い高所得者が，運よく規制家賃で住宅を借りることができ，自由な借家市場であれば得られなかったような大きな消費者余剰を享受する，といったことが生じます．これでは，家賃規制政策は低所得者よりも高所得者を優遇することになってしまい，その政策目的自体が達成されません．

このように，家賃規制は効率性の基準からみても，著者たちの（おそらく多くの人の）所得分配の公平性基準からみても，支持できない政策です．すなわち，家賃規制は経済政策に関する「マンデルの定理」を満たさない点で誤った政策です．低所得者の住宅サービスを確保することが目的であれば，低所得者に限って住宅家賃を補助する政策のほうが有効です．

なお，日本では，家賃規制は採用されていませんが，それと同じような効果をもつ借地・借家法による借地・借家人保護があります．

ガソリン価格の上限規制

アメリカでは，2度の石油危機（1973年から74年の第1次石油危機と1978年から79年の第2次石油危機）の際に，ガソリン価格の上限を規制して，均衡価格以下に抑えたために，大幅なガソリンの超過需要が発生し，毎日，ガソリンを求める車の長蛇の列ができました．この場合にも，家賃の上限規制と同じように，最小限，図2-5の GBE に等しい総余剰の減少が起きます．

しかし，ガソリン価格の上限規制は長期的にはそれにとどまらない，次のような資源配分問題を引き起こします．

短期的には，ガソリンの供給も需要も，価格が変化しても大きく変化しません．つまり，ガソリンの需要と供給の短期的な価格弾力性は共に小さいのです．ガソリン需要の短期的な価格弾力性が小さいのは，たとえば，石油危機で

ガソリン価格が上がっても，短期的には，マイカー通勤から公共交通に乗り換えたり，ガソリン消費量の大きい大型車から消費量の少ない小型車に買い換えたりすることが困難だからです。一方，ガソリン供給の短期的な価格弾力性が小さいのは，ガソリン価格が上がったからといって，ただちに，原油供給量を増やすことにより，ガソリンの供給量を増やすことは技術的に難しいからです。

　しかし，ガソリン価格が長期にわたって大きく上昇すれば，長期的には，マイカー通勤している人の中に，公共交通機関に乗り換えたり，パーク・アンド・ライド（自宅から近くの駐車場までは車で行き，そこからは公共交通機関を利用する）に切り替えたり，大型車から小型車に買い換えたり，近くに行く場合は徒歩や自転車にしたり，車での旅行を控えたりする人が現れるでしょう。

　公共交通サービスへの需要が増えれば，その供給も採算がとれるようになりますから，その供給を増やしたり，新たに供給し始める企業が現れるでしょう。

　自動車生産企業も，消費者の需要の変化に応えて，ガソリン消費量の少ない車を開発しようとするでしょう。それにより，自動車会社は利潤を増やすことができるからです。動力源がガソリンでない燃料電池自動車の開発が促され，その価格が低下して普及するにつれて，燃料電池と燃料電池自動車の価格がさらに低下し，燃料電池自動車がいっそう普及するという循環が生まれる可能性もあります。

　つまり，原油供給の減少に伴うガソリン価格の上昇は，長期的にはガソリンの節約とガソリン消費量の少ない交通手段への代替，ガソリン消費量の少ない車や燃料電池自動車の開発などを促すため，長期的にみると，ガソリン需要の価格弾力性は小さくないのです。

　他方，ガソリン価格が上昇すると，いままで採算の合わなかった油田からの原油供給が増えたり，新たに油田が開発されたりして，原油の供給が増え，その結果，ガソリンの供給も増えるでしょう。

　いま述べたような需要と供給における調整により，稀少になったガソリンの有効利用が進み，代替的燃料源や代替的交通手段が開発・整備されるにつれ

て，ガソリン価格は，上限規制によらなくても長期的には低下するでしょう．こうした資源配分の調整の結果，ガソリン車の利用だけでなく，消費者の交通に関わるすべての消費者余剰を合計したものは，ガソリン価格の上限を規制した場合よりも大きくなります．

　自由な競争市場が効率的な資源配分をもたらすのは，個々の経済主体が「ガソリンを節約しましょう」などとお説教されなくても，それぞれがインセンティブに基づいて行動することによって，上に述べたような調整が自動的に行われるからです．

　ところが，ガソリンの上限価格を規制すると，長期的にも，ガソリンの節約とガソリン消費量の少ない交通手段への代替はほとんど進まず，ガソリン消費の少ない車の開発といった技術開発も停滞してしまいます．そうなると，人々はガソリン消費の少ない車や利便性の高い公共交通サービスを利用できず，いつまでも，ガソリンを確保するために行列することになります．これでは，消費者余剰は減ったまま改善しません．

　以上から，ガソリン自動車の利用だけでなく，交通に関わるすべての消費者余剰とそれに生産者余剰を加えた総余剰は，ガソリン価格を市場の自由な決定に委ねたほうが，その価格の上限を規制した場合よりも大きくなります．このように，ガソリン価格の上限規制も家賃規制と同様に経済政策の割り当てに関する「マンデルの定理」からみて誤った政策です．

　アメリカや日本の地方都市のように自動車以外の交通手段がほとんどない場合に，ガソリン価格が急騰して低所得者が交通手段を失うような場合には，ガソリン価格の決定を市場にゆだねる一方で，低所得者に限ってガソリン費用の一部を補助する政策を採用すべきでしょう．この政策の組み合わせのほうが，ガソリン価格の上限規制よりも，資源配分の効率性基準からみても，所得分配の公平性基準からみても，望ましい政策です．

価格の下限規制の非効率性──最低賃金規制を例に

　家賃規制やガソリンの価格規制は価格の上限を規制するものですが，逆に，価格の下限を規制する政策があります．少なからぬ国が採用している価格の下限規制のうち代表的なものに，最低賃金法による最低賃金規制があります．

図 2-6　最低賃金規制の非効率性

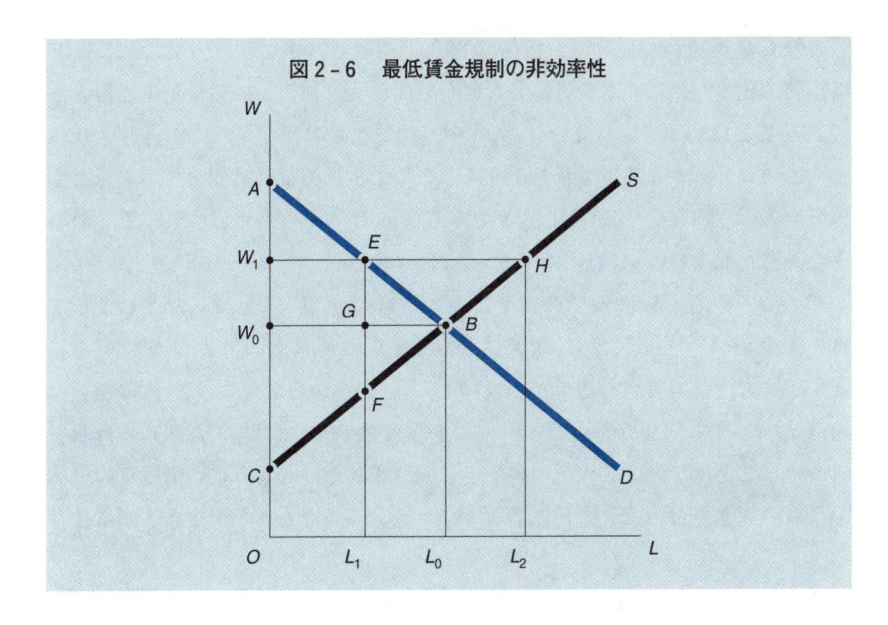

　日本の最低賃金法による最低賃金には都道府県別と産業別とがありますが，両者が異なる場合は，使用者は高いほうの最低賃金を支払わなければなりません．たとえば，都道府県別の時間当たり最低賃金は，東京都710円（2004年10月1日発効．以下，発効日は大阪府以外は同じ），大阪府704円（2004年9月30日発効），神奈川県708円，北海道638円，沖縄県606円などとなっており，大都市部の生活費の高さを考慮して，東京都，神奈川県，大阪府などは高くなっています．企業がこの最低賃金よりも低い賃金で人を雇うことは禁じられています．

　最低賃金規制は労働者に最低賃金以上の雇用機会を保証することによって，労働者の生活を保護することを目的にしています．しかし，はたして政府はこの目的を達成できるでしょうか．

　図 2-6 は最低賃金規制の効果を示したものです．SとDは労働の供給曲線と需要曲線です．供給曲線は労働者が労働サービスを供給するときに最低限要求する賃金（これを，労働の供給価格といいます）を表します．一方，需要曲線は企業が労働サービスを需要するときに支払ってもよい最高の賃金（これを労働の需要価格といいます）を表しています．

最低賃金規制がなければ，需給はB点で均衡し，需給均衡労働量（ここでは，簡単化のために，どの労働者も同じ時間働くと仮定し，労働量を雇用者数で測ることにします）はL_0，均衡賃金（時間当たり）はW_0です．財・サービスの余剰分析から類推されるように，このとき，労働の需要者である企業全体の余剰はABW_0，労働の供給者である労働者全体の余剰はCBW_0で，両者を合計した総余剰はABCになります．

　ここで，政府が最低賃金を均衡賃金よりも高いW_1に規制したとしましょう．賃金がW_1のもとでは，企業は雇用を需要曲線に沿ってL_1人まで減らします．一方，この賃金で働きたい人はL_2人いますから，(L_2-L_1)人の超過供給が発生します．したがって，L_2人の求職者数のうち，(L_2-L_1)の人は職をみつけることはできません．この場合も家賃規制と同じように，労働者の全体の余剰の大きさは，だれが最低賃金W_1で職をみつけることができるかに依存します．

　かりに，供給曲線Sに沿って供給価格（働いてもよい最低の賃金）の低い労働者順に職に就けるとしてみましょう．職に就けた労働者全体の余剰はW_1EFCになります．この場合には，総余剰は$AEFC$で，最低賃金規制がない場合のABCよりもEBFだけ小さくなります．したがって，最低賃金規制はEBFの社会的損失をもたらし，非効率です．

　労働者全体の余剰が最低賃金規制がない場合の余剰W_0BCよりも大きくなるかどうかは，長方形W_1EGW_0と三角形GBFのどちらが大きいかに依存し，一般的にはなんともいえません．家賃規制の場合と同じように，W_1EFCは最低賃金規制のもとで，労働者全体が得ることのできる余剰の最大値になります．

　雇用が労働の供給価格の低い順に割り当てられない場合には，労働者全体の余剰はこの最大値よりも小さくなり，最低賃金規制がないときの余剰よりも小さくなる可能性があります．労働者の余剰が減少するにつれて，社会的損失はEBFよりも大きくなり，最低賃金規制はますます非効率になります．

　最低賃金規制により非効率が発生する理由はこうです．最低賃金規制のもとでは，雇用量はL_1になりますが，供給曲線SのFBに位置する労働者は最低賃金W_1よりも低い賃金W_0でも働きたいと思っています．最低賃金規制はそ

ういう労働者にW_1よりも低い賃金で働くことを禁じ，失業を強制する政策です．失業を強制するよりも，彼らに働いてもらったほうが彼ら自身の余剰が増えるとともに，企業の余剰も増え，その結果，総余剰も増えますから，社会全体が利益を得ます．

W_1よりも低い賃金で働くことを禁じられたために，職に就けなくなった人は働きながら技能を身につけることもできなくなります．そうなると，彼らはいつまでも失業状態から抜け出すことができなくなります．こうして失業者が増加すれば，政府は雇用保険を拡大したり，失業対策のために無駄な公共投資などを実施しなければならなくなります．

雇用保険はその受給者の働く意欲を減退させ，彼らの労働供給を減らす可能性があります（第5章参照）．労働供給が減れば，その労働によって生産されたはずの財の供給量も減り，それに伴って余剰の減少，すなわち，非効率が発生します．

一方，失業対策のための無駄な公共投資は，総余剰を増やすことのない公共事業に稀少な資源を過剰に投入することにほかなりませんから，やはり非効率を生み出します．

このようにして，最低賃金規制はそれ自体が直接生み出す非効率以外にも，さまざまな非効率を間接的に生み出す可能性があります．

以上から，最低賃金規制は「マンデルの定理」からみて誤った政策で，労働者の賃金を引き上げる政策としては，効率性基準からみて落第です．それにもかかわらず，多くの国で最低賃金法が存在しています．これは，家賃規制と同じように，政策当局が経済学の分析を無視することによって，社会に不必要な負担をもたらしている例です．労働者の賃金を引き上げるには，非自発的失業をなくすとともに，彼らの生産性を引き上げなければなりません．非自発的失業をなくす政策については，第7章と第8章で説明します．労働生産性を引き上げるための政策については，第6章と10-3節で説明しましょう．

参入規制の効果

政府は企業の参入や供給量を規制することによって，①特定の企業を競争から保護しようとしたり，②供給される製品やサービスの質を一定水準に維持し

ようとしたりすることがあります．ここでは，①の参入規制を効率性の基準から評価しておきましょう．②については第5章で扱います．

図2-7のS_0は参入規制が存在しない場合の供給曲線です．このとき，需給均衡量はQ_0，価格はP_0に決定され，総余剰はABCです．

ここで，参入規制により，供給量がQ_1に制限されたとしましょう．これにより，供給曲線はCFS_1になり，需給均衡量はQ_1に減少し，価格はP_1に上昇します．このとき，消費者余剰は規制前のABP_0からAEP_1に減少する一方，生産者余剰は規制前のP_0BCからP_1EFCに変化します．その結果，総余剰は

価格以外の方法での割り当ては非効率と不正の温床

本文で，家賃規制や最低賃金規制のように価格を規制する場合には，価格以外の方法で，人々に借家や雇用を割り当てなければならないことを述べました．ここでは，価格以外の割り当ては非効率と不正の温床になることを述べておきましょう．

たとえば，早い者勝ちで家賃規制の対象になっている借家の利用や最低賃金の職を割り当てる場合を考えてみましょう．この場合には，借家人は家賃規制の対象になっている借家に入居するためには，朝早くからたくさんの不動産を歩き回らなければならないでしょう．最低賃金の職を獲得するには職業安定所に足しげく通う必要があるでしょう．人々は借家や職探しのために稀少な時間と費用（交通費など）を割かなければならず，それらに費やした時間やお金を他の目的に使ったら得られたはずの効用を失います．これは彼らの余剰の減少にほかならず，総余剰の減少という非効率をもたらします．

アメリカでは，2度の石油危機の際に，ガソリン価格の上限を規制したことを述べました．ガソリン価格規制はそれ自体，総余剰の減少という非効率を生み出しますが，ガソリンを買うための行列は早い者勝ちの割り当てですから，上の規制家賃借家の割り当てと同じ非効率を生み出します．

ガソリン価格の上限が規制されたために，ガソリンを水で薄めて売る業者すら現れました．そうなると，事故によって余剰が減少する可能性が高まります．

さらに，所得が高く，時間の稀少価値が高い人は，人を雇ってその人に並んでもらってガソリンを買うといったことも起こりました．これでは，所得が低い人でも，自由な市場で決まる均衡価格よりも低い価格でガソリンを買えるようにしようという，ガソリン価格規制の目的もまた達成できません．

一般に，競争的な価格以外の方法で財の購入を割り当てると，超過需要のために

$AEFC$ で，参入規制・供給量規制が存在しない場合よりも EBF だけ小さくなります．

自由な競争市場では，価格は限界費用に等しくなりますが，参入規制のもとでは，価格 P_1 は Q_1 における限界費用 Q_1F よりも高くなっています．企業はその差に等しい生産者余剰を得ることができます．価格 P_1 が Q_1 における限界費用 Q_1F よりも高くなったのは，参入規制によって供給量が Q_1 に制限されたためです．このように，規制によって発生した生産者余剰を「規制レント」といいます．生産量1単位当たりの規制レントは EF で，規制レント総額は

市場では手に入らない財を，コネのある人や権力をもっている人が，市場を通さずに手に入れるといった不正が起こりがちです．一方，そういう人たちに財を配給する役人は，見返りに金銭を受け取るという汚職が発生します．

実際に，1990年代の終わりに社会主義国が次々に崩壊する過程で，権力者たちが庶民にはとうてい手に入らない財を大量に溜め込んでいたことが暴露されましたが，それは価格以外の方法で財を割り当てるときに起こる不正の典型的な例です．

仕事を競争的価格以外の方法で割り当てるときにも，同じような不正が発生しがちです．最も典型的な事例は，公共事業の指名競争入札の際に起こる，談合や発注者の役人の汚職です．公共事業の指名競争入札とは，公共事業の発注者（国や地方自治体）が10名程度の業者を指定して，指定業者間で競争入札させる制度をいいます．この入札制度のもとでは，だれが指名を受けたかが容易にわかるため，次のような指名された業者による談合がしばしば起こり，たまに，公正取引委員会に発見されて告発されるといった事件が後を絶ちません．すなわち，指名された業者の間で，公共工事ごとにどの業者が受注するかを決め，それ以外の業者はこの受注予定業者よりも高い価格で入札するようにするのです．これにより，受注予定業者は高い価格で入札しても，受注できるようになります．このようにして高値で受注した業者は，次回の入札では，別の受注予定業者よりも高い価格で入札して，その業者に仕事を譲るようにします．かくて，どの業者も順番に高値で公共事業を受注できるようになります．さらに，発注を担当する役人が「大体このぐらいなら受注できる」という公共事業の予定価格を業者に教えて，その見返りに金銭を受け取るといった発注者ぐるみの談合も起こります．

こうした談合をなくすには，指名競争入札ではなく，高額な公共事業に限定されている一般競争入札制度を，どの公共工事にも適用するようにすることです．一般競争入札制度とはだれでもが入札できる制度です．この制度のもとでは，入札業者が増えるため，だれが入札するかが事前にわからなくなり，談合しにくくなります．

図2-7 参入規制の効果

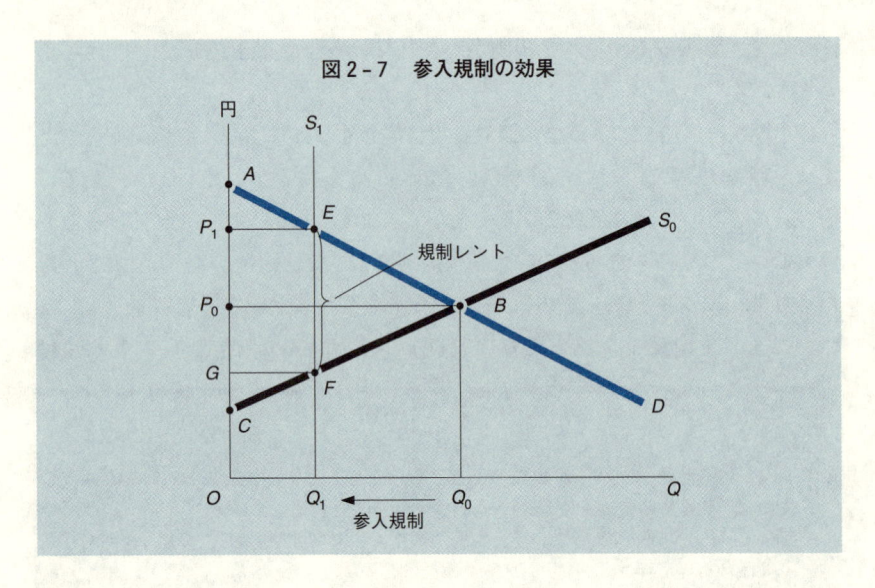

P_1EFG になります．

　以上のように，参入規制は，生産者に規制レントという利益をもたらす一方で，消費者の利益を損なう経済政策です．日本で，長い間採用され，消費者の利益を損なってきた代表的な参入規制に，「大規模小売店舗法」（略して大店法）があります．大店法はスーパーマーケットのような大型店舗の出店を制限するもので，スーパーマーケットの発展を阻害し，長い間，日本の流通業の効率化を遅らせてきました．これは1970年代の最初に導入された規制（98年に廃止）で，零細な小売店を大型店との競争から守ることにより，生き残れるようにすることを目的にする零細小売店保護政策です．しかし，この保護政策によっても，零細小売店の減少は止まりませんでした．それは多くの零細小売店が競争からの保護に安住して，安くて，良質な製品やサービスを求める消費者の需要に応えられなかったからです．

　参入規制は銀行，証券などの金融業，タクシーなど運輸業，医療産業などにおいても採用されてきました．それらについては第5章で説明します．

3 保護貿易政策の評価

貿易の分野では，輸入に関税をかけたり，輸入数量を制限したり，極端な場合は輸入そのものを全面的に禁止したりすることによって，国内産業を貿易競争から保護する措置がとられることが少なくありません．たとえば，日本では戦後長い間，コメの輸入は禁止されてきました．1995年度からは国内消費量の4％相当を最低輸入量として輸入し，その後，輸入量を段階的に増やしていくというミニマム・アクセス制度が採用されましたが，99年4月からは，関税を払えば輸入できるようになりました．しかし，コメの国内価格と国際価格の差にほぼ等しい関税が課せられているため，実際の輸入量はごくわずかなものにとどまっており，輸入米が国内のコメ生産に及ぼす影響はほとんどありません[7]．

それでは，輸入関税や輸入制限規制などの貿易に対する政府の介入は，効率性基準からはどのように評価されるでしょうか．評価のための基準として，初めに自由貿易のケースを取り上げましょう．

自由貿易の利益

いま，輸入は関税も輸入数量制限規制もなく，完全に自由であるとしましょう．図2-8の曲線Dと曲線Sは，それぞれ国内の需要曲線と供給曲線で，貿易がない場合の均衡点はB，需給均衡量はQ_0，均衡価格はP_0になります．このとき，消費者余剰，生産者余剰，総余剰は，それぞれ，ABP_0，P_0BC，ABCになります．

ここで，この財が日本に自由に輸入されるようになったとしましょう．この財の国内産と外国産とはまったく同じで，質の違いはないとします．この財の輸入前の国際価格をP_1とし，日本が輸入を開始しても，この財の国際価格は

---

[7] ——1999年4月以降の関税額はコメ1キログラム当たり409円に設定されました．これはコメの国内価格（上米）と国際平均価格の差の86年度から88年度にかけての3カ年平均に相当します．たとえば，88年度については，国内価格は1キロ当たり429円で，国際平均価格（1キロ当たり37円）の約12倍の値段でした．

図 2-8　自由貿易の利益

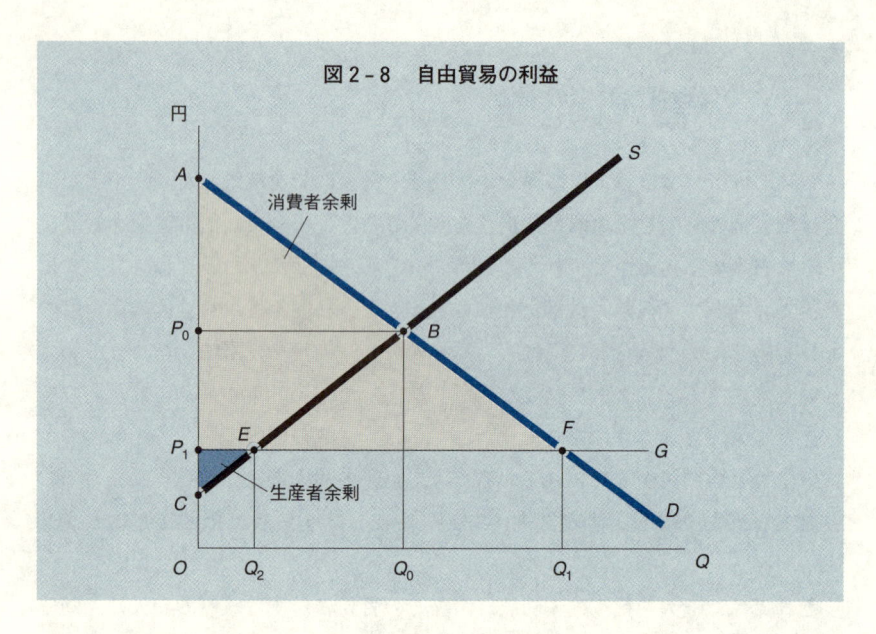

変わらず，日本は P_1 でいくらでも輸入できると仮定しましょう．このように，日本がある財を輸入してもその国際価格は変化しないという仮定を，経済学では，「小国の仮定」といいます．

「小国の仮定」により，日本が直面する外国産の供給曲線は P_1 で水平な直線 G になります．直線 G は，日本はこの財を P_1 で輸入しようと思えば，いくらでも輸入できることを示しています．日本の消費者は輸入開始前の国内価格 P_0 よりも低い国際価格 P_1 で，この財を購入できるようになります．したがって，自由に輸入できるようになると，日本全体の需要量は，需要曲線 D と直線 G の交点に対応する Q_1 になります．これは国内産と外国産を合計した需要量です．

それでは，国内産と外国産のそれぞれの供給量はどうなるでしょうか．この財が自由に輸入できるようになると，日本の供給者も輸入開始前の国内価格 P_0 よりも低い国際価格 P_1 で売らなければ，1つも売れなくなります．というのは，この財の市場では，国内産とまったく同じ外国産が P_1 で売られるようになるため，それよりも高い価格で国内産を買う人はいなくなるからです．

価格が P_1 であれば，日本の供給者は国内の供給曲線 S と直線 G との交点に

対応する Q_2 だけ生産して，供給しようとします．一方，上で述べたように，日本全体の国内産と外国産を合計した需要量は Q_1 ですから，輸入量は（$Q_1 - Q_2$）になります．

輸入により，各余剰は次のように変化します．消費者余剰は AFP_1，（国内の）生産者余剰は P_1EC，総余剰は（$AFP_1 + P_1EC$）になります．輸入前の総余剰は ABC でしたから，輸入によって総余剰は BFE だけ増えることがわかります．自由な輸入により，総余剰が増えますから，この財に関する資源配分はより効率的になっています．この総余剰の増加を貿易の利益といいます．

それでは，消費者余剰と生産者余剰はどのように変化するでしょうか．まず，消費者余剰は輸入により，価格が下がり，消費量が増えることによって，輸入前よりも P_0BFP_1 だけ増えています．しかし，生産者余剰は輸入前よりも，価格が下がり，供給量が減ることにより，P_0BEP_1 だけ減ってしまいます．この生産者余剰の減少は輸入によって増える消費者余剰の一部を構成しています．これから，輸入は輸入前の生産者余剰の一部を消費者に移転する機能をもっていることがわかります．しかし，輸入による消費者余剰の増加は P_0BFP_1 ですから，消費者はこの生産者余剰の一部移転に加えて，BFE の余剰の増加を享受できることになります．この生産者余剰の消費者への移転を超える消費者余剰の増加は，上に述べた自由な輸入による総余剰の増加にほかなりません．

以上から，自由な輸入は総余剰を増やすという意味で，効率的で，消費者にとっては利益になりますが，国内生産者にとっては不利であることがわかります．ですから，国内生産者は自由な輸入に反対するのが普通です．しかし，自由な輸入は国内生産者の損失（P_0BEP_1 の輸入による生産者余剰の減少）を超える利益（BFE）を消費者にもたらします．このことは，たとえば，政府が，生産者が自由な輸入によって被る損失（P_0BEP_1）に等しい金額を消費者に課税して，それを財源に，生産者の損失を補償したとしても，なお消費者は自由な輸入により，利益（BFE）を得ることができることを意味しています．すなわち自由な輸入は，かりに消費者が生産者の損失を補償したとしてもなお，消費者の利益になるのです．

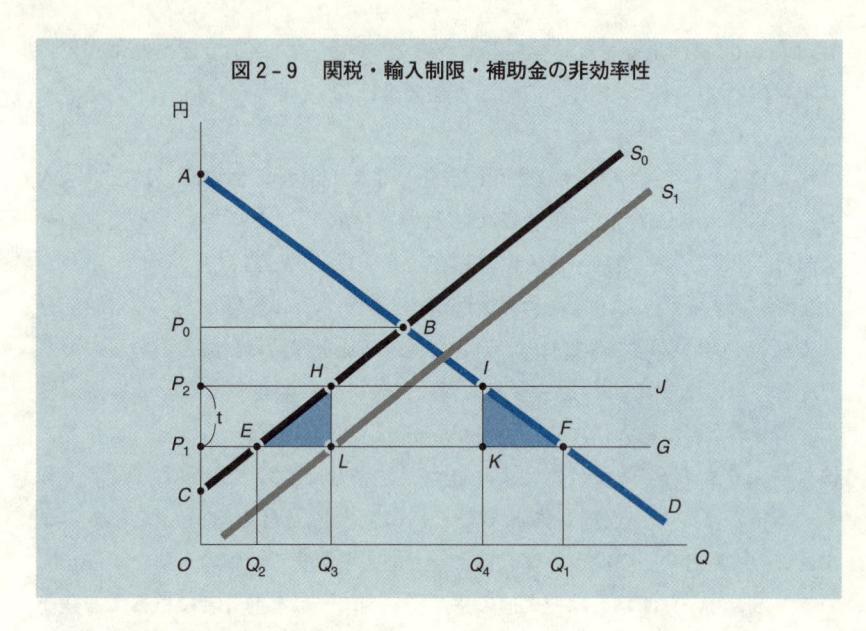

図 2-9　関税・輸入制限・補助金の非効率性

輸入関税による総余剰の減少

次に，国内生産者を保護するために，輸入 1 単位当たり t 円の輸入関税（以下では，関税と略します）がかけられたとしましょう．これにより，図 2-9 で，輸入による供給曲線は G から t だけ上に移動して，直線 J に変化します．関税導入前に比べて，国内生産量は Q_3 に増え，輸入量は (Q_4-Q_3) に減り，消費量は Q_4 まで減って，価格は P_2（$=P_1+t$）に上がります．関税導入前よりも消費者余剰は P_2IFP_1 だけ減って，AIP_2 になり，逆に，生産者余剰は P_2HEP_1 だけ増えて，P_2HC になります．

それでは，総余剰はどのように変化するでしょうか．関税収入を考慮する前の総余剰は，消費者余剰 AIP_2 と生産者余剰 P_2HC の合計になります．この総余剰は関税が導入される前よりも，$HIFE$ だけ小さくなっています．

しかし，関税によって総余剰がどれだけ変化するかを考えるためには，関税収入を考慮する必要があります．というのは，関税収入は国内のだれかの余剰になるからです．たとえば，関税収入を財源に消費税を減税すれば，消費者の余剰になります．

関税導入後の輸入量は (Q_4-Q_3) でしたから，関税収入は（関税率 t × 輸入

量）から，HIKL になります．これは国内のだれかの余剰になります．したがって，この税収による余剰の増加を考慮すると，関税導入によって減少する総余剰は，次のようになります．

　　関税導入により減少する総余剰
　　＝関税収入を考慮する前の総余剰の減少 HIFE
　　　－関税収入による余剰の増加 HIKL
　　＝HEL＋IFK

以上のように，関税収入による余剰の増加を考慮すると，関税導入により減少する総余剰は（HEL＋IFK）になります．つまり，関税は資源配分の非効率性（＝社会的損失）をもたらします．

輸入制限規制の非効率性

次に，同じ図を用いて，国内生産者を保護するために輸入量を制限するケースを考えてみましょう．関税との比較のために，輸入量を，輸入1単位当たり t 円の関税をかけたときに実現する輸入量（$Q_4 - Q_3 = HI$）と同じになるように制限するとしましょう．この場合には，消費者余剰と生産者余剰は関税のケースと同じように変化します．

ところで，関税のケースでは，関税さえ払えばだれでも輸入できます．それでは，輸入制限規制の場合はどうなるでしょうか．輸入制限規制の場合には，国際価格 P_1 で1単位輸入して，国内で P_2 で売れば，労せずして輸入1単位当たり，売買価格差の t の利益を得ることができます．したがって，輸入したい企業が殺到するでしょう．しかし，輸入量は HI に制限されていますから，だれもが輸入できるようにするわけにはいきません．なんらかの方法で，輸入できる企業なり，人なりを限定しなければなりません．なんらかの基準で，何社かの企業に輸入を割り当てたとすれば，割り当てを受けた企業は全体として HIKL に等しい余剰を獲得します．これは関税のケースの関税収入に等しい金額で，社会全体の余剰になります．したがって，輸入量を関税の場合に実現する輸入量と等しくなるように制限すれば，輸入制限規制による総余剰の減少は，関税の場合と同じになります．

ただし，いま述べたケースでは，関税の場合と違って，関税収入に相当する余剰は輸入割り当てを受けた業者のものとなってしまいます．そのため，輸入業者が輸入割り当てを受けようとして，輸入割当権限をもっている役人に賄賂を贈って，輸入割り当てを受けようとする，といった不正が起こりがちです．

こうした不正を防ぐためには，政府が輸入割り当てを受けたい業者に，輸入1単位当たり t の輸入許可料を負担させるようにするか，民間が輸入することを禁止し，政府が独占的に P_1 で輸入して，P_2 で販売することです．いずれの場合も，政府は関税収入に等しい収入を得ますから，効果は関税をかけるのとまったく変わらなくなります．

生産者補助金と貿易の利益の減少

政府は国内生産者に補助金を与えて，国内生産者を自由な貿易から保護することもできます．図2-9で，関税の効果と比較できるように，補助金を国内生産者に与えることによって，彼らが関税の場合と同じ Q_3 を生産できるようにするケースを考えましょう．このような補助金は生産1単位当たり t 円（関税額に等しくなります）になります．この補助金により，国内生産者の供給曲線は補助金前の S_0 から t だけ下方に移動して S_1 になります．このとき，国内生産者は国際価格 P_1 の水準で平行な直線 G と S_1 の交点に対応する Q_3（t の関税のケースと同じ生産量）を生産し，政府から1単位当たり t 円の補助金を受け取ります．国際価格 P_1 に補助金 t を加えて考えると，国内生産者は関税のケースと同じように，価格 P_2 で販売していることと同じになります．

この補助金政策のもとでは，消費者は国際価格 P_1 で当該財を購入できますから，補助金の財源調達を考慮しなければ，消費者余剰は AFP_1 になり，自由貿易のケースと同じ余剰を得ることができます．一方，国内生産者は補助金込みの価格 P_2 で販売していることになりますから，補助金込みの生産者余剰は P_2HC になり，関税のケースと同じで，自由貿易の場合よりも P_2HEP_1 だけ増加します．

それでは総余剰はどうでしょうか．総余剰を考える場合には，補助金の財源を考えなければなりません．補助金の財源がなんであろうと，それは総余剰が民間部門から政府に移転することを意味します．たとえば，補助金の財源のた

めに消費税が増税されたとすれば,消費者余剰の一部がいったん消費者から政府に移転し,その移転した余剰が国内生産者に分配されることになります.

この補助金財源調達方式のもとでは,消費者余剰は補助金の財源調達を考慮しない場合の AFP_1（これは,自由貿易における消費者余剰に等しいことに注意してください）よりも補助金分 P_2HLP_1（1単位当たり補助金 t ×国内生産量 Q_3）だけ減少します.他方,上に述べたように,生産者余剰は自由貿易よりも P_2HEP_1 だけ増加します.この国内の生産者余剰の増加は,消費者が補助金のための財源負担によって被る余剰の減少よりも,HEL だけ小さい金額です.つまり,消費者が補助金の財源を負担して国内生産者を助けているにもかかわらず,生産者余剰は補助金を下回る金額しか増えないのです.

以上から,自由な貿易に比べて,総余剰は補助金政策によって HEL だけ減少し,資源配分の非効率により社会的損失が生ずることがわかります.しかし,補助金政策のほうが関税政策よりも,総余剰の減少は IFK だけ少なくてすみます（関税による総余剰の減少は HEL と IFK の合計）.したがって,同じように国内生産者を自由貿易競争から保護するのであれば,効率性基準からは,関税政策よりも補助金政策のほうが望ましいことになります.

4　市場の失敗と産業政策の評価

市場の失敗

これまでは,競争市場は効率的な資源配分を達成すること,政府による税・補助金や規制などの市場介入は効率的な資源配分を妨げる要因になることを説明してきました.しかし,競争市場が達成する経済環境が資源配分の効率性基準からみて最適であるためには,いくつかの前提が必要です.市場がそれらの条件を欠くために,競争市場が効率的な資源配分を達成できないケースがあります.このケースを「市場の失敗」といいます.市場の失敗が起きる可能性があるのは次のケースです.

①規模の経済や範囲の経済による平均費用の逓減
②外部性・公共財
③情報の不完全性・非対称性

これらの要因が存在する状況では，競争制限的な規制や税・補助金による誘導，貿易の保護，財・サービスの公的供給などの政府の直接的な介入が正当化される場合があります．

ここでは，この章の課題に関わる経済政策として，外部性と情報の不完全性・非対称性の存在によって市場の失敗が起きるときに，その失敗を是正する目的で実施される産業政策の妥当性について検討しておきましょう．その他の市場の失敗のうち，上記の①については第3章で，②については第4章で，それぞれ説明します．また，③については，ここでは説明しきれない問題がありますので，第5章で検討します．

産業政策とはなにか

産業政策という単語は，戦後の日本経済史を学ぶ際に頻繁に目にします．しかし，時として産業政策という用語は「伝統的な経済理論とそこから導かれる政策」の枠を大きく超えて使用されるため，その定義が明確ではありません．

経済学的な意味での産業政策は，「一国の産業間の資源配分，または特定産業内の産業組織に介入することにより，その国の経済厚生に影響を与えようとする政策」[8]と定義することができます．ここに，経済厚生とは本書の用語の総余剰に相当します．この定義に従うと，具体的な産業政策は以下のようなものになります．

①外部性の存在を根拠として，幼稚産業保護論や産業育成論など，補助金や税制，貿易などへの介入によって特定の産業の育成を図る政策
②融資などにおける情報の非対称性問題が深刻な経済活動を，情報提供や補助金・税制優遇により支援する政策
③衰退産業に属する企業・労働者への負担を軽減するための緩和措置

このような介入政策が正当化されるためには，なんらかの形での市場の失敗が発生している必要があります．③は基本的には，所得再分配政策であり，その是非は効率性だけからは評価できません．そこで，以下では，①と②のタイプの産業政策に関して，その政策根拠を検討しましょう．

8——伊藤・清野・奥野・鈴村（1988）による．

動学的規模の経済

産業政策の根拠の1つに，動学的規模の経済があります．

ある生産活動に従事すると，経験を通じて技術が向上し，生産に必要な費用がしだいに減少していくことがあります．この状況を「実行による学習（learning by doing）」といいます．このように，ある産業が時間を追うごとにその生産費用が低下していく状況を，「動学的規模の経済」といいます．

動学的規模の経済がある産業では，現時点の技術水準では国内で生産するよりも，輸入したほうが費用が安くすむとしても，一時的な国内産業の保護や赤字の補填により，その産業を育成すると，学習効果により技術が向上し，将来時点では採算のとれる産業になる可能性があります．この理由から主張されるのが，幼稚産業の製品の輸入規制や税制・補助金による支援です．

しかし，動学的規模の経済の存在だけでは政府が積極的に産業政策を行う根拠にはなりません．ある産業に動学的規模の経済があることがあらかじめわかっていれば，民間企業もまた，現時点では赤字であっても十分な時間をかければ採算がとれる事業になることを知っているはずだからです．この立ち上げの初期に発生する赤字を，産業のセットアップ・コストといいます．将来採算がとれる産業であれば，セットアップ・コストが存在しても，それは増資や借入などで対応することができますから，民間企業による自発的な「産業の立ち上げ」が可能です．

セットアップ・コストが大きくても，長期的には採算がとれる産業の典型的な例として，日本の自動車産業が挙げられます．1950年頃の日本の自動車産業は，一万田尚人日銀総裁（後に大蔵大臣）の自動車産業不要論に代表されるように，とうてい採算のとれる産業ではないと考えられていました．しかし，現在では自動車産業は日本経済の基幹産業です[9]．

動学的規模の経済が存在する状況で，政府介入の根拠として挙げられる第1は，民間企業はその存在を知らないが，政府は知っているというものです．現

---

[9] ——R. Beason and D. Weinstein (1995) "The MITI Myth", *American Enterprise* 6 (4) は，日本の自動車産業が成長する過程における政府介入の程度は，他産業に比べて小さいほうだったと述べています．

代の日本の経済環境でこれを正当化することはきわめて困難といってよいでしょう．また，もし「政府だけが知っている情報」があるならば，政府が将来性のある産業について情報を公開すればよいだけで，情報を隠したまま，政府が介入政策を行う必要はありません．

　政府介入の根拠として挙げられる第2は，情報の非対称性の存在のために金融・資本市場が不完全になるケースです．産業立ち上げの初期には莫大な設備投資を必要とします．内部資金が不十分で，金融・資本市場が不完全なため十分な増資も借入もできない場合には，民間による自発的な産業の立ち上げは不可能です．このような場合には，政府がその産業を輸入競争から保護することで，その産業に属する企業が利潤を得やすい状況を作ることによって，融資を受けやすくすることが考えられます．

　しかし，金融・資本市場の問題が産業の立ち上げを妨げる主な要因であれば，貿易の規制ではなく，政府による利子補給や公的な融資などがより直接的な対応であると考えられます．この点については5-4節で再び取り上げます．

外部性と産業政策

　もう1つの産業政策の理論的な根拠は，時間的な規模の経済に動学的な外部性が伴う場合です．

　ある企業が初期投資を行って生産を開始し，動学的な規模の経済によって生産技術や知識が向上したときに，それによって生ずる利益がその企業のものになるならば，政府が介入する必要はありません．しかし，ある企業の技術・知識の向上に基づく利益が，対価を伴った市場の取引を通じることなく，直接，同業他社や他産業に及ぶときには，資源配分の効率性基準からみて，自発的な産業の立ち上げは過小になります．この市場の取引を通じることなく，直接，他産業や企業に利益が及ぶことを，「外部性が存在する」といいます．ここに，外部とは市場の外部という意味です．

　外部性のうち，他の経済主体に利益が及ぶ場合を「外部経済」，他の経済主体に不利益が及ぶ場合を「外部不経済」といいます．上で述べたケースは外部経済のケースです．

　技術・知識に外部経済が存在すると，その技術・知識を開発した企業は技

術・知識の開発に要した費用の一部しか回収できません．費用が回収できない分だけ，当該の技術・知識開発の収益率は低下しますから，そうした開発は低い水準にとどまり，その結果，社会全体の総余剰も減少します．

このように技術・知識に外部経済が存在するとき，その産業で開発される技術には「波及効果（spill over effect）がある」といいます．この効果が大きい場合には，政府が一時的にその技術を開発する産業を保護すれば，当該産業で開発された技術・知識が一国経済全体の技術・知識水準を向上させることができます．

しかし，このような産業政策を正当化する場合には，上で述べた外部経済の定義における「利益が対価を伴った市場の取引を通じることなく，直接，同業他社や他産業に及ぶ」という部分に注意する必要があります．

発明，考案，意匠，著作物などの人間の創造的活動によって生み出されたものが，知的財産権として保護され，それらが対価を伴った市場取引を経ずに，他人や他企業に利用されることを防止できるならば，外部経済は消滅します．この場合には，他人や他企業の知的財産を利用したい者は知的財産の所有者と交渉して，対価を払ってそれを利用することになります．これは市場の外部に存在した外部経済を市場取引に取り込むという意味で，「外部経済の内部化」といいます．

このように考えると，技術・知識に外部経済が存在する場合に，政府がすべきことは，当該産業を産業政策によって競争から保護することではなく，知的財産権を明確に定義したうえで，それを法によって守ることであるといえます．

こうした考え方から，アメリカは1980年代初め頃から知的財産権を保護するための知的財産権保護政策をとり始めました．この政策は特許権をはじめとする知的財産権の保護を重視するという意味で，プロ・パテント（pro-patent：pro は支持する，patent は特許の意味）政策といいます[10]．このアメリカの国

10──1980年代に入って，アメリカの輸出市場に占めるシェアが10％程度に落ち込み，その原因を調査したヤング・レポート（1983年）は，「アメリカの技術は依然として世界最高水準にあるが，各国の知的財産の保護が不十分であるため，輸出シェアの低下を招いた」という主旨のことを述べています．現在，アメリカのプロ・パテント政策の効果の実証研究は不十分ですが，アメリカ経済が90年代に入って復活した一因は，アメリカがヤング・レポートに基づいてプロ・パテント政策に転換したからであるという主張もあります．

家戦略を受けて，日本でも2002年末に「知的財産基本法」が成立し，企業も知的財産権部門を強化するようになりました．

マーシャルの外部性と産業政策

上の外部性とは違った意味の外部性であるマーシャルの外部性も，産業政策の根拠として主張されています．

ある地域の企業数や産業全体の規模が個々の企業の生産性に影響することを，それを指摘した経済学者の名をとって，「マーシャルの外部性」といいます．たとえば，国内に特定産業に関連する企業が数多く設立されると，その産業の生産性が向上する場合や，ある地域に多くの企業が立地すると，その地域の各企業の技術水準が向上する場合などがマーシャルの外部性にあたります．

その理由としては，当該の産業に原料やサービスを供給する他の産業に規模の経済が存在することが挙げられます．たとえば，自動車産業の生産規模が大きくなれば，自動車産業に鉄鋼を供給する鉄鋼産業は生産規模を拡大することができます．この鉄鋼産業の生産規模の拡大によって鉄鋼の生産費用が低下すれば，鉄鋼を使って自動車を生産する自動車産業も利益を得ます．

マーシャルの外部性のもとでは，たとえば，50社ずつ2つの産業（地域）に投資するよりも，100社が同じ産業（地域）に集中・集積したほうがより大きな外部経済が得られます．民間企業は多くの企業が属する産業，多くの企業が立地する地域へ投資しようとするでしょう．その際には，「将来どの産業（地域）で集積がさかんになるか」という予想が重要になります．

ここで，A，B2つの企業がα，βという2つの産業のどちらに投資するかを検討しているとしましょう．ここでは，全企業が同時に投資を実行するとします．その場合，企業は集積の利益を得るために，他社と同じ行動をとろうと考えるでしょう．しかし，各企業がバラバラな予想に基づいて投資した場合，投資がA社はα産業，Bはβ産業というように分散してしまい，集積の利益が得られないことがあります．この可能性を考慮すると，両企業共に投資活動自体を思いとどまる可能性があります．

ここで政府がα産業を今後10年にわたって税制優遇によって保護をするなどの介入を行った場合，各企業共，他社はα産業へ投資するであろうと予想する

ようになるでしょう．その結果，多くの企業が集積の利益を求めて，α産業へ投資する可能性が高まります．

つまり，産業政策の存在が民間企業の意思決定に対して情報を提供するのです．このような産業政策の情報提供機能は，牛を誘導するために鳴らす鈴になぞらえて「カウベル効果」と呼ばれます．日本開発銀行（2006年現在は，日本政策投資銀行）を中心とした政府系金融機関は重点的な融資対象の選択を通じてこのようなカウベルの役割を果たしたと主張されることがあります．

しかし，マーシャルの外部性が存在する場合には，政府は民間にそれが特定の産業に存在するという情報を提供すればよく，輸入規制などの競争制限的な規制や補助金などによって特定の産業を保護する必要はないと考えられます．

政府の失敗の可能性と直接投資

産業政策については，次の2つの問題があります．

第1は，動学的外部性やマーシャルの外部性の存在のために，市場が失敗する可能性があるとしても，政府にはそれらの外部性の大きな産業をみつけ出す能力があるのか，また，そうした能力を磨くインセンティブがあるのか，という問題です．

産業政策や地域開発政策などでは，政府が動学的外部性やマーシャルの外部性の存在を誤って判断し，長期的にみても採算がとれない産業を保護・育成してしまい，赤字が止まらず，いつまでもその赤字を税金で補填しつづけなければならない，といった状況に陥ることがあります．これを「政府の失敗」といいます．

この点を考慮すると，市場の失敗があると思われる場合でも，市場の失敗の可能性と政府の失敗の可能性を比較して，政府が介入すべきかどうかを慎重に判断する必要があります．

第2は，産業政策は国内企業の保護・育成を掲げますが，1980年代以降，中国をはじめとするアジア諸国などの発展途上国では，外国から直接投資を受け入れて成長するというパターンが主流になってきたことです．動学的外部性やマーシャルの外部性がある場合に，保護・育成の対象を国内企業に限定する必要はありません．それは，直接投資によって，外国企業の経営資源（経営手

法，技術，ノウハウ，マーケティングなど）を取り入れたほうが，輸入制限などで国内企業を保護・育成するよりも，産業を早く立ち上げることができる可能性があるからです．

5 戦後日本の高度成長と自由競争

　この章の1節から3節で，自由な競争は効率的な資源配分を達成する機能をもっており，競争制限的な規制や補助金によって産業を自由競争から保護する政策は，非効率な資源配分をもたらし，消費者の利益を損なうことを説明してきました．また，4節では，産業政策の理論的根拠について検討しました．そこで，これらの点を踏まえて，戦後日本が1955（昭和30）年頃から70（昭和45）年くらいまでにかけて，年率平均10%程度の高度経済成長を達成し得たのはなぜかを考えてみましょう．

　結論からいえば，高度経済成長を可能にした基本的な要因は，戦後の日本が企業の自由な競争を原則とする市場経済を選択し，それによって資源配分の効率化を進めたことにあると考えられます．具体的には，以下のようになります．まず，戦後いち早く，財閥が解体され，「カルテル」（企業同士で価格や生産数量に関する協定を結ぶこと）などを形成する非競争的な寡占体制が崩れて，企業間競争が活発になりました．企業はこぞって先進国で開発された技術を導入し，設備を最新のものに置き換えていきました．先進国で開発された新製品が改良を加えられつつ，次々に導入され，新規参入，新企業の立ち上げも活発になりました．この時期の主役企業の中には，トヨタ，日産，ホンダ，日立，松下，ソニーなどの財閥とほとんど縁がないか，せいぜい新興財閥の一員だった程度の革新的な企業が少なくありませんでした．

　企業による積極的な新技術・新製品の導入と開発，新しい流通経路の開拓などに伴う技術革新と企業の積極的な設備投資とによって，消費者は価値の高い，したがって，消費者余剰の大きな製品を購入できるようになりました．こうした企業間の競争は費用の低下を招きますから，財・サービスの供給曲線の下方への移動につながります．これによって，価格が低下すると，需給均衡量が増大し，その結果，消費者余剰と生産者余剰は共に増加します（図1-6と

図1-7を参照).

　競争的な設備投資の増加と技術進歩は，経済成長を加速し，経済成長によって増えた消費者の所得は新しい製品の購入に向かいました．企業は消費者に製品を売った代金で技術革新に投じた資金を回収し，その資金と借入金を用いてさらなる技術革新に挑戦する．こういう理想的な経済成長のプロセスが実現しました．

　この企業の技術革新と積極的な設備投資を支えたものは，企業間の激しい競争でした．競争は，企業に勝利に安住することを許しません．企業は常に，新しいフロンティアに向かって挑戦していかなければ，競争に負けてしまいます．最悪の場合は，倒産です．

競争を促進した貿易の自由化

　高度成長の原動力になった企業間競争は，貿易自由化によって拍車がかかりました．戦後，貿易が再開された後も，しばらくは，国際収支均衡の維持と産業保護のため，輸入許可制と外貨割り当て制が採用されました．外貨割り当て制とは，輸入に際して必要な外国通貨（略して，外貨）（具体的には，米国ドルです）を政府が輸入業者に割り当てて売却する制度です．外貨の割り当てを受けられなければ，輸入できません．実際の経済政策の運営に際して貿易の自由化という場合は，輸入許可制や外貨割り当て制などの規制を撤廃することを指しています．この自由貿易の定義は，関税も規制もない貿易という，本書の自由貿易の定義とは異なっていることに注意してください．

　さて，1960（昭和35）年半ばの岸内閣の終わり頃から，貿易自由化が始まりました．貿易自由化は一挙にではなく，品目ごとに，早期自由化，近い将来自由化（具体的には，3年以内），必要な日時の後自由化，自由化困難の4段階に分けて進められました．自由化困難品目は米麦製粉，バナナ，砂糖，酪農製品，小麦などの農産物で，農家を守るための保護政策です．

　この時代に貿易自由化が進んだのは，海外からの輸入自由化圧力が高まったこと，国際収支が黒字基調になり始めたため外貨不足が解消しつつあったことなどが一因ですが，基本的には，貿易自由化が資源配分を効率化することにより消費者の利益を増進するからです．当時の政府の「貿易為替自由化計画大

綱」も次のように述べています．すなわち，「貿易自由化は企業の経済合理性に即した創意に基づく行動を促すことによって，日本経済に好ましい結果をもたらす」と．

具体的には，海外の安い原材料の輸入によって，生産費用が引き下げられるとともに，企業は国際競争にさらされるため，常に，合理化努力を迫られ，それにより，経済資源が無駄なく，効率的に利用されるようになるということです．これにより企業の体質が改善され，ひいては国民生活の水準が欧米に近づいていくと考えられたのです．

実際に，貿易の自由化が進んだ産業は，国際競争にさらされて，効率化が進み，生産性が大きく向上しました．これは，供給曲線の下方移動をもたらし，総余剰と消費者余剰の増大に寄与します．生産性が伸びる産業は経済成長にも大きく寄与します．トヨタ，ホンダ，ソニーなどの有名企業や，多くの機械企業などは，すべて，貿易自由化のもとで，国際競争に勝ち抜いた製造業で，経済成長の原動力になった企業です．

夢の「所得倍増計画」の実現

1960年には，池田勇人内閣のもとで，「所得倍増計画」が始まりました．この計画は10年で所得を倍にするというものです．

「所得倍増計画」といっても，かつての社会主義国が採用した「計画」とはまったく異なるもので，それは，「民間の経済主体が，自由企業と市場機構を通して経済合理性を追求しつつ，その創意と工夫により自主的活動を行う」ことによって，10年で所得を倍にするというものでした．実際には，この計画は7年で達成されてしまいます．

この「企業の自由に任せ，政府は余計な干渉はしない」ことを経済政策の原則にしたことにこそ，高度成長をもたらした秘密があると考えられます．

それに対して，日本だけでなく，海外でも，日本の高度成長は旧通産省の「産業政策」によってもたらされたという考え方があります．この点について

11──旧通産省の産業政策については，伊藤・清野・奥野・鈴村（1988），三輪・ラムザイヤー（2002）および，小宮・奥野・鈴村（1984）を参照してください．

は賛否両論がありますが，旧通産省の「産業政策」を評価する場合には，その「産業政策」はこの章の4節で述べた産業政策とは同じものではなかったという点に注意する必要があります[11]．

【練習問題】
1．他の事情を一定として，需要の価格弾力性が大きいほど，個別物品税による社会的損失は大きくなることを，需要の価格弾力性が無限大の場合を例にとり，適切な図を用いて説明しなさい．
2．他の事情を一定として，供給の価格弾力性が大きいほど，個別物品税による社会的損失は大きくなることを，供給の価格弾力性が無限大の場合を例にとり，適切な図を用いて説明しなさい．
3．大店法廃止が非効率な小売店の淘汰を促進するメカニズムを，長期平均費用と利潤の概念を用いて説明しなさい．
4．家賃上限規制，最低賃金規制，参入規制，輸入制限規制などの規制政策を，1-5節の「ティンバーゲンの定理」と「マンデルの定理」を適用して評価しなさい．
5．コメの関税を撤廃して，コメの輸入を完全に自由にする政策の是非を，ゼミやクラスで，コメの完全自由化賛成派と反対派に分かれて，ディベートしなさい．

【練習問題のヒント】
1．図2-1と同じように，需要曲線と供給曲線を用い，需要の価格弾力性が無限大のケースのほうが有限のケースよりも，個別物品税による総余剰の減少が大きいことを示します．その際，需要の価格弾力性が無限大のケースでは，需要曲線は数量軸（図2-1のQ軸）に平行になることに注意．
2．図2-1と同じように，需要曲線と供給曲線を用い，供給の価格弾力性が無限大のケースのほうが有限のケースよりも，個別物品税による総余剰の減少が大きいことを示します．その際，供給の価格弾力性が無限

大のケースでは，供給曲線は数量軸（図 2-1 の Q 軸）に平行になることに注意．
3．大型店の参入によって価格が低下すると，その価格よりも長期平均費用の最小値が高くなってしまう非効率な小売店にとっては，長期的にも正常利潤が得られなくなるため，その産業から撤退することが有利になります．
4．第10章も参照して，資源配分の効率性基準と所得分配の公平性基準から考えてみましょう．
5．コメの関税撤廃反対論には，次のようなものがあります．これらの反対論を考慮して，「ティンバーゲンの定理」と「マンデルの定理」に注意しながら，ディベートしましょう．

①コメの生産を外国に依存すると，外国米の生産が飢饉などで大きく減少したときに，国内消費を確保できない（食糧安全保障説）．

②水田は日本の原風景であり，保存すべきである．コメの関税を撤廃すると，日本のコメ生産が不可能になり，水田が消失してしまう．

③外国では，日本米のようにおいしいコメは作れない．

第 3 章

公益事業と競争政策

　第2章では，政府が完全競争市場に規制などによって介入すると，総余剰が減少し，資源配分が非効率になることを示しました．しかし，財・サービスの中には，電気通信，電力，ガス，水道，郵便，運輸など，その市場が完全競争の条件を満たさない，あるいは満たしにくいものがあります．これらのサービスは，従来，公益事業の名のもとに，参入や価格が規制されてきましたが，主要国では，1980年代頃から，その供給形態や規制方法が大きく変化し，規制政策と競争政策が並存するようになっています．そこで，この章では，これらのサービスに関して，資源配分の効率性を改善するための経済政策を検討しましょう．

1　自然独占と規制

自然独占とは
　財・サービスの中には，その技術的な性格上，自由な市場では競争を通じて供給者が1社になってしまう，すなわち，独占になってしまう場合があります．
　たとえば，電気を供給する電力業を考えてみましょう．電力業は電気を発電し，送電線網を使って，需要者に向けて送電します．その場合，どんなに少量の送電でも，一定規模以上の送電網が必要になります．このように，送電量にかかわらず必要になる送電網を固定設備といい，それを維持するための費用を固定費用といいます．この固定費用の定義からわかるように，送電単位当たり

図3-1 規模の経済性と自然独占

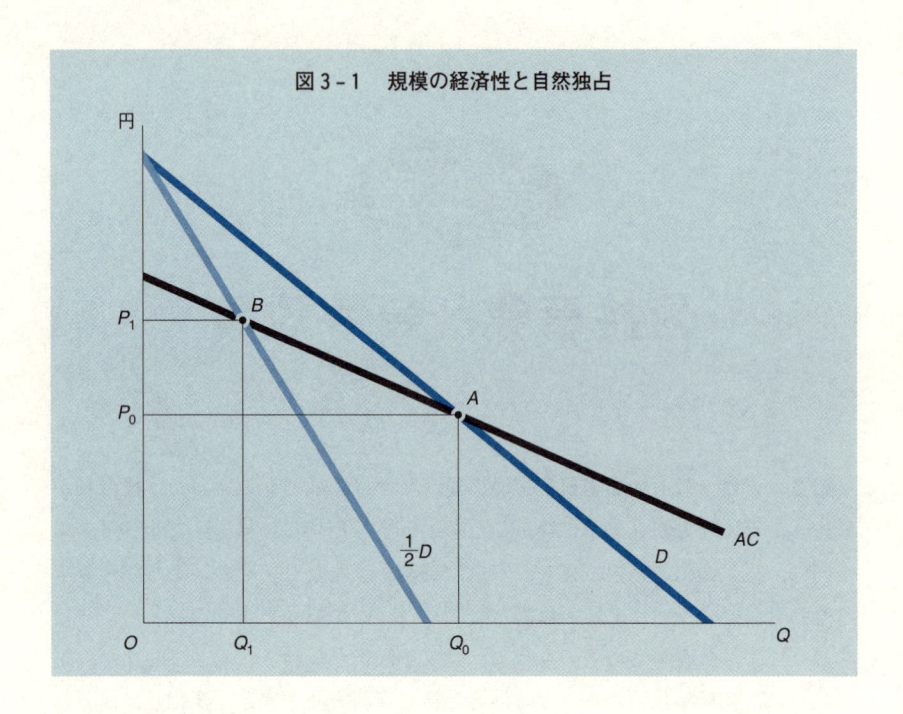

の固定費用は送電量が多くなるほど低下します.

　送電費用は固定費用に送電するたびにかかる可変費用を加えたものですが,固定費用の送電費用に占める割合が大きいため,送電単位(時間当たりのワット数で測ります)当たりの費用,すなわち,平均費用は多くの需要者に送電するほど低下します.このように平均費用が供給量が増えるにつれて低下することを,「平均費用が逓減する」,「収穫が逓増する」,あるいは,「規模の経済が働く」といいます.

　図3-1の直線 D は市場全体の需要曲線,直線 AC は平均費用曲線です.規模の経済が存在すると,平均費用は供給量の増加とともに低下しますから,平均費用曲線は右下がりになっています.

　いま,2つの企業AとBが需要を半分ずつ分け合って,供給しているとしましょう.それぞれの企業はどの価格でも,需要曲線 D の半分だけの需要がありますから,それぞれが直面する需要曲線は図の $\frac{1}{2}D$ になります.このとき,それぞれの企業は収入が総費用に等しくなるような水準に,供給量を決定する

86　第Ⅰ部　ミクロ経済政策

としましょう．このとき，価格 P_1 は点 B に対応する平均費用に等しくなります．しかし，いずれの企業も生産量を Q_1 よりも増やして，平均費用を引き下げれば，P_1 よりも低い価格で売っても採算がとれます．かりに，企業Aが先にこの戦略に出て企業Bの顧客を奪ってしまえば，企業Bは市場から撤退せざるを得なくなり，企業Aの独占が成立します．これを「自然独占」といいます．

以下の「自然独占の非効率性と市場の失敗」の項で説明しますが，いったん企業Aの独占になれば，独占企業Aは価格を P_0 よりも高く設定して，2社で需要を半分ずつ分け合っていたときよりも，利潤を増やすことができます．

このように，自然独占になるのは，市場全体の需要の規模に比較して，規模の経済が大きいからです．市場全体の需要が増大すると，自然独占が崩れる可能性が出てきます．この点は，本章2節で説明します．

規模の経済の形式的表現

規模の経済は，形式的には次のように表すことができます．

あるサービスを供給する n 個の企業が存在し，i 企業の生産量を Q_i（$i=1, 2, \cdots, n$），その費用を $C(Q_i)$ とします．$C(Q_i)$ は，費用 C は Q_i に依存する（つまり，費用 C は i 企業の生産量 Q_i の関数である）ことを意味します．次に，1社で同じサービスを生産したときの生産量を Q，その費用を $C(Q)$（費用 C は Q の関数である）とします．$Q=Q_1+Q_2+\cdots+Q_n$ とすると，規模の経済により，次の関係が成立します．

$$C(Q) < C(Q_1) + C(Q_2) + \cdots C(Q_n) \qquad (3-1)$$

（3-1）は1社ですべて生産したほうが，2社以上で分割して生産するよりも，生産費用が安くなることを意味します．このようにして，生産費用が安くなることを，「費用の劣加性」があるといいます．したがって，規模の経済は「費用の劣加性」と言い換えることができます．

範囲の経済と費用の劣加性

規模の経済と似た概念に，範囲の経済があり，以下に示すように，これも，自然独占の原因になります．たとえば，電力事業が供給する電力を昼間用電力

（これを Q_1 で表します）と夜間用電力（これを Q_2 で表します）に分けて考えてみましょう．AとBの2つの電力会社があり，Aは昼間と夜間の2つの需要を満たすように，共通の設備を用いて両者を結合して生産しているとし，その費用を $C(Q_1, Q_2)$ とします．一方，Bは昼間用と夜間用に，別々の設備を用いて，電力を供給するとします．このときの昼間用電気生産費用を $C(Q_1, O)$，夜間用電気生産費用を $C(O, Q_2)$ とします．いま，次式が成り立つとしましょう．

$$C(Q_1, Q_2) < C(Q_1, O) + C(O, Q_2) \qquad (3-2)$$

（3-2）は，昼間用と夜間用の電力を共通の設備を用いて供給したほうが，別々の設備を用いて供給するよりも，生産費用を引き下げることができることを示しています．このとき，昼間用と夜間用の電力の生産について，「範囲の経済」が存在するといいます．範囲の経済が存在するのは，昼間用電力と夜間用電力を生産するために，同じ設備を利用できるからです．

このケースでは，昼間用電気と夜間用電気を別々の設備を用いて生産する企業は競争に負けて淘汰されてしまい，両者を結合して生産する1社だけが勝ち残ることになります．したがって，規模の経済が存在するときと同じように，自然独占になってしまいます．

いま述べた例は，昼間用電気だけを生産していた企業が，夜間用電気を追加して結合生産するときの費用は，新たに単独の会社を作って夜間用電気を生産する場合の費用よりも安いことを示しています．したがって，この場合も費用の劣加性が存在することになります．

以上から，規模の経済も範囲の経済も，共に，費用の劣加性が存在するケースであり，共に自然独占の原因になることがわかります．

自然独占の非効率性と市場の失敗

それでは，資源配分の効率性基準からは，自然独占はどのように評価されるでしょうか．いま，自然独占企業の総費用 C が次のような関数形をとるとしましょう．

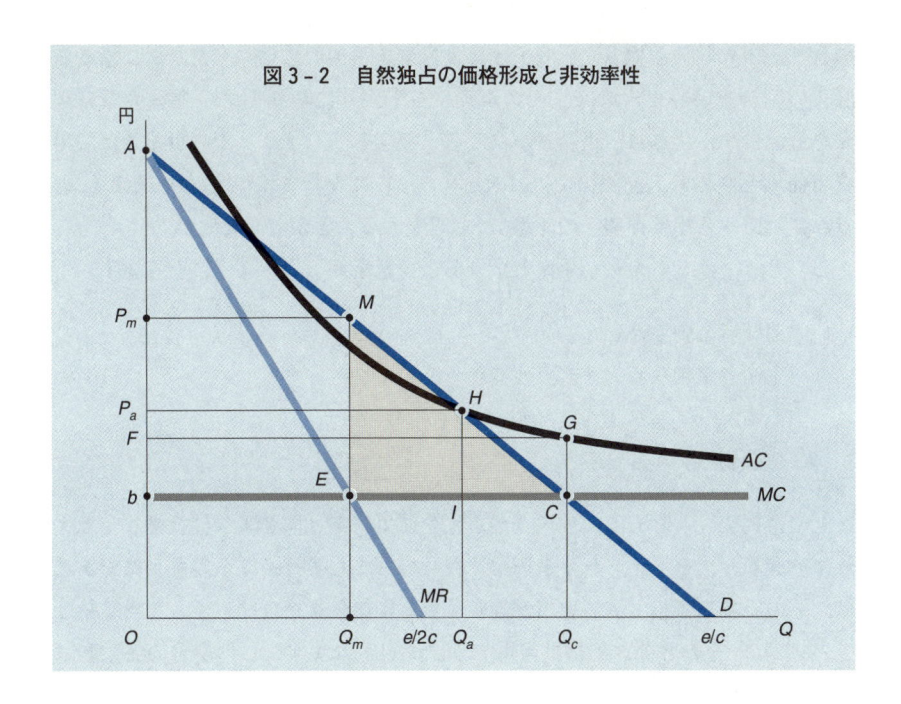

図 3-2 自然独占の価格形成と非効率性

$$C = a + bQ \tag{3-3}$$

ここに，aとbは正の定数です．(3-3)から，平均費用と限界費用は次のようになります．

$$平均費用 = \frac{C}{Q} = b + \frac{a}{Q} \tag{3-4}$$

$$限界費用 = b \tag{3-5}$$

(3-4)から，平均費用は生産量Qが増えるにつれて低下しますから，平均費用曲線は図3-2のACのように，右下がりになります．

(3-5)から，限界費用は一定のbですから，限界費用曲線は図3-2のMCのように，水平な直線になります．一方，曲線Dはこの独占企業が直面する需要曲線です．ここでは，需要曲線は右下がりの直線で表せるとしましょう（以下の議論の本質は，直線でなくても，右下がりであれば変わりません）．こ

のとき，限界収入曲線（限界収入とは供給量を追加的に増やしたときに増える収入の割合をいいます）は MR のように右下がりになります[1]．独占企業は利潤を最大にするように，供給量を決めると仮定しましょう．その供給量は限界費用曲線と限界収入曲線の交点に対応する Q_m になります[2]．独占企業は Q_m をそれに対応する需要曲線上の価格 P_m で販売することができます[3]．

このとき，消費者余剰，生産者余剰および総余剰は次のようになります．

$$消費者余剰 = AMP_m$$
$$生産者余剰 = 収入 - 総可変費用$$
$$= P_m M Q_m O - bEQ_m O = P_m M E b$$
$$総余剰 \quad = AMEb \tag{3-6}$$

上の余剰を，もしもこの独占企業が完全競争企業と同じように行動したとすれば，実現したと考えられる余剰と比較してみましょう．完全競争企業であれば，その企業は価格と限界費用が等しくなる供給量を選びますから，供給量は Q_c になり，そのとき，価格は市場で b に決定されます．この場合の各余剰は次のようになります．

$$消費者余剰 = ACb$$
$$生産者余剰 = 収入 - 総可変費用 = 0 \tag{3-7}$$
$$総余剰 \quad = ACb \tag{3-8}$$

（3-6）と（3-8）を比較すると，自然独占の総余剰は，独占企業が完全競争企業と同じように行動したときの総余剰よりも，MEC だけ小さくなること

---

[1] 需要曲線 D と X 軸の交点を e/c とすると，限界収入曲線 MR と X 軸の交点は，$e/2c$ になり，原点と点 e/c の中点になります．微分の知識のある読者は，このことを次のようにして確かめることができます．直線 D を $P = e - cQ$（P は価格）とすると，収入 R は，$R = P \times Q = eQ - cQ^2$ になりますから，限界収入 $MR = dR/dQ = e - 2cQ$ になります．直線 D といま求めた限界収入の方程式から，直線 D および限界収入曲線 MR と Q 軸の交点は，それぞれ，e/c と $e/2c$ になります．
[2] 独占企業の利潤最大化行動については，ミクロ経済学の入門書（例えば岩田（1993）の第9章）などを参照してください．
[3] 独占企業が販売する価格は，限界費用曲線と限界収入曲線との交点 E に対応する価格（EQ_m）ではなく，需要曲線上の点 M に対応する P_m であることに注意してください．

がわかります．また，供給量（＝需要量）Q_cと価格bの組み合わせ（点C）は最大の総余剰をもたらすことも確認できます[4]．したがって，自然独占の総余剰は社会が達成し得る最大の総余剰よりもMECだけ小さくなります．総余剰の減少MECを「自然独占の社会的損失」といいます．

このように，費用の劣加性が存在すると，市場では自然独占が成立してしまい，総余剰が競争的市場よりも減少し，資源配分は非効率になってしまいます．これを，市場が効率的な資源配分の達成に失敗するという意味で，「市場の失敗」といいます．このケースでは，市場の失敗の原因は費用の劣加性でしたが，それ以外の市場の失敗の原因としては，第4章と第5章で説明する外部性，公共財，不完全情報などがあります．

限界費用価格規制と損失補填

さて，図3-2で，点Cのときの価格は限界費用に等しくなります．しかし，この価格では，（3-7）に示されているように，企業の生産者余剰はゼロになります．企業の利潤は生産者余剰から固定費用を引いたものですから，利潤は負になります．

企業の利潤が負であれば，企業はこの事業から撤退したほうが有利です．したがって，私企業である以上，価格bを選択することは不可能です．しかし，価格をbに設定すれば，総余剰と消費者余剰は共に最大になります．そこで，次のような価格規制政策が考えられます．

まず，政府が自然独占企業のサービスの価格をbに設定するように規制します．この価格規制を，規制される価格が限界費用に等しいので，「限界費用価格規制」といいます．しかし，この規制のもとでは，独占企業は損失を被りますから，そのままでは存続できません．そこで，政府が自然独占企業に補助金を支給してこの損失を補填することにします．供給量がQ_cのときの総費用は，供給量がQ_cのときの平均費用GQ_cに供給量Q_cをかけたものですから，FGQ_cOになります．この総費用から総可変費用bCQ_cOを差し引いたものが，固定費用です．したがって，固定費用は$FGCb$になります．この固定費用分

4——練習問題1とヒントを参照．

が供給量がQ_Cのときの企業の赤字＝損失で，政府はこれを補助金で補填することになります．これは被規制企業（規制される企業）以外の主体から被規制企業への所得の移転にすぎませんから，総余剰は変化しません．ただし，補助金の財源を調達するときの課税による非効率な資源配分は発生しないと仮定します．

　この補助金により，独占企業の供給1単位当たりの補助金を含めた収入は平均費用に等しくなりますから，損失はなくなり，その利潤はちょうどゼロになります．

　1-5節で述べたように，いま述べた経済学的に「利潤がゼロになる」という意味は，超過利潤がゼロになるという意味（30～31ページ参照）で，企業は正常利潤にちょうど等しい利潤は得ていますから，上に述べた損失を補填する補助金政策のもとでは，存続可能になります[5]．

　企業の損失を補填するには，税金によってその財源を調達する必要がありますが，消費者としては，消費者余剰（ACb）が税金による損失補填額を上回る限り，この企業を存続させる価値があります．

　しかし，税金による損失補填には次のような問題があります．

　第1に，政府が自然独占企業に対して，その損失がどんなに大きくなっても，補助金によってその損失を補填することを約束すると，当該企業に費用削減努力を怠るインセンティブを与えることになります．この，企業が費用削減努力を怠ることを，「内部非効率」といいます．内部非効率は限界費用曲線を上方に移動させる要因になり，その上方への移動に伴って，総余剰と消費者余剰は共に減少してしまいます．

　第2に，政府は補助金の財源を調達するためには，税金を徴収しなければなりませんが，2-1節で個別物品税に関して述べたように，課税自体が別の非効率（総余剰の減少）をもたらす可能性があります．

---

[5] ── 1-5節で述べたように，経済学における平均費用には，競争市場の長期均衡で保証される正常利潤が含まれています．価格が平均費用を超えていれば，この正常利潤を超える超過利潤が得られますから，企業は当該市場にとどまろうとしますが，長期的に，最低でも正常利潤が得られなくなれば，当該市場から退出します．それに対して，企業会計では平均費用に正常利潤は含まれていません．

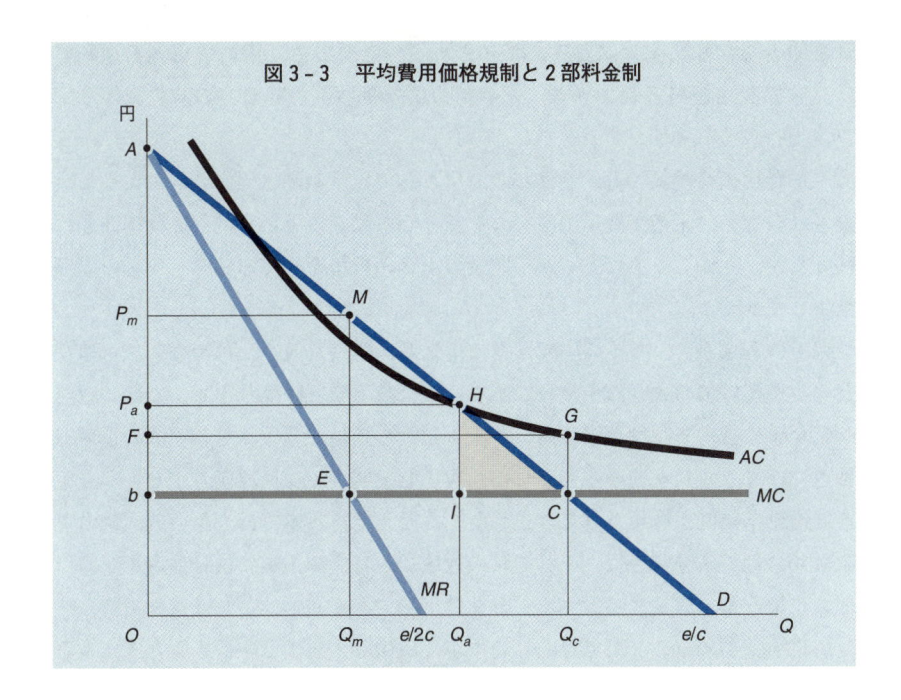

図 3-3 平均費用価格規制と 2 部料金制

第 3 に，補助金調達のための課税は人々の所得分配を変えますから，その変化をめぐって，社会的対立が生じ，課税が政治的に不可能になる可能性があります．当該の自然独占企業のサービスをあまり利用しない人は，損失補填のための課税に反対し，逆に，よく利用する人は賛成するでしょう．

平均費用価格規制

自然独占企業の損失補填のための財源調達に上のような問題があるとすると，実際に，限界費用価格規制と補助金による損失補填の組み合わせを採用することは困難です．そこで，損失が出ないようにする価格規制が考えられます．そのような価格は，図 3-3 の平均費用曲線と需要曲線が交わる点 H に対応する価格 P_a になります．P_a は平均費用に等しいので，この規制を平均費用価格規制といいます．価格が平均費用に等しければ，経済学的な意味では利潤はゼロになりますが，正常利潤は保証されていますから，企業は存続可能です．平均費用価格規制では，消費者余剰は AHP_a，生産者余剰は P_aHIb にな

りますから，総余剰は $AHIb$ になります．したがって，平均費用価格規制では，限界費用価格規制よりも，総余剰は供給量（＝需要量）の減少に伴って HCI だけ減少します．

　平均費用価格規制でも，価格が政府によって正常利潤が保証されるように設定されるため，企業が費用削減努力を怠りがちになるという内部非効率問題は残ります．しかし，上に述べた補助金の場合の課税をめぐる第2と第3の問題は生じません．

　以上の理由から，多くの国で，電力，電話，鉄道，航空，都市ガス，水道などの規模の経済の大きな産業（これらは，公益事業と呼ばれます）では，政府が私企業に独占または地域独占（一国を複数の地域に分け，それぞれの地域で独占になります）を認める代わりに，次項で説明する総括原価方式という，平均費用価格規制が採用されてきました．たとえば，日本では，長い間，電力事業は10の地域に分割され，それぞれの地域で，特定の企業に供給独占を認め，他の企業が電力事業に参入することを禁止してきました．これは参入規制と呼ばれます．この章の3節で説明しますが，この参入規制と総括原価方式による価格規制は1990年代の終わり頃から緩和されつつあります．

総括原価方式と公正報酬

　総括原価方式の総括原価とは次の原価をいいます．まず，政府は料金算定期間を定め，被規制企業がその期間中に実施する投資や資金調達などの計画が適正かどうかを審査します．計画が適正であれば，政府はその計画に基づいて料金算定期間中の予想事業費用を算出し，それに事業報酬を加えた費用を料金算定期間中の総括原価とします．こうして求められた総括原価を供給量で割った金額と供給量の関係，すなわち，平均費用曲線は規模の経済を反映して，図3-2のように右下がりになります．

　最後に，政府は料金算定期間中の需要量を予測し，その平均値で総括原価を割った金額を，1単位当たりの価格として設定します．

　総括原価方式で算定される事業報酬を計画公正報酬といいます．計画公正報酬は完全競争市場で成立する均衡価格に含まれる正常利潤の概念を基礎としており，計画公正報酬率に被規制企業の資産を乗じて決められます．実際の総括

原価方式では，計画公正報酬率は長期資金の借入金利や長期預金金利を参考にして決められています．このように，価格を規制する方式を，「公正報酬率規制」といいます．

公正報酬率規制の相反するインセンティブ

公正報酬率規制は，被規制企業の効率的な経営に対して，2つの相反するインセンティブをもっています．

第1は，被規制企業に対して費用引き下げを促すインセンティブです．実際の事業費用は政府が料金算定に当たって予想した事業費用に一致するとは限りません．いま，企業の費用削減努力が実って，実際の事業費用が予想事業費用を下回ったとしましょう．この場合，政府が公正報酬の算定基準である予想事業費用を変えなければ，実際に実現する事業報酬は，計画公正報酬を上回り，被規制企業は費用削減による報酬の増加を獲得できます．したがって，この場合には，公正報酬率規制は被規制企業に対して費用削減の努力を促すインセンティブになります．

しかし，実際の事業費用が低下したときに，政府が被規制企業に保証する公正報酬を実際の事業費用を基礎にして下方に修正する場合には，企業に対して費用削減を促すインセンティブはなくなってしまいます．したがって，公正報酬率規制に費用削減インセンティブ効果をもたせるためには，実際の事業費用が予想事業費用を下回った場合には，被規制企業に費用低下に基づく事業報酬の増加を認めることが必要です．

他方，実際の事業費用が予想事業費用を上回る場合には，公正報酬の算定基礎である予想事業費用を変えなければ，実際に実現する公正報酬は計画公正報酬を下回ってしまいます．そうした事態が長期にわたって続けば，被規制企業は存続できなくなりますから，予想事業費用を実際の事業費用まで引き上げる必要があります．

しかし，費用の低下が企業の努力によるものではなく，たとえば，円高などで，被規制企業の購入原料価格（たとえば，電力における原油価格）が下がることによって生ずる場合には，政府は予想事業費用を実際の事業費用まで引き下げて，被規制企業に価格の引き下げを命ずるべきです．逆に，円安で購入原

料価格が上がる場合には，政府は規制価格の引き上げを認めなければなりません．日本では，電力産業に対して，公正報酬率規制が適用されていますが，円高で購入原料である原油が安くなる状況が続けば，政府は電力料金の引き下げを命じ，逆に，円安が続けば，電力料金の引き上げを認めています．

　ところが，上とは逆に，公正報酬率規制には，次の理由により，被規制企業の事業費用削減努力を阻害する効果もあります．被規制企業には，実現する報酬を引き上げる方法として，①政府に予想事業費用を高めに申請する方法と②実際の事業費用を削減する方法があります（ただし，②では，政府が企業努力による事業費用の削減に基づく実現公正報酬の増加を認めることを前提にします）．政府は長期借入金利などを参考にして，計画公正報酬率を予想事業費用の一定比率に決めますが，その場合には，②よりも①によるほうが，被規制企業はより高い報酬を実現できます[6]．そのため，公正報酬率規制は，被規制企業に対して，事業費用の削減に努力するよりも，政府に申請する予想事業費用を高めに申請するインセンティブを与えてしまいます．

公正報酬率規制と審査費用の増大

　いま述べた被規制企業に対する公正報酬率規制の負のインセンティブを取り除くためには，政府は申請された予想事業費用を厳格に審査する必要があります．しかし，事業の専門家でない政府には限界があります．さらに，費用審査を厳格にすればするほど，規制者にとっても，被規制企業にとっても，審査費用が膨大になるという問題があります．この審査費用は被規制企業の製品やサービス価格に上乗せされるか，納税者の負担（規制当局の諸費用は納税者が税金によって負担します）のいずれかになりますから，この審査費用を控除し

---

[6]――計画公正報酬率を r，予想事業費用の企業資産に対する割合を a とすると，計画公正報酬＝r×企業資産および企業資産＝予想事業費用/a が得られます．これから，$b=r/a$（$0<b<1$）とすると，計画公正報酬＝b×予想事業費用になります．実現公正報酬＝計画公正報酬＋c×（予想事業費用－実際の事業費用）とすると（$0<c\leq 1$），実現公正報酬＝$(b+c)$×予想事業費用－c×実際の事業費用になります．これから，被規制企業が政府に予想事業費用を1円だけ高めに申請することによる実現公正報酬の増加は，$(b+c)$ 円であるのに対して，実際の事業費用を1円だけ削減することによる実現公正報酬の増加は，c 円であることがわかります．$0<b<1$ ですから，前者による実現公正報酬の増加のほうが後者よりも大きくなります．

た後の総余剰はその分減少します．そこで，この減少を防ぐ他の手段が求められますが，その点については，この章の2節と3節で説明することにします．

2 部料金制

限界費用価格規制と補助金による損失補填にも，平均費用価格規制にも欠点があるとすると，価格を限界費用に規制しながら，補助金以外の方法で，自然独占企業が損失を被らないようにする手段はないでしょうか．ここでは，そのような手段として，2部料金制を考えてみましょう．

限界費用価格規制と2部料金制の組み合わせとは，次のようなものです．図3-3で，顧客はサービスを利用するたびに，1単位当たり限界費用に等しいbを支払います．これを利用量に応じた料金という意味で，従量料金と呼びましょう．しかし従量料金収入だけでは，被規制企業は損失を被ります．そこで，顧客から利用量に関係なく一定額の料金を徴収して，損失を埋めることにします．これは利用量に関係のない料金ですので，基本料金と呼ばれます．たとえば，すべての顧客に同額の基本料金を求めるとすれば，図3-3では，基本料金は損失額を利用者数で割ったものになります．

このように，利用者は利用量に応じて1単位当たり従量料金bを支払うとともに，利用料に関係なく基本料金を支払うので，この料金制度を「2部料金制」といいます．2部料金制は電力，電話，都市ガス，水道など，ほとんどの公益事業と呼ばれる分野で採用されています．

基本料金の徴収は利用者から被規制企業への所得移転ですので，限界費用価格規制のもとでの総余剰はACbで変化しません．しかし，基本料金負担を控除した消費者余剰は，限界費用価格規制よりも基本料金負担分である$FGCb$だけ減少し，基本料金で固定費用がまかなわれることになります．

所得分配に配慮した2部料金制

しかし，実際に，日本の電力，電気通信（電話はその一部），都市ガス，水道などの公益事業で採用されている2部料金制は，上に述べた限界費用価格規制と2部料金制の組み合わせとは違っています．

実際に，日本の公益事業が採用している2部料金制では，基本料金収入は固

定費用の一部だけを回収するように，低めに設定されています．基本料金で回収しきれない固定費用の部分は，利用量に応じた従量料金収入により回収されます．基本料金収入で固定費用の全部を回収できないため，従量料金は限界費用よりも高く，平均費用に近く設定されることになります．この意味で，実際に採用されている公益事業の2部料金制は，総括原価方式を基本として，それを固定費用の回収を考慮して，若干修正したものといえます．

このように，実際の公益事業では，基本料金が固定費用の一部を回収する水準にとどめられているのは，低所得者などの小口需要者の利益に配慮しているからです．というのは，小口需要者にとっては，基本料金が高くなるにつれて，基本料金を含めたすべての料金を負担した後の消費者余剰があまりにも小さくなってしまうからです．電力などの必需性の高いサービスについては，こうした小口需要者でも一定程度の電力を利用できるように，基本料金が安く設定されています．つまり，実際の公益事業の料金は資源配分の効率性だけでなく，所得分配も考慮して規制されているわけです．

2　内部非効率問題とインセンティブ規制

インセンティブ規制とは

自然独占企業に対して，どのような価格規制を採用するにしても，価格の算定の基礎となる実際の企業の限界費用や平均費用は，競争市場における企業のように，最小化されたものであることが理想的です．しかし，1節で述べたように，公益事業の分野で広く採用されてきた公正報酬率規制には，被規制企業に対して，事業費用を規制当局に高めに申請するように促す負のインセンティブが存在します．この負のインセンティブによって，実際に被規制企業の生産性の低下と費用の上昇という内部非効率が発生すれば，それだけ，総余剰と消費者余剰は減少してしまいます．

そこで，被規制企業に対して，生産性の向上とそれに伴う費用の低下を促すようなインセンティブが必要になります．そのようなインセンティブをもった規制をインセンティブ規制といいます．

免許入札制の導入とその有効性

自然独占の分野では，特定の企業にだけ事業免許を与えて，供給独占を認める必要があります．その際，内部非効率が発生する大きな原因の1つは，ある特定の企業に永久（あるいは半永久的）に独占的な事業免許を与えてしまうことにあります．そこで，事業免許を与える期間をある一定の期間に限って，競争入札制によって，最も少ない費用で最もよいサービスを提供できる企業に事業免許を与えることが考えられます．これを免許入札制といいます．

免許入札制の導入は，事業免許を得た企業に対して，免許期間終了後も，免許更新を受けようとして，費用削減のインセンティブを与えると考えられます．実際に，イギリスではバスなどの公益サービス事業に免許入札制を取り入れた結果，この制度を導入する前よりも，平均的に費用が2割程度低下したといわれます[7]．

しかし，免許入札制については，その有効性を疑問視する次のような指摘があります．

第1は，免許を受けた企業は免許期間中に，生産や販売に関する知識を蓄積することによって，他の企業よりも安い価格で供給できるようになり，入札上優位に立つことができます．そのため，実際には，いったん免許を獲得した企業が契約を更新しつづけることになり，実質的には，競争は確保されないという指摘です．

しかし，免許が特定の企業に永久に（あるいは，半永久的に）与えられる場合には，免許を受けた企業には免許がなくなるリスクがありません．そうしたリスクがなければ，免許を受けた企業が生産や販売に関して得た知識を生かして，費用を削減し，価格を引き下げるインセンティブは，免許入札制の場合よりも小さくなると考えられます．したがって，上の指摘における「免許を受けた企業が他の企業よりも安い価格で供給できるようになる」ことは，免許入札制の短所ではなく，長所と考えるべきでしょう．

第1章で，企業が生産性の向上とそれによる費用の削減努力を怠って，超過

---

7 —— J. Vickers and G. Yarrow (1988) *Privatization An Economic Analysis,* The MIT Press. 参照．

利潤を享受していると，他の企業が超過利潤を目指して当該市場に参入してくるという「参入脅威」が存在することが，競争を確保して費用を引き下げるうえで重要な必要条件の1つであることを説明しました．この条件が満たされていれば，既存の企業に対して，絶えず，費用削減と価格引き下げの圧力が働きますから，既存企業がいつまでも存在しつづけたとしても，競争メカニズムは働いていると考えられます．

公益事業の場合も同じで，いったん免許を受けた企業が安い価格で入札して契約を更新しつづけることは，「参入の脅威」が存在しない場合よりも強い競争メカニズムが働いている証拠と考えられます．

第2の指摘は，免許を受けようとする企業間で，談合が行われ，競争が確保できないというものです．これは，第2章で指摘した公共事業の入札に伴う談合の問題にほかなりません．入札企業が少なくなるほど，談合が起きる可能性は高まります．しかし，談合の可能性があること自体は，免許入札制を排除する理由にはなりません．談合の可能性がある場合には，免許入札制の実施に当たって，談合の可能性を低める別の手段を工夫すべきです．「談合の可能性を低める」という目的を達成する手段としては，「入札できる条件を緩和して，できるだけ多くの企業が入札できるようにする」とか，「談合した企業に，談合による利益を上回る課徴金を課す」といった政策が有効です．

いま述べたことは，第1章で説明した，「複数の目的には，複数の手段を用意する」（ティンバーゲンの定理）という，「経済政策の原則」の応用問題です．すなわち，公益事業において，「参入脅威を与える」という目的と「談合の可能性を低める」という目的は，「公益事業における競争を確保する」という大きな目的の下位に位置する目的です．「免許入札制」は「参入脅威を与える」という目的を達成するための手段であるのに対して，「入札条件の緩和」や「談合を不利にする課徴金」は，「談合の可能性を低める」という目的を達成する手段です．

このように，「経済政策の原則」を正確に理解することによって，「他の手段と組み合わせれば有効である手段を，欠点のある，有効でない手段であると考えて排除してしまう」という誤りをおかすことを回避できます．

第3の指摘は，免許を受けた企業が免許を更新できなかった場合には，その

企業の資産の有効利用が阻害され,それに伴って総余剰の減少という非効率が発生するというものです.

しかし,このような,既存企業が当該事業から撤退し,他の企業が取って代わるときの,撤退企業の資産処理に関する問題は,公益事業における免許入札制に特有な問題ではなく,買収や合併などに当たって,一般的に生ずる問題です.

たとえば,公益事業以外の分野で,ある企業がある事業分野の資産を十分に活用して高い利潤をあげていなければ,当該事業を買収して,その資産を既存企業よりも有効に活用して,利潤を得ようとする企業が現れるでしょう.その買収の過程で,既存企業が当該事業に投入してきた資産の価値が決定されます.こうした,ある企業の事業からの撤退と他の企業による買収は,公益事業以外の分野では,いわば,日常茶飯事,起こっていることで,そうした撤退と買収が資産の有効利用を進めるのです.

一般に,固定資産の大きな公益事業の分野に免許入札制を導入すると,既存企業に取って代わろうとする企業は,既存の免許企業の固定資産を買収したり,既存企業の経営権を取得したりすることによって,免許を得ようとすると考えられます.この過程で,既存企業の資産価値が決まり,その資産を買収した企業が既存企業に代わって,当該資産を有効に活用しようとするという点は,上に述べた公益事業以外の分野とまったく同じです.

たしかに,免許入札制によって,公益事業が完全競争の条件を満たすようになるわけではありません.しかし,それは免許入札制の導入に反対する根拠にはなりません.私たちにできることは,公益事業の分野にできるだけ競争メカニズムを導入することによって,できるだけ資源配分の効率化を図ることです.完全競争を実現できないからといって,不完全競争をより不完全なままにしておく必要はないのです.

以上の検討から,免許入札制の欠点として指摘されてきた上の3つの問題点は,どれもその導入を否定する根拠にはならないと考えます.

ヤードスティック規制の導入

この章の1節では,規模の経済などにより,費用の劣加性が存在する場合に

は，独占を認める代わりに，価格を規制する必要があると説明しましたが，そのことは，必ずしも，一国全体で独占を認めるべきであることを意味しません．それは1社で一国全体の需要を満たすことが有利になるほど，規模の経済が働くとは限らないからです．実際に，日本の電力，都市ガス，水道などの公益事業は，ある特定の地域で供給独占が認められるという，地域独占になっています．

地域独占の場合には，同じようなサービスを供給する企業が複数存在しますから，規制者は複数の企業が申請する価格を相互に比較して，価格を規制することができます．具体的には，規制者は最も低い申請価格や申請価格の平均を基準（ヤードスティック．物差し）にして，規制価格を決めます．たとえば，規制価格が最も低い申請価格に決められると，平均費用がその規制価格を上回る企業は赤字になり，その規制価格を下回る企業は大きな利潤が得られます．そうなると，赤字になった企業は費用削減に取り組んで，その規制価格のもとでも正常利潤，さらに，超過利潤が得られるように努力するようになると期待されます．黒字企業もいっそうの費用削減に取り組めば，さらに大きな利潤が得られますから，ますます費用削減に取り組むと期待されます．その結果，次回の規制価格改定時には，申請価格は引き下げられると期待できるでしょう．

このように，最も低い申請価格や申請価格の平均を基準にして規制価格を決め，被規制企業間で競争させ，価格の引き下げを図ろうとする規制を，「ヤードスティック規制」といいます．実際に，日本では，地域独占になっている電力，JR，都市ガス，乗り合いバスなどについては，ヤードスティック規制が実施されています．

この規制では，規制当局は被規制企業が申請する価格だけをみて，規制価格を決めますから，個々の企業の予想事業費用を算定基礎とする総括原価方式とは違って，被規制企業の費用や設備投資計画などを審査する必要がありません．これにより，規制費用が大幅に節約されますから，総括原価法方式における審査・規制費用の増大という問題を回避することができます．

しかし，ヤードスティック規制に対しては，次のような問題点が指摘されています．

第1に，この規制を適用するためには，比較対象企業の経営条件が似ている

必要があります．しかし，電力，JR，都市ガスなどにみられるように，被規制企業は異なる地域で，異なる条件のもとに置かれています．したがって，この規制手法を採用するに当たっては，経営条件の違いを考慮して，地域ごとに，異なる規制価格を査定する必要があります．そうなると，この規制がもつ単純さに基づく規制費用の引き下げというメリットは小さくなります．

第2は，最も費用の低い企業が他の企業に配慮して，高めの価格を申請するという問題です．これによって，どの企業も利潤を増やすことができます．この問題を克服するためには，被規制企業の費用を厳格に審査する必要がありますが，そうなると，規制費用は総括原価方式と変わらなくなってしまいます．

しかし，ヤードスティック規制の目的を達成するためには，規制当局はすべての被規制企業の費用を審査する必要はないでしょう．規制当局は過去の経験から，比較的費用の低い規制企業を1社か2社程度に絞ることができる場合が少なくないと思われます．そうであれば，ヤードスティック規制の第2の問題を回避するためには，規制者はそれらの企業の費用だけを審査すればよく，すべての企業の費用を審査する必要がある総括原価方式よりも，規制費用をかなり節約できると考えられます．

以上から，ヤードスティック規制は，完全なものではありませんが，被規制企業に対して価格引き下げを促すインセンティブと規制費用を引き下げる効果をもっており，導入に値する規制手法であると評価できるでしょう．

プライスキャップ規制（価格上限規制）

「プライスキャップ規制」は価格の変化率の上限を規制し，それによって，価格の上限を規制しようとするもので，「価格上限規制」とも呼ばれます．

具体的には，以下のようになります．まず，規制者は過去1年間の被規制企業の全サービスの加重平均価格を査定します．これをP_0としましょう．次に，価格の変化率の上限を（消費者物価上昇率−生産性上昇率）に設定します．以上から，今後1年間における被規制企業の全サービスの価格の上限は，次のようになります．

$$価格の上限 = P_0[1+(消費者物価上昇率-生産性上昇率)] \quad (3-9)$$

（3-9）の消費者物価上昇率と生産性上昇率は，1年間の百分率で表されたそれぞれの変化率を100で割った数値です．次の年の価格の上限も，同様にして，上の式の価格の上限を基礎にして求められます．

次に，規制者は被規制企業と交渉して上の式の生産性上昇率を決定します．たとえば，それを3％としましょう．上の式の消費者物価上昇率は過去1年間のそれを採用することにします．

この規制のもとでは，被規制企業が実際に達成した生産性上昇率が，事前に規制者と合意した生産性上昇率を上回る場合には，被規制企業の事後的な報酬は事前に想定した報酬を上回ります．逆に，実際の生産性上昇率が事前に合意した生産性上昇率に達しなかった場合には，被規制企業の事後的な報酬は事前に想定した報酬よりも少なくなってしまいます．これにより，被規制企業に対して，生産性の向上に努力するインセンティブが与えられます．

プライスキャップ規制は総括原価方式に比べて，いま述べた生産性向上へのインセンティブに加えて，次のようなメリットがあります．

第1に，規制者は初回だけ総括原価を査定するだけですみますから，総括原価方式のように，料金改定のたびに，個々のサービスごとに細かな原価査定をする必要がなくなります．これにより，規制費用を大幅に節約できます．

第2に，被規制企業は全サービスの加重平均価格が規制の上限値を上回らない限り，自由に価格を設定できます．そのため，急速な技術革新によって，費用が低下するサービスについては，企業は価格を低く設定して需要を増やすといった戦略がとれるようになります．

プライスキャップ規制のデメリットとしては，企業が過度に生産性の向上を目指すあまり，サービスの安全性などの質が低下することが指摘されています．この問題を回避するためには，生産性上昇率をサービスの質を考慮したものに修正する必要があります．

プライスキャップ規制は，イギリスで，1984年に British Telecommunications を民営化した際に，電気通信産業で採用されて以来，イギリスのガス産業やアメリカの電気通信産業などで，日本では，NTT東西の電話料金とISDN料金について採用されています．

3 公益事業の規制緩和と民営化

電気通信,電力,鉄道,航空,都市ガス,水道,郵便など,公益事業と呼ばれてきた分野では,70年代の後半頃から,世界的に,規制緩和や民営化の動きが高まるとともに,規制手法も変化してきました.

たとえば,日本では,長い間,電信・電話は国有の日本電信電話公社(略して,日本電電公社)によって供給されてきましたが,1985年4月1日に,民営化されてNTTになりました.それと同時に,電気通信事業への新規参入を可能にする規制緩和が実施され,87年には長距離電話に民間3社(新電電と呼ばれる,第二電電DDI,日本テレコム,日本高速通信の3社[8])が参入し,長距離電話の分野でサービス・値下げ競争が始まりました.同年には,NTTが携帯電話サービスを開始しましたが,翌年には日本移動通信(IDO)が参入して,この分野でもサービス・値下げ競争が始まりました.

1987年4月には,日本国有鉄道(国鉄)が民営化されて6つの旅客鉄道会社JRと日本貨物会社に分割されるとともに,それらが営む事業についても規制が緩和され,JRは駅構内でコンビニや旅行代理店を営業できるようになりました.そこで,この節では,公益事業の規制緩和や民営化がなぜ進み,それらは資源配分の効率性にどのような影響を及ぼしているかを検討しましょう.

需要の増大と参入規制の緩和

公益事業は規模の経済が大きいため,一国あるいは特定の地域で,供給独占を認める代わりに,価格などを規制する政策がとられてきました.しかし,需要が増大すると独占ではなく,複数の企業が営業可能な条件が整います.さらに,公益事業には規模の経済や範囲の経済が存在するといっても,技術が進歩すると,そのサービスの一部については規模の経済や範囲の経済に変化が起こります.そこで,初めに需要の増加と規模の経済の関係に注目してみましょう.

8——日本高速通信は後にKDD(国際電信電話)に吸収され,2000年には,DDI,KDD,IDO(携帯電話会社)の3社が合併して,KDDIになりました.

図3-4 需要の増大と参入規制の緩和

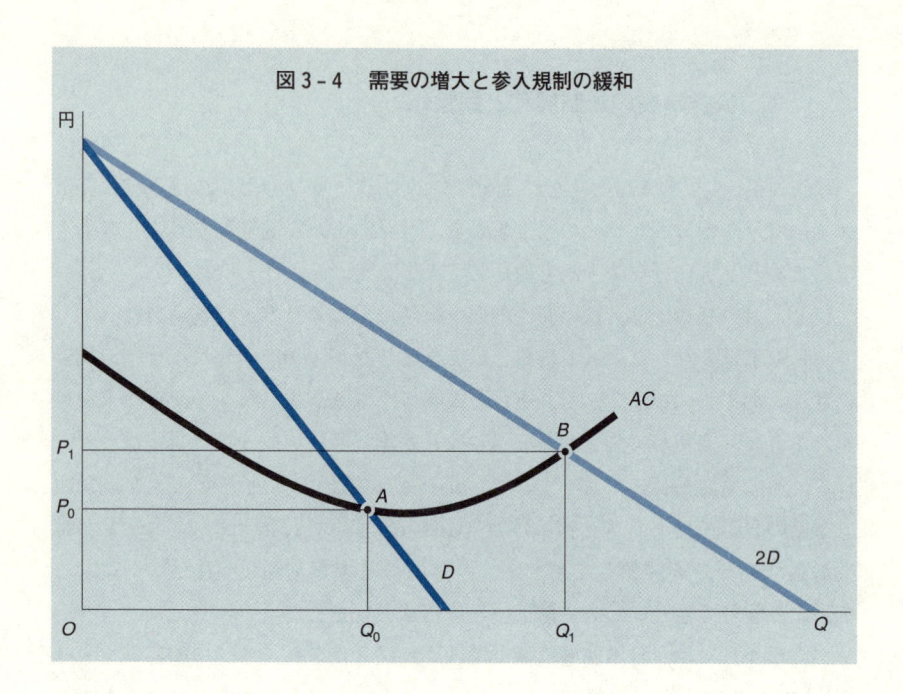

　図3-4で，当初の需要曲線は D であったため，独占企業のほうがより低い費用で供給できるので独占が認められ，独占企業は平均費用価格規制のもとで，価格 P_0 で Q_0 だけ供給してきたとします．しかし，需要が倍に増大して，需要曲線が $2D$ のように右に移動したとしましょう．新しい需要曲線と平均費用曲線の交点は B になり，この局面では規模の経済が消滅するため，平均費用は逓増しています．従来の独占企業が1社で平均費用価格規制のもとで供給しつづける場合には，供給量（＝需要量）は Q_1 に増えますが，価格は P_1 に引き上げられます．

　この場合には，参入規制を緩和し，新規企業の参入を認めれば，その企業は平均費用価格規制のもとで，従来の独占企業と同じように，Q_0 を価格 P_0 で供給できます．これにより，顧客は参入規制が緩和されなかったときよりも，より低い価格でより多くのサービスを受けられるようになります．したがって，この規制緩和は消費者余剰を増加させ，顧客の利益にかなっています．

　公益事業のサービスに対する需要が，人々の所得の増加などを原因として増

大すると，参入規制を緩和して，複数の企業にサービスを供給させ，お互いに競争させたほうが，消費者の利益になり，資源配分もより効率的になります．これが1970年代後半から，主要国で公益事業の分野で参入規制が緩和された原因の1つと考えられます．

　このように，公益事業の分野で，供給独占が崩れ，それに伴って，公益事業に対する経済政策は，従来の参入規制や価格規制から，複数の企業に競争させるという競争政策が中心的な地位を占めるようになりました．

　たとえば，電話についてみると，1980年代の日本では，東京―大阪間を中心とする長距離電話に対する需要が大きく増えたため，その需要を日本電電公社1社で満たしつづける場合には，両都市間を結ぶ基幹的な電話配線網の規模の経済が失われ，日本電電公社は費用逓増に直面するようになっていた可能性があります．そうであれば，長距離電話については日本電電公社の独占とせずに，他の企業の参入を認めたほうが資源配分は効率的になり，消費者余剰も増大します．

技術革新と参入規制の緩和

　第2に，技術革新により規模の経済などの費用の劣加性が変化したことが，公益事業の参入規制の緩和を促したと考えられます．すなわち，技術革新により，公益事業のサービスによっては，従来よりも規模が小さく，費用の低い固定設備で，供給できるようになりました．

　電気通信の参入規制の緩和では，高速道路や鉄道の軌道に電話線を敷設することにより，長距離電話サービスを供給する新電電3社が参入しました．これらの長距離電話サービスでは，高速道路を利用する場合は，高速道路サービスと長距離電話サービスが，鉄道の軌道を利用する場合には，鉄道サービスと長距離電話サービスが，それぞれ結合生産されます．こうした結合生産による範囲の経済を利用することによって，長距離電話サービスをNTTと同等もしくはNTTよりも安い価格で供給できるようになったのです．

　電力については，発電所から需要家までの送電については，大きな規模の経済が働くため，地域に複数の供給企業が存在しているよりも，地域独占のほうが費用を削減できます．しかし発電の技術が進歩すると，小規模の固定設備に

よる発電のほうが大規模な固定設備による発電よりも費用が低下する可能性があります。そうした可能性が高まったため，電力事業では次のような参入規制の緩和措置がとられました。

電力の自由化

電力事業は10社による地域独占が続いてきましたが，1995年以降，規制緩和が進んでいます。96年度からは卸売り電力の自由化に伴って，日立造船，昭和電工などの自家発電装置を持っている企業が卸売り電力に参入を開始しました。電力の卸売りとは電力を最終消費者に売る電力会社（従来の10電力会社）に電力を売ることをいいます。

電力会社は卸売り電力供給会社から安い電力を購入することにより，設備投資の伸びを抑えることができるようになるとともに，卸売り電力供給会社の資機材調達方法を参考にすることにより，コストダウンへの取り組みが進んでいます。

さらに，2000年3月からは，特定規模電気事業者が特定の最終消費者に電力を売ることができる「小売電力の部分自由化」も始まりました。ここに，小売電力の部分自由化というのは，2006年2月現在，従来の電力会社以外は，家計に電力を直接売ることができないからです。

小売電力の部分自由化により，経済産業省（本省ビル本館および別館），三重県（県庁舎），岐阜大学（柳戸キャンパス），大阪府（本庁舎本館・別館など）などの大口需要者が，従来の電力会社からではなく，特定規模電気事業者から電力を買うようになりました。

この自由化では，電力会社がこれまでは営業地域ではなかった地域の大口顧客に電力を売ることもできるようになりました。こうして，大口の顧客が選べる電力事業者が増えれば，大口の顧客は質が同じであれば，料金の低いほうの事業者を選びますから，料金の値下げ競争が促されます。さらに，将来の小売電力の全面自由化が視野に入ってきたため，それに備えた電力会社のコストダウンへの努力が促進され，大口顧客以外の小売分野でも，値下げ競争が始まっています。

こうした値下げにより，電力の大口顧客だけでなく，小口の家計も間接的に

利益を受けます．というのは，トヨタ自動車などの大口顧客の電力消費コストが下がれば，それは大口顧客が供給する製品やサービスの値下げにつながるからです．

国営企業の民営化

　長距離電話の参入規制を緩和して，私企業の参入を認めるとなると，複数の供給者の競争条件を同一に保つ必要があります．日本電電公社が国営のままでは，他の私企業との競争条件は等しくなりません．その最大の理由は，国営企業である限り，私企業と違って，他の企業との競争に敗れても倒産することがなく，従業員の雇用も保証されるからです．したがって，長距離電話への参入規制の緩和に当たって，参入企業と日本電電公社の競争条件を等しくするためには，同公社を民営化することが必要で，同公社は民営のNTTになりました．

　ただし，私企業との競争条件を同一にするためだけの理由で，国営企業は民営化されるわけではありません．たとえば，国鉄も1987年4月に民営化されましたが，その民営化の理由は私企業との競争条件を同一にするためだけではありませんでした．

　民営化前の国鉄は巨額な赤字を抱え，政府はその赤字を税金を投入して埋めてきましたから，国鉄の赤字は納税者の負担になります．とくに，地方では，需要が大きく減少したため，1円の収入を得るのにその何倍もの費用がかかるといった路線が少なくありませんでした．地方の路線の需要が大きく減少したのは，経済の高度成長に伴って，多くの人々が地方から東京を中心とする都市に移動したからです．

　しかし，地方の国鉄が大赤字を抱え，納税者の負担が増大しても，赤字路線を廃止して，バスで代替するといった改革は，政治的に難しく，長い間ほとんど進展しませんでした．それは，「どんなにお金がかかっても，地方に住む人々に鉄道という足を確保すべきだ」という考え方が，政治のうえで大きな力をもってきたためであると思われます[9]．

　しかし国鉄の赤字があまりにも巨額になれば，いつまでも納税者に負担を求めつづけることは困難になります．そのため，国鉄はとうとう1987年4月に，

中曽根内閣によって，国鉄労働組合の大反対を押し切って，民営化されました．

民営化と規制緩和の効果

それでは，日本電電公社と国鉄の民営化や電気通信や電力事業での規制緩和はどのような効果をもったでしょうか．まず，電話については，サービス・価格競争が激化し，2003年頃から，IP電話というインターネットを利用した電話サービスも始まりました．こうした競争激化のもとで，たとえば，民営化した1985年当時，東京—大阪間の市外通話料金は3分400円でしたが，2004年11月現在では3分20円まで下がりました．20年間で20分の1の値下がりです．この大幅な価格低下により消費者余剰は大きく増大したと考えられます．

国鉄の民営化と規制緩和も電話のケースと同じ効果をもちました．国鉄の民営化後すぐに変わったことは，トイレがきれいになったことでしょう．次に，自動改札機の導入による人件費の削減です．それまでも関西の私鉄では，自動改札機は普及していましたが，国鉄では労働組合の力が強すぎて，人員削減の原因になる自動改札機の導入はできませんでした．こうして，人件費は高騰する一方，地元の反対で，地方の赤字路線をコストの安いバスで置き換えることもできなかったため，国鉄の赤字は拡大を続けていましたが，国鉄の民営化でようやく，国鉄の赤字と納税者の負担の増大に歯止めがかかりました．

国鉄民営化に伴う規制緩和によって，JRは旅行代理業，コンビニ，レストランなどいろいろな事業を自由に展開できるようになり，消費者の利便性が高まっています．こうしたJRの他産業への参入は，それらの産業における消費者の利益につながるサービス・価格競争を促す効果をもっています．

電力では，2002年度は1992年度と比較して，一般家庭の電灯料金（平均値）は約13％，電力（工場，オフィスなどの平均値）は18％，それぞれ低下しまし

9——この点については増田悦佐（2004）『高度経済成長は復活できる』（文春新書）が興味深い分析をしています．同書は，地方の国鉄路線の税金による維持や公共投資の拡大など，生産性の低い地域への巨額な国費の投入が始まったのは，田中角栄元首相による自民党の利益誘導型政治の確立以後であり，日本の高度成長が1970年代に入って突如として終わってしまった原因は，田中元首相が始めた「弱者保護」の名のもとにおける利権政治であると述べています．

た.

規模の経済の存在と接続料金問題

　公益事業の参入規制を緩和し，複数の企業が供給するようになっても，規模の経済が大きいため，自然独占になるサービスが存在します．たとえば，電気通信の分野では，長距離電話については参入規制の緩和によって，複数の企業が供給するようになりましたが，市内電話に関しては規模の経済が大きいため，電電公社の民営化後もしばらくの間，NTTが独占的に供給してきました．なお，同社は2000年にNTT東日本とNTT西日本に分割されました．
　そこで，長距離電話に参入した新電電は，市内電話に接続する部分については，NTTの市内回線を利用することになります．東京—大阪間の長距離電話を例にとると，消費者が自宅から新電電を利用して大阪の知人に電話する場合，消費者は自宅からまずNTTの市内回線を利用して新電電の東京基地局に接続し，そこから大阪基地局までは新電電の回線を利用し，同基地局から大阪の知人宅の電話までは，再びNTTの市内回線を利用することになります．
　このように，新電電はそのサービスの供給に当たって，2度にわたってNTTの市内回線を利用しなければなりません．新電電がNTTの市内回線を利用するときには，接続料金（アクセス・チャージ）を払わなければなりません．接続料金が高すぎれば，新電電は接続料金込みの長距離電話料金をNTTよりも高く設定しなければ，経営が成り立たなくなります．それでは，新電電を利用する顧客はいなくなるでしょう．逆に，接続料金が低すぎれば，NTTは自身の長距離電話料金を新電電と同じように引き下げて新電電に対抗せざるを得なくなります．これにより，NTTの収入は減少しますから，NTTは，市内電話と市外電話サービス全体の採算をとるために，市内電話料金を大幅に引き上げなければならなくなります．もし，市内電話料金を引き上げることができないならば，NTTの経営は成り立たなくなる可能性があります．
　こうして，接続料金をどういう基準で設定すれば，最も資源配分の効率性を達成できるかという，接続料金問題が発生し，その料金設定をめぐって，NTTと新電電は対立してきました．
　しかし，1999年にNTTがドライカッパー（未使用の電話回線）を開放した

ため，事情は大きく変わりつつあります．この開放以後，ソフトバンクBBのような事業者がNTTの電話局内に機器を設置して，ADSLサービスなどのブロードバンド通信サービスを供給できるようになりました．BBフォンの場合，利用者はNTTにADSL回線使用料を月額158円（税込み．NTT東日本エリア．NTT西日本エリアは165円．2005年現在）払うだけでよく，日本全国一律3分7.5円（税込7.875円．2005年現在）（BBフォン加入者同士なら，無料）で電話をかけられるようになりました．こうした電話サービスが普及すると，電話の接続料問題は解消してしまう可能性があります．

電力についても，特定規模電気事業者が特定の最終消費者に電力を売る場合には，従来の電力会社の送配電網を利用することになりますから，その利用に対して接続料金（電力の場合は，託送料金ともいいます）を支払う必要があります．したがって，特定規模電気事業者による電力の小売りによって，どれだけ電気料金が下がり，顧客の余剰が増えるかは，託送料金の高さに依存します．電力会社にとっては託送料金を高めて，特定規模電気事業者の小売り部門への参入を阻止するインセンティブがありますから，ここでも，公正な競争を確保して，総余剰を最大にするための託送料金とはなにかが問題になります．

ユニバーサル・サービスとクリーム・スキミング問題

従来，自然独占のために参入と価格とが規制されてきた産業では，サービスを全国あまねく公平に供給する義務が課せられ，地域によって供給費用が異なっても，全国均一あるいは地域内均一の料金に規制されるケースが少なくありませんでした．たとえば，電話の市内3分10円や郵便はがき全国一律50円，手紙全国一律80円などがその例です．このように，全国あまねく公平に供給されるサービスを「ユニバーサル・サービス」といいます．

いま述べたことからもわかるように，ユニバーサル・サービスの供給が義務付けられている自然独占企業においては，すべてのサービスの価格が公正報酬率を実現できる価格にはなっておらず，次のような内部補助を認める価格体系になっています．電話を例にとると，電電公社がユニバーサル・サービスを確保するために，市内電話は全国一律に規制されてきました．そのため，地域によっては，市内電話事業は赤字になり，採算がとれませんでした．そこで，需

要の大きな地域の市内電話の料金収入と，料金を高めに設定した長距離電話の部門での超過利潤とで，需要の少ない地域の市内電話の赤字を埋めてきました．このように，企業がある部門の赤字を他の部門の黒字で埋めることにより，全体の採算をとることを，「内部補助」といいます．

　電電公社が内部補助によってユニバーサル・サービスを供給している状態で，電気通信の参入規制を緩和すると，新規企業は超過利潤が見込める長距離電話部門には参入しようとしますが，赤字部門の市内電話には参入しようとはしない可能性があります．新規参入企業が収益率の高い部門だけに参入することを，「クリーム・スキミング」といいます．クリーム・スキミングとは，「牛乳を温めたときの上部の脂肪分が多い，おいしい部分だけを食べる」という意味からきた言葉で，公益事業で参入規制が緩和されると，新規企業は利潤の大きな分野だけに参入することをいいます．つまり，新規参入企業による「いいとこ取り」です．

　クリーム・スキミング問題は電気通信だけに特有の問題ではありません．航空産業や郵便事業の参入規制を緩和すると，新規企業は需要が大きいため，大きな利潤が見込める地域にのみ参入しようとすると予想されます[10]．これによって，従来の航空産業と郵便事業の利益が圧迫されて，内部補助が困難になるため，離島への航空サービスや信書配達サービスなどの赤字部門を維持できなくなります．しかし，そうした問題があるからという理由で，参入規制を緩和しなければ，技術革新の成果を消費者の利益に結びつけて，資源配分をより効率的にすることはできません．

　したがって，ユニバーサル・サービスを維持する必要があるならば，内部補助によらない手段を考えるべきです．そのような手段としては，次が考えられます．

　①電話の場合には，市内電話網を持っていない電気通信会社がNTTの市内電話に接続するときには，接続料をとり，ユニバーサル・サービスに伴う

10——ただし，ヤマト運輸は，赤字になる地域にも配達することによって初めて，多くの顧客を確保できると述べて，民間でもユニバーサル・サービスを確保できると主張しています．
11——アメリカの航空産業で規制が緩和されたときには，地方赤字路線を確保するために，財政援助によって「ユニバーサル・サービス確保基金」が設置されました．

赤字を負担させる．

②離島への航空サービスや信書配達サービスなどが赤字になる地域については，税金を財源として，「ユニバーサル基金」を創設し，その赤字をこの基金で補填する[11]．

航空サービスや信書のユニバーサル・サービスを確保するためには，②の方法が適切と考えられますが，その際，どの企業にもユニバーサル・サービスの供給を義務付けるのではなく，赤字部門へのサービス供給者を競争入札で募り，補助金込みで最も安い価格を入札した企業に供給を委託することが効率的です．これにより，規制者は最も効率的に供給することができる企業を選び出すことができるため，補助金を節約することができます．

【練習問題】
1．図3-2で，供給量が Q_c のとき余剰が最大になることを示しなさい．
2．図3-3を用いて，2部料金制における基本料金負担控除後の消費者余剰は，平均費用価格規制における消費者余剰よりも大きいことを示しなさい．
3．「各国の航空産業の規制緩和は当初は料金の引き下げを促したが，最終的には，寡占化が進み，規制緩和前よりも料金は高くなった」という批判があります．その妥当性を文献やインターネットなどで調べなさい．
4．2005年に，郵政民営化法案が成立しました．この法律の主たる内容をまとめ，問題点を指摘し，検討しなさい．
5．「民（間）にできることは民（間）に任せ，官は官にしかできないことに徹すべきだ」とか，「民業を圧迫している国営企業や政府系企業は廃止すべきだ」という論理によって，国営企業や政府系金融機関の存続・廃止や民営化の是非が論じられることがあります．これらの論理の妥当性を検討しなさい．

【練習問題のヒント】
1．第1章で説明したように，総余剰は需要曲線の下の面積から限界費用

曲線の下の面積を引いて求めることができます．この関係を用いると，Q_c を超える供給量については，需要曲線の下の面積のほうが限界費用曲線の下の面積よりも小さくなるため，総余剰はマイナスになることがわかります．同様にして，生産量が Q_c よりも少なくなる場合にも，総余剰が減ることを示すことができます．以上から，点 C で総余剰が最大になることがわかります．

2．固定費用は供給量には依存せず、一定ですから、Q_a のときの固定費用 $PaHIb$ と Q_c のときの固定費用 $FGCb$ は等しくなります．したがって，2部料金制のもとでは，基本料金負担控除後の消費者余剰は，$ACb - PaHIb = AHPa + HCI$ になります．ここで，$AHPa$ は平均費用価格規制における消費者余剰であることに注意しましょう．

3．S.A. Morrison, G. Yarrow, H. Lawton-Smith，山内弘隆，村上英樹「規制緩和及び民営化の日米国際比較」内閣府『経済分析』第145号，1995年12月が参考になります．

4．①完全民営化までに10年もかかるため，その間，郵便貯金と簡易保険に暗黙の政府保証がつく，②完全民営化後も，政府出資の持ち株会社が民営郵便会社と民営保険会社の株式を買い戻して，政府保証のもとに，郵便，銀行，保険を一体経営できる，などのために，民間との競争が同一になるかという懸念が指摘されています．

5．これらの論理は，2000年代の初めに小泉純一郎内閣が構造改革を進めるうえで，しばしばスローガン的に用いたものですが，市場の失敗の理論とは似て非なるものです．たとえば，「官にしかできず，民業を圧迫もしない」からといって，「官がすべきである」という結論は導かれません．むしろ，官が何もしないほうが効率的な資源配分が達成されるケース（たとえば，民が助けようとしない倒産しかかった企業を，外部性などの市場の失敗要因がないにもかかわらず，政府が助けるケース）は少なくありません．官がすべきかどうかは資源配分の効率性と所得分配の公平性の基準から判断されるべきです．

第4章

外部性と公共財

　第2章と第3章では，効率的な資源配分を達成するためには，市場を競争的に維持することが重要であることを説明しました．これは，効率的な資源配分を達成するためには，そもそも市場が存在していなければならないことを意味します．しかし，私たちの生活水準を維持するうえで重要な財やサービスであっても，それらのすべてについて，市場が存在するとは限りません．市場が存在しない場合には，私たちの生活にとって不可欠な財がまったく供給されなかったり，財・サービスが過剰に消費されるといったことが起こります．いずれの場合も，資源配分は非効率になり，市場の失敗が起こります．

　そこで，この章では，市場が存在しない財・サービス（以下，財と略します）として，外部性が存在する財と公共財を取り上げ，その場合に，資源配分の効率性を改善するにはどのような経済政策がとられるべきかを検討しましょう．

1　外部性と市場の失敗

外部性とは

　外部性については2-4節で触れましたが，ここで改めて定義しておきましょう．

　ある活動の影響が，市場取引を通さずに各経済主体に及ぶ場合，外部性または外部効果が存在するといいます．たとえば，企業が海に排水を流すことに

よって，海が汚染され，漁師の漁獲高が減ったり，海水浴ができなかったりすることが，その一例です．この場合には，企業は漁師に漁獲高の減少という被害を与えています．この被害は，もしも企業排水によって海が汚染されなかったらば得られたはずの漁獲高に相当します．これは，この海を汚染する企業が財を生産するときの機会費用になります．ところが，この企業はこの機会費用を負担することなく，財を生産しています．

効率的な資源配分を達成するためには，財の生産量はその生産に伴うすべての機会費用が考慮されて，決定されなければなりません．しかし，いま述べたケースでは，企業は漁獲高の減少という機会費用を費用として考慮せずに，財を生産しています．

このように，企業が漁獲高の減少という機会費用を考慮せずに，財の生産量を決定するのは，海の汚染によって漁師が被る被害（漁獲高の減少）を取引する市場が存在しないからです．

この意味で，海の汚染による漁獲高の減少は市場の外部で起きた現象です．そこで，企業排水には外部性があるとか，外部効果があるといいます．この場合の外部性は，漁獲高の減少という漁師にとってマイナス（負）の効果ですから，「負の外部性」あるいは「外部不経済」といいます．

同様に，企業排水によって，海が汚染されたため，海水浴ができなくなれば，海が汚染されなかったときに得られたはずの，海水浴からの効用が失われます．この失われた効用も企業が財を生産するときの機会費用です．しかし，海の汚染によって失われた効用を取引する市場も存在しませんから，企業はこの機会費用を考慮せずに，財を生産します．このように，企業排水によって海が汚染されて，海水浴ができなくなることも，市場の外部で起きたマイナスの現象ですから，「企業排水の外部不経済」になります．

いま述べたケースは負の外部性の例ですが，正の外部性も存在します．たとえば，緑の垣根や道路に向かって開放された花壇などは，通行人の目を楽しませ，彼らの効用を増大させるでしょう．このとき，緑の垣根や花壇の所有者は通行人に緑の垣根や花壇をみる対価を支払ってもらっているわけではありません．この意味で，緑の垣根や花壇の供給による通行人の効用の増大は，市場での取引を通ずることなく，市場の外部で起きた現象です．そこで，緑の垣根や

図4-1 外部不経済の非効率性

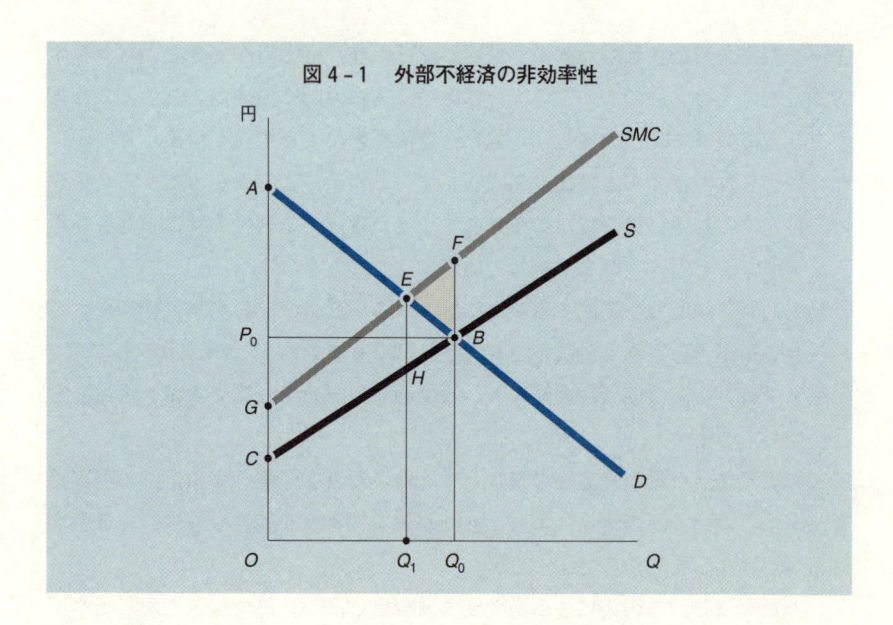

花壇の供給には外部性があるといいます．この場合は，効用を増大させる外部性ですから，正の外部性あるいは外部経済といいます．

また，企業が結合生産物を供給している場合に，企業が意図したわけではありませんが，外部経済が他の人に及び，彼らが対価を支払うことなく利益を受けることがあります．たとえば，植林には治水効果がありますから，植林する材木会社はふもとの住民を洪水から守るという外部経済を与えています．この材木会社は，木材を生産すると同時に治水サービスを生産していることになります．このように同一企業が，ある財を生産するときに同時に産み出される複数の生産物を「結合生産物」といいます．

外部性が存在するときの市場の失敗

外部性が存在すると，市場は効率的な資源配分に失敗します．図4-1はそのことを，外部性のうちの外部不経済を例にとって示したものです．曲線 S と D はある競争市場の供給曲線と需要曲線です．需給均衡点は B，需給均衡量は Q_0，均衡価格は P_0 です．このとき外部性が存在しなければ，効率的な資源配分が達成されます．

しかし，この財の生産に伴って，近隣の海に企業排水が流出するため，海の汚染が進み，近隣の漁師の漁獲高が減るとしましょう．以下の説明の本質は，海が汚染されて海水浴ができなくなることを考慮しても変わりがありませんが，ここでは無視しましょう．

さて，上に述べた，減少する漁獲高の市場価値は，海を汚染する企業がこの財を生産するときの機会費用です．しかし，それは市場の外部で起きた現象であるため，企業はこの機会費用を考慮しません．その結果，財の供給量は Q_0 になります．

外部性に伴う機会費用を「外部費用」といい，財の生産が追加的に増えるに伴って増加する外部費用を，「限界外部費用」といいます．図の曲線 SMC は，供給曲線 S にこの限界外部費用を加えた曲線で，「社会的限界費用曲線」といいます．それに対して，供給曲線 S は企業の私的な限界費用だけを考慮した曲線ですから，「私的限界費用曲線」といいます．曲線の定義からわかるように，社会的限界費用曲線と私的限界費用曲線（すなわち，供給曲線）の差は限界外部費用に等しくなります．すなわち，次式が成立します．

社会的限界費用（SMC）＝私的限界費用＋限界外部費用　　　（4-1）

生産量が O から Q_0 まで増加するときに発生する外部費用（総外部費用）は，生産量が O から Q_0 まで増えるときの，各々の限界外部費用を合計したものに等しくなります．したがって，総外部費用は図4-1の $GFBC$ の面積に等しくなります．外部費用を考慮すると，需給均衡量 Q_0 のもとでの総余剰は次のようになります．

外部費用を考慮したときの競争均衡（点 B）の総余剰
＝外部費用を考慮しないときの競争均衡の総余剰 ABC
　－競争均衡における総外部費用 $GFBC$
＝$AEG-EFB$　　　（4-2）

それに対して，需給均衡量が SMC と需要曲線の交点 E に対応する Q_1 に決定されるときの，外部費用を考慮した総余剰は次のようになります．

外部費用を考慮したときの点Eの総余剰
 =需要量がOからQ_1までの需要曲線の下の面積（AEQ_1O）
　－外部費用を含めた総費用（GEQ_1O）
 =AEG (4-3)

（4-2）と（4-3）の比較から，外部費用を考慮すると，点Eの総余剰のほうが点Bの総余剰よりも，EFBだけ大きいことがわかります．このEFBが外部不経済による社会的損失になります．

点Eは外部費用を考慮したときに，総余剰が最大になる点であることも，第1章で示した方法を応用すれば理解できるでしょう．

総余剰が最大になる生産量Q_1は，資源が最も効率的に配分されたときの生産量ですから，社会的にみて最適な生産量です．このとき，海の汚染のために，$GEHC$の外部費用が発生していることに注意しましょう．この企業が外部費用を考慮して生産量を決めたときに生ずる海の汚染を，効率性基準からみて，最適な汚染であるといいます．

このように，効率性基準からみて，海を汚染する財の最適な生産量は，海の汚染をゼロにする生産量ではありません．したがって，最適な海の汚染量もゼロではありません．財Xが私たちに効用をもたらすという意味で，有用な財である限り，私たちは財Xの消費量と海の汚染の程度との間でバランスをとらなくてはならないのです．効率性基準はこのバランスをとる基準です．

以上のように，外部不経済が存在すると，資源配分の効率性基準からみて，競争均衡では，財の供給量が過大になります．したがって総余剰は最大化されずに，市場の失敗が発生します．図4-1からわかるように，市場が失敗するのは，私的限界費用と社会的限界費用とが乖離するためです．

他方，前項で述べた，緑の垣根や道路に向かって開放された花壇のケースや材木会社が結合生産物として供給する治水サービスのような外部経済が存在する場合には，資源配分の効率性基準からみて，競争均衡では，財の供給量は過小になります．したがって，外部経済が存在する場合にも，市場の失敗が発生します[1]．

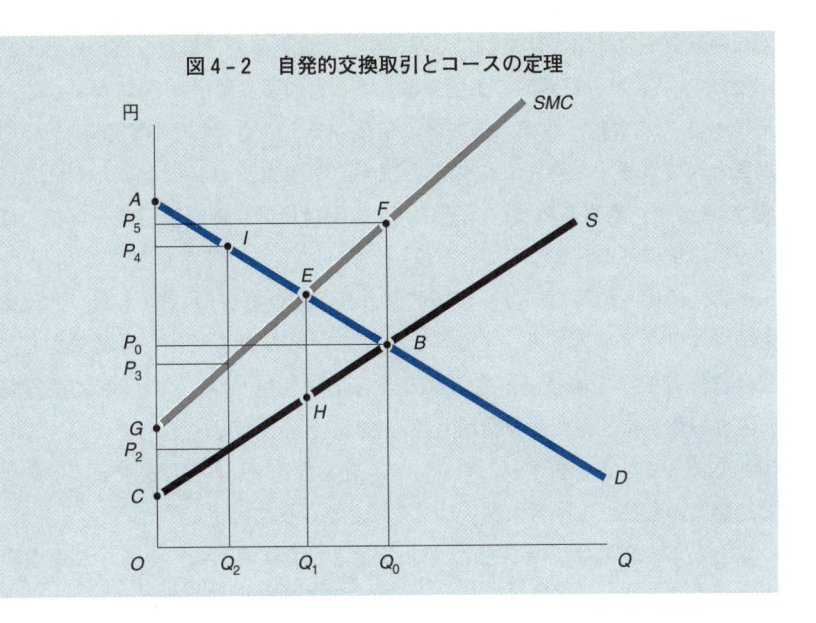

図 4-2 自発的交換取引とコースの定理

汚染損害額の補償による外部性の内部化

それでは、市場が外部不経済の存在のために、効率的な資源配分に失敗する場合、どのような経済政策が採用されるべきでしょうか。その1つの方法は、汚染に関する権利を法的に定め、そのうえで、民間の自発的交換取引にゆだねることです。この解決方法を、上の企業による海の汚染を例にとって説明しましょう。

初めに、法的に、汚染されない海で漁業を営む権利が漁師にある場合から説明しましょう。この場合には、企業は漁師と被害の補償額を交渉して、生産を続けようとするでしょう。図4-2で、かりに、生産量が Q_2 であるとしましょう。この生産量から、限界的に生産量を増やすときの、外部費用を考慮しない私的限界費用は P_2 です。このとき、海の汚染の増大によって、$(P_3 - P_2)$ に等しい、限界的な漁獲高の減少、すなわち、限界外部費用が発生します。企業には海を汚染する法的権利がありませんから、この限界外部費用を漁師に補償しなければ、生産を増やすことはできません。そこで、この限界外部費用に

1——練習問題1とヒントを参照.

第4章 外部性と公共財

等しい補償金を「限界補償金」と呼びましょう．限界補償金を含めると，企業にとって，Q_2 から限界的に生産を増やすときの限界費用は P_3 になります．生産量が Q_2 であれば，企業は消費者に需要曲線上の点 I に対応する価格 P_4 で売ることができますから，この生産の限界的な増加によって，$(P_4 - P_3)$ の利益（生産者余剰）が得られます．そこで，企業は漁師に限界補償金を支払って，財の生産を増やそうとするでしょう．

一方，漁師も漁獲高の減少が補償されれば，企業が Q_2 よりも限界的に生産を増やすことに同意するでしょう．しかし，Q_1 を超えて生産を増やすと，消費者に売却できる価格（需要曲線の点 E よりも右下の点）は，私的限界費用に限界補償金を加えた限界費用（曲線 SMC 上の点 E よりも右上の点）よりも小さくなってしまいます．したがって，生産量を Q_1 よりも増やせば増やすほど，企業の利益（生産者余剰）は減ってしまいます．

以上から，企業は生産量を Q_1 に決定するでしょう．このとき，私的限界費用に限界補償金（＝限界外部費用）を加えた費用，すなわち，補償金を含めた限界費用は価格に等しくなります．そして，総余剰は最大になり，効率的な資源配分が達成されますから，市場の失敗は回避されます．

市場の失敗が起きないのは，ここで前提にしている法的権利制度のもとでは，企業が限界補償金（＝限界外部費用）込みの限界費用を，私的限界費用と考えて，生産量を決めるようになるからです．このとき，補償金込みの私的限界費用は社会的限界費用に等しくなります．このことを，外部性（ここでの例では，外部不経済）が内部化されたといいます．ここに，外部性の内部化とは，市場の外部で起きた現象が市場取引（ここでの例では，企業と漁師による補償金の交渉）として取り込まれたという意味です．この外部性の内部化によって，市場の失敗が回避されるわけです．

なお，生産量が Q_1 のときの漁師に対する総補償額は，外部費用の総額である $GEHC$ になります．

権利配分とコースの定理

外部性は，海を汚染する法的権利が企業にある場合にも，内部化されます．この権利制度のもとでは，漁師は企業が生産を削減することに伴って被る損失

を補償して,海の汚染を減らしてもらうことになります.

たとえば,図4-2で,海を汚染する権利が企業にある場合には,漁師が企業の財の生産削減に伴う損失を企業に補償しない限り,生産量は Q_0 になるでしょう.それに対して,もしも企業に生産量を Q_0 よりも限界的に減らしてもらえれば,漁師の漁獲高は (P_5-P_0) だけ増えます.したがって,漁師は企業に生産量を Q_0 よりも限界的に減らしてもらうために,最大限,漁獲高の増加に等しい (P_5-P_0) を企業に支払ってもよいと考えるでしょう.一方,生産量を Q_0 よりも限界的に減らすと,企業の収入と費用は共に P_0 だけ減りますから,生産を減らしても企業にとって損にはなりません.したがって,企業は (P_5-P_0) を補償してもらえば,企業の利益はその分増大します.そこで,企業はこの漁師の生産削減と損失補償の提案に同意するでしょう.

しかし,Q_1 を超えて生産を削減する場合には,企業は生産削減に伴う損失を補償してもらっても,損失を被ります.したがって,企業は Q_1 を超える生産の削減には応じないでしょう.このことを,生産量が Q_2 の場合について説明しておきましょう.

Q_2 の生産量から限界的に生産を減らしてもらうために,漁師が支払ってもよいと考える最大の補償金額は,生産削減によって増える漁獲高,すなわち,そのときの限界外部費用 (P_3-P_2) です.一方,生産量が Q_2 であれば,価格は P_4 になり,私的限界費用は P_2 になりますから,企業はこの限界的な生産の削減によって,(P_4-P_2) の損失(生産者余剰の減少)を被ります.この損失は漁師が企業に補償してもよいと考える最大額 (P_3-P_2) よりも (P_4-P_3) だけ大きくなります.したがって,企業はこの生産の削減と損失補償の提案に同意すると,損失を被りますから,この提案には同意しないでしょう.

いま述べたことは,生産量が Q_2 と Q_1 の間にあるときにも妥当します.したがって,海を汚染する権利が企業,すなわち,海の汚染者にある場合にも,企業と漁師の交渉を通じて,生産量は Q_1 に決定されます.

以上のように,海(一般には,環境)を汚染する法的権利が汚染者にある場合にも,市場取引を通じて,財の生産と汚染は社会的に最適な水準に決定されます.

このように,海を汚染する権利が汚染者にあっても,汚染されない権利が漁

師にあっても，市場取引（ここでは，企業と漁師の交渉）を通じて，汚染量は同じ水準に決定されます．これを，最初に証明したR.コースという経済学者の名をとって，「コースの定理」といいます．

海を汚染する権利や汚染されない権利をだれに与えるかは，「権利の配分」と呼ばれます．一方，海がどの程度汚染されるかは，海を汚染する財がどれだけ生産されるかという資源配分に依存します．そこで，コースの定理は一般的には次のようになります．

コースの定理
(1) 資源配分は権利の配分に依存しない．
(2) 権利配分を法的に確定すれば，外部性は市場の自発的交換取引によって内部化される．

コースの定理と取引費用

それでは，実際に，「コースの定理」は成立するでしょうか．上の説明からわかるように，「コースの定理」を導く際には，市場取引に伴う取引費用が考慮されていません．しかし，実際には，外部性を内部化しようとする市場取引の場合には，次のように，取引費用は無視できない大きさになる可能性があります．

第1は，外部性を取引する当事者の交渉力の違いです．上の例でいえば，海を汚染されない権利が漁師に与えられても，相対的に所得や資産保有額が小さい漁師にとっては，交渉するうえでの取引費用負担が重すぎるため，不十分な補償金で交渉に合意する可能性があります．いわゆる，「泣き寝入り」という現象です．

第2は，当事者の数が多くなることによる取引費用の増大です．上の例で，海を汚染されない権利が漁師にあるとして，漁師の数が多くなるにつれて漁師の中に，補償金の引き上げを狙っていつまでも交渉を長引かせようとする漁師が現れる確率が高まります．これは，いわゆる「ゴネ得」を狙った行為です．「ゴネ得」を狙った行動のために交渉が長引けば，交渉期間中の企業の生産停止による損失は拡大します．この損失も外部性の内部化に伴う取引費用です．

この取引費用が一定額以上増大すれば，企業は当該産業から撤退せざるを得なくなるでしょう．そうなれば，海の汚染はゼロになりますが，ゼロ汚染は，外部性を考慮したうえでの財の需給に伴う総余剰を最大にするという意味では，最適な汚染ではありません．

　第3は，「ただ乗り」を防ぐために，費用がかかるという問題です．上の例で，海を汚染する権利が企業にある場合に，漁師の中には，「海が汚染されてもいっこうに構わない」といって，企業への補償金支払い負担を免れようとするものが出てくる可能性があります．これは，他の漁師に補償金の負担を押し付けて，汚染が緩和されることを期待する行為で，「ただ乗り」と呼ばれる現象です．「ただ乗り」しようとする漁師を説得して，適切な補償金を負担してもらうためには，その漁師を説得しつづける必要があります．しかし，それには時間という取引費用がかかります．説得に時間がかかっているうちに，海はどんどん汚染されてしまい，効率的な資源配分の基準からみて，海の汚染は過大なまま放置されてしまいます．

　以上の取引費用は，交渉の当事者が増えるにつれて増大します．上の例で，漁師や企業が多くなれば，海の汚染による漁獲高や生産削減による企業の損失額の計算をめぐって，漁師や企業の間の利害対立が激化し，交渉をまとめる費用が増大するため，交渉がまとまらなくなる可能性は大きくなるでしょう．したがって，交渉当事者が多くなるにつれて，「コースの定理」が成立する可能性は小さくなります．

環境税による解決

　交渉当事者が多くなるにつれて，法的に権利を確定するだけでは，外部性を内部化することは難しくなるとすると，他の手段によって内部化することを考えなければなりません．そのような手段として，税金と補助金を考えてみましょう．

　初めに，汚染活動に対して，税（これを，「環境税」と呼びましょう）をかける場合を説明しましょう．図4-3は図4-1と同じ図です．この図で，外部費用を考慮したときに，総余剰が最大になる生産量はQ_1で，そのときの限界外部費用はEHです．そこで，生産1単位当たりにつき，EHに等しい環境税

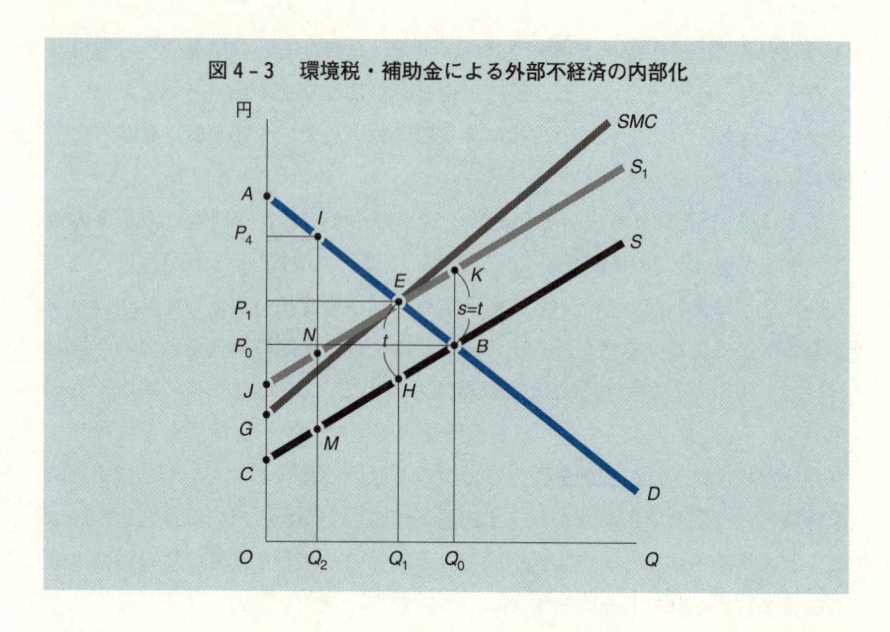

図4-3 環境税・補助金による外部不経済の内部化

　t 円を，この企業に課したとしましょう．この課税により，第2章の個別物品税のケースと同じように，供給曲線は t だけ上方に移動して，S_1 になります．競争均衡点は S_1 と需要曲線 D の交点 E になり，課税される前に比べて，価格は P_0 から P_1 に上昇し，生産量は Q_0 から Q_1 に減少します．$JEHC$ に等しい税収は社会のだれかに分配されて，その人の余剰になります．生産量が Q_1 であれば，総外部費用は $GEHC$ になりますから，環境税収入の分配後の総余剰は次のようになります．

　　環境税収入の分配後の総余剰
　　＝財 Q の生産と消費からの総余剰 AEJ
　　　＋税収 $JEHC$ －総外部費用 $GEHC$
　　＝AEG　　　　　　　　　　　　　　　　　　　　　　（4-4）

（4-3）と（4-4）とから，環境税とその税収の分配の組み合わせによって，総余剰は最大になることがわかります．

　なお，環境税の分配面を考慮しなければ，環境税のもとでの生産者余剰は次のようになります．

環境税のもとでの生産者余剰 $= P_1 EJ$　　　　　　　　　　（4-5）

　環境税とは，政府は環境税を課すだけで，あとは民間の自由な市場取引に任せて，環境問題を解決しようとするものですから，市場を利用した解決策です．上で，環境税が汚染を最適な水準まで削減することに成功したのは，限界外部費用に等しい環境税を導入すると，汚染者が環境税込みの限界費用と財の売却による収入とを比べて，生産量を決定するようになるからです．

汚染者に対する補助金による解決

　次に，汚染者に補助金を与えて汚染を減らすことを考えてみましょう．政府は，企業が生産を削減して，汚染を減らせば，削減された生産1単位につき s 円の補助金を企業に支給するとします．s は環境税の t に等しく設定します．図 4-3 で，補助金がなければ，企業は生産量を Q_0 に決定します．生産量の削減に対して補助金 s が支給されるようになると，Q_0 から限界的に生産量を削減すれば，s の補助金が得られます．生産量が Q_0 のときに，生産量を限界的に減らしても，生産者余剰は減りません．したがって，補助金をもらって，生産量を限界的に削減すれば，s 円の純利益が得られますから，この限界的な生産の削減は企業にとって有利です．生産量を Q_1 まで削減すれば，企業に支給される補助金総額は $EHBK$ になります．

　しかし，企業は生産量を Q_1 よりも限界的に削減すると，純損失を被るようになりますから，生産量を Q_1 を超えては削減しようとはしません．たとえば，生産量が Q_2 のときに，生産量を限界的に削減すれば，$NM (=s)$ の補助金の支給を受けられますが，生産者余剰が IM（生産量が Q_2 であれば，価格は P_4 になることに注意）だけ減るため，差し引き IN の損失を被ります．

　以上から，汚染を伴う生産の削減に対して補助金が支給される場合も，環境税と同じように，需給均衡量は Q_1 に決定されます．

　このとき支給された補助金 $EHBK$ は税金を財源にしていますが，課税による非効率が発生していなければ，総余剰は AEG に等しくなり，最大化されています．

　なお，生産者は財の生産による生産者余剰 $P_1 EHC$ と補助金総額 $EHBK$ を

加えた利益を得ます．この利益と（4-5）の環境税のもとでの生産者余剰を比較すればわかるように，企業にとっては補助金のほうが環境税よりも，分配面で有利です．しかし，いま述べた限りでは，分配の違いを無視すれば，環境税と補助金はどちらも効率的な資源配分をもたらします．両者が同じように効率的資源配分をもたらすという原理は，「コースの定理」と本質的に同じです．すなわち，環境税は環境税収から漁師に損害額が補償されれば，「コースの定理」における汚染されない権利が漁師にある場合に相当し，補助金は「コースの定理」における汚染する権利が企業にある場合に相当します．

しかし，上で考慮しなかった問題を考慮すると，分配面以外にも，環境税と補助金は異なった影響をもたらします．

第1に，補助金の財源のためには税金をかけなければなりませんが，課税は，外部性が存在しない財に対する個別物品税のように，非効率な資源配分をもたらす可能性があります（2-1節参照）．一方，上で例示した環境税は，外部性が存在する場合の間接税ですから，外部費用の削減を通じて，効率的な資源配分をもたらします．

第2に，両者の長期的な効果は異なります．長期的にみると，補助金は補助金の獲得を狙った企業の参入を促します．企業の参入によって，供給曲線 S が下方に移動すると，需給均衡における生産量が増大して，汚染が進んでしまいます．汚染が生産量の増加とともに増えるとすれば，汚染を最適な水準まで減らすためには，補助金額を引き上げなければなりません．その結果，さらに，補助金獲得を狙った企業の参入が増えるとともに，補助金の財源調達のために増税しなければならなくなります．増税は資源配分の非効率の原因になる可能性があります．

以上の点を考慮すると，汚染を最適な水準まで減らすには，補助金よりも環境税のほうが優れているといえます．

最適な環境税の課税方式

上に述べた例では，財の生産量と汚染物質の間に正の相関関係が存在することを前提にしています．しかし，実際には，生産方法を変えれば，生産量が同じでも，排出される汚染物質の量は変化するでしょう．その場合には，上に述

図 4-4 環境税と生産要素の選択

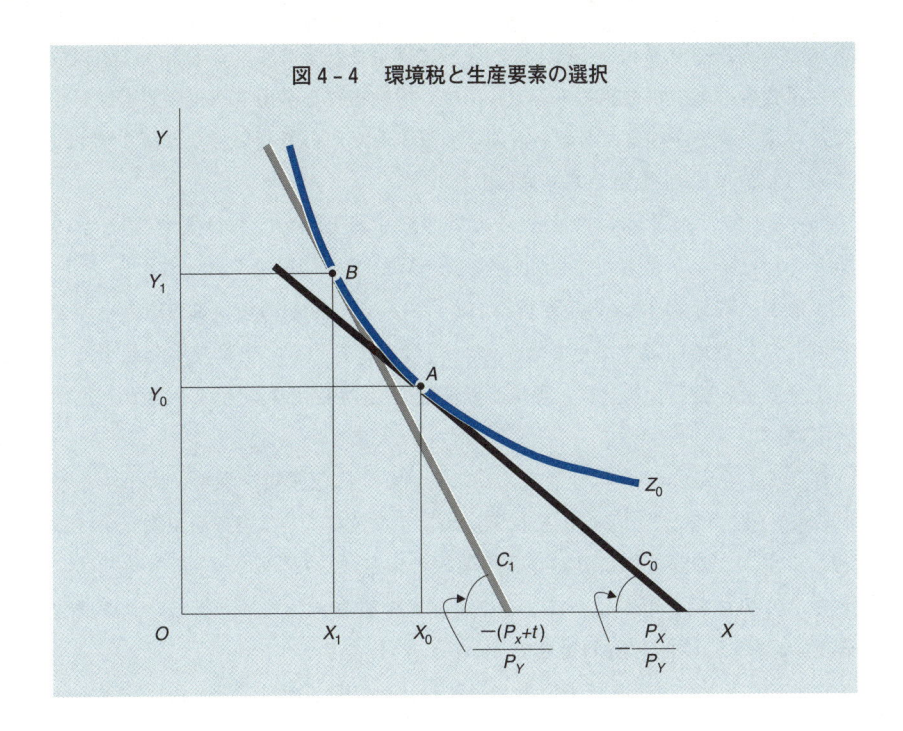

べた環境税の課税の仕方は，外部性を内部化する手段としては最適ではありません．なぜならば，その場合には，環境税と汚染物質の排出量との相関関係が崩れるからです．

上の例では，企業は環境税が課せられるようになると，生産量を削減することによって対応しようとしました．しかし実際には，汚染を減らすためには，生産の削減以外にも，環境を汚染しないような生産方法や生産要素の選択，あるいは，環境汚染の少ない消費財の消費を増やすといった方法も考えられます．各経済主体がこうした多様な汚染物質排出削減の方法の中から，自らにとって最も適切な方法を選択できるようにするには，環境税を汚染物質の排出量に比例してかけなければなりません．

たとえば，ある生産要素を生産に投入すると，汚染物質が環境に排出されますが，他の生産要素は汚染物質を排出しないとしましょう．石油をエネルギー源として投入すれば，地球を温暖化する炭素が大気中に排出されますが，燃料

第4章 外部性と公共財

電池をエネルギー源として使えば，炭素は排出されません．このように，複数の生産要素の選択が可能である場合には，汚染物質を排出する生産要素に対してだけ環境税をかけることが，汚染を削減するための最適な課税になります．このことを図4-4を用いて説明しましょう．

図4-4で，曲線Z_0は財ZをZ_0だけ生産するときの，生産要素XとYの組み合わせを示した等生産量曲線[2]です．XとYの価格をそれぞれ，P_XとP_Yとすると，直線C_0はZの生産費用がC_0になるXとYの投入量の組み合わせを示した等費用曲線で，その傾きは$-P_X/P_Y$です．Z_0の生産費用を最小にする生産要素の組み合わせは，等生産量曲線Z_0と等費用曲線C_0の接点AのX_0とY_0です．

ここで，生産要素Xはその投入量に比例して汚染物質を環境に排出するとしましょう．そこで，この汚染物質排出量1単位につきt円の環境税をかけるとします．この課税により，等費用曲線の傾きは$-(P_X+t)/P_Y$に変化しますから，Z_0の生産費用が最小になる生産要素の組み合わせは，新しい等費用曲線C_1と等生産量曲線Z_0の接点BのX_1とY_1になります．

以上のように，環境税を汚染物質の排出に比例してかけると，汚染物質を排出する生産要素Xの，汚染物質を排出しない生産要素Yに対する相対価格は上昇します（これは，図4-4の等費用曲線の傾きが急になることによって示されています）．そのため，利潤の最大化を目指す企業は，相対的に高くなった生産要素Xの投入量を減らし，相対的に安くなった生産要素Yの投入量を増やそうとします．それによって，環境税がかけられたことによる費用の増加を抑制しようとするからです．このように，汚染物質を排出する生産要素の投入量が減るため，生産量が同じでも，排出される汚染物質は減少し，環境は改善されます．

環境税の長期的効果

上の環境税の導入は，汚染物質を排出する財の相対価格を引き上げ，それによってその財の需給均衡量を減らすことによっても，排出汚染物質を減らしま

---

[2] 等生産量曲線に関する理論については，巻末のミクロ経済学の入門書を参照してください．

す．次にそのメカニズムを説明しましょう．

図4-4で，環境税が生産要素 X の投入量に応じてかけられると，同じ生産量 Z_0 の生産費用は C_0 から C_1 に変化します．それでは，C_0 と C_1 はどちらが大きいでしょうか．C_0 と C_1 はそれぞれ次のように表されます．

$$C_0 = P_X X_0 + P_Y Y_0 \tag{4-6}$$

$$C_1 = (P_X + t)\ X_1 + P_Y Y_1 \tag{4-7}$$

（4-7）から（4-6）を引くと，

$$\begin{aligned} C_1 - C_0 &= [(P_X + t)\ X_1 + P_Y Y_1] - (P_X X_0 + P_Y Y_0) \\ &= (P_X X_1 + P_Y Y_1) - (P_X X_0 + P_Y Y_0) + t X_1 \end{aligned} \tag{4-8}$$

等費用曲線の定義から，価格が P_X と P_Y のときに Z_0 を生産するための最小費用は，生産要素の組み合わせが X_0 と Y_0 のときです．したがって，（4-8）の左辺の第1項と第2項について，

$$(P_X X_1 + P_Y Y_1) > (P_X X_0 + P_Y Y_0)$$

が成立しますから，$C_1 > C_0$ になります．すなわち，環境税が生産要素 X の投入に対してかけられると，同じ量の財 Z を生産するための総費用は増加します．

ここで，財 Z を生産するために必要な生産要素は X と Y だけとしましょう．この仮定のもとでは，図4-4で想定されている時間の長さは，X と Y の投入量を自由に選択できる期間になります．すなわち，固定的な生産要素が存在しない（したがって，固定費用も存在しません）長期になります．このとき，総費用を総生産量で割った C_0/Z_0 は Z_0 を生産するときの長期平均費用になります．

いま，生産要素 X と Y の投入量を共に比例的に増やすと，財 Z の生産量も比例的に増えるとしましょう．このとき，長期平均費用は財 Z の生産量にかかわらず一定になります．完全競争市場の長期供給曲線は長期平均費用に一致しますから[3]，上の仮定のもとでは，図4-5のように，生産要素 X と Y の価

図4-5 環境税の長期的効果

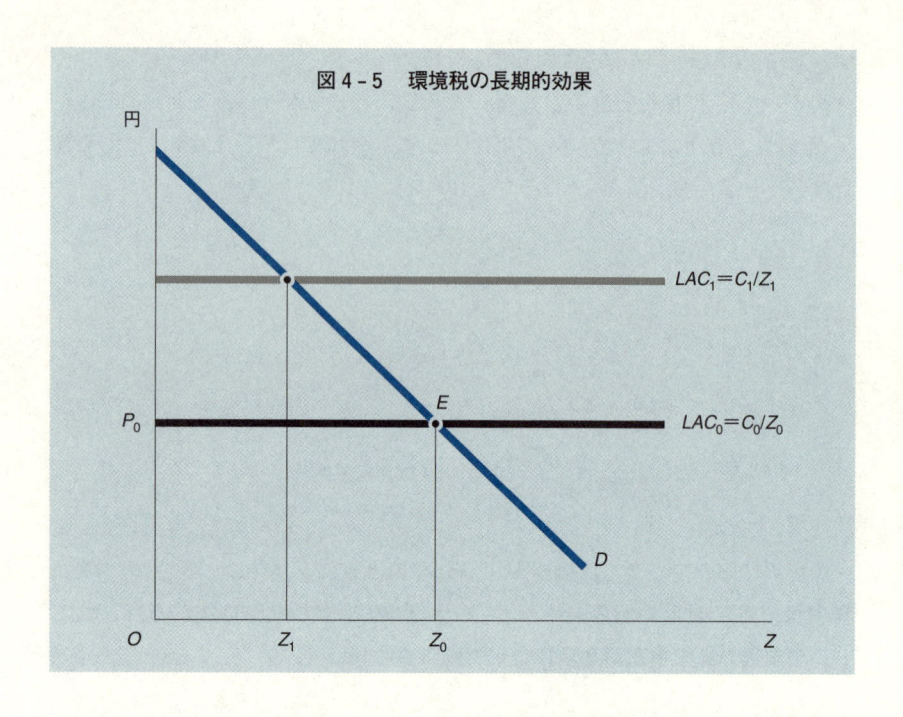

格がそれぞれ P_X と P_Y であれば，財 Z の長期供給曲線 LAC_0 は C_0/Z_0 水準で水平になります．需要曲線を D とすれば，長期均衡点は E に，需給均衡量は Z_0 になります．

次に，環境税が生産要素 X の投入に対してかけられると，長期平均費用は C_1/Z_0 に増加します．したがって，図4-5で，長期平均費用曲線に等しい長期供給曲線は上方に移動し，LAC_1 となり，財 Z の価格を引き上げます．ここで，他の財に変化はないと仮定すると，この財 Z の価格の上昇は，財 Z のその他の財に対する相対価格が上昇することを意味します．この財 Z の相対価格の上昇によって，長期の需給均衡量は Z_1 に減少します．財 Z の供給量が減少すれば，それに伴って，汚染物質を排出する生産要素 X の投入量も減ります．その結果，排出される汚染物質も減り，環境が改善されます．

3——完全競争市場の長期供給曲線が長期平均費用に一致するという証明については，岩田（1993）の178〜181ページを参照してください．

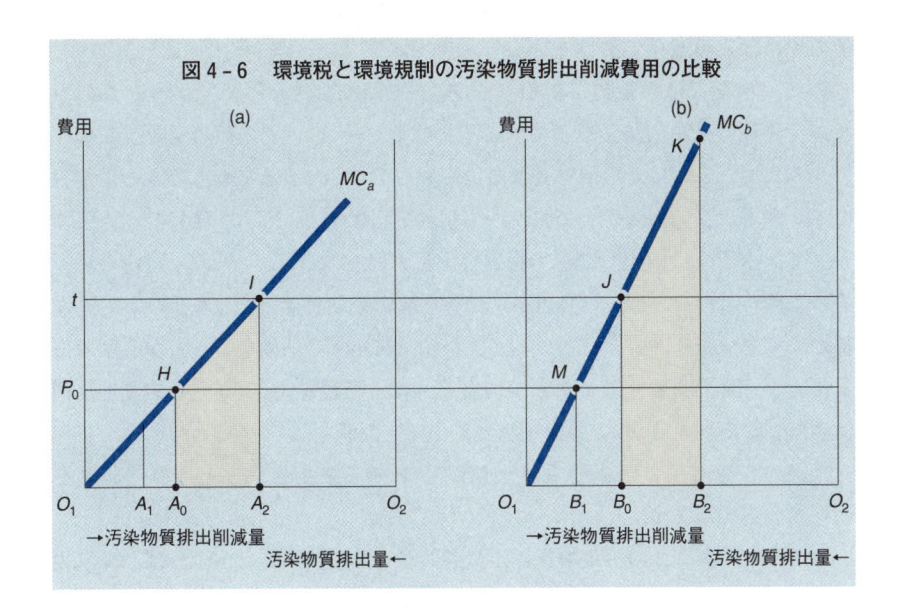

図4-6 環境税と環境規制の汚染物質排出削減費用の比較

(a) 縦軸：費用，曲線 MC_a，点 I は横軸 A_2 で高さ t，点 H は横軸 A_0 で高さ P_0，原点 O_1，右端 O_2，横軸に A_1, A_0, A_2．→汚染物質排出削減量，汚染物質排出量←

(b) 縦軸：費用，曲線 MC_b，点 K は横軸 B_2，点 J は横軸 B_0 で高さ t，点 M は横軸 B_1，原点 O_1，右端 O_2，横軸に B_1, B_0, B_2．→汚染物質排出削減量，汚染物質排出量←

環境税は最少の費用で最大の環境改善効果を発揮する

上に述べた環境税は，次のようにして，最少の費用で汚染物質の排出量を削減するという意味でも，優れた環境改善政策です．

図4-6(a)と図4-6(b)の曲線 MC_a と MC_b は，それぞれ，企業Aと企業Bが汚染物質の排出量を削減するときの限界費用曲線（以下，限界汚染物質排出削減費用曲線と呼びます）を示したものです．これらの図では，原点 O_1 から右に，削減される汚染物質排出量が，原点 O_2 から左に，汚染物質排出量が，それぞれ測られています．原点 O_1 における汚染物質排出量は，環境政策が採用されないときの排出量 O_1O_2 になり，右に移動するに従って，汚染排出物質削減量は増え，逆に，汚染物質排出量は減ります．原点 O_2 では，汚染物質排出量はゼロになります．なお，通常，環境政策が採用されないときの両企業の汚染物質排出量は異なりますから，図4-6(a)と(b)の O_2O_1 は同じ記号が使われていますが，一般的に等しくなりません．

いま，汚染物質排出量1単位当たり t 円の環境税が導入されたとしましょう．このとき，環境税が導入されないときに比べて企業Aは汚染物質排出量を A_2 だけ削減しようとするのに対して，企業Bは B_0 だけ削減しようとします．

第4章 外部性と公共財　133

その理由は次の通りです.

　いま,企業Aは汚染物質排出量を A_0 まで削減したとしましょう.このとき,汚染物質排出削減量を限界的に1単位増やせば,t 円の環境税を支払わずにすみます.これは,汚染物質排出量を減らすことによって軽減できる環境税です.一方,この削減のためにかかる限界費用は HA_0 で,$t > HA_0$ です.したがって,企業Aは限界的に汚染物質排出量を削減すれば,$(t - HA_0)$ 円の利益を得ます.このことは,[環境税(t)>限界汚染物質排出削減費用]という関係が成り立つ限り,企業にとって,汚染物質排出量を削減することが有利であることを意味します.したがって,企業Aは[環境税 t =限界汚染物質排出削減費用]が成立する A_2 まで汚染物質排出量を削減するでしょう.

　企業Bが削減する汚染物質排出量が B_0 になることも,上と同様の論理を使って証明できます.

　ここで,社会全体の汚染物質排出量を同じだけ削減しようとすれば,環境税は最も費用のかからない手段であることを説明しておきましょう.

　いま,汚染物質排出量を社会全体で $[A_2 + B_0]$ だけ減らそうとしているとします.t 円の環境税を課した場合には,企業Aは A_2 だけ,企業Bは B_0 だけ,汚染物質排出量を減らします.このとき,汚染物質排出量の削減のために要する社会全体の費用は,次のように,両企業の限界費用曲線の下の面積を合計したものに等しくなります.

　　環境税のもとでの経済全体の汚染物質削減費用
　　$= O_1IA_2 + O_1JB_0$ 　　　　　　　　　　　　　　　　　　　　　　（4-9）

次に,上と同じだけ汚染物質排出量を減らすために,各企業に削減すべき汚染物質排出量を割り当てるという環境規制を採用した場合を考えてみましょう.

　いま,政府が企業Aに A_0 の,企業Bに B_2 の削減量を割り当てたとしましょう.このときの社会全体の削減量 $[A_0 + B_2]$ は環境税の場合の社会全体の削減量 $[A_2 + B_0]$ に等しいとします.したがって,$A_0A_2 = B_0B_2$ です.この環境規制のもとでは,汚染物質削減のための社会全体の費用は次のようになります.

環境規制のもとでの社会全体の汚染物質削減費用
$$= O_1HA_0 + O_1KB_2 \tag{4-10}$$

（4-9）と（4-10）とを比較すると，図4-6から，$HIA_2A_0 < JKB_2B_0$ですから[4]，（4-9）のほうが（4-10）よりも小さいことがわかります．すなわち，同じだけ汚染物質排出量を減らそうとするのであれば，そのための費用は環境税のほうが環境規制より安くすみます．

いま述べたことは，環境規制において，A_2とB_0以外のどの削減量を両企業に割り当てた場合にも成り立ちますから，社会全体の削減費用は，環境税のケースで選択される削減の組み合わせ（A_2とB_0）のもとで，最小になることがわかります．

もちろん，環境規制のもとでも，政府が汚染物質排出削減量を企業AにA_2を，企業BにB_0を，それぞれ割り当てれば，社会全体の削減費用は環境税の場合と同じになります．しかし，政府がそのように削減量を各企業に割り当てるためには，各企業の限界削減費用を知っていなければなりません．しかし，政府がそれを知ることはほとんど不可能ですし，かりに知ろうとすれば，膨大な調査費用がかかるでしょう．

それに対して，環境税であれば，政府が膨大な調査費用をかけなくても，各企業の利潤を求める行動を通じて，社会全体の削減費用は自動的に最小化されます．これが市場を利用した環境対策の優れた点です．

なお，政府が確実に一定量の汚染物質排出量の削減を実現するためには，政府は各企業の限界削減費用曲線を知らなければなりません．しかし，たいていのケースでは，試行錯誤が許されると考えられます．したがって，政府は各企業の限界削減費用曲線を調べる必要はなく，一定額の環境税をかけてみて，社会全体の削減量が目的に達しなかった場合には，環境税を引き上げればよいでしょう．

---

4 ── 図形HIA_2A_0と図形JKB_2B_0は共に高さが等しい（$A_0A_2 = B_0B_2$）台形です．図からわかるように，上底の長さと下底の長さの和は図形JKB_2B_0のほうが大きくなります（$IA_2 = JB_0$に注意）．これから，本文で述べた面積の大小関係が得られます．

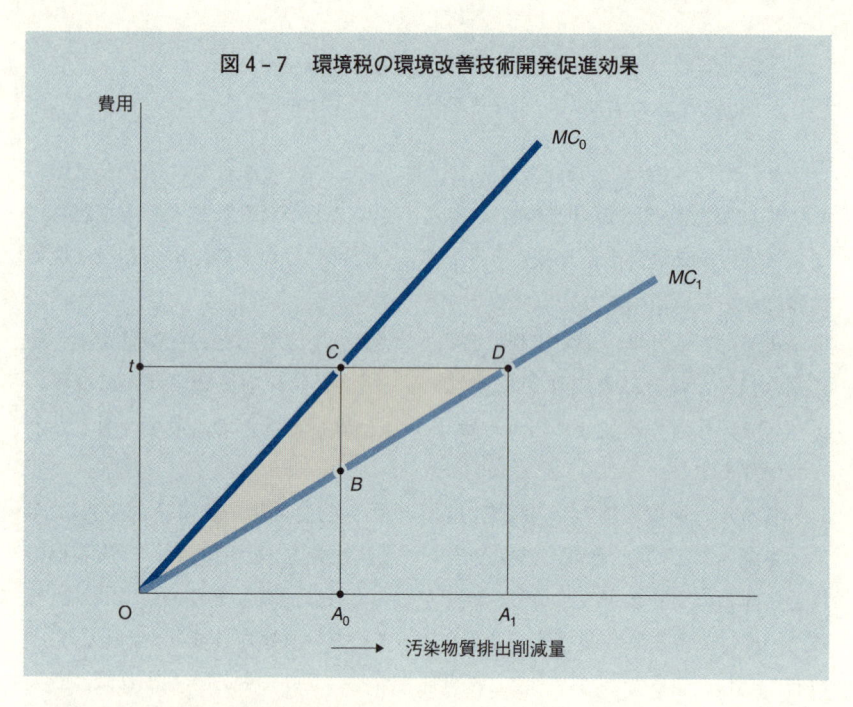

図 4-7 環境税の環境改善技術開発促進効果

環境税の環境改善技術開発効果

環境税は長期的には，汚染物質の排出を削減する技術開発を促進することによっても，環境を改善する効果を発揮します．

図 4-7 で，曲線 MC_0 はある企業の当初の限界汚染物質削減費用曲線です．いま，環境規制により，企業は環境対策がないときに比べて，汚染物質排出量を A_0 だけ削減しなければならなくなったとしましょう．このとき，A_0 だけ削減する費用は OCA_0 になります．

ここで，企業は M の金額に等しい技術開発費用をかければ，限界汚染物質排出削減費用を MC_1 に引き下げることが可能であるとします．これにより，A_0 だけ削減するときの費用は三角形 OCB だけ減少して，三角形 OBA_0 になります．この削減費用の減少（OCB）は技術開発の利益です．しかし，M（技術開発費用）＞OCB（技術開発の利益）が成立するため，この技術開発は採算がとれず，採用されないとしましょう．

次に，環境規制に代えて，汚染物質排出 1 単位当たり t 円の環境税が導入さ

れたとします．限界汚染物質排出削減費用が MC_0 であれば，企業は環境規制の場合と同じように，削減量を A_0 に決定します．このときの削減による利益は，軽減される環境税（tCA_0O）から削減費用（OCA_0）を引いた金額になりますから，三角形 tCO です．

一方，技術開発によって削減費用曲線が MC_1 になれば，企業は A_1 まで削減しようとします．このときの削減による利益（すなわち，軽減される環境税から削減費用を引いた金額）は三角形 tDO です．

したがって，技術開発の利益（すなわち，技術開発がもたらす削減費用の低下による利益）は，MC_1 のもとでの削減利益（tDO）から MC_0 のもとでの削減利益（tCO）を差し引いた OCD（図 4-7 のグレー部分の面積）になります．この技術開発の利益（OCD）は，環境規制のもとでの技術開発の利益（OCB）よりも，三角形 CDB だけ大きな金額です．したがって，かりに，

　　　技術開発費用（M）＞環境規制のもとでの技術開発利益（OCB）

であっても，

　　　技術開発費用（M）＜環境税のもとでの技術開発利益（OCD）

が成立する可能性があります．これから，環境規制のもとでは，技術開発の採算がとれなくても，環境税のもとでは採算がとれる可能性が大きくなることがわかります．

以上から，環境税は環境規制よりも，環境を改善するための技術開発を促進する効果があることがわかります．それは，環境税のもとでは，企業は汚染物質の排出を減らせば減らすほど，環境税の負担を減らすことができますが，環境規制には企業にとってそのような税負担の軽減というメリットがないからです．そうしたメリットがなければ，企業が環境改善に効果のある技術を費用をかけて導入しようとするインセンティブは小さくなります．

最適な環境税率

いままでは，汚染物質排出量 1 単位当たり t 円の環境税をかけたときの効果を検討してきました．そこで，ここでは，最適な税率 t を求めてみましょう．

図 4-8 の横軸は図 4-6 と同じように測られています．右上がりの曲線 MC は社会全体で，汚染物質排出量を限界的に 1 単位減らすときにかかる限界削減

図 4-8　最適環境税率

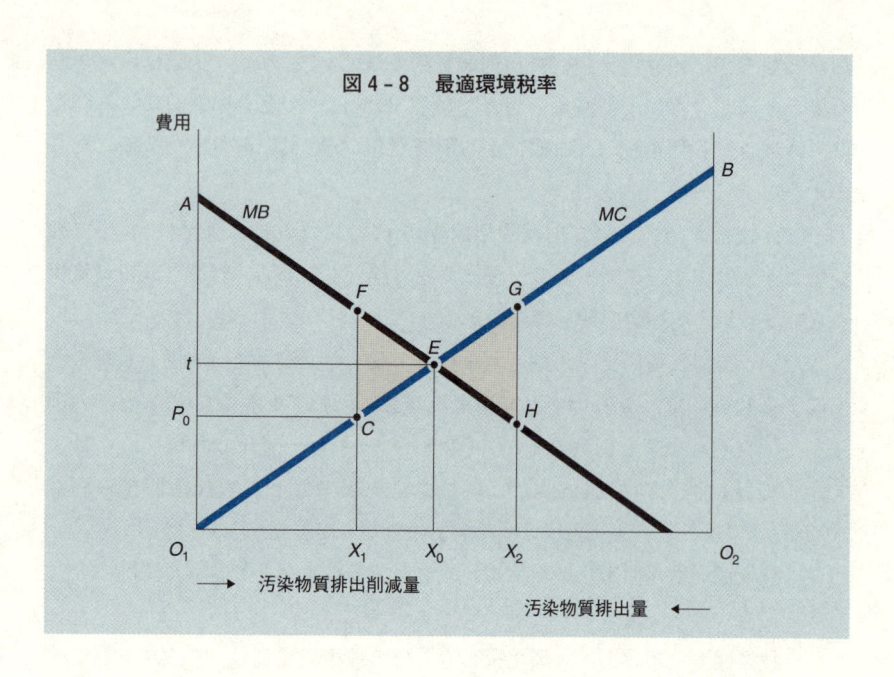

費用を示す曲線で，各企業の限界削減費用曲線を水平方向に足し合わせたものです．

一方，右下がりの曲線 MB は汚染物質排出量が限界的に 1 単位減ることによって社会全体が得る利益，すなわち，限界利益を示す曲線（限界汚染物質削減利益曲線）です．たとえば，海の汚染による漁獲高の減少のケースであれば，汚染物質排出量が限界的に 1 単位減るときの限界利益は，漁獲高の増加に等しくなります．

環境政策が採用されていないときの社会全体の汚染物質排出量は，O_2O_1 です．この O_2O_1 から汚染物質排出量を削減することによって得られる（社会全体の）総余剰は，汚染物質排出削減の利益から，汚染物質排出削減の費用を差し引いて求められます．汚染物質排出削減の利益は曲線 MB の下の面積に，汚染物質排出削減の費用は曲線 MC の下の面積に，それぞれ等しくなります．したがって，前者から後者を差し引いて求められる汚染物質削減の総余剰は，両曲線の交点 E で最大の AEO_1 になります[5]．そのときの汚染物質排出削減量 O_1X_0 を「最適汚染物質排出削減量」と，汚染物質排出量 O_2X_0 を「最適

汚染物質排出量」といいます．

　この最適汚染物質排出削減量を達成するための環境税率は，汚染物質排出量1単位につき t 円になります．図4-6を用いて説明したように，企業は限界削減費用が環境税に一致するまで削減しようとしますから，環境税率が t よりも低ければ，企業は汚染物質削減の限界費用がその限界利益を下回る水準までしか，汚染物質排出量を削減しようとしません．したがって，それよりも多く削減したほうが，総余剰は増大します．逆に，環境税率が t よりも高くなると，企業は削減の限界費用が限界利益を上回る水準まで削減しようとしますから，総余剰は環境税率が t のときよりも減ってしまいます．

　以上から，最適汚染物質排出削減量を達成するためには，環境税率を図4-8の t に設定すべきであることがわかります．これが，最適環境税率です．

　しかし，最適環境税率を求めるためには，政府は曲線 MC と曲線 MB とを知らなければなりません．社会全体の MC 曲線は，経済全体について得られるデータを用いてマクロ的な生産関数（マクロの生産関数については，6-1節参照）などを推定することによって，推計することは可能です．一方，MB 曲線の推定は，限界利益が漁獲高の増加のような場合には比較的容易です．しかし，地球温暖化問題のような超長期的な問題になると，両曲線を推定することは，不確実性が大きすぎてほとんど不可能でしょう．

汚染物質排出権制度

　地球温暖化問題のように，図4-8の曲線 MB や曲線 MC に相当する曲線を推定することが困難な場合には，次善の政策として，汚染物質排出量を一定の水準以下に抑える，汚染物質排出権（以下，単に，排出権といいます）制度の創設が考えられます．

　いま，汚染物質を排出する経済主体は，政府が発行する排出権を購入しなければならないとしましょう．図4-8で，政府は社会全体の汚染物質排出量を O_2X_1 に制限して，その汚染物質排出量に等しい排出権を発行したとしましょう．排出権価格は排出権を求める経済主体の競争の結果，P_0 に決まります．

5——練習問題2とヒントを参照．

P_0 は汚染物質排出量が O_2X_1 のときの限界汚染物質削減費用に一致しています．このことは，次のように考えれば理解できます．

初めに，排出権価格 P_0 のもとで，社会全体で汚染物質を O_2X_1 だけ排出しているとします．このとき，排出権価格が t まで上昇するとしてみましょう．そのときには，排出量を削減するための限界費用（MC曲線上の点 C と点 E の間の限界費用）のほうが，排出権を得るための排出権価格 t よりも安くなります．したがって，各経済主体にとっては，排出権を購入して汚染物質を排出するよりも，排出量を削減したほうが有利です．その結果，排出権に対する需要は政府が発行した排出権 O_2X_1 よりも少なくなり，排出権は売れ残るようになります．つまり，排出権市場は超過供給になります．その結果，排出権価格は低下します．

逆に，排出権価格が P_0 よりも低くなれば，排出権市場は超過需要になりますから，排出権価格は上昇します[6]．

このように，排出権価格は P_0 から，上下いずれの方向に離れても，P_0 に戻る傾向がありますから，P_0 は排出権の均衡価格になります．

ところで，排出権制度がないことは，排出権価格がゼロであることを意味しますから，排出権制度がない場合の，社会全体の汚染物質排出量は O_2O_1 になります．したがって，この排出権制度が導入されると，汚染物質排出量は O_1X_1 だけ削減されることになります．

もしも政府が曲線 MC と曲線 MB とを知ることができれば，排出権価格が t になるように，排出権の総枠を最適な O_2X_0 に設定することができます．しかし，上の例では，政府は両曲線を知ることができないため，排出権枠を O_2X_1 に設定しました．この排出権枠は最適排出量を上回っています．しかし，次の意味で，この排出権制度は次善の政策です．

この排出権制度における，汚染物質削減による総余剰は，最適な政策よりも FEC だけ小さくなっています．しかし，この排出権制度がなかった場合には，削減量はゼロになりますから，削減の総余剰もゼロになります．一方，汚染物質排出量を X_1 まで削減すれば，削減によって，総余剰は $AFCO_1$ だけ増

6——練習問題3とヒントを参照．

えます．この意味で，この制度は最適ではありませんが，制度がない場合よりも，資源配分の効率性を改善しています．これがこの政策が次善の政策であるという意味です．

排出上限規制と排出権の売買

上では，政府が排出権を所有し，それを市場で売却する制度を説明しました．それに対して，政府が各経済主体が排出できる汚染物質の上限枠を決定し，ある経済主体の実際の排出量がこの上限を下回る場合には，残った排出権枠を，上限枠を上回る経済主体に売却できるようにする制度が考えられます．このとき，個々の経済主体に割り当てられた排出の上限枠が，個々の経済主体が保有する排出権です．

図 4-8 で，前項と同じように，政府は経済全体の排出量を O_2X_1 に制限するとし，その総量のうち，図 4-6 (a)の企業 A と図 4-6 (b)の企業 B に，それぞれ，O_2A_1 と O_2B_1 の上限排出枠，すなわち，排出権を配分したとします．個々の経済主体はこの政府から与えられた排出権を市場で売ることができるとします．この場合には，排出権の総量は前項と同じですから，排出権価格も前項と同じように，P_0 に決まります．排出権価格が P_0 のときに，企業 A の排出量は O_2A_0 に，企業 B の排出量は O_2B_1 になります．

企業 A は政府からの O_2A_1 の上限排出枠の配分を受けていますから，自分では使わない A_1A_0 の排出枠を，価格 P_0 で売って，$P_0 \times A_1A_0$ の収入を得ようとします．一方，企業 B の排出量は政府から与えられた上限排出枠 O_2B_0 を B_1B_0 だけ超えて，O_2B_1 になります．したがって，企業 B は他の企業から排出権を B_1B_0 だけ購入しなければなりません．いま，市場には企業 A と B しか存在しないとすれば，企業 A の排出権売却量 A_1A_0 と企業 B の排出権購入量 B_1B_0 は等しくならなければなりません．排出権市場では，この両者が等しくなるように排出権価格が決まります．

ここで，政府から配分された排出権の売買が認められれば，排出権市場は一定の汚染物質排出量の削減を達成するうえで，汚染物資の削減費用を最小にするという意味で，効率的な環境政策であることに注意しておきましょう．それに対して，すでに述べたように，環境規制のように個々の経済主体の上限排出

枠だけを決めて排出権売買を認めない場合には，社会全体の汚染物質削減費用は排出権売買を認める場合よりも，大きくなります．

ただし，個々の経済主体に上限排出枠が与えられる場合には，前項のケースとは違って，政府は排出権の販売によって収入を得ることはできません．排出権の売却によって収入を得るのは，実際の排出量が上限排出枠を下回る経済主体です．

いま述べた排出権の配分とその市場での売買制度は，実際に，アメリカの電力業において，酸性雨による森林破壊の原因になる硫黄酸化物の排出を抑制する手段として採用され，一定の成果をあげています．

京都議定書に基づいて，日本を含めた先進国は地球温暖化ガスの排出を削減しなければなりません．日本はこの議定書で，地球温暖化ガスの排出量を2008年から2012年の間に，1990年の日本の排出量の6％に相当する量を削減することを約束しています．

この地球温暖化ガスの削減額規制は，各企業が削減しなければならない汚染物質排出量を規制する環境規制と同じ規制ですから，この規制だけでは，世界全体の地球温暖化ガスの削減費用は最小化されません．

京都議定書は参加先進国に地球温暖化ガスの削減を義務付けるだけでなく，先進国間で排出権を取引することを認めています．排出権取引が認められているのは，地球のどこで地球温暖化ガスの排出量を削減しても，温暖化を同じように緩和できるからです．しかし，この排出権取引は前項で説明した排出権取引と異なり，世界全体の地球温暖化ガス排出削減のための費用を最小化するメカニズムは存在しません．排出権取引が地球温暖化ガス排出量削減費用を最小化する効果をもつためには，個々の企業が限界削減費用と排出権価格を比較して，自ら削減するか，それとも排出権を購入するかを決定するようにしなければなりません．ところが，京都議定書の先進国間の排出権取引制度は，地球温暖化ガスを排出する企業間の取引ではなく，国家間の取引です．しかし，政府は限界削減費用と排出権価格を比較して，自国で削減するか，それとも排出権を購入するかを決定するわけではありません．国家は他国から排出権を税金で購入することになりますから，地球温暖化ガスを排出する企業は排出権の購入費用負担を納税者に押しつけることになります．これでは，地球温暖化ガスを

排出する企業はただで排出権を得て排出するのと同じですから,「自ら費用をかけて削減する」インセンティブはまったくありません.つまり,排出権購入費用は納税者が負担しているという意味で,「排出権はただのランチではない」にもかかわらず,地球温暖化ガスを排出する企業にとっては,ただのランチになってしまうわけです.

結局,地球温暖化ガス排出削減に本格的に取り組まなかったため,京都議定書の約束を守れなかった国が,税金で排出権枠の余っている国から排出権を買ってきて,帳尻を合わせるということになるでしょう.

それに対して,イギリスは京都議定書で約束した地球温暖化ガスの削減目標を,上に述べた,個々の経済主体に対する上限排出枠の設定と排出権取引制度の組み合わせによって達成する計画を立てており,削減費用の引き下げ効果が期待されます.

2　公共財の供給

公共財と消費の非競合性

政府は国防,警察,消防,予防接種,道路,橋,公園,図書館,教育などさまざまな財・サービス（以下では,単に,財といいます）を供給しています.政府がこれらの財を供給しているのはなぜでしょうか.これらの中には,公園や教育など民間企業によって供給されているものもあります.そうであれば,政府はこれらの財を供給すべきでしょうか.

上に挙げた財にはどのような特徴があるでしょうか.さまざまな食物や衣類,電化製品など,私たちが日常的に消費している財の多くは,だれかが消費すれば,他の人は同時には消費できません.このとき,これらの財の「消費が競合する」といい,その性質を「消費の競合性」といいます.

一方,国防サービスの場合は,国民が増えたからといって,他の人が受ける国防サービスの量は影響を受けません.このように,多数の国民が同じ量の国防サービスを同時に消費できる財の性質を「消費の非競合性」といいます.

警察,消防,予防接種,道路,橋,公園なども,比較的,「消費の非競合性」を満たしている財といえるでしょう.しかし,「消費の非競合性」という

性質が満たされなくなる場合があります．たとえば，自動車道路は混雑してくれば，車はお互いに他の車のスムーズな運行を妨げるようになりますから，消費は競合するようになります．警察サービスについても，守るべき人口が増え，刑事事件が増えるにつれて，警察は少なからぬ数の事件を軽い犯罪とみなして捜査しなくなり，犯人逮捕率も低下するでしょう．これは警察サービスについても消費が競合し始めたことを意味します．消費者たちが同時に消費している財について，消費が競合し始めることを，「混雑が発生する」といいます．公園，図書館，教育サービスにも混雑現象が発生して，消費が競合し始めることがあります．

公共財と消費の非排除性

私たちが日常的に消費している財の多くは，価格を支払わなければ消費することはできません．この性質を「消費の排除性」といいます．一方，国防，警察，消防，道路（有料道路を除く）などは，それらのサービスを消費するために対価を支払う必要はありません．このような財の性質を「消費の非排除性」といいます．

ある財が私企業によって供給されるためには，その財の消費を対価を支払った人に限定し，価格を支払わない人を消費から排除できなければなりません．価格を支払わない人も消費できる場合には，私企業は財の供給から収入を得ることができませんから，供給することはできません．この私企業が財を供給できるための必要条件を，「消費の排除原則」といいます．

ただし，前節で述べた材木会社の例のように，企業が結合生産物を供給している場合に，企業が意図したわけではないにもかかわらず，治水効果という外部経済が他の人々に及び，彼らが対価を支払うことなく利益を受けることがあります．これは，ふもとの人が対価を支払うことなく治水サービスを消費することを排除できない（つまり，排除の費用が高すぎる）ために，私企業が治水サービスを無料で供給する例です．

私的財，純粋公共財，準公共財

「消費の非競合性」と「消費の非排除性」を満たす財を純粋公共財といいま

す．この定義にほぼ完全に当てはまるサービスは国防くらいでしょう．警察や消防は同時に事件や火事が起きれば，消費は競合しますが，ほぼ，2つの性質を満たしているといってよいでしょう．これらは，政府によって供給されています．

それに対して，「消費の競合性」と「消費の排除性」を満たす財を私的財といい，私企業によって供給されています．ただし，映画館や野球場などは，「消費の排除性」は満たしていますが，空席がある場合には，「消費の競合性」は満たしていません．

純粋公共財と私的財の中間に位置する財を準公共財といいます．たとえば，公園は柵などを設けて価格を支払わない人の消費を排除することができますから，私企業が供給することが可能です．しかし，政府も公園を供給しており，その場合，公園は準公共財と呼ばれます．

外部経済としての消費の非競合性と無料の供給

ここで，公共財の「消費の非競合性」という性質をもう少し検討してみましょう．「消費の非競合性」を満たしているということは，消費する人が増えてもその人にサービスを供給するために追加的な費用がかからない，すなわち，限界費用がゼロであることを意味します．

ここで，3-1節で説明した限界費用価格規制の理論を思い出してください．その理論によれば，価格を限界費用に等しく設定したときに，企業が料金収入では固定費用をまかなえずに，赤字になるとしても，消費者余剰がその赤字よりも大きければ，価格を限界費用に設定して当該の財を供給することが，総余剰を最大にする方法でした．

この考え方を適用すれば，消費の非競合性を備えた財の場合には，価格をゼロとしたときの消費者余剰が，財の生産のための固定費用を上回っている限り，政府がその財を無料で供給することが，資源配分の効率性基準からみて望ましいことになります．

ここで，消費の非競合性により，価格＝限界費用がゼロになるという意味を考えてみましょう．これは，たとえば，国防サービスの場合，政府が一定量の国防サービスを供給すると，対価を支払わなくても，その利益がすべての国民

に等しく及ぶことを意味します．言い換えれば，すべての国民に外部経済効果が及ぶということです．

このように無料にすると，私企業は供給することはできませんが，課税権をもっている政府であれば，税金を投入して供給することができます．

それでは，高速道路はどうでしょうか．アメリカやヨーロッパの多くの国では，高速道路は政府の無料供給が原則です．それに対して，日本では，高速道路のほとんどは有料で，2005年9月までは政府の高速道路公団によって供給されてきました．2005月10月からは同公団は民営化されましたが，有料制に変わりはありません．

しかし，高速道路に混雑が生じていない限り，「消費の非競合性」が成立します．その場合には，高速道路サービス利用の限界費用はゼロになりますから，資源配分の効率性基準からは，無料にすべきでしょう．

ただし，混雑するときには，高速道路利用者はお互いにスムーズな交通を妨げ合うという意味で，外部不経済を与え合うことになります．したがって，混雑する時間帯は限界外部不経済に相当する料金を徴収して，交通量を抑制すべきです．この料金を「混雑料金」といいます．政府が高速道路を供給している場合には，混雑税になります．

高速道路はその経営主体が政府であるか民間であるかにかかわらず，混雑料金または混雑税が課せられる時間帯は，「消費の排除性」という性質をもちますが，それ以外の時間帯は「消費の非排除性」という性質をもつことになります．

消費の排除可能性と公共財

次に，「消費の非排除性」という性質を考えてみましょう．「消費の非排除性」には，2つの意味があります．

第1は，「消費の排除原則」を適用しようとすると，排除による利益に比べて，排除の費用がかかりすぎるため，効率性の基準から，その原則を適用しないという意味です．たとえば，歩行者道路の場合に，「排除原則」を適用しようとすると，無数の料金所を設けなければならないでしょう．そのための費用はそれによって得られる利益や効用を大きく超えると思われます．したがっ

て，歩行者道路に「排除原則」を適用すれば，社会全体が得る総余剰はマイナスになってしまうでしょう．そうであれば，効率性基準からみて，歩行者道路サービスは無料ですべての人が利用できるようにすべきである，という結論が導かれます．

　第2は，それほど費用をかけずに「排除原則」を適用できるが，対価を支払わないすべての人に外部経済効果が及ぶため，効率性基準から，「排除原則」を適用しないという意味です．たとえば，上で述べた警察サービスなどについては，対価を支払わない人が強盗や殺人・傷害にあっても，警察が捜査も犯人逮捕もしないことは，費用をかけずに可能です．しかし，そのように，対価を支払わない人を警察サービスの消費から排除すれば，犯罪が増え，逮捕率も下がるでしょう．そのため，治安を維持するという警察サービス本来の効果が失われてしまいます．

　警察サービスの対価を支払わない人が殺人にあった場合でも，警察が犯人を逮捕すれば，他の人が殺人にあう確率は低下します．これは，対価を支払わない人に対する警察サービスの利益は，市場取引を通すことなく，すべての人に及ぶという意味で，外部経済が存在することを意味しています．この外部経済の存在は，国防，消防，予防接種などのサービスについても当てはまります．

　この第2の「排除原則」を適用しない理由は，「消費の非競合性」によって生ずる外部経済の存在にほかなりません．上で述べた，排除の費用が著しく高い歩行者道路の場合も，よほど混雑していない限り，消費の非競合性によって外部経済効果が発生しますから，結局，排除原則を適用しない理由は，「消費の非競合性」であるといえます．

　以上から，資源配分の効率性基準からは，「消費の非競合性」という性質をもつ財は，排除費用の多寡にかかわらず，排除原則を適用せず，政府が無料で供給すべきであるという結論が導かれます．

　そこで，公共財を次のように定義しましょう．

> 「公共財とは，消費の非競合性という性質をもつ財で，排除費用の多寡にかかわらず，無料で供給されている財である」

この公共財の定義では，これまでの伝統的な純粋公共財の定義とは異なり，

「消費の非排除性」の有無は考慮されていません．また，供給主体が政府か民間かも関係ありません．したがって，前節で例示した材木会社による治水サービス（118ページ）は，ここで定義された公共財になります．

そして，混雑した一般自動車道路のように，「消費の非競合性」という性質が失われる場合には，資源配分の効率性基準からは，政府は混雑税を課して，混雑税を負担しない人の利用を排除する必要があります．このとき，一般道路は公共財ではなくなり，準公共財になります[7]．

消費が競合しない財の有料供給

上で述べた考え方に対しては，混雑していない映画館での映画鑑賞，混雑していない野球場，サッカー場などでのスポーツ見物も，「消費の非競合性」の性質を満たしているのに，なぜ，無料にしないのか，資源配分の効率性基準からは無料にすべきではないかという疑問が生ずると思われます．

たしかに，混雑していないときも，これらの財の消費が有料であれば，資源配分の効率性基準からは，過少消費になります．無料にすれば，消費者余剰の増加により総余剰は増加しますから，資源配分の効率性は改善されます．しかし，そうなると，映画館や野球場などは料金収入で固定費用をまかなえなくなり，長期的には，閉館や他の施設への建て替えなどにより，その供給は減少するでしょう．したがって，無料にすると，長期的には，過少供給になります．そのため，長期的には，よい映画も面白い野球やサッカーゲームもなくなり，消費者余剰も減ってしまいます．

このように，「消費の非競合性」が成立する財については，有料にして料金を支払わない人を排除すれば，短期的には，過少消費になり，無料にすれば，長期的には，過少供給になるというトレード・オフが存在します．

映画館や野球場などは，消費者に人気のある映画を作ったり，選手が技術を磨き面白いゲームを見せれば，いつも満員になり，映画館や野球場経営者が利益を得るだけでなく，俳優や選手の所得も大きく増えます．映画製作者やスポーツ選手に映画館や野球場などを満員にするインセンティブを与えるために

---

[7] このような公共財と準公共財の定義は，八田（2006）に基づいています．

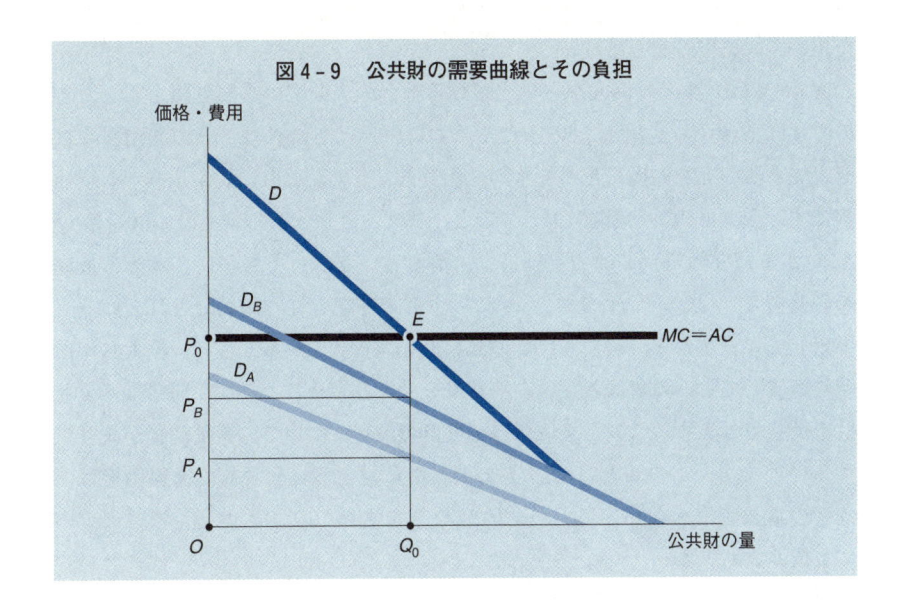

図4-9 公共財の需要曲線とその負担

は，たまたま，空いていても有料にして過少供給に陥ることを防ぐほうが，長期的な資源配分の効率性からは，望ましいと思われます[8]．

公共財の最適供給の条件

ここで，国防，警察，消防などの公共財を取り上げ，政府はどのような基準で供給することが望ましいかを考えてみましょう．

これらの財は「消費の非競合性」を満たしているといえますから，資源配分の効率性基準からは，利用料金をゼロにすべきです．

しかし，利用するときの限界費用がゼロであっても，公共財を供給するために施設を建設したり，人を雇ったりするためには，費用がかかります．これらは公共財の利用者数にかかわらずに発生する費用ですので，公共財の固定費用といいます．それでは，政府はこの固定費用をどのように調達して，どのような規模の公共財を供給すればよいでしょうか．この公共財の最適供給問題を図

---

[8] 八田 (2006) は商業映画館が混雑していないときでも，有料にして料金を支払わない人を排除する理由は，映画の自由なコピーを禁ずる著作権保護と同じであると述べ，知的財産権保護による技術開発の促進効果との類似性を指摘しています．

第 **4** 章 外部性と公共財

を用いて考えてみましょう．

　図4-9は，2人の個人から構成される社会の公共財の需要曲線を示したものです．曲線 D_A と D_B は，いったん公共財が供給されれば，その利用料金はゼロであることを前提にしたときの，個人Aとの公共財に対する個別需要曲線です．公共財の供給量を Q_0 とすると，個人Aと個人Bの公共財の供給量 Q_0 に対する需要価格（この需要価格は，消費者が支払ってもよいと考える最高の価格です）は P_A と P_B です．いま，「消費の非競合性」が満たされていると仮定していますから，個人Aがこの公共財を消費しているときに，個人Bが同時に消費しても，両者はお互いの消費量を減らし合うことなく，同じ量の公共財を消費できます．このとき，この公共財の消費について，等量消費が成り立つといいます．この場合には，Q_0 の公共財に対する社会全体の需要価格は，両者の需要価格を合計した，P_A+P_B になります．このことは，Q_0 以外についても成り立ちます．

　以上から，公共財の需要曲線は，異なる公共財の供給量に対する社会全体の需要価格の点を結んだものであることがわかります．社会を構成する個人が上の2人だけであれば，図4-9の曲線 D のように，社会全体の公共財の需要曲線は各供給量に対する2人の需要価格を合計したものになります．つまり，個別需要曲線を垂直方向に合計したものが，社会全体の需要曲線です．それに対して，消費が競合する財の社会全体の需要曲線は，個別需要曲線を水平方向に合計したものになります．このように，「消費の非競合性」という性質をもつ財の社会全体の需要曲線は，消費が競合する財のそれとはまったく異なることに注意しましょう．

　一方，水平な直線 MC は，この公共財を供給するときの施設の建設や雇用のために必要になる限界費用を表しています．ここでは，簡単化のために，この限界費用曲線は平均費用曲線（AC）に一致すると仮定しています[9]．公共財の需給に関して総余剰が最大になる点が E で，最適供給量は Q_0 になります．平均費用に公共財の供給量 Q_0 をかけた面積 P_0EQ_0O が，公共財の生産費用になります．この公共財の生産費用は固定費用ですが，「消費の非競合性」から

9——固定費用 $C=aQ$ であれば，限界費用と平均費用は共に a になります．

消費者がそのサービスを利用するときの限界費用はゼロになります.

それでは,政府は最適供給量 Q_0 を知ることができるでしょうか.かりに,2人の個人が政府に正直に公共財の各供給量における自分の需要価格を申告すれば,政府は公共財の限界費用曲線はわかっていますから,最適供給量を知ることができます.このとき,$P_A + P_B$ は公共財の平均費用に等しくなりますから,政府は個人Aに彼の需要価格に等しい P_A の税負担を,個人Bに彼の需要価格に等しい P_B の税負担を,それぞれ求めれば,公共財の供給費用をすべてまかなうことができます.

しかし,そのように税負担を求められると,両個人とも,税負担を少なくしようとして,政府に需要価格を真の値よりも低く申告しようとするでしょう.需要価格をゼロであると申告して,税負担を完全に免れようとする可能性もあります.というのは,純粋公共財は「消費の非排除性」という性質をもちますから,税を負担しなくても,それを消費できるからです.すなわち,だれもが費用負担なしに「ただ乗り」しようとする可能性があります.したがって,公共財の供給量は最適供給量を下回って,過小になるでしょう.

一方,政府が税負担と公共財の供給とを切り離して提案すれば,公共財の供給によって,税負担が自分の公共財の需要価格よりも大きいと予想する個人は,最適な供給量よりも過小な供給案に賛成し,税負担が自分の公共財の需要価格よりも小さいと予想する個人は,最適な供給量よりも過大な供給案に賛成するでしょう.その結果,公共財の供給量が最適供給量よりも過大になるか,過小になるかは,さまざまな政治的要因に依存することになります.

以上から,政府が効率性基準からみた純粋公共財の最適供給に失敗する可能性は大きいといえます.

公共財の費用・便益分析と費用負担

公共財の供給は,利用料金がゼロのときの消費者余剰が公共財の固定費用よりも大きければ,資源配分の効率性を改善します.しかし,上で述べたように,政府は公共財の最適供給(すなわち,固定費用の選択)に失敗する可能性が少なくありません.

公共財の最適供給の失敗の原因の1つは,政府が公共財の消費者に望ましい

供給量を尋ねようとすることにあります．また，公共財の供給量を決める仕事に関わる官僚や公共財が供給される地域の政治家も，仕事や得票を確保するために，供給量を多めにしようとするインセンティブをもっています．

そこで，公共財の供給に当たっては，公共財の供給の利害関係者ではない，第三者による費用・便益分析が重要であると主張されます．その場合，費用の推定には大きな困難はありませんが，便益の推定には大きな困難が伴います．ここに便益とは，利用料金がゼロのときの消費者余剰です．しかし，市場が存在しない公共財の場合には，消費者余剰の推定は困難です．そのため，直接，消費者余剰を求めずに，代替的な方法で近似することが考えられます．たとえば，自動車道路の場合には，時間の価値を平均的な時間当たり賃金とし，道路の建設によって，目的地に着くまでの短縮される時間を推定し，その短縮時間に，時間当たり賃金と，予想される利用者数をかけて，道路建設の便益を求めるといった方法です．

公共財の無料供給に伴うもう1つの問題は，公共財から外部経済を受ける人と公共財の固定費用を負担する人とが異なるという問題です．たとえば，地方都市から遠く離れているため，その地方都市の公共財から外部経済をまったく受けることがない東京都の住民の税負担で，地方都市の道路や公園の建設費をまかなうことは，効率的でも公平でもないのではないかという問題です．

他の地域の住民に負担を押しつけることができれば，公共財の供給に対する要望は資源配分の効率性基準からみて過大になるでしょう．したがって，公共財の外部経済が及ぶ範囲に住む住民とその公共財の費用を負担する住民とが異なる場合には，公共財の過大供給に歯止めをかけるために，ますます公共財の費用・便益分析が重要になります．

もう1つの公平性の問題については，第10章で検討します．

地域公共財の足による投票

上に述べた公共財の受益者と負担者の乖離の問題を解消するために，その外部経済効果が特定の地域にとどまる公共財の費用を，その特定地域の住民が負担する場合を考えてみましょう．このような公共財を地域公共財といいます．地域公共財については，次のような「足による投票」のメカニズムを通じて，

最適供給量が実現するという考え方があります．

　ここでは，排除原則が適用されない，地域のさまざまな公共財の供給を一括して考えてみましょう．地域公共財を消費するためには，当該地域の住民にならなければなりません．この場合には，人々には，地域の税負担と地域公共財の供給量および質を比較して，自分の好みに合った地域に住もうとするインセンティブが与えられます．地域公共財の需要価格の高い人は，税負担が高くても，良質な地域公共財が豊富に供給される地域に住もうとするでしょう．逆に，地域公共財の需要価格の低い人は，地域公共財がそれほど充実していなくても，それに見合って税負担も軽ければ，そういう地域に住もうとするでしょう．これは，人々が居住地選択という移動によって，地域供給財に対する自らの需要価格を地域の政府に申告していることにほかならないと考えることができます．そこで，これを，住民の移動による地域政府の選択という意味で，「足による投票」といいます．

「足による投票」により，地域供給財の供給量が最適な水準に近づくためには，地域公共財の供給の量と質とが当該地域の税負担と見合っていなければなりません．たとえば，アメリカでは，地域公共財の財源は土地と建物に課税される財産税です．財産税の高い地域では，豊富で良質な地域公共財を供給することができます．そのため，そうした地域には，地域公共財の需要価格が高い住民が集まってきます．他方，財産税が低いため，地域公共財の量も質も貧弱な地域には，地域公共財の需要価格が低い人々が集まります．こうした「足による投票」は，不完全ながらも，地域公共財の供給を，質量共に効率性基準からみて最適な水準に近づける効果をもっていると考えられます．

　一方，日本では，これまで，地域公共財の供給と地域の税負担とは結びつかず，所得の低い地方ほど，地域公共財の財源の多くは，国の補助金や地方交付税に依存してきました．この場合には，地方の住民は他の地域の住民に負担を押しつけて，自らは，軽い税負担で，豊富で良質な地域公共財を消費できます．したがって，「足による投票」によって，公共財の供給が最適量に近づくというメカニズムは働きません．むしろ，「足による投票」によって，公共財の供給は最適な水準を上回って，過大になってしまいます．

　しかし，アメリカの地域公共財の供給システムにも問題があります．とくに

問題になるのは，義務教育です．アメリカでは，義務教育の財源は財産税ですから，財産税の高い地域ほど義務教育は質量共に充実しています．所得が高くなるにつれて，義務教育の需要価格は高くなる傾向がありますから，そうした地域には高額所得者が集まってきます．

その結果，そうした地域の土地と住宅の価格は高くなりますから，土地と住宅を課税対象とする財産税もそれだけ高くなります．財産税収が増えれば，地域の政府はさらに義務教育を質量共に充実させることができます．

もしも，義務教育の利益が地域内にとどまれば，このアメリカの義務教育供給システムは，義務教育の供給を効率性基準からみて最適な水準に近づけるメカニズムをもっているといえるでしょう．しかし，義務教育の利益は，義務教育を受けた個人や個人が義務教育を受けた地域にとどまらず，広く，国民全体に及びます．この意味で，義務教育には地域を越えた外部経済効果があり，その効果は広く国民全体に及ぶと考えられます．そうであれば，義務教育の負担を地域の財源に求めることは適切でなくなります．この義務教育の問題は10-3節で再び取り上げることにします．

【練習問題】

1. 外部経済が存在する財の例を挙げ，市場ではその財の生産と消費は資源配分の効率性基準からみて過小になることを，適切な図を用いて説明しなさい．
2. 図4-8を用いて，汚染物質排出削減量が O_1X_0 のとき総余剰が最大になることを示しなさい．
3. 図4-8で，経済全体の排出枠を O_2X_1 としたときに，排出権価格が P_0 よりも低い場合には，排出権価格は上昇することを示しなさい．
4. アメリカのように，政府が高速道路（フリーウェイ）を無料で供給している国があります．一方，日本では，2005年9月までは，政府の道路公団が高速道路を有料で供給し，2005年10月以降は，道路公団は民営化され，引き続き有料で供給することになります．こうした国ごとの違いがなぜ生じたのか，および，有料と無料のメリットとデメリットを資源

配分の効率性基準と所得分配の公平性基準から検討しなさい．
5．一般道路で自動車交通の混雑（これは外部不経済です）を緩和するために，自動車交通に対して混雑税（または，混雑料金）を課すことが考えられます．混雑税の導入により総余剰が増えることを図を用いて説明しなさい．また，実際に混雑税を導入している例があるかどうかをインターネットなどで調べなさい．
6．公園には，入場料が無料のものと有料のものがあります．そのような違いが生ずる理由を考えてみましょう．

【練習問題のヒント】

1．図4-1で，需要曲線が限界外部経済分だけ上方にシフトするケースであることに注意して，図を描いてみましょう．
2．汚染物質排出削減量が OX_0 よりも少なくても，多くても，総余剰は削減量が OX_0 のときよりも小さくなることを示しましょう．
3．このとき，排出権市場は超過需要の状態になることを示しましょう．
4．高速道路の利用に排除原則を適用するには，料金所を作る必要があり，それには費用がかかります．また，高速道路が混雑していなければ，高速道路の利用に伴う限界費用もほぼゼロになるでしょう．この場合には，費用をかけて料金所を作り，人手をかけて料金をとるよりも，政府が税金で高速道路を建設し，無料で供給するほうが総余剰は増大します．欧米やオセアニア諸国では，そうした状況が続いてきたため，無料で供給されてきたと考えられます．しかし，ヨーロッパでも，高速道路の維持費用を調達するため，有料にするケースがみられます．有料化の一因は，料金所を作らなくても，高速道路利用者から電子的に料金を徴収するシステムが開発されたため，排除費用が大きく低下したことが挙げられます．
5．自動車を運転するときの私的限界費用は，道路が混雑していない限りはほぼ一定ですが，混雑するにつれて右上がりになります．混雑している状況では，自分が車を道路に乗り入れることは，他の車の交通を妨げるという意味でお互いに外部不経済を与え合います．したがって，混雑

し始めると，社会的限界費用は私的限界費用を上回ることになります．この点に注意して，図4-1と同じような図を描いて，最適な混雑税を考えてみましょう．

シンガポールでは，プリペイド式の電子式道路料金制によって，朝のピーク時に都心に流入する車に混雑税を課しています．ロンドンでは，中心市街地に乗り入れる車1台について，1日5ポンドの料金（2005年現在）を課しています．料金は，地区内に設置された監視カメラが規制地域内に乗り入れる車のナンバープレートを読み取ることによって賦課されます．中心街に乗り入れた人はインターネットや指定の店頭などを利用して料金を支払います．支払わなかった場合には罰金が科せられます．

6．次の理由が考えられます．①「消費の非競合性」が満たされている公園は，政府が無料で供給．無料にすると混雑して，「消費の非競合性」が満たされなくなる公園は，政府が混雑を緩和するために有料で供給，②無料にしたときの消費者余剰が，公園の固定費用よりも小さいので有料にする，③民間が公園の外部経済が公園外に流出しないようにして，利益をあげようとする，などが考えられます．②のような公園を政府が無料や有料で供給することは，資源配分の効率性基準からは肯定できませんが，民間が供給するよりも安い料金を設定している場合には，第10章で検討する財・サービスによる所得再分配政策になります．

第5章

情報の経済学と経済政策

　第1章と第2章で，競争市場の効率性と競争制限的規制や税・補助金の資源配分に対する非効率的な効果について学びました．これらの分析から，自由で競争的な経済には高い自己調整能力が備わっており，経済政策の仕事はそのような自由で競争的な市場を整備・維持することであるという結論が導かれます．

　それに対し，第3章と第4章では，自由な競争市場が最適な資源を達成できないケース，すなわち，市場の失敗のケースとして，規模の経済（収穫逓増・費用逓減）や外部性・公共財の問題を取り上げました．本章では，もう1つの市場の失敗要因である不完全情報・情報の非対称性を解説しましょう．

　不完全情報・情報の非対称性を解説する前に，それらが存在するからといって，ただちに，政府の介入政策が正当化されるとはいえないことに注意しておきましょう．その理由には次の2つがあります．

　第1は，市場には不完全情報・情報の非対称性を原因とする市場の失敗を是正する機能があるという点です．したがって，そのような市場の是正機能が働かなかったり，不十分であるときに初めて，政府が介入政策を実施することによって，資源配分を改善できる可能性が出てきます．

　第2は，政府の介入政策によってかえって資源配分が非効率になる可能性を考慮する必要があるという点です．これを政府の失敗といいます．政府の失敗による資源配分の非効率化のほうが市場の失敗によるそれよりも大きければ，政府の介入は正当化されません．

この章では，上の2つの点に注意しながら，不完全情報・情報の非対称性が存在する場合の経済政策について検討しましょう．

1　不完全情報

これまでの章では，公益事業の規制に関わる問題点を説明した部分を除き，ある行動の帰結は事前にわかっている——たとえば財を100円で売れば1万個売れるなど——という完全情報を暗黙のうちに仮定して議論を進めてきました．しかし，さまざまな経済活動はその結果が完全にはわからない状況のもとで行われます．このように，不確実性・リスク[1]がある状況をまとめて「不完全情報」と呼びましょう．不完全情報は市場の失敗の原因となり得ます．

不完全情報下の選択基準としての期待効用仮説

経済的な意思決定・選択は，ある行動の費用と便益を比較することによって行われます．経済主体は便益が費用を上回る行動を選択し，そうでない行動は選択しません．しかし，費用・便益が確定していない場合には，何と何を比べて意思決定を行えばよいでしょうか．

不完全情報下の選択基準として有力な考え方に期待効用仮説があります．ここでは，この仮説を不確実性・リスクを伴う選択の典型である「くじ」の購入を例に説明しましょう．あるくじを引くと1/2の確率で100万円が当たり，1/2の確率で80万円が当たるとします．ここで問題にする不完全情報下の選択とは，くじを買おうとしている人はこのくじの価格が何円以下なら購入するかというものです．

期待効用仮説は，人々がこのくじを購入してもよいと考える価格は，くじから得られる所得と主観的な価値の関係を表す効用関数とから決まるという仮説です．そこで，ある所得 X の主観的価値（効用）を $U(X)$ と表すことにしましょう．期待効用仮説では，人々は「くじから得られる効用の期待値」と

---

[1]——本文では，不確実性とリスクという単語をとくに区別せずに用いています．両者を区別して扱う考え方は「ナイト流の不確実性」と呼ばれます．

「くじの価格の効用」とを比較して，くじを購入するかどうかを決定すると考えます．くじの価格を，一般的に，「ゲームの参加費用」といいます．上のくじの期待効用は，各々の所得の効用にその所得が得られる確率をかけた値の合計になります．効用の期待値を $E(U)$ で表すと，$E(U) = 1/2 \times U(100万円) + 1/2 \times U(80万円)$ になります．以下では，効用の期待値を「期待効用」ということにします．一方，このくじの参加費用を C 万円とすると，参加費用の負担によって失われる効用は $U(C万円)$ になります．以下では，簡単化のために，この失われる効用を単に，参加費用の効用ということにします．

期待効用仮説は，「人々は期待効用のほうが参加費用の効用よりも大きければ，このくじを買う（C 万円を払ってこのくじを買うというゲームに参加する）」と考えます．かりに，このくじの参加費用（くじの価格）を85万円としましょう．85万円は確実に支払わなければならない金額ですから，いま述べたことは，次のように言い換えることができます．すなわち，人々はくじから得られる期待効用が，くじの参加費用である85万円を支払うことによって確実に失われる効用よりも大きければ（$E(U) > U(85万円)$），このくじを購入します．したがって，効用関数（$U(\cdot)$）の形状が意思決定に大きな影響を与えることになります．そこで，効用関数の形状を3つに分類して考えてみましょう．

①危険回避者

初めに，このくじの所得の期待値（以下では，この期待値を期待所得といいます）を求めておきましょう．期待所得は予想される各々の所得にその確率をかけた数値の合計です．上のくじの例では，$1/2 \times 100万円 + 1/2 \times 80万円$ である90万円になります．以下では，不確実な変数 X の期待値を $E(X)$ と表すことにしましょう．ここでの例では $E(くじの所得) = 90万円$ です．

そこで，「このくじを買うよりも，このくじの期待所得である90万円が確実に得られる」ほうを好む人を危険回避者といいます．一般的にいえば，危険回避者とは不確実な所得の期待値と確実な所得とが同じであれば，確実な所得のほうを好む人です．

危険回避者の効用関数 $U(X)$ は，図5-1(a)のように上に凸な形状になります．この効用関数では，所得が増えるにつれて，追加的に増える効用はしだ

図 5-1
(a) 危険回避者

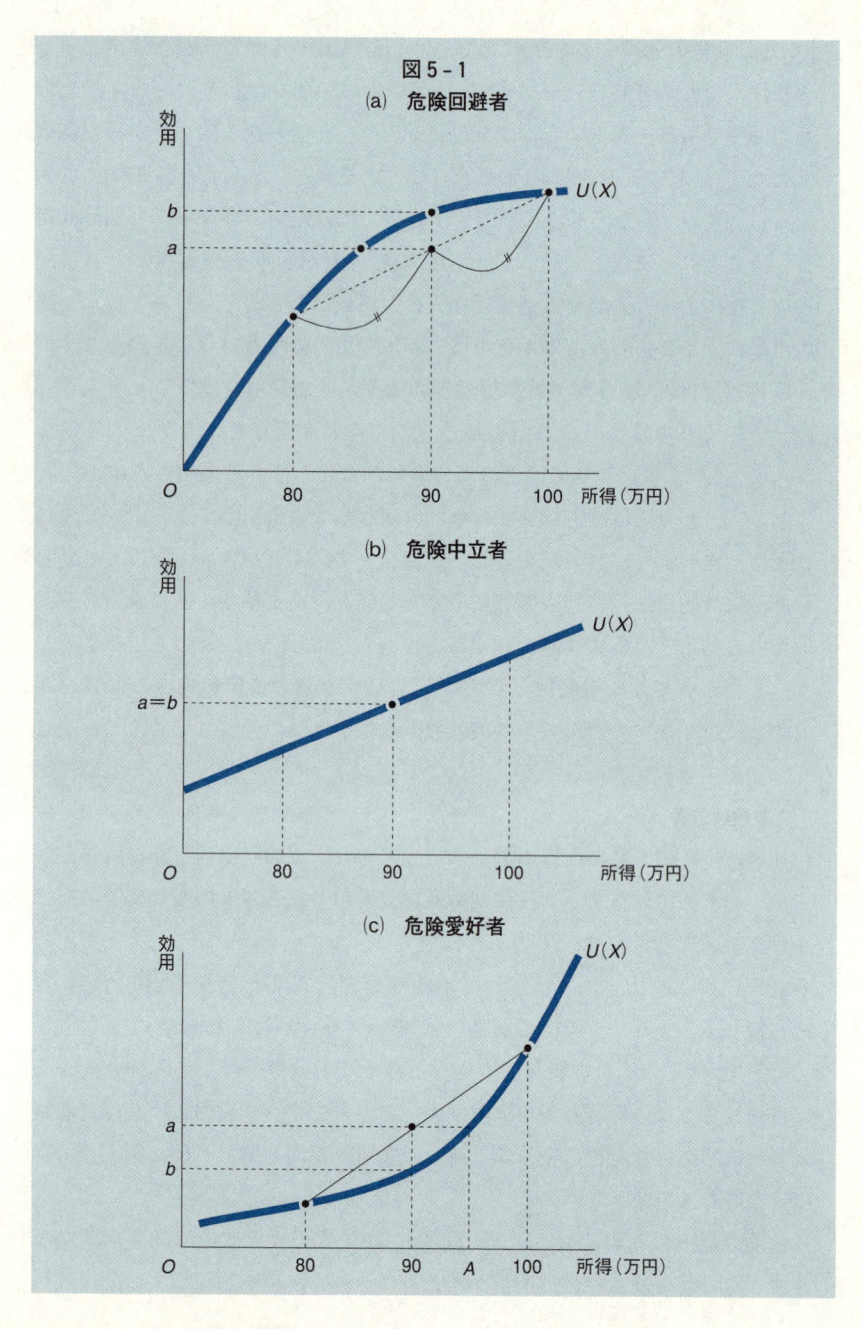

(b) 危険中立者

(c) 危険愛好者

いに減少してきます．これを限界効用が逓減するといいます．くじから得られる期待効用は，$1/2 \times U(100万円) + 1/2 \times U(80万円)$ ですから，図の a で表されます．一方，確実に90万円が得られるときの効用は b です．ここで，90万円をくじの価格（ゲームの参加費用）とすれば，この b はゲームの参加費用の効用である $U(C万円)$ を表しています．図より $a < b$ ですから，くじの期待効用はくじの参加費用の効用（つまり，くじを買うことにより確実に失われる効用）よりも小さくなります．したがって，この人はくじを買いません．限界効用が逓減する効用関数をもつ人はできる限り安全な方法を選ぼうとするからです．このとき，経済主体は危険回避者であるといいます．

②危険中立者

「1/2の確率で100万円，1/2の確率で80万円が得られる」ことと，その所得の期待値である「90万円を確実に得られる」ことは同じであると考える経済主体を，危険中立者であるといいます．このとき，効用関数は図 5-1 (b)のように直線になり，限界効用は一定になります．くじから得られる期待効用とくじの期待所得である90万円から得られる効用（ゲームの参加費用の効用）は一致しています．つまり，危険中立的な行動とは期待値だけを基準とする行動です．この人にとって，このくじの価格が90万円であれば，くじを買うかどうかは無差別ですが，90万円よりも安ければ買うことになります．

③危険愛好者

「1/2の確率で100万円，1/2の確率で80万円が得られる」くじを，その期待所得である90万円より高い金額を支払ってでも購入したいと考える経済主体を危険愛好者といいます．これは確実な90万円よりも少ない80万円しか得られないこともあるが，90万円よりも多い100万円が得られるチャンスにかける，という意味で，リスクを冒してでもより高いリターンを狙うという主体です．

したがって，くじの期待効用（a）は期待所得である90万円（くじの価格＝参加費用）の効用（b）を上回ります．つまり，$a > b$ です．この人はこのくじの価格が90万円であれば，このくじを買うことになります．このとき，効用関数は図 5-1 (c)のように下に凸な形になり，限界効用は逓増（所得が増えるにつれて，追加的な所得による効用が増加）します．宝くじを購入するときの行動などが危険愛好的な行動といえるでしょう．

危険回避行動・愛好行動の問題点

各経済主体が危険回避的か,もしくは,危険愛好的に行動すると,市場全体では,平均的にみれば,資源配分のロスが生じることになります.ここに,「平均的にみれば」という意味は,期待値にしたがって考えればということです.

すべての経済主体がいつでも危険回避的に行動するとしましょう.このとき各企業は,予想収益率は高いが失敗の危険があるプロジェクトよりも,予想収益率が低くても安全なプロジェクトを選択することになります.平均的にみれば,より高い生産性をもたらすプロジェクトがリスクの存在によって放置されつづけてしまうのです.その結果,マクロ全体での平均的な収益率は低くとどまります.皆がリスクをとらない結果,社会全体での平均的な生産性が停滞してしまうのです.

これは危険愛好行動についても同様です.図5-1(c)を例に考えましょう.危険愛好者は確実に90万円超で,A万円未満の所得が得られるプロジェクトよりも,「1/2の確率で100万円,1/2の確率で80万円が得られる」という期待所得が90万円のプロジェクトを好みます.その結果,市場全体で達成される平均的収益率は低くなってしまうのです.

市場全体での平均的な収益率が最も高くなるのは,各経済主体が危険中立的に行動する場合です.しかし,個人が危険回避的か危険愛好的かなどは「好み」の問題であり,それ自体の是非を問題にするのは経済学の仕事ではありません.すると,なんらかの方法によって,危険中立的な行動をとることを可能にできるならば,平均的な経済厚生は改善されます.自由な市場はそのような工夫・制度を作り出すメカニズムをもっています.それを,次に説明しましょう.

危険回避度と保険需要

個別の経済主体,なかでも個人が大きな金額に関わる選択を行う場合には危険回避的であると考えられます.危険回避的な経済主体は費用を払ってでも,リスク・不確実性を回避したいと考えるでしょう.

図5-1(a)での例をもう少し一般的にまとめたものが図5-2です[2].確率α

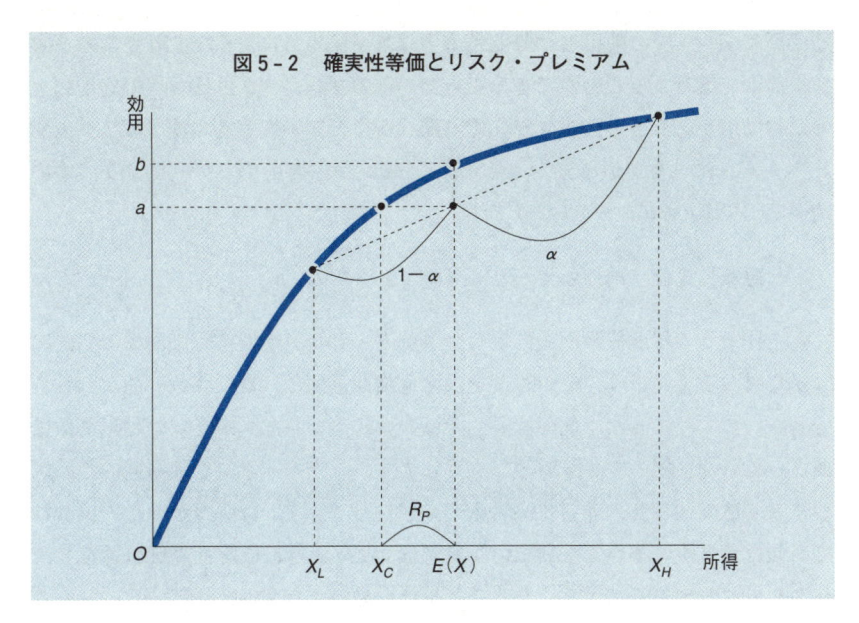

図 5-2　確実性等価とリスク・プレミアム

で X_H の所得が，確率 $1-\alpha$ で X_L の所得が得られるプロジェクトがあったとします．このとき，期待効用 $E(U)$ とプロジェクトの期待所得 $E(X)$ はそれぞれ，

$$E(U) = \alpha U(X_H) + (1-\alpha) U(X_L) \qquad (5\text{-}1)$$

$$E(X) = \alpha X_H + (1-\alpha) X_L \qquad (5\text{-}2)$$

と表されます．このプロジェクトの期待効用は a で，確実に $E(X)$ の所得が得られるときの効用は b です．

ここで図 5-2 の X_C に注目しましょう．確実に X_C の所得が得られるときの効用は，このプロジェクトの期待効用に等しくなっています．このとき，図 5-2 のような効用関数をもつ主体にとって，X_C は当プロジェクトの確実性等価であるといいます．確実性等価は「あるリスクのあるプロジェクトと同じ効用をもたらす確実な所得の値」です．確実な X_C の効用とこのプロジェクトの

---

2 —— $\alpha = 1/2$，X_L が80万円，X_H が100万円のとき，図 5-2 は図 5-1(a)と同じ図になります．

期待所得 $E(X)$ の効用とは等しくなりますから，X_C 以下の費用でこのプロジェクトを実行することができるならば，このプロジェクトは費用の効用以上の期待効用があるといえます．また，期待所得と確実性等価の差をリスク・プレミアム（R_p）といいます[3]．期待所得，確実性等価，リスク・プレミアムの関係は，以下の式のようになります．

$$確実性等価 = 期待所得 - リスク・プレミアム \qquad (5-3)$$

各主体がどの程度危険回避的かは，各個人・各企業の性格や直面する状況によって異なるでしょう．その程度を表す危険回避度は，効用関数の曲がり具合で表されます．まったく危険回避的ではない，つまり危険中立者の効用関数は曲がっていない線，つまり直線で表されます．一方，非常に危険回避的な人，つまり，危険回避度の非常に高い人の効用関数 $U(X)$ は所得が増えるにつれて，傾きが急激に小さくなります．読者は，そのとき，確実性等価は低下し，リスク・プレミアムは大きくなることを確かめてください．

経済主体間で危険回避度が異なるときには，リスクを交換することによって，両者共に効用水準を向上させることができます．その典型が保険です．

図5-2で表される効用をもつ経済主体がいたとしましょう．この主体は，所得が X_L か X_H かわからないという不確実な状況よりも，X_C 以上が確実に得られるほうを好みます．すると，この主体は「1/2で X_L，1/2で X_H が得られる」権利を X_C 以上で売れるならば，それによって，得られる期待効用を増加させることができます．保険は，所得の期待値は低下しますが，不確実な所得を確実な所得に変換することで期待効用を増加させる機能をもっています．保険の結果として所得の不確実性が完全に消滅するケースを，完全保険と呼びます．

危険中立者と保険供給

一方，危険中立的な経済主体にとっては，図5-2のプロジェクトと $E(X)$ を確実に得ることは同じことになります．すると，危険中立者は $E(X)$

---

[3] 投資金額や期待値などとの比率をリスク・プレミアムと呼ぶ場合もあります．

以下ならばこのプロジェクトを買ってもよいと考えます.したがって,危険回避者が危険中立者にこのプロジェクトを $E(X)$ で売却すると,危険回避者はこのプロジェクトの期待効用を上回る効用を得ることができます.この危険回避者と危険中立者の保険契約の結果,不確実なプロジェクトの実施が可能になり,社会全体の平均予想収益率が上昇し,資源配分の効率性は改善されます.

原油のような価格変動の大きな商品については,先物契約があります.これは上の保険の原理を使った取引です.たとえば,原油の売り手が危険回避者であれば,将来の原油価格が上がるか下がるかによって,利潤が変わるような不確かな状況はできる限り避けたいと考えるでしょう.そこで,現時点で,原油の売り手が投機家と「半年後に X_c 円で原油を Y バーレルだけ売る」という契約を結ぶとします.これを先物契約といい,X_c 円を半年後の先物価格といいます.この契約により,今後半年間で価格が変動しても,危険回避者である原油の売り手には価格変動による損得は発生しないことになります.このとき,原油の売り手は,価格上昇時の儲けを諦めて,価格低下時への保険を手に入れていることになります.

一方,投機家は半年後に原油を X_c 円で買って,先物契約を実行し,ただちに,買った原油をそのときの市場価格で売ります[4].投機家は半年後の原油の市場価格が X_c 円よりも高ければ,市場価格と X_c 円の差の利益を得ますが,市場価格のほうが安ければ,X_c 円と市場価格の差の損失を被ります.つまり,投機家は原油の価格変動のリスクを負担することにより,原油の売り手に保険を供給していることになります.この先物取引により,所得が不確実な原油生産というプロジェクトが実現可能になり,資源配分は改善されます.

危険回避者と生命保険・損害保険

損害保険や生命保険では,「保険料を支払うと,もし,死亡といった保険事故(図5-2では,死亡により所得が減少した X_L の状況)が発生した場合には,保険金を受け取ることができる」という契約が結ばれます.これも上で述

---

[4] 実際の先物取引では,投機家は原油を売り買いする必要がなく,市場価格と先物価格の差を決済すればよいように,制度が構築されています.

べた保険と同じ理論構造をもっています．すなわち，図5-2で，保険料として $X_H - X_C$ を支払い，X_L のときには，確実性等価 X_C と X_L との差（$X_C - X_L$）と保険料（$X_H - X_C$）の和

$$(X_C - X_L) + (X_H - X_C) = X_H - X_L \qquad (5-4)$$

の保険金を受け取るという契約を結ぶとしましょう．この保険契約においては，所得 X_H が実現したときには，保険金を受け取れませんから，保険料支払い後の所得は $\{X_H - (X_H - X_C)\}$ から X_C になります．一方，X_L が実現したときには，保険金を受け取れますから，保険料支払い後の所得は $\{X_L - (X_H - X_C) + (X_H - X_L)\}$ から同じく X_C になります．つまり，X_L と X_H のどちらが実現しても，保険料支払い後の所得は X_C になります．この契約により，所得の不確実性は完全に消滅するため，これを「完全保険」と呼びます．

リスク・プールと保険供給

このように，危険回避的な主体は保険料が $X_H - X_C$ 以下ならば確実に X_C が受け取れる保険に加入しようとするでしょう．この保険需要に対して，保険を供給する主体は危険中立者です．

危険中立者が X_L が発生したときには，$X_H - X_L$ の保険金を支払うという保険を販売するとしましょう．保険を販売すると，保険料が得られる代わりに，$(1 - \alpha)$ の確率で $X_H - X_L$ の保険金を払わなければなりません．したがって，$(1 - \alpha) \times (X_H - X_L)$ 以上の保険料が得られるならば，保険供給の期待所得はゼロ以上になりますから，危険中立者にはこのような保険を販売するインセンティブがあります．

いま述べたような保険を販売するのは，保険会社です．では，なぜ保険会社は危険中立的に行動できるのでしょうか．その理由は大数の法則にあります．さいころ2個を1回振ったときの出目の合計はわかりません．しかし，1万回振った場合には，その出目の平均値は限りなく7に近づいていくでしょう．同様に保険会社が図5-2のような不完全情報下にある危険回避者1万人と保険契約を結んだとき，X_L が発生して，保険金を支払わなければならない確率は限りなく $(1 - \alpha)$ に近づいていくと考えられます．似たような条件をもつ加

入者を多数集めることで，所得の不確実性が小さくなるのです．

実際の保険も同様のインセンティブから設計されています．たとえば，40代の男性がある月に入院する確率は過去のデータからほぼ把握することができます．このとき，多数の加入者を集めることができれば，毎月の保険料支払総額はかなり正確に計算できるのです．

このように，リスク・不確実性を大量にプールすることによって，そこから生じる問題を軽減することができます．個人が直面するリスク・不確実性を保険会社が集めることで，個人はリスク・不確実性の軽減を，保険会社は利潤を得ることができるのです．

生命保険や損害保険が供給されなければ，危険回避者である個人の効用は大きく下がってしまい，リスクのある経済活動はほとんど不可能になってしまいます．たとえば，自動車保険が供給されない場合を考えてみましょう．自動車を使った経済活動は大幅に縮小し，その結果，社会全体の平均的な生産性は大きく下がり，さまざまな経済活動から得られる総余剰は大きく減少するでしょう．

2　情報の非対称性

取引の当事者間で保有する情報に差がある状況を情報の非対称性，または非対称情報といいます．

最も単純な情報の非対称性は，商品の売買の際にその品質に関して売り手と買い手の間に情報の非対称性がある場合です．たとえば，日常生活の中でも魚屋は魚の鮮度に関する正確な情報を知っていますが，消費者は買って食べてみないとわかりません．

繰り返し消費される財の場合には，このタイプの情報の非対称性は大きな問題とはなりません．品質の低い商品を高品質であると偽って販売している店で繰り返し買い物をする人はいないでしょうから，そのような店は早晩淘汰されます．しかし，それほど頻繁には行われない取引（個人にとっての自動車・住宅などの購入や長期的な関係を規定する契約），代理契約や雇用契約などにおいては，情報の非対称性は大きな問題を発生させます．

逆選択――隠された情報の問題

　情報の非対称性問題のうち，契約前の段階で一方だけが知っていて，他方が知らない情報がある場合や自分が知っている情報を客観的に立証する手段がない場合に生じる問題を，隠された情報に基づいて生ずる「逆選択」といいます．

　逆選択を最も典型的に表しているのが，中古車市場（アメリカではLemmon Marketといいます）問題です．中古車の性質の中には，外見・走行距離・短時間の試乗などではわからないものが含まれています．すると中古車の買い手は「もしかしたら粗悪品をつかまされるかもしれない」と考えます．すると，そのような粗悪品リスクを勘案して，多少は安くなければ購入しようとはしないでしょう．たとえ本当に故障箇所がない，新品同様の車であっても，そのことを買い手に完全に証明できない限り，同様の問題が発生します．中古車市場での売り手はだれしもが自分の販売する自動車は「良質で」「問題がない」と主張するでしょう．したがって，売り手の自己申告は買い手にとって意味のある情報ではないのです．

　安くしか売れないわけですから，高品質の中古車オーナーはそうそう車を手放そうとは思いません．逆に，粗悪車のオーナーは積極的に市場に車を供給します．その結果，中古車市場は粗悪車であふれることになります．粗悪車に当たる率が高くなるにつれて，購入側はより慎重になり，取引はさらに低い価格でなければ成立しなくなるでしょう．これが続くと中古車市場自体が成立しなくなってしまいます．これが中古車の真の品質が買い手にわからない，そして良質な売り手が自分の車の性質を客観的に証明できないことから生じる隠された情報の問題です．

　このように，中古車市場における情報の非対称性は，中古車市場で達成される総余剰を減少させるという意味で，非効率な資源配分をもたらす可能性があります．

　保険に関しても同様の問題が生じます．ここでは，医療保険を例に考えましょう．保険会社は加入希望者の健康状態について完全な情報を得ることは困難です．一方，「自分が病弱でいまにも入院しそうである」と申告する保険加入者はいないでしょう．すると，「病弱な人」と「健康な人」双方が加入する

医療保険では，その保険料は健康な人にとっては高めなものになるでしょう．すると，健康な人は高い保険料を払ってまで保険に加入するのは損だと感じるようになります．その結果，加入希望者は病弱な人が中心になってしまいます．そのため，保険料は引き上げられ，さらに病弱な人が……という負の連鎖が生じ，市場自体が成立しなくなる可能性があります．

このほか，自動車保険においては，運転が丁寧な人と乱暴な人では運転が乱暴な人のほうが保険に入りやすいなどの隠された情報の問題があります．競争市場では非効率な企業が淘汰されますが，隠された情報が存在すると，逆に，望ましくない参加者ほど市場に残ることになります．そこで，この問題を逆淘汰または逆選択（adverse selection）問題といいます．

逆選択への市場の対応

逆選択も取引の当事者の行動によって改善していくことができます．その方法がシグナリングによる分離均衡です．

シグナリングとは，自分が契約相手にとって望ましい性質をもっていることをなんらかの手段で伝えようとする行動です．たとえば，自分が売ろうとしている中古車の品質が高いこと，自分が非常に健康であることを行動によって知らせることで，逆選択を発生させる原因を軽減するのです．

たとえば，アメリカでは，中古品の売り手が一定期間内の無料返品を保証するとか，信頼のおける自動車品質評価機関[5]から評価を受けて品質評価証を取得するといった行動がみられます．しかし，「粗悪な中古車のオーナー」はそうした行動をとろうとはしないでしょう．したがって，中古車の買い手は，このような行動をとる相手は基本的に信用できると考えるでしょう．このとき，シグナリングを発して取引を行う「優良中古車オーナー」と，そうでない人（粗悪な中古車の売り手）とでは異なった条件で，取引が行われるようになります．このように，2つの取引が別々に結ばれることによって達せられる均衡を分離均衡といいます．この分離均衡によって，中古車市場における資源配分の効率性は改善されます．

5——アメリカでは，自動車保険会社が自動車の品質評価サービスを提供しています．

家電製品などにみられる1年間の品質保証なども，同様の機能を果たしています．また，保険契約に際しては，保険料が安い代わりに，支払われる入院保険金に上限がある保険商品と保険料が高い代わりにそのような制限がない保険商品を同時に売り出すといった対策が考えられます．このとき，健康な人は前者の，病弱な人は後者の契約を自発的に選択するでしょう．

このように分離均衡状態を成立させることで，各経済主体は逆選択から逃れようと試みます．

モラル・ハザード——隠された行動の問題

情報の非対称性問題のうち，契約後の一方の行動を他方が観察できない場合，または観察できても客観的に立証する手段がない場合には，隠された行動に基づくモラル・ハザード問題が生じます．

自動車保険を例にとって説明しましょう．事故の責任が事故を起こした人にあっても損失を完全に保障してくれる自動車保険の加入者を考えます．すると，加入者は事故を起こしても，事故の費用を保険がカバーしてくれると考え，運転が乱暴になってしまうかもしれません．その結果，事故を起こす確率は高くなり，保険会社の利潤は減少します．保険会社は「不注意な運転をしたのが悪い」と言いたいところですが，保険加入者がどのように運転していたかを観察できないでしょう．また，不注意運転を法廷などで立証することもほとんど不可能です．このような加入者が多くなると，保険会社は保険料を高く設定せざるを得ません．運転者が保険加入前と同じレベルの慎重さで運転していれば，保険料は安くなるにもかかわらず，保険加入後に加入者の行動が変化してしまうために保険料が高くなってしまうのです．

同様の問題は，株主による経営者への委任の際にも発生します．現代の株式会社はその規模も大きいため，オーナーである株主が直接経営することは稀です．その結果，株主の委託を受けた経営陣（取締役会）が企業の実質的な経営を担うことになります．企業の業績の良し悪しは，経営陣の努力と景気などの外性的要因や偶然から影響を受けます．しかし，明確な背任行為があった場合は別ですが，ある企業の業績低下の原因が経営陣の怠慢または能力の低さにあるのか，景気や偶然によるのかを観察・立証することは困難です．その結果，

経営陣は一度選任された後には，株主の利益ではなく自分個人の利益を考えて行動するようになるかもしれません．

このように，経営者が株主の利益を無視して行動する可能性が大きくなると，株式会社が株式の発行で資金を集めることは難しくなります．そうなれば，リスクはあるが，平均的にみれば，資源配分を大きく改善するプロジェクトであっても，リスクを負担する資金の供給量が不足するため，そうしたプロジェクトは採用されなくなるでしょう．

部分的に観察・立証できない行動がある場合，たとえば，労働者が仕事を意図的にサボっているか否かを $X\%$ の確率でしか発見できないときにも，部分的な隠された行動の問題が発生します．これらの隠された行動の問題は，契約後に一方が他方にとって望ましくない行動をとるようになるために発生します．上の例では，保険加入者や経営者が保険会社・株主にとって望ましくない行動をとることになります．この隠された行動に基づいて生じる問題をモラ

打算的行動と自動車事故

この章では，自動車保険の例を用いてモラル・ハザードの問題を説明しました．しかし，このような説明を聞いて第1に思い当たるのが「保険に入っているから運転が乱暴になるなんてことがホントにあるだろうか？」という疑問でしょう．運転が乱暴な人ほど保険に加入するというような逆選択についても同様の感想を抱く人が多いと思います．たしかに，人間がそこまで打算的に行動しているとは思えないかもしれません．

しかし，実証研究では人々は自動車運転の際にかなり打算的に行動していることが示されています．その典型が安全装置の打ち消し効果（**offsetting behavior**）です．打ち消し効果とは，シートベルトやエアバッグなどを装着していると，交通事故時の重傷・死亡率が低下するため，運転が乱暴になり，その結果として，重傷・死亡事故には至らない事故の発生件数が増大するというものです．これは一種のモラル・ハザードといってもいいでしょう．

アメリカのデータを用いた研究では，このような打ち消し行動が行われたという報告が多くなっています．日本に関する研究では，アメリカほど明確な事故率の上昇は観察されないものの，シートベルト着用が道路1km当たりの死亡者数を減少させる一方で，負傷者数を増大させる傾向があることが報告されています．

ル・ハザード (moral hazard) といいます．

モラル・ハザードへの市場の対応

モラル・ハザード問題への対応は，望ましくない行動をとるインセンティブを低下させることです．

自動車保険の場合には，少額の修理に対しては保険金を支払わない，保険の更新のたびに無事故だった加入者に対しては保険料を割り引くなどの方法がとられています．

また，株主・経営者間，または労働者のモラル・ハザードを防ぐためには，ストック・オプションの制度などがとられます．これは，取締役や従業員に対して，その企業の株価が上昇した際に，その株式をあらかじめ定めた安い価格で買うことができる権利を与える制度です．すると，自社の業績が長期的に向上すると，株価が上がり，経営者・労働者にとって得になるため，業績をあげる努力をするインセンティブが働くのです．労働者のモラル・ハザードを防ぐ方法の1つとしての効率賃金については，8-1節で説明します．

3 不完全情報・非対称情報下の経済政策

不完全情報や非対称情報は人々の効用を低下させる要因となり得ます．それに対し，上に述べたように，民間の経済主体は分離均衡やインセンティブ契約などの方法で問題の軽減を図っています．つまり，市場には情報の問題によって起こる市場の失敗（非効率な資源配分）を是正する働きがあるのです．したがって，情報の非対称性が存在する財・サービスは，政府が市場に代わって供給すべきであるとか，民間の供給者に補助金を支給すべきであるといった結論がただちに導かれるわけではないことに注意する必要があります．

そこで，不完全情報・情報の非対称性問題への政策課題の第1は，不完全情報や非対称情報状況をできる限り解消していくことです．第2は，民間の自発的な対応が容易になるような措置を講じることです．

経済政策としての情報開示

　第1の課題に対して必要になる基本的な経済政策は，情報開示（disclosure）です．

　政治・行政に関する情報開示は，現在行われている政策とその効果，さらには将来の政策に関する不確実性を取り除きます．たとえば，市がある地域の下水道整備を進めるつもりか否かが明確でない状態では，その地域に住むことに不確実性が伴うことになります．政治・行政に関する情報開示は主に社会的正義の側面から注目されることが多いシステムですが，経済学的な意味も大きいのです．

　また，企業に関する情報開示システムの整備も大きな課題です．企業の活動や業績がはっきりしない状態では，とても安心して投資や融資を行うことはできません．一方，優良企業自身には自社の状態を正しく理解してもらうために，その業績を公開するインセンティブがあります．しかし，情報の形式が一定しなければ，情報開示資料を理解することに大きな手間（コスト）がかかってしまいます．したがって，情報開示の形式について基本的な基準を設けることは重要な経済政策であるといってよいでしょう．

　その基本となるのが，財務諸表（損益計算書と貸借対照表）に関する企業会計制度です．株式を店頭公開したり，取引所に上場している企業はこれらの情報を一定の書式で，一定期間ごとに公表しなければなりません．

　しかし，一般の投資家は，情報が開示されても内容を理解することは困難です．そこで，企業はこれらの情報について，国から免許を受けた公認会計士の会計監査を受けなければなりません．

　こうした経営情報の開示と会計士による経営情報の監査は，逆選択とモラル・ハザード問題の発生を抑制する効果をもっています．しかし，日本では，1990年代から2000年初めにかけて，情報開示と会計監査にさまざまな欠点があることが明らかになる不祥事が起きたため，次のような改革が行われました．

　第1は，会計報告のときに子会社やその企業が実質的に支配する会社を含めた連結財務諸表の報告が必要となったことです．子会社が赤字ならば，親会社にも悪影響が及びます．その意味で連結方式の採用によってより正確にその企業の実態を把握することができるようになりました．

第2は，それまでの取得原価を原則とした資産評価制度に，時価会計を導入したことです．すべての株式や債券について現時点での価値に基づいて資産を報告する時価会計制度の導入は，投資家や貸し手に資産の実際の価値を知らせ，彼らが適切に株式に投資したり，資金を貸し出したりするうえで有用な情報を提供すると期待されます．

　なお，日本の会計制度を，連結財務諸表や時価会計に代表される英米方式である国際財務報告基準に近づけていこうという動きは，国際的な基準と一致させることで情報コストを低下させる政策であるといえるでしょう．

　しかし，以上のように情報公開制度を整えても，企業や公認会計士による粉飾決算を完全になくすことはできません．そこで，最終的には，金融庁による公認会計士の監査が適切であるかなどのチェックが必要になります．

プール不可能なリスクと公的供給

　情報開示だけでは解決されない問題に対しては，保険などによる解決が図られます．しかし，リスクや不確実性がプール不可能なほど大きく，民間の保険会社では保険を供給できないことがあります．このような場合には，財・サービスの公的供給による対応が必要になります．

　多くの火災保険契約では，大規模な自然災害時の免責事項が含まれています．免責事項がなければ，震災によって何万件，何十万件もの保険事故が同時に発生したときに保険会社への請求が莫大な額になってしまいます．震災の規模が大きければ，保険会社はその請求に応じることができなくなるでしょう．

　したがって，大規模災害に対する民間の保険供給は限定されたものにならざるを得ません．しかし，もし災害にあったときになんの助けも得られないとしたならば，不安で仕方ないでしょう．そこで，民間保険で対応できないような災害時の損失に対しては，公的な支援が行われます．大規模災害に対しては，被災者の生活や復旧を支援する行政サービス（金銭的援助や最低の生活用品や公的避難所・公的住宅などの供給）が一種の保険になっているのです．

　民間によるリスク・プールが困難なケースは，このような特殊な事例だけに限られません．失業保険（日本の制度では，雇用保険といいます）がその好例です．不景気の年には多くの失業者が発生し，失業保険の支払いを受けます．

すると，失業保険の支払額は不況期に多く，好況期に少ないといったように安定しません．そのため，生命保険の際には可能であった平均死亡率に基づく保険料の算定とそれによる保険会社でのリスク・プールといった，民間が保険を供給できる条件は満たされなくなります．

死亡や成人病といった，多数の加入者を得ることで保険料の支払いがほぼ一定となるタイプのショックを個別ショック（idiosyncratic shock）といいます．一方，大規模災害や失業のようにリスク・プールが困難なショックをマクロ・ショック（macro shock）といいます．マクロ・ショックに対しては政府の介入が必要となるのです．経済におけるマクロ・ショックの代表は景気の変動です．その最も根本的な対応は景気変動自体を小さくすることとなるでしょう．これは第7章で扱う安定化政策の1つの根拠になっています．

情報の非対称性と参入規制・需給調整

また，マクロ・ショックではないとしても，逆選択やモラル・ハザードが深刻な際には，自由な市場に任せていると，取引が大きく縮小したり，最悪の場合には行われなくなってしまいます．

逆選択に対する経済政策の1つが，基準・認証，検査・検定制度，免許・資格，許認可などによる「製品・サービスの質の最低ラインの設定」です．

工業製品などの安全性を確認するために，守られるべき技術的水準を定めたものに，JISがあります．検査・検定制度の身近な例としては，車検制度があります．この制度の存在によって，中古車市場に登場する自動車は最低限車検を通る程度の品質をもっていることがわかります．これによって，低品質の中古車をつかまされるかもしれないという心配の連鎖が市場を収縮させるプロセスに歯止めをかけることができます．

また，弁護士・税理士・会計士などの資格認定も同様の機能を果たしています．銀行業や運輸業などは政府の許認可がなければ営業することはできません．それは，銀行による預金サービス（預金の現金払い出しを保証し，振り込み決済などを可能にするサービス）や交通サービスの安全性については，供給者と需要者の間の情報の非対称性が大きいため，だれもがそれらサービスを供給できるようにすると，安全性を維持することができないと考えられるからで

す．

　財・サービスの安全性の維持のための資格制度や許認可制度は参入規制として機能します[6]．第2章では，参入規制が資源配分の非効率を招くことを説明しました．それでは，財産や生命の安全性維持のための参入規制はどのように評価すべきでしょうか．

　資格・許認可制度は消費者が財・サービスを消費する前に，政府が供給者を選別して，安全を維持しようとする事前的規制です．これは，「いったん事故が起こってからでは遅い」という考え方に基づいています．こうした考え方は，航空，トラック運送，タクシーなどの運輸業においてとくに強く，監督官庁は市場原理にゆだねておくと，供給者の間で，安全性を無視した過当競争が起き，安全性を維持できないと主張します．日本では，この理由に基づいて，政府があらかじめ需要を予測し，供給量をそれに見合った水準に制限するという「需給調整」が行われてきました．

　しかし，事前的規制と需給調整には次のような問題があります．

　第1に，第2章で述べたように，政府が事前的規制・需給調整によって供給者を選別することは，供給者間の競争を制限するため，資源配分の効率性を阻害します．

　第2に，事業者が規制レント（65ページ参照）を求めて，許認可を得ようとして許認可権をもつ監督官庁に働きかけるレント・シーキング活動が活発になります．これは官民癒着の不公正な行政や官僚の天下りの温床になり，効率的な事業者（よりよいサービスを安く供給する事業者）を排除することにつながります．許認可を受けることに成功した事業者の規制レントは消費者の負担になります．

　第3に，許認可権をもつ官庁は事故が起きてからの責任追及を恐れて，あらゆる可能性を想定し，資格・許認可要件を決めようとします．その結果，本来，消費者の選択にゆだねればよいことまで，安全のためという理由で詳細に規制し，消費者から多様な選択肢を奪うことになります．

---

6 ── 安全性維持のための参入規制は「社会的規制」と呼ばれ，経済的規制と区別されることがあります．しかし，社会的規制と呼ばれる規制も資源配分と所得分配に影響を及ぼす点で経済的規制と変わりはないので，本書では両者を区別して考えません．

第4に,事故が起きたときには,許認可を与えた官庁も事故を起こした事業者と共同責任を負うため,情報をもっている監督官庁が事故に関する情報を隠したり,事故の原因究明がおろそかになりがちです.

事前規制には以上のような問題があることを考慮すると,今後は,事前的規制を最小限にとどめて,消費者が自己責任を負えるような情報公開制度や消費者保護の契約制度,事故が起きたときの事後的規制の強化(事故に関する情報公開と事故を起こした事業者への罰金制度など),被害者に対する救済措置の整備などに,安全対策の重点を移していくべきでしょう.こうした制度を整備したうえで,事前的規制の緩和や需給調整の撤廃を進めて,供給者間の競争を促せば,事故は減少する可能性があります.それは,事故を起こした企業が市場から淘汰される可能性は,市場が独占的・寡占的である場合よりも,競争的な場合のほうが高いからです.そうであれば,企業は市場から淘汰されないように,安全対策を講ずるようになると期待されます.

情報の非対称性と公的供給

上では,製品・サービスの質の最低ラインの設定とそれに関わる諸問題を検討しました.しかし,ある種の保険に関しては,最低基準設定が困難であるという問題があります.

その例が失業保険制度です.現在の日本では賃金総額の2%程度[7]が雇用保険料として徴収されます.2%の保険料は失業の可能性が高い人には安く,失業の可能性が低い人には高い水準です.失業可能性について客観的な証明を行うことは難しいといってよいでしょう.すると,逆選択問題が深刻になり,民間では失業保険を供給することはできなくなります.

医療保険に関しても同様の問題があります.医療保険は生命保険やガン保険などとは異なり日常的な医療費をカバーする保険ですが,「よく風邪を引く人か」「よくけがをする人か」などは,保険契約の際の健康診断では判断できないでしょう.

このように,最低基準の設定による対応が逆選択問題の解決策として機能し

---

[7] 一部の産業を除くと賃金総額の1.95%が雇用保険料,うち0.8%が勤労者の自己負担分です.

ない場合の保険は，公的に供給するしかありません．公的な供給方法の1つは，強制加入です．逆選択が発生するのは，失業保険の場合は失業確率が低い人が，医療保険の場合にはめったに医者にかからない人が，それぞれ保険契約から退出してしまうためです．したがって，全員が保険への加入を義務付けられていれば，そのような問題は生じません．

ただし強制加入方式による公的供給には，所得分配の公平性に関わる問題があります．強制加入方式では，「失業しにくい人」や「病気にかかりにくい人」はリスクに比べて高い保険料を払うことになります．一方，「失業しやすい人」や「病気にかかりやすい人」はリスクに比べて低い保険料を払うことになります．したがって，強制加入方式は「失業しにくい人」や「病気にかかりにくい人」から「失業しやすい人」や「病気にかかりやすい人」に対する所得再分配政策として機能しているのです．

公的な失業保険制度や医療保険制度が必要か否かについては議論が分かれるところです．これは，強制加入方式の失業保険制度や医療保険制度が所得再分配政策であることに原因があります．所得再分配はだれかの得がだれかの損になるため，その政策によって損をする人からの政治的な抵抗を受けるのです．民間による保険供給を困難にしている主な原因がモラル・ハザードにある場合には，公的供給はさらに大きな政治的抵抗を受けると考えられます．

所得再分配の側面をもつ医療保険については，日本の現状を外国の医療制度と比較しながら，第12章でさらに検討することにし，ここでは，いま述べたことを失業保険と自動車保険を例にとって説明しておきましょう．

「失業しやすい人」に対して所得の再分配が必要であるという点については，政治的な合意が得られるかもしれません．しかしかりに，失業保険があるために働くよりも失業を選択する人がいるために，失業保険の私的供給が困難になっているとしましょう．このとき，公的な失業保険による働く人から「働くよりも失業を選択する人」への所得再分配は，普通の人の分配の公平性基準からは正当化できないでしょう．さらに，「失業保険をあてにして，働くよりも失業を選択する」というモラル・ハザードは過小な労働供給という意味で，非効率な資源配分をもたらしますから，資源配分の効率性基準からも正当化できません．

ヨーロッパ諸国の多くは失業保険が手厚いため,「失業保険をあてにして,働くよりも失業を選択する」人が少なくありません. 手厚い失業保険を原因とする失業は構造的失業と呼ばれ, GDP を減少させる要因になっているため,いかに失業保険に働く意欲を引き出すインセンティブを組み込むかが大きな問題になっています.

　自動車保険にも同じ問題があります. 自動車保険には強制加入方式の自動車損害賠償責任保険（通称＝自賠責保険）と任意に加入する一般自動車保険（通称＝任意保険）の 2 種類があります. 自賠責保険は人身事故のうち他人に対する賠償部分だけが対象です. 保険に加入しているから, 故意に人身事故を起こそうという人はいないでしょう. したがって, 人身事故に対する保険の供給が民間では過小になる理由は, 逆選択（この場合はその運転者が上手か下手かわからないということ）にあります. この理由で, 人身事故の保険を強制加入方式とすることには合理性があります. さらに, 人身事故によって損害を受けた人が「運転者が貧乏だから保障を受けられない」というリスクを負わずにすむ効果もあります. その一方で, 車両保険はモラル・ハザードの危険があるため, 強制加入の保険は適切ではありません.

預金保険と決済システムの安全性

　強制加入の保険の例として, 銀行が加入を義務付けられている預金保険制度があります. これは, 銀行が公的な預金保険機構に預金保険料を支払い, 銀行が破綻して預金の払い戻しができなくなるなど, 預金の安全性が維持できなくなったときには, 預金保険機構が破綻銀行に代わって預金の払い戻しなどに応ずることによって, 預金の安全性を確保する制度です.

　預金保険が強制加入である理由は, 決済手段としての預金の外部性に求められます. ある銀行が破綻した場合を考えてみましょう. その銀行の預金者はわれ先にその銀行に駆けつけて預金を引き出そうとするでしょう. この場合, ある銀行が破綻したニュースを聞いた他の銀行の預金者も, 自分の銀行も破綻して, 預金の払い戻しができなくなるのではないかと恐れて, 預金を引き出そうとする可能性があります. それは, 預金者は自分が預金している銀行の経営の安全性について, ほとんど情報をもっていないという意味で, 預金者と銀行と

の間に情報の非対称性が存在するからです．この場合には，自分の預金を守るためには，自分の銀行の経営の安全性を調べるよりも，とりあえず，預金を引き出すことが合理的な行動になります．預金者が預金引き出しに殺到することを銀行取付といいます．

　取り付けにあった銀行はできるだけ貸出を回収したり，持っている証券などを売って，預金の払い戻しに応じようとします．しかし，満期が到来しない貸出は回収できませんし，証券を売り急げば，価格が下がって証券売却収入は減ってしまいますから，銀行はすべての預金者の払い戻しに応ずることはできずに，休業に追い込まれ，最後には，倒産してしまいます．引き出せなくなった預金は紙くず同然になってしまいます．

　このようにして，ある銀行の破綻は次々に他の銀行に伝染します．これは一部の銀行の「病気」が健全な銀行にも伝染して，銀行部門全体が危機的状況に陥るという意味で，「伝染効果」と呼ばれます．

　銀行が休業に追い込まれたり，倒産すると，当該銀行の預金者が損害を被るだけでなく，その預金者たちに対して債権を持っていた個人や企業も債権を回収できなくなり，損害を被ります．1つの銀行の破綻は他の銀行の破綻へと伝染しますから，預金による決済が不可能になり，あらゆる取引が現金で決済するしかなくなるという事態もあり得ます．預金決済ができず現金決済しかできなくなれば，経済取引は大幅に縮小します．そのことは何億円といった取引を現金で決済しなければならないときのリスク（盗難や紛失など）を考えてみれば容易に理解できるでしょう．

　銀行の破綻が次々に他の銀行の破綻へと伝染して，預金による決済ができなくなってしまうリスクを，決済システムが機能不全に陥るリスクという意味で，「システミック・リスク」といいます．銀行制度はこのリスクを常に潜在的に抱えていますが，そのリスクが顕在化して，経済取引が縮小すれば，生産活動は停滞し，失業者も増えるでしょう．そうした状況は金融恐慌と呼ばれます．

　戦前は金融恐慌やそれに近い状況を何回か経験しました．その歴史的経験に基づいて，1928年に旧銀行法が施行されました．その目的は，信用秩序の維持と預金者保護の観点から，最低資本金の制定，他業営業の禁止，支店設置の認

可制,銀行監督の強化などを定めて,弱小銀行を整理統合し,銀行合同を進めることにありました.旧銀行法施行当時,最低資本金額に満たない無資格銀行は617行も存在し,それは当時の普通銀行の48%に相当しました.

しかし,ある銀行が倒産しても,預金の安全性が守られれば,決済システムが崩壊することは避けられます.この考え方に立って,アメリカでは,1930年代の大恐慌期に次々に起きた銀行倒産の経験を踏まえて,預金保険制度が創設されました.

日本でも,アメリカにならって,1971年に預金保険制度が導入されました.預金保険機構による破綻処理は大きく次の2つに分けられます.

第1は,銀行の閉鎖・清算を前提とした処理で,ペイ・オフと資産・負債承継です.預金の中で,預金保険によって保護された預金を保険対象預金または付保預金といいます.2005年現在,日本では,預金者は1行当たり元本1,000万円までとその利子が預金保険機構によって保護されます.銀行が破綻したときに,預金保険機構は破綻銀行に代わって,付保預金につき,この限度内で預金の払い戻し(保険金の支払い)に応じます.これをペイ・オフといいます.預金保険機構は残余資産を換金したり,回収したりすることによって,保険対象預金者以外の債権者に債権順位と債権額に応じて破産配当を支払います.

それに対して,資産・負債承継とは,入札により選ばれた健全金融機関が,破綻銀行の資産の一部ないし全部を預金保険機構から買い取るとともに,保険対象外預金を含む全預金と非預金債務の一部ないし全部を引き継ぐ(これを承継といいます)方法です.その際,預金保険機構は承継先が受け継いだ負債額が買い取った資産額を上回る分を,承継先に支払って,破綻した銀行の債務超過分を穴埋めします.

第2は,破綻銀行の閉鎖・清算を前提としない処理です.これは,経営困難な銀行に対して預金保険機構が直接,資金を援助して,自立再建を図る場合と,同機構の資金援助によって,経営困難な銀行と健全な銀行との合併を支援する方法があります.

このように,預金保険制度によって,事後的に預金の安全性を維持することで決済システムの安定化を図る政策を「セーフティ・ネット政策」といいます.しかし,預金保険制度は預金者と銀行経営者に対してモラル・ハザード的

な行動を誘発するという問題を抱えています．実際に，1980年代から90年代の初めのアメリカの経験や90年代の日本の経験を経て，この制度の欠陥が浮き彫りになりました．

この制度のもとでは，付保預金者には払い戻しを受けられないリスクがなくなるため，預金者はそのリスクの低下分だけ金利が低くても預金しようとします．預金金利が低下すれば，銀行は資金を調達する際に，コストの低い預金への依存度を高めようとします．その結果，銀行の資産に対する負債（預金は銀行にとって負債であることに注意してください）の比率（以下，負債比率といいます）は上昇し，逆に，資産に対する自己資本（株式の発行や内部留保で調達した資金）の比率，すなわち，自己資本比率は低下します．自己資本比率が低下すれば，銀行の不良債権（銀行の不良債権とは，返済してもらえない可能性の大きな貸出金のことです）が増えたときに，負債である預金の現金化が困難になるリスクは高まります．したがって，それだけ，銀行の破綻リスクは増大します．しかし，銀行の破綻リスクが高まっても，預金の元本とその利子が預金保険によって保証されていれば，預金が流出するリスクはほとんどありません．そこで，銀行は預金流出を恐れることなく，預金保険制度がないときに比べてハイリスク・ハイリターンの資産への投資を増やすようになります．

以上の預金保険制度による自己資本比率の低下と銀行が保有する資産のリスクの増大は，共に，預金保険制度によって誘発された銀行のモラル・ハザードです．このモラル・ハザードによって，預金保険制度はかえって銀行の破綻リスクを高めてしまいます．この矛盾を解決する対策には，次のようなものがあります．

第1は，自己資本比率の低下を防止するための自己資本比率規制です．日本が採用しているBIS自己資本比率規制では，銀行が過度のリスクをとることを防止するために，自己資本比率を計算するに当たってリスク・アセット・ベース方式を採用しています．この方式では，自己資本比率の分母である資産を計算する際に，国債はゼロ，通常の貸出は100％，住宅ローンは50％といったウェイト付けがなされます．BIS自己資本比率規制とは，自己資本をリスク・アセット・ベースで計算した資産で除した自己資本比率を，国際業務に従事する銀行は8％以上に，国内業務だけに従事する銀行は4％以上に維持しな

ければならない，という規制です．この規制のもとでは，通常の貸出が多い銀行ほど自己資本を増やさなければ，自己資本比率規制を達成できなくなります．

第2は，可変的預金保険料率制度です．預金保険制度によってかえって銀行の保有資産のリスクが高まるのは，預金保険料率が保有資産のリスクにかかわらず一定であるためです．この考え方からは，資産のリスクに応じて保険料率を変える，可変的預金保険料率制度の導入が主張されます．この制度のもとでは，リスクの高い銀行ほど高い預金保険料を払うことになるので，銀行が過度のリスクをとることを抑制することができると期待されます．可変的預金保険料率制度はアメリカではすでに導入されていますが，日本ではまだ（2006年現在）導入されていません[8]．

有限責任制と危険愛好行動

以上では主に，危険回避的な経済主体を想定したときに生じる問題を中心に考えてきました．この章の1節で解説したように危険回避行動だけでなく危険愛好行動も平均的なリターンを押し下げるという意味で問題があります．

図5-1(c)で危険愛好者は確実に C の所得が得られるプロジェクトよりも，期待所得は90万円だが100万円が得られるかもしれないプロジェクトを選ぶかもしれません．だれもが危険愛好的に行動する社会では「うまくいった」ときの所得を狙う結果，平均的には低い所得のプロジェクトばかりが実行されるのです．

宝くじなどのギャンブルをするとき以外には危険愛好的な行動をとる人などいないと思われるかもしれません．しかし，株式会社制度の一部である有限責任制のもとでは，その経済主体の好みや性格とは無関係に，企業が危険愛好行動をとる可能性があります．

株式会社のみならず，有限会社もその名の通り有限責任制です．有限責任制下では倒産した企業からその返済能力以上の借金を取り立てることはできませ

---

[8] その他の手段として，「早期是正措置」（日本では，1998年に導入）や決済性預金勘定と貯蓄性預金勘定を分別管理するナロウバンク制度などがありますが，詳しくは岩田（2000）の第6章を参照してください．

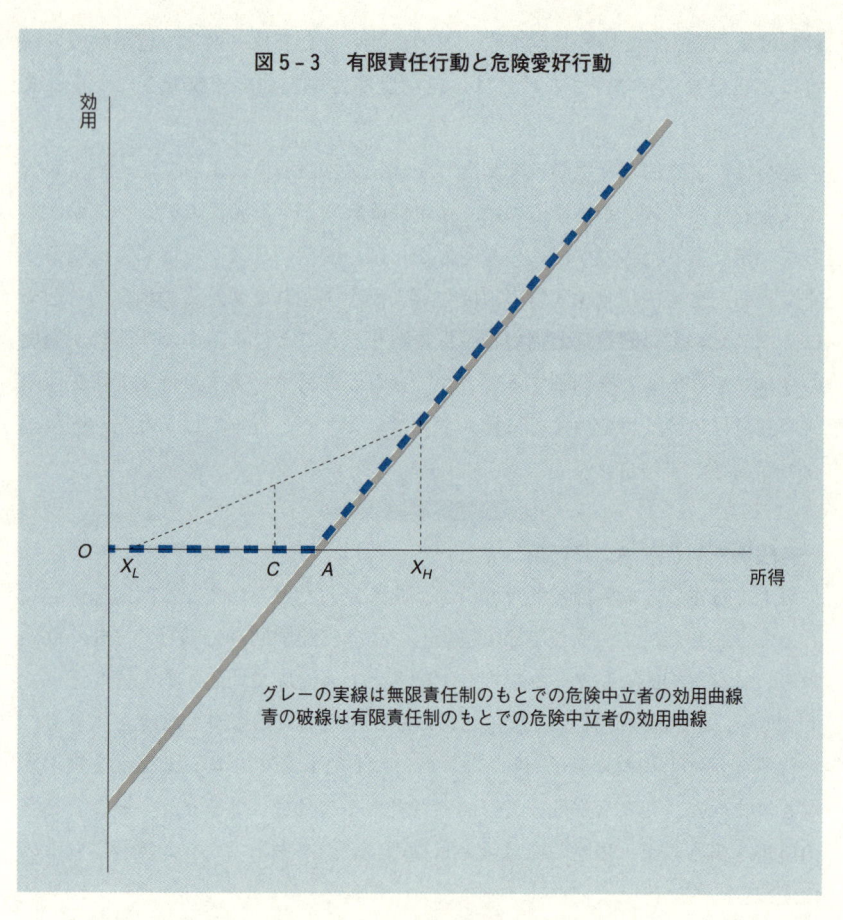

図5-3 有限責任行動と危険愛好行動

グレーの実線は無限責任制のもとでの危険中立者の効用曲線
青の破線は有限責任制のもとでの危険中立者の効用曲線

ん。その意味で，個人の破産も一種の有限責任制といってよいでしょう．

ここで，多額の負債（これを A 円とします）を抱えた企業の行動を考えましょう．負債の返済期限は間近であり，処分可能な資産もないと仮定します．つまり，この企業は事実上の債務超過状態にあります．すると，この企業は現在とりかかることができるプロジェクトによって A 円の負債以上の所得を獲得しなければ，倒産してしまいます．倒産した場合の所得はゼロです．この企業が A 円以上の所得に対しては危険中立的であると仮定すると，この企業にとって，所得とその効用の関係は図5-3のようになります．

無限責任制のもとでは，収入がゼロだった場合にも借入金 A 円の返済が求

められ，債務者はなんらかの方法で資金を調達して返済しなければなりません．したがって，無限責任制のケースで所得が借入金Aを下回ると，効用はマイナスになります．一方，有限責任制のもとでは，所得がA円よりも少ない場合には，その所得のすべてを返済に充てるだけで，それ以上の返済は求められません．したがって，所得がA円以下の場合には，返済後に手元に残る所得はゼロですから，効用もゼロになります．以上から無限責任制か有限責任制かに応じて，図5-3のような効用関数が描かれます．

有限責任制のもとでは，企業は確実にCが得られるプロジェクトよりも，期待値は低いものの1/2の確率でX_H，1/2の確率でX_Lの所得が得られるプロジェクトを選択するようになります．

これは，負債の返済ができないならば倒産するしかないのだから，一か八かの投資を選択しがちになると考えると理解しやすいでしょう．このような企業の自暴自棄な行動（倒産しかかっている企業にとっては，合理的ですが）は現実の経済にも例があります．1995年に破綻した木津信用組合のハイリスクな貸出などはその好例といえるでしょう．

銀行や企業はこのように事実上，債務超過状態にある企業に融資しようとはしないでしょう．しかし，銀行の負債のほとんどは預金から構成されています．債務超過に陥った金融機関が危険愛好行動によって破綻したときには，付保預金者以外は預金の一部ないし全部を失うことになります．

前項で述べた銀行に対する自己資本比率規制は，銀行が債務超過に陥って危険愛好的な行動をとることを防ぐことにも貢献すると期待されます．それは，自己資本比率が高ければ，銀行（正確には，銀行の株主）が危険愛好的な行動に走ると，破綻したときに失うものがそれだけ大きくなるからです．

4　金融市場と情報の経済学

不完全情報，そして情報の非対称性の問題が最も顕著に表れる市場の1つが金融市場です．前節では，そのことを預金を例にとって説明しましたが，ここでは，それ以外の，情報の問題が金融市場に与える影響について説明することにしましょう．

多くの場合，企業は金融機関から資金を借り入れて投資活動を行います．投資の成果に不確実性はつきものです．さらに現代では，企業のほとんどが有限責任制下にあります．そして，銀行が融資の際，または融資後に企業の行動を観察・立証することには大きな費用がかかります．このように，金融市場には，本章で扱っている問題が成立する典型的な用件が備わっています．

そこで，本節では表5-1の3つのプロジェクト案件を例にとり，不完全情報・非対称情報下の金融市場について考えてみます．

自己資金と外部資金

企業が増資や過去の利益からの内部留保などの自己資金で投資をする場合を考えましょう．

表5-1には，2つのプロジェクトaとbが示されています．1,000万円投資すると，1年後に，aでは確実に1,200万円の所得が見込めます．一方，bでは1/2の確率で1,400万円，1/2の確率で800万円の所得が予想されます．期待所得はaが1,200万円，bが1,100万円です．これを率に直すと，aの予想収益率は20％，bの予想収益率は10％です．また，分散で測った投資成果のばらつき[9]はbのほうが大きくなっています．

表5-1　2つのプロジェクトと3タイプの企業

1,000万円の投資による企業の収益

プロジェクト	1年後の収益		期待所得	分散
a		1,200	1,200	0
b	0.5 0.5	1,400 800	1,100	90,000

企業のタイプ

タイプA	プロジェクトaのみをもつ
タイプB	プロジェクトbのみをもつ
タイプC	a，b共に実行可能

---

9 —— 分散は確率変数の「ばらつき」を表す指標で，[(数値−期待値)^{2}の期待値]です．

危険中立的な経済主体にとっては期待所得の大きい案件，危険回避的な経済主体は期待所得が大きく，所得のばらつきが小さい案件が望ましいことになります．すると，危険中立的・危険回避的企業共にaがbよりも優れたプロジェクトであると判断することでしょう．

　このとき，企業が自己資金を用いて実際に投資するかどうかを考えましょう．ここで企業には表5-1のように3つのタイプがあり，いずれの企業も危険中立的であるとします．また，その自己資金を銀行に預金すると，5％の所得を得ることができるとしましょう．

　プロジェクトaをもっている企業AとプロジェクトbをもっているB企業は，両プロジェクト共に予想収益率が確実に預金利子率5％を上回っていますから，預金よりも投資を選択するでしょう．企業Cは十分な自己資金を持っているならば，aとbの案件を共に実行することになります．また，経営規模などの問題でいずれか一方だけが実行可能であれば，aだけを実行することになります．

　このように自己資金を使った投資の場合，プロジェクトの選択は私たちの直観に近い形で決定されます．

　次に，資産をまったく持っていない企業が投資を外部資金によって行う状況を考えましょう．金融機関からの借入金利を11％とします．

　企業が1,000万円を借り入れて，プロジェクトaに投資したとき借入の元利返済後の企業の所得は（1,200万円－1,110万円）から90万円になります．

　一方，プロジェクトbに投資した場合，成功時には（1,400万円－1,110万円）から所得は290万円です．しかし，プロジェクトがうまくいかずに，800万円の所得しか得られなかった場合には，借入金を全額返済することはできません．その他の資産を持っていない企業の場合はこの時点で倒産ということになります．有限責任制のもとでは倒産企業から手持ち財産以上の取り立ては行われません．したがって，この場合，企業の所得はゼロになります．1/2の確率で290万，1/2の確率でゼロですから，外部資金によってプロジェクトbに投資した場合の期待所得は145万円になります．

　その他の資産を持たない企業が外部資金によって投資を行う場合，企業にとっては，期待所得で比較すると，b（期待所得145万円）のほうがa（期待

所得90万円）よりも優れた案件になるのです．この企業が危険中立的であれば，aよりもbが選択されます．これがこの章の3節で学んだ有限責任制下の危険愛好行動です．

　一方，資金を融資する銀行などの金融機関にとっての状況は逆です．企業がaを実行するならば，貸出金は確実に返済されるため，1年間の融資によって，（1,110万円−1,000万円）で110万円（11％）の所得を確実にあげることができます．しかし，bが実行された場合には，1/2の確率で1,110万円が返済されますが，1/2の確率で元本割れの800万円しか回収することができません．企業がプロジェクトbを実行した場合，1,000万円の貸出に対して期待返済額は955万円ですから，予想収益率は−4.5％になります．

非対称情報の問題

　前出の企業Aと企業Bの間で，銀行がタイプを識別できない場合には，逆選択が発生します．この場合，銀行はAとBの両タイプの企業に融資することになるため，銀行の予想収益率は低くなります．たとえば，両タイプの企業に1,000万円ずつの融資を行った場合，銀行の予想収益率は3.25％にとどまります．

　また，企業Cへの融資に際しては，モラル・ハザードの問題が発生します．銀行は一度融資をしてしまった後では，企業がどちらの案件を実行したのかを観察・立証することは困難です．このようなケースでは，モラル・ハザードの問題が発生します．融資を受けてしまった後では，企業にとってはbを選択したほうが合理的です．その結果，企業Cはプロジェクトbを選択することとなり，銀行の予想収益率は−4.5％になってしまいます．

　銀行がこのような低所得状態を改善するためにはどのように行動すればよいでしょうか．かりに，利子率を上げれば状況はさらに悪化します．たとえば，金利を25％に引き上げた場合，プロジェクトaの予想収益率は20％ですから，タイプAの企業は投資するだけ損になってしまい，融資を受けようとはしないでしょう．利子率を引き上げると，銀行にとって最も優良な借り手であるAを失ってしまうのです．このように，利子率を引き上げると，かえって貸倒れ確率は上昇してしまうのです．

表5-2 担保有融資とその結果

(万円)

プロジェクト		当初資産	投資からの収入	返済	プロジェクト後資産
a		1,000	1,200	1,110	1,090
b	成功	1,000	1,400	1,110	1,290
	失敗	1,000	800	1,110	690

純資産と担保融資

利子率の引き上げが状況を悪化することがわかったならば,銀行はどのようにして非対称情報の問題に対応しているのでしょう.企業への取締役派遣によるモニタリングなど,情報の非対称性を直接的に減ずる手法以外で最も多く行われているのが担保に基づく融資です.

有限責任制に基づく危険愛好行動は,プロジェクトの失敗によって倒産してしまう場合,企業の所得がゼロになることから発生しました.しかし,現時点で他の負債はなく,1,000万円の不動産を所有している企業の場合はどうでしょう.プロジェクトbを実行して失敗(800万円)したときには,投資からの所得だけでは契約通り1,110万円を返済することはできません.その際には,所有する不動産を売却しそのうちの310万円を併せて返済する必要が生じます.

すると両プロジェクトの実行後の企業の資産は表5-2のようになります.このとき,aは資産を90万円増加させることが予想される一方,bは期待値としては資産を10万円だけ減らすことがわかります.このとき,aとbの両方の案件をもつタイプCの企業は,プロジェクトaを選択します.一方,企業Bは融資を受けて,プロジェクトbを実行すること自体を諦めてしまうでしょう.その結果,銀行はaを実行する企業だけに融資することになり,11%の利回りを獲得することができるようになるのです.

このように考えると,銀行は,プロジェクトが失敗しても倒産しないだけの資産を持っている企業なら融資することになります.ただし,資産と同時に多額の借金を持っているという場合には,やはりプロジェクト失敗による倒産の可能性がありますから,融資の基準は純資産の大きさになります.

純資産は資産から負債を引いたものです．各企業は融資を受けるために，自分がタイプBの企業ではないこと，またはタイプCだとしてもプロジェクトaを実行することを銀行に示す必要があります．そのためには十分な純資産を持っていることを知らせる必要があります．そのための手段として，返済が滞った場合には担保として指定した不動産を銀行に譲るという契約——担保融資が選択されます．

このような状況では，銀行融資が受けられるかどうかが純資産額の大小によって決定されてしまいます．しかし，企業は設備投資を行う際，多くのケースで外部資金が必要です．すると，企業の純資産額の大小は経済全体での投資量の大小を決めるうえで決定的な役割を果たす場合が考えられます．このような企業の純資産額の大小と総投資の関係がマクロの経済に及ぼす影響はマクロ経済の問題を扱う第8章で再論します．

政策金融の役割

純資産額の大小が融資を受けられるかどうかを決定する状況では，高い所得を生むプロジェクトをもっている企業でも，純資産額が小さければ，そのプロジェクトを実行できなくなります．このような問題を政策的に解決する方法として，政府や政府金融機関が融資する政府金融が考えられます．

しかし，情報の非対称性によって民間金融機関が資金を供給できないことを理由に，ただちに，政府金融が正当化されるわけではありません．なぜならば，民間金融機関にとって逆選択とモラル・ハザードの問題があるときには，政府も融資に際して同じ問題に直面するからです．

これらの問題があるにもかかわらず，政府金融機関が融資を行うとしましょう．しかし，政府融資によって十分な黒字が期待できるならば，そもそも，民間金融機関が融資を行っているはずです．したがって，政府金融機関は赤字となるでしょう．つまり，政府が融資した企業は高い所得をもたらすプロジェクトをもっていなかったわけです．この赤字はいずれ税金によって補填しなければなりません．

したがって，政府金融を正当化するためには，政府や政府金融機関のほうが民間金融機関よりも企業の将来に関して正確に予想する能力があることを立証

する必要があります．それが立証されれば，非常に高い所得が期待できるプロジェクトをもっている企業にもかかわらず，十分な純資産がないために，民間金融機関が融資しないような企業に，政府金融機関が融資すれば，資源配分はより効率的になる可能性があります．

しかし，政府や政府金融機関には，無数の企業の中から，「非常に高い所得が期待できるプロジェクトをもっていながら，純資産が小さいために，民間金融機関から融資を受けられない企業」を選び出す能力があるといえるでしょうか．政府や政府金融機関にそうした選別能力を認めると，政府金融はどんどん肥大化し，大量の不良債権を築く可能性があります[10]．

日本にはいくつかの政策金融制度があります．日本政策投資銀行や中小企業金融公庫のように政府金融機関として存在するものから，都道府県の制度融資のように独立した機関ではないものまでその形態はさまざまです．このような政府金融に対しては，民間金融機関の活動が規制されていた1980年代前半までは，政策金融には多くの役割があったと，積極的に評価する考えもあります．しかし，そのように評価する人でも，金融自由化後その役割は縮小していると考える人が多いようです[11]．

以上の考察からは，政府金融機関は民間金融機関による対処が困難なマクロ・ショックへの対応に業務の重点を移していく必要があると考えられます．

---

[10] ベンチャー企業のように，小さな純資産しか持たないために，金融機関が融資することに伴うリスクが大きすぎる場合には，融資ではなく，積極的にリスクを負担する株主資本（株式の発行により集められた資金）によって資金調達するほうが適切であると考えられます．その1つが民間投資家（個人投資家や投資信託や生命保険などの機関投資家）から資金を集めて，ベンチャー企業などに投資する民間投資ファンドです．民間投資ファンドは単にベンチャー企業などに投資するだけでなく，投資対象企業の成功確率を高めるために，経営指導したり，能力のある人を企業に送り込んだりしています．

[11] 岩本康志（2001）「日本の財政投融資」『経済研究』52(1)．

【練習問題】

1. 図5-2の例で，αを0.5とします．危険回避者Aさんは$E(X)$円でプロジェクトそのものを危険中立者Bさんに販売するとしましょう．この取引によって，AさんとBさんはそれぞれ何円の余剰（利益）を得るでしょうか．

   また，BさんがAさんに保険料$1/2 \times (X_H - X_L)$円で，X_Lのときには$X_H - X_L$の保険金を支払うという保険を販売した場合には，AさんとBさんはそれぞれ何円の余剰を得るでしょうか．

2. 3節では，公的に供給される失業保険には所得再分配効果があることを説明しました．このような失業保険の存在は失業者数に対してどのような影響を及ぼすでしょうか．

3. 日本では，戦後，1980年代までは，銀行の競争を規制（参入規制，自由な支店開設を制限する店舗規制，自由な預金金利の設定を制限する預金金利規制など）によって制限したうえで，「銀行は1行たりとも倒産させない」という旧大蔵省の銀行行政（これを「護送船団銀行行政」といいます）によって，預金の安全性を維持する方法がとられてきました．それに対して，90年代以降，金融自由化が進められ，競争制限的規制は廃止・緩和されてきました．競争制限的規制と護送船団銀行行政の組み合わせによって預金の安全性を維持する政策と，競争制限的規制を廃止・緩和する一方で，預金保険制度によって預金の安全性を維持する政策とを，それぞれのメリットとデメリットの観点から比較してみましょう．

4. 日本では，銀行が破綻した場合のペイ・オフの完全実施は，不良債権問題が深刻だったため，2004年3月までは見送られましたが，2004年4月からは，銀行が破綻した際に，ペイ・オフという破綻処理を採用することができるようになりました．この政策転換は預金者と銀行の行動にどのような効果をもたらすと考えられるでしょうか．

5. 鉄道や航空などの運輸産業の民営化に関しては，安全性をめぐって，民営化すると，

①私企業は，利潤を追求するあまり安全対策を怠るため，事故が増大する．

②私企業は，事故が増えれば顧客を失って利潤が減るので，安全対策を怠ったため事故が増えるといったことは起こらない．

という対立する主張があります．また，2005年4月に，JR西日本が脱線・転覆の大事故を引き起こし，100名を超す死者を出しました．JR西日本が安全対策を怠り，運転手に過酷な運転を強いたのは，民営化により，利潤を出さなければならなくなったためだという主張があります．これらの主張をどのように考えたらよいでしょうか．

【練習問題のヒント】

1. Aさんがプロジェクトを売る場合の余剰は $E(X) - X_c = R_p$ で，Bさんの余剰はゼロです．次に，保険契約のケースでは，Aさんは X_L のときも X_H のときも，保険金込みの所得から保険料を差し引いた所得は $1/2(X_L + X_H) = E(X)$ になります．したがってこの契約がない場合に比べ，Aさんは $E(X) - X_c = R_p$ だけの利益を得ることになります．一方，Bさんは危険中立的で，期待所得はゼロなので，得も損もしません．

2. 失業保険の拡充は，失業時に得られる所得を増加させるのでモラル・ハザードに基づく自発的失業の増大をもたらすと考えられます．

3. 第2章の理論を応用して，競争制限的規制が銀行行動に及ぼす効果を考えてみましょう．その際，護送船団銀行行政は「政府が銀行に倒産しないという保険をかけてやることである」という点に注目して，この章の保険に関する理論も応用して考えてみましょう．参考文献として，岩田（2000）の第6章を挙げておきます．

4. ペイ・オフがあり得るとなれば，付保預金以上の預金を持っている大口預金者による銀行経営監視機能が期待されます．この監視機能が働けば，銀行行動はどのように変化するかを考えてみましょう．

5. ①の主張は，民営化された産業が競争的でない場合には妥当すると考えられます．②の主張の妥当性を高めるには，民営化だけでなく，企業

間の競争を維持する競争政策が必要です．

　JR 西日本が安全対策を怠った理由の1つとして，民営化後も国鉄時代から引き継いだ赤字路線から地元の反対で撤退できずに大きな赤字を抱えていた，そのため安全対策にお金をかけられず，ともかく利潤をあげる経営に走ったということが挙げられます．政府が私企業に赤字路線からの撤退を認めないのであれば，赤字を税金で補填すべきでしょう．

第Ⅱ部

マクロ経済政策

第6章

成長政策の理論と課題

　マクロ経済学ではGDPに代表されるマクロ経済変数に注目して経済変動を研究します．その研究対象は経済成長と景気循環に大別されます．これに対応して，マクロ経済政策も経済成長を高める成長政策と景気の変動を緩和する安定化政策に分けられます．

　ただし，景気変動は経済成長率の変動としてとらえられることが多いため，この区別は厳密なものではありません．この区別は，長期的な成長をサポートする政策を成長政策，比較的短期的な経済成長率の変動を抑えるのが安定化政策というように，相対的な目安と理解してください．実際，成長政策の成功は安定化政策の実施を容易にするでしょうし，安定化政策によって長期的に成長率を高めることも可能になると考えられます．

　この章では，これら2つのマクロ経済政策のうちの成長政策の経済学的根拠について考えます．

1　経済成長とマクロ生産関数

　比較的長期の経済成長をサポートする成長政策とは，どのようなものでしょうか．経済成長とは一国の実質GDP，または1人当たり実質GDPの増大を指します．実質GDPの動きを考えるに当たっては，経済学における短期と長期の区別と経済成長に関する経済学的なモデルを理解しておく必要があります．

経済学における短期と長期

実質GDPとは，一国内で特定の期間に生産された総付加価値の実質量です．第7章で説明するように，短期的には，実質GDPはマクロ経済の総供給が総需要に一致するように決定されます．その意味は，さきに総需要が決まり，総供給はさきに決まった総需要に等しくなるように調整されるということです．

しかし，「すべての価格と生産要素の配分の調整が終了する」ような長期では，マクロ経済の供給能力が，実質GDPの主たる決定要因になります．長期的には，価格はすべての市場が均衡するように調整され，資源は最も効率的な方法で各用途に配分されると考えるのです．すると，長期には，実質GDPは資源の存在量とそれを組み合わせる技術や知識といった供給側の要因によって決定されることになります．

この考え方から，標準的な経済成長モデルである新古典派成長モデルや内生的成長モデルでは，供給側のみに着目してモデルが構築されています．

マクロ生産関数

そこで，ある国のマクロの経済の供給，つまり，生産がどのように決定されるかを考えましょう．ミクロ経済学での生産関数は資本や労働や原材料（中間投入）から何個・何トンの製品が作られるかという関係を表します．しかし，一国全体の経済状況を考えるときには，個々の財の量ではなく，付加価値に注目する必要があります．第1章で説明したように，一国の国内で生産される総付加価値が実質GDPです．原材料に新たに価値を付け加える際の源泉となる生産要素は，資本（機械など）と労働と土地です．ここでは，土地を資本に含めて考えましょう．総付加価値生産量（経済学では，生産量を「産出量」ともいいます）を Y，労働を L，資本を K とし，これらの生産要素を組み合わせるときの技術や知識を A で表すと，マクロの生産関数は次のようになります．

$$Y = AF(K, L) \qquad (6-1)$$

1 人当たり生産量

ミクロ経済学ではしばしば規模に関して収穫逓減的な生産関数（すべての生産要素の投入量を λ 倍したときに，最大可能な生産量が λ 倍を下回るような生産関数）を想定して議論が進められます．また，第3章では，規模に関して収穫逓増（平均費用逓減）のケースを取り上げました．

それに対して，マクロ生産関数では，通常，規模に関して収穫一定を前提して議論を進めます．かりに，マクロ生産関数が規模に関して収穫逓減ならば，1つの国が突然2つに分裂すると分裂後の両国で資本や労働1単位当たりの生産量が増加することになります．逆に，収穫逓増の場合には2つの国が合併すると突然生産性が向上することになります．このような想定は現実的とはいえないでしょう．したがって，規模に関して収穫一定の前提は妥当であるといえるでしょう．

規模に関して収穫一定の生産関数は定義によって，投入される生産要素が λ 倍になったとき，生産量も λ 倍になります．これを式で表すと，

$$\text{規模に関して収穫一定：} \lambda AF(K, L) = AF(\lambda K, \lambda L) \qquad (6-2)$$

となります[1]．このような関数の性質は数学的には「一次同次」と呼ばれます．

経済成長の問題を考えることは，その国の経済的豊かさの変化を考えることにほかなりません．国民の平均的な豊かさを考える場合には，一国の実質GDP自体よりも，その国の1人当たりの実質GDPで考えるほうが妥当でしょう．そこで，以下では，「1人当たりマクロ生産関数」に注目します．

マクロ生産関数が一次同次である場合には，その関数の特徴を生かして，簡

---

[1] なお，規模に関する収穫逓増・収穫逓減のケースも同様の式を使って，
規模に関して収穫逓増： $\lambda AF(K, L) < AF(\lambda K, \lambda L)$
規模に関して収穫逓減： $\lambda AF(K, L) > AF(\lambda K, \lambda L)$
と表すことができます．

ここで，以上の概念と労働や資本の限界生産性逓減の法則との違いに注意しておきましょう．一般に，他の生産要素の投入量を一定として，ある生産要素の投入量だけを増やすときには，その生産要素を増やすにつれて，増加する生産量は逓減するでしょう．これを「生産要素（労働や資本）の限界生産性逓減の法則」といいます．それに対して，規模に関する収穫逓減，逓増または一定という概念は，すべての生産要素の投入量を同じ割合で増やしたときに，生産がどれだけの割合で増えるかという概念です．

潔に,「労働者1人当たりの生産関数」に書き換えることができます.労働者1人当たりの生産を$y\,(=Y/L)$とすると,労働者1人当たりの生産関数は(6-1)の右辺を労働Lで割って,次のように表されます.

$$\text{労働者1人当たりの生産 }(y) = \frac{1}{L}AF(K,L) \qquad (6\text{-}3)$$

$\lambda = \dfrac{1}{L}$として,(6-2)の性質を使うと,(6-3)は次のように書き換えられます.

$$y = AF\left(\frac{K}{L},\frac{L}{L}\right) = AF\left(\frac{K}{L},1\right) \qquad (6\text{-}4)$$

(6-4)の労働者1人当たりの資本(K/L)は資本—労働比率または資本装備率と呼ばれます.なお,以下では,誤解の恐れがない限り,「労働者1人当たり」を単に,「1人当たり」ということにします.

資本装備率をkとおくと,(6-4)の最後の式の関数Fの中の1は定数で,変数ではありませんから,1人当たりの生産量は資本装備率kの関数であることがわかります.

$$y = AF(k,1) = Af(k) \qquad (6\text{-}5)$$

このようにして導かれる,1人当たりの生産関数$Af(k)$がどのような形状を取るかによって,導かれる成長政策も変わってきます.最も基本的な考えは,資本装備率kが1人当たり生産量yに与える増産効果は,資本装備率が上昇するにつれて,しだいに低下していくという仮定です.これは,資本がほとんど存在せずに運営される経済に,機械や設備などが導入されるならば,その増産効果は絶大ですが,資本が豊富な経済ではその増産効果はそれほど大きくはないという意味で,直観的には妥当性が高いと思われる仮定です[2].

このような資本の限界生産性逓減の仮定に,資本なしには生産は不可能であ

---

[2] 資本装備率が上昇するのは,労働投入量を一定として,資本投入量だけが増加するか,資本投入量が増えるほどには労働投入量が増えないかのいずれかの場合です.この場合,資本装備率の上昇につれて増産効果が小さくなるのは,資本の限界生産性が逓減するためです.本章の注1を参照してください.

図6-1　マクロ生産関数

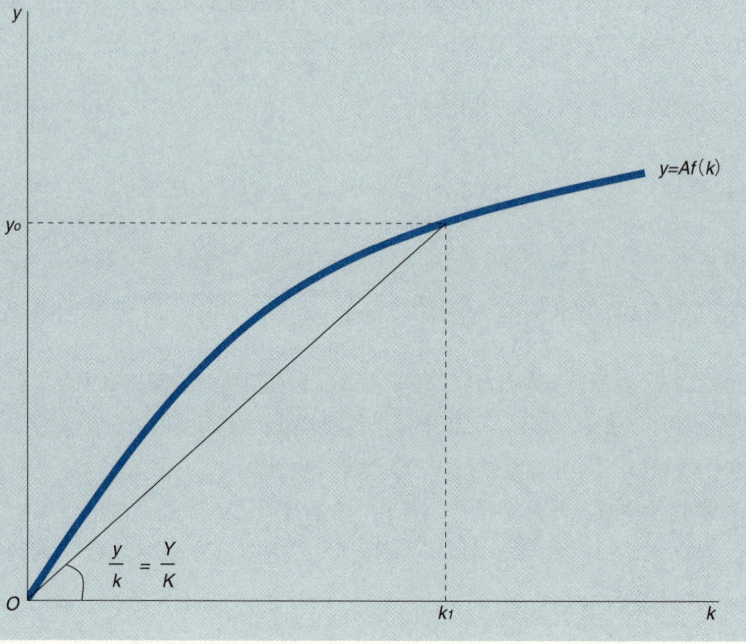

る（$k=0$ なら $y=0$）という仮定を付け加えると，（6-5）は図6-1のような形状になります．このとき，原点から $Af(k)$ に引いた直線の傾きは，

$$\frac{y}{k}=\frac{Y}{L}\cdot\frac{L}{K}=\frac{Y}{K} \qquad (6\text{-}6)$$

からわかるように，資本の平均生産性を表します．また $Af(k)$ の傾きは資本の限界生産性を表します[3]．

図6-1の1人当たり生産関数 $Af(k)$ は，技術水準 A が向上すれば，上方にシフトし，逆に，技術水準 A が低下すれば，下方にシフトします．したがって，1人当たりの生産量，すなわち，1人当たり実質GDPは1人当たりの資本蓄積を表す k と技術水準 A によって決定されます．

3――なお，便宜上 $k=0$ の際の傾きは∞，$k=\infty$ の際の傾きはゼロとします．これは「稲田条件」と呼ばれ，新古典派成長理論が定常状態をもつための十分条件になっています．

2　新古典派成長理論

　経済成長理論の中でも最も代表的なものが，新古典派の成長モデル（新古典派成長理論，ソロー・スワンモデル）です．マクロ経済の生産量は，資本，労働，技術から決定されます．新古典派成長理論では生産関数として規模について収穫一定の関数を想定したうえで，労働と技術の変化を外生変数とし，資本の変動とそれによる1人当たり生産量が内生的に決定されるメカニズムを分析します．そこで，まず，資本はどのように蓄積されるかを考えましょう．

資本の蓄積

　ある国に存在する資本は，過去に実行された投資の累積値から資本の減耗を除いたものになります．0期の資本の量を K_0，t 期の投資と資本の減耗をそれぞれ I_t，δ_t とすると，T 期首の資本の量は次のようになります．

$$K_t = K_0 + I_0 + I_1 + \cdots\cdots + I_{t-1} - \delta_0 - \delta_1 - \cdots\cdots - \delta_{t-1} \qquad (6-7)$$

さらに，単純化のために，資本は固定的な割合（d）で破損や陳腐化により減耗すると仮定すると，$\delta_t = d \times K_t$ と表すことができます．すると，前期（$t-1$期）と今期（t期）の資本の間の関係は（6-7）を用いて，

$$K_t = K_{t-1} + I_{t-1} - dK_{t-1}$$
$$K_{t+1} - K_t = \Delta K_t = I_t - dK_t \qquad (6-8)$$

になります．すなわち，減耗分を除く前期資本に投資を加えたものが今期の資本です．これから資本ストックの変化の鍵を握るのは投資であることがわかります．

投資の源泉としての貯蓄

　次に，資本蓄積の源泉である投資はどのようにして決定されるのでしょうか．景気循環における投資変動の役割については，次の章の安定化政策の論点であるため，ここでは触れません．長期的な成長を考えるうえでは，「投資可

能なもの」とはなにかに注目して分析します.

　海外からの資本輸入がない場合,国内投資は国内貯蓄によって決定されます.これはある国がジャガイモだけを生産していると考えるとわかりやすいでしょう.この場合は来年に向けて種イモを植えることが投資活動です.年間の総生産がジャガイモ100個の国で,そのうち60個を食べてしまった(消費した)場合,投資(種イモ)にまわせるのは40個だけになります.すべての土地,労働,資本を利用したときの生産がジャガイモ100個の場合,つまり,それ以上ジャガイモを増産する手段がない場合,投資を増やすためには消費を減少させる,すなわち,貯蓄(定義によって,生産されたもののうち消費されなかったものが貯蓄であることに注意してください)を増やすか,海外から資本(種イモ)を輸入するしかありません.

　マクロの経済においては,投資はその期に生産された付加価値のうち,民間と政府が消費しなかった部分,つまり,マクロの貯蓄を原資として行われます.もちろん,海外からの投資はその限りではありませんが,ここでは,海外要因を無視して考えていくことにしましょう.

　上のジャガイモ経済の例でわかるように,すべての生産要素が完全に利用されている長期では,投資(I)は貯蓄(S)によって決定されます.ここで,新古典派成長理論では一国の貯蓄率は外生的に決定されていると考え,貯蓄率は外生的にsであるとします.第1章で説明したように,生産された付加価値は所得です.すると,生産のうち($1-s$)の割合が消費され,sは貯蓄されることになります.これから,次の生産と投資および貯蓄の関係

$$I_t = S_t = sY_t \tag{6-9}$$

が導かれます.さらに(6-9)を(6-8)に代入すると,

$$\Delta K_t = sY_t - dK_t \tag{6-10}$$

になります.(6-10)は新古典派成長モデルにおける資本の蓄積を記述する方程式です.

　しかし,経済成長を考える際により重要なのは,1人当たりの生産です.前節で示したように,ここで想定している規模に関して収穫一定の生産関数のも

とでは，1人当たり生産は資本装備率と技術進歩だけの関数になります．資本装備率の変化率は，分子である資本の変化率と分母である労働投入量の変化率の差になります．

$$\frac{\Delta k}{k} = \frac{\Delta K}{K} - \frac{\Delta L}{L} \qquad (6\text{-}11)^4$$

長期に関するモデル化ですから，労働市場は均衡していると考えます．すると，投入される労働量は人口の一定割合になるでしょう．したがって，労働の変化率は外生的に決定される人口成長率 n に等しくなります[5]．さらに，(6-11) の右辺に (6-10) を代入して，$\Delta L/L$ は n に等しいことに注意すると，

$$\frac{\Delta k}{k} = \frac{sY - dK}{K} - n$$

$$= \frac{sY}{K} - (n+d)$$

$$\Delta k = \frac{sY}{K} k - (n+d) k$$

$$= sy - (n+d) k \qquad (6\text{-}12)$$

---

[4] (6-11) は「分子 K/L の変化率は分子 K の変化率から分母 L の変化率を差し引いたものに等しい」という関係を用いて導かれます．この公式を記憶しておくことは経済学を学ぶうえで有用です．ついでに，「積 KL の変化率は K と L のそれぞれの変化率の和に等しい」という公式も覚えておきましょう．数学が苦手でない読者のために，(6-11) を数学的に導いておきます．

$k = K/L$ の対数を取ると，$\log k = \log K / \log L$ したがって，対数の公式から，
$\quad \log k = \log K - \log L \qquad ①$

ここで，k, K, L がそれぞれ時間 t を通じて変化する，つまり，時間の関数であることに注意すると，
$\quad \log k(t) = \log K(t) - \log L(t) \qquad ②$

合成関数と対数の微分の公式，すなわち，
$$\frac{d \log k(t)}{dt} = \frac{d \log k}{dk} \frac{dk}{dt}, \quad \frac{d \log k}{dk} = \frac{1}{k}$$

などを用いて，②を時間 t で微分し，k の時間当たり変化 Δk は $\Delta k = dk/dt$ であることに注意すると，(6-11) が導かれます．

[5] 労働投入量 L を人口 N の一定割合 a とすると，$L = aN$．

注4の積の変化率の公式を用いると，L の時間当たりの変化率は a と N のそれぞれの変化率の和になります．a は定数なので，その変化率はゼロになりますから，L の時間当たりの変化率は N の変化率 n に等しくなります．

図6-2 長期定常状態の経済

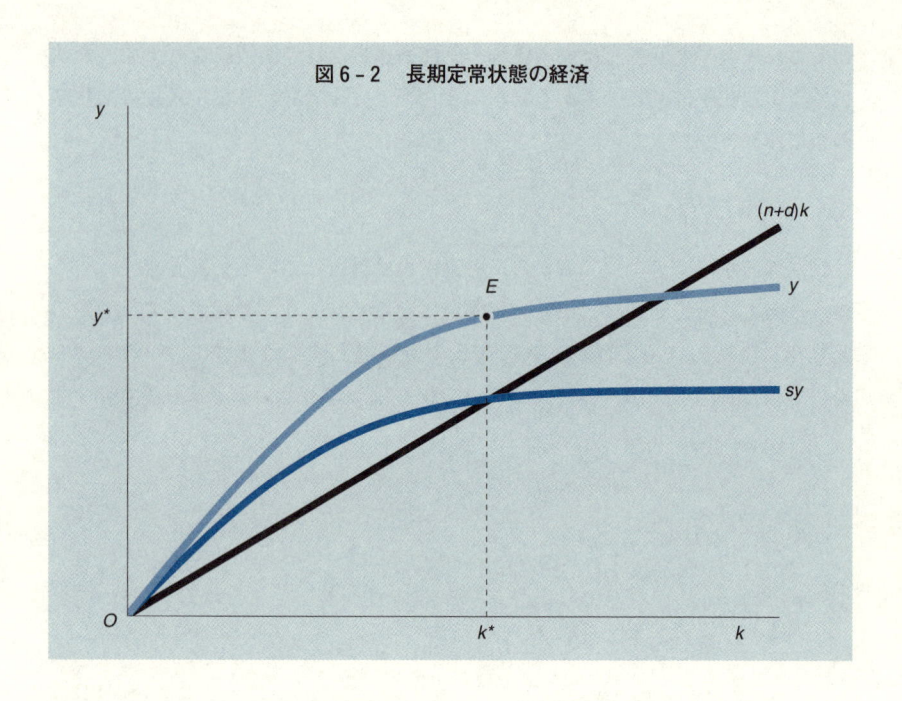

となります．1人当たりの生産は $y = Af(k)$ ですから，

$$\Delta k = sAf(k) - (n+d)k = sy - (n+d)k \tag{6-13}$$

と書くことができます．(6-13) は「ソロー・スワンの基本方程式」と呼ばれます．この式は1人当たり実質GDP（1人当たり実質所得）の決定要因である資本装備率がどのように決定されるかを表しているという意味で，新古典派成長モデルの核となる式です．

長期定常状態の決定要因

ソロー・スワンの基本方程式を使うと，経済がどのようなスピードで，どの水準まで成長するかを理解することができます．まず，成長の「天井」を知るために資本装備率の上昇が止まる状況についてから考えましょう．

資本装備率の上昇がゼロということは「スロー・スワンの基本方程式」(6-13) において，左辺がゼロになる状況です．1人当たり貯蓄 $sy = sAf(k)$ と

図6-3 長期定常状態の安定性

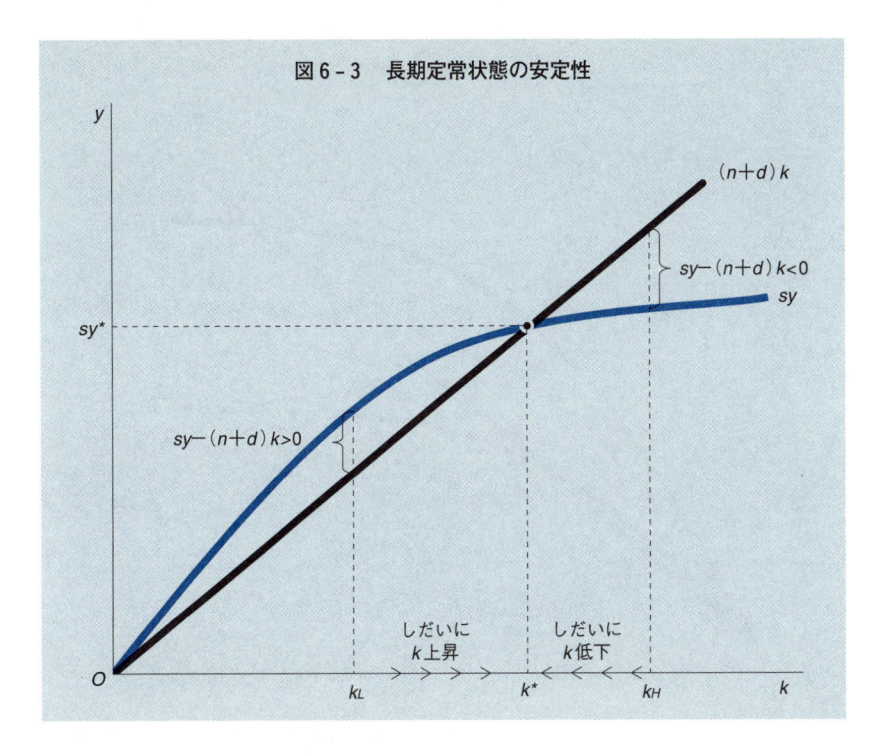

$(n+d)k$ が等しいとき，資本装備率の上昇は止まり一定になります．これを図で確認したものが図6-2です．図中の点 E (k^*, y^*) を資本装備率の成長率がゼロになる長期定常状態（steady state）といいます．

長期定常状態では，資本装備率 k が一定になりますから，技術進歩による生産関数 $Af(k)$ の形状に変化がない限り，1人当たりの生産も一定になります．したがって，貯蓄率と人口成長率が変化しない限り，長期定常状態での1人当たり生産量の増加をもたらす要因は，技術進歩だけです．

次に定常状態の安定性について確認しておきましょう．図6-3で，k^* は $\Delta k = 0$ となるときの資本装備率で，y^* はそのときの1人当たり生産量です．すると，$k<k^*$ のときには，$sy>(n+d)k$ から $\Delta k>0$ ですから，資本装備率が上昇することによって，1人当たりの生産量は増加します．一方，$k>k^*$ の場合には，資本装備率が低下することを確認してください．このように，経済が長期定常状態から離れたとしても，k の変化によって定常状態に引き戻す力が

第 6 章 成長政策の理論と課題　205

図6-4 貯蓄率と長期定常状態

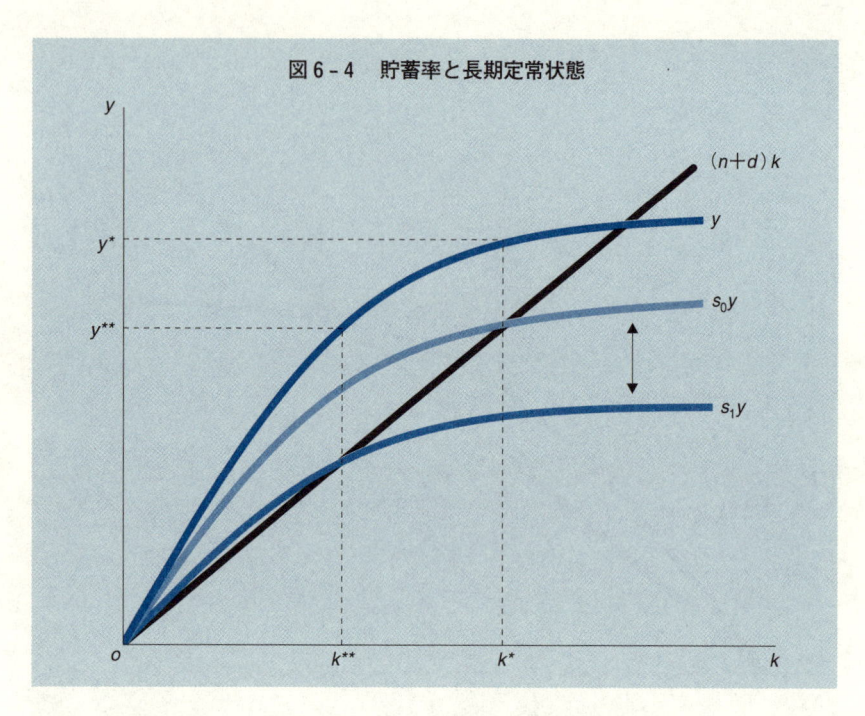

働くことがわかります．このとき，「長期定常状態は安定的である」といいます．

　長期定常状態は安定的なため，現在の経済状態がどうであれいつかは経済は資本装備率 k^*，1人当たり生産量 y^* の状態に到達します．次に，この長期的な到達点 k^* と y^* を決める要因を考えましょう．

　最も重要な要因は生産関数の形状です．より低い資本装備率でより高い生産量が達成できるならば長期定常状態での資本装備率と1人当たり生産量は高くなります．これが前節で説明した技術進歩による生産性の上昇です．技術進歩により，A が大きくなって，$y(=Af(k))$ が上方にシフトし，それに伴って sy も上方にシフトするときに，長期定常状態 (k^*, y^*) がどのように変化するかは各自確認しておいてください．

　長期定常状態 (k^*, y^*) に影響を与えるその他の要因としては，貯蓄率と人口成長率，そして資本減耗率などが考えられます．

　貯蓄率が高い経済では，$sy(=sAf(k))$ が上方に位置することになりま

図6-5 人口成長と長期定常状態

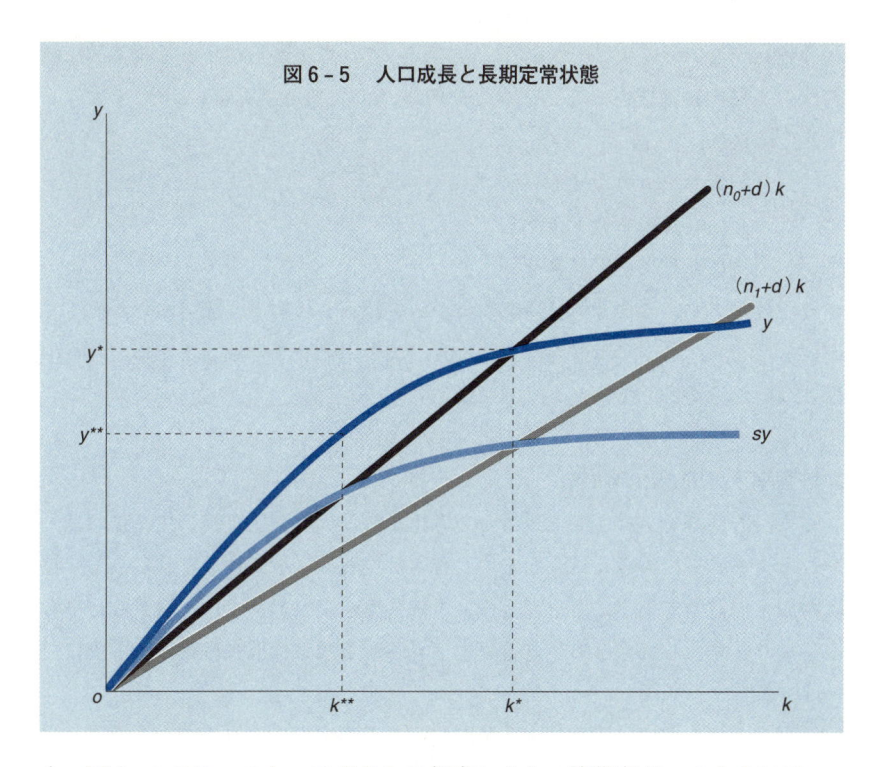

（グラフ：縦軸 y、横軸 k。直線 $(n_0+d)k$、$(n_1+d)k$、曲線 y と sy。交点から y^*, y^{**}, k^{**}, k^* が示される。）

す．図6-4での s_0 のケースがこれに相当します．貯蓄率が s_0 のときには，s_1（$s_1 < s_0$）の場合に比べ，長期定常状態での資本装備率と1人当たり生産量は増大します．これは，より多く貯蓄する経済では，生産物のうち新たに投資（資本形成）に充てられる部分が大きいため，長期的な資本の量が大きくなり，その結果1人当たりの生産量も大きくなるからです．

また，人口成長率と資本減耗率が高い経済では，長期定常状態での資本装備率と1人当たり生産量は低くなります．図6-5での n_0 のケースと n_1 のケースを比較してください（$n_0 > n_1$）．人口増加率が高いということは，資本装備率（K/L）の分母が大きくなるスピードが速いということですから，これが長期的な資本装備率の水準を引き下げることがわかります．また，資本減耗率が高いことは，蓄積した資本がすぐに「使えなくなる」ことを意味しますから，長期的な資本装備率の引き下げ要因であることも理解できるでしょう．

資本減耗率は技術的な要因で決定されるため，政策的にそれを変化させるこ

第6章 成長政策の理論と課題

とは難しいといってよいでしょう．したがって，以上から導かれる政策的な結論は，長期的に達成される1人当たり所得（1人当たり実質GDP）を大きくするためには，

・貯蓄率を上昇させる
・人口成長率を低下させる
・技術進歩率を上昇させる

ような政策です．このうち技術進歩については，この章の4節であらためて説明するとして，ここでは貯蓄率上昇と人口成長率抑制を達成するための政策手段について考えましょう．

貯蓄率上昇のための政策

まず，貯蓄率を上昇させる政策から考えましょう．一国経済の生産量は投入される資本の量に大きく依存します．資本は投資によって形成されること，投資の源泉は貯蓄であることを考えると，貯蓄率が高い経済では，経済成長率も高くなります．したがって，貯蓄率を上昇させる政策は成長政策の一手段になります．

発展途上国などでは国家による強制貯蓄が貯蓄率上昇に有効であるという議論があります．これは，政府が保険や年金の掛け金を税方式などで強制徴収し，それを原資として投資資金を融資する政策です．本来ならば貯蓄率がゼロになる低所得者も強制的に貯蓄させられることになるため，マクロの貯蓄率は上昇すると考えられます．

ただし，強制貯蓄が有効であるためにはいくつかの前提が必要です．ほとんどの人が自発的に貯蓄する社会では，強制貯蓄はマクロの貯蓄率に影響を与えることはありません．

たとえば，ある人が年50万円貯蓄するつもりでいたとしましょう．強制貯蓄制度がなければ，この50万円は預貯金・株式・社債・土地・海外資産などの形で保有されることになります．ここで，年10万円の強制貯蓄政策が実施されたとするとどうなるでしょうか．この人は自分自身の経済状況を考えると「貯蓄額は50万円がちょうどいい」と思っているわけですから，10万円の強制貯蓄政策がとられると，自分自身の自発的貯蓄を40万円に減らすでしょう．このと

き，強制貯蓄はマクロの貯蓄になんら影響を与えません．

また，消費者向けの金融が整備されている国では，政府が自発的な貯蓄がゼロの人から10万円の強制貯蓄を徴収すると，その人は10万円だけ借金して，ネットでみると，無貯蓄状態を選択することになります．したがって，強制貯蓄がマクロの貯蓄に影響を与えるためには「自発的には貯蓄しない家計が多い」，「家計が自由に借金することは困難」などの条件が必要です．先進国ではこれらの条件は成立していないでしょう．一方，発展途上国では，低所得者層に高額の強制貯蓄を課すことは困難です．したがって，強制貯蓄による貯蓄率上昇政策の有効性は疑わしいといってよいでしょう．

より有効な貯蓄率上昇政策として考えられるのは，資産課税の減税です．貯蓄によって形成される資産への税率（相続税率や生命保険金に対する税率など）が低いほど，貯蓄の税引き後の収益率は高くなり，貯蓄率は上昇します．また，資産からの所得に対する税率を引き下げる場合も同様です．後者の例としては，戦後の日本で長期にわたって採用された少額貯蓄非課税制度（利子所得の非課税制度でマル優制度と呼ばれました）や株式譲渡所得の非課税措置などが挙げられます．

しかし，資産減税や資産所得減税は第11章で扱う所得分配の公平性の基準と対立するため，その採用には限界があります．また，貯蓄優遇税制は制度設計が困難であり，貯蓄増大の効果も疑わしいことも少なくありません．日本のマル優制度も，貯蓄の手段として，マル優の対象となる預貯金が好まれ，対象外の社債や配当所得に課税される株式などの資産が好まれなくなっただけで，マクロの総貯蓄額への影響は小さかったといわれます．

以上から，所得再分配の公平性基準に配慮すると，資産課税・資産所得課税の貯蓄阻害効果を小さくする政策を超えて，貯蓄率を政策的に引き上げることは，政策目標として不適切であると考えられます．家計はその資産や所得の状況から考えて（主観的に）適切と思われる貯蓄額を選択しています．政策の介入によって家計が最適と考える以外の貯蓄率を強制するならば，GDPとその

6——第1章で述べたように，貯蓄率を引き上げることによって，成長率を引き上げる政策の是非については，世代内と世代間の所得再分配効果も考慮する必要があります．

成長率は向上しても，個々人の満足度を低下させると考えられるのです[6]．

さらに，国内の資本量を増大させるために，国内の資金を用いなければならない理由もありません．国内市場を開放し，海外からの直接投資を呼び込むことによって国内の総資本量を増大させるほうが有効性の高い政策手段であると考えられます．直接投資の導入により，国内投資は国内貯蓄によって制約され

ハロッド・ドーマーモデル

ソロー・スワンモデルをはじめ，主な経済成長理論では投資は将来の生産要素としての資本を増やす役割だけを担っています．しかし，投資は将来の供給要因であるだけでなく，現時点での需要でもあることを忘れてはなりません．実際，第7章以降では需要としての投資に主に注目します．このような投資の二重性に注目した成長モデルにハロッド・ドーマーモデルがあります．

投資の扱い方だけでなく，生産関数に関する特殊な仮定もハロッド・ドーマーモデルの特徴です．前節まで想定してきた一般的な生産関数に代わって，

$$Y = Min\left(\frac{K}{v}, \frac{L}{a}\right)$$

という固定係数のレオンチェフ型生産関数を仮定します．一般に，$Min(X, Z)$ は X, Z のうち小さいほうが関数の値になるという記号法です．また，v は「資本係数」(K/Y)，a は「労働係数」(L/Y) と呼ばれ，共に一定と仮定されています．長期的には，人手不足ならば機械化によって人手がかからない生産システムが導入されるなど，不足する生産要素の利用を節約するような技術が選択されるでしょう．その意味で，ハロッド・ドーマーモデルはソロー・スワンモデルよりも短い期間の分析を目的としていることがわかります．

ここで労働は十分に存在すると仮定すれば，生産量は資本の投入量だけから決定されます．すると，

$$Y = \frac{K}{v}$$

$$K = vY$$

です．ここで，投資から資本減耗を除いたものが資本の増加であることに注意すると，

$$\Delta K = v\Delta Y = I - dK \qquad ①$$

です．さらにソロー・スワンモデルと同じように，投資と貯蓄が一致していて，貯蓄は生産量＝所得の一定割合，つまり $I = S = sY$ となっているとしましょう．これを

るという新古典派成長理論の前提条件は，成長のための制約条件ではなくなります．

人口成長の抑制
貯蓄率を人為的に変えることはできない，あるいはその変更が望ましくない

①に代入すると，$v\Delta Y=sY-dK$ ですから，$Y=K/v$ に注意すると，

$$G_w=\frac{\Delta Y}{Y}=\frac{s}{v}-d \qquad ②$$

という保証成長率（G_w）が求められます．G_w は貯蓄と投資が一致するとともに，すべての資本が利用される状況での成長率です．

一方，労働人口が人口成長率（n）で，労働者の生産性が λ の率で，それぞれ増加しつづけるならば，それと同等規模で生産が増加しなければ，失業が増加します．つまり，経済成長率が $n+\lambda$ 未満であると失業が増大しつづけることになります．$n+\lambda$ は「自然成長率」（G_n）と呼ばれます．

②からわかるように，資本の完全利用を達成するために必要な保証成長率（G_w）は貯蓄率 s，資本係数 v，資本減耗率 d から決まります．これらはいずれも外生的に決定される係数です．また，労働の完全雇用を達成するための自然成長率（G_n）も，人口成長率と労働生産性上昇率といったモデル外で決まる外生変数です．したがって，ハロッド・ドーマーモデルでは，両者が一致する内生的なメカニズムは存在しません．

さらに，ハロッド・ドーマーモデルでは，現実の経済成長率は保証成長率を上回るときに加速し，下回るときに減速します．ただし，自然成長率を上回る成長は労働力不足のため維持できません．

たとえば，$G_w<G_n$ の場合には失業を防ぐために保証成長率以上の経済成長を達成する必要があります．また，$G_w>G_n$ の場合には保証成長率を達成する前に労働力が不足するため，現実の経済成長は減速を続け，いつか自然成長率を下回り失業が増大すると考えられます．そこで，マクロ経済政策により貯蓄率を下げる，具体的には増税とそれを原資とした財政政策によって GDP のより多くの部分を消費するなどの方法で，$G_w=G_n$ に近づけなければなりません．

このように，失業の累増を防ぎかつ安定的な経済成長を維持するためには，マクロ経済政策によって成長率の細かなコントロールが必要となるのです．これは次章以降の主要な話題である安定化政策に通じる発想です．ただし，ハロッド・ドーマーモデルには理論的な難点も多く，現在の経済理論研究の中ではあまり重視されていません．しかし，経済成長の文脈の中でも安定化政策が重要であることを先駆的に示した点で重要な功績といえるでしょう．

ならば，長期的な資本装備率を向上させる手段として，次に考えられるのは人口成長率の抑制です．人口成長率が低い経済では，資本装備率の分母が増えないため，資本装備率の上昇は早くなります．中華人民共和国における「一人っ子政策」はその数少ない適用例です．

人口成長率が低い経済では，若者と老人の比率（現役世代人口／引退世代人口）は低くなります．現役世代人口・引退世代人口比率が低い経済では，現役世代人口が少ないため総生産量は停滞します．引退世代は現役世代が生産した財・サービスを購入して生活しますが，その財・サービスは（現役・引退人口比率が高い経済に比べ），引退人口にとって高くつくことになります．すると，将来の引退後の生活が楽ではないことに備えて，現役時代の貯蓄率は高くなることもあります[7]．このように，人口成長の抑制は，貯蓄率の上昇による資本量増大のためにも有用なケースもあるのです．

現代の日本では，少子化による経済成長の鈍化が懸念されています．人口成長率の低下はGDPの成長率を低めるでしょう．しかし，国民の生活水準を決定するのは1人当たりのGDPであることに注意する必要があります．新古典派成長モデルに従うと，人口成長率の低下は1人当たりGDPを押し上げる効果をもっているのです[8]．

ただし，人口抑制策は一国の人口構成を歪めることによりさまざまな社会的影響を発生させます．さらに，貯蓄率への介入以上に，個々人の「子どもを産む自由」を抑制することは，経済外的な社会厚生に大きな負の影響を与えると考えられます．

このように考えると，貯蓄率や人口成長率を変化させることで経済成長を促進するという政策は多くの難点を抱えているといってよいでしょう．

---

[7] 人口成長率の低下が貯蓄率に与える影響は所得効果と代替効果に分けられます．引退後の消費が「高くつく」ことから現役の内に消費してしまおうという代替効果が大きい場合には，貯蓄率は低下します．

[8] 多くの国では高齢化に従って総人口に占める労働人口の減少が懸念されています．したがって，働く人1人当たりの実質GDPが増大しても，高齢者を含めた総人口1人当たりの実質GDPは減少する可能性もあります．

3 収束論と発展的理論

経済成長率と収束論

　新古典派成長理論に従うと，経済は長期的には定常状態に至り，そこでは技術進歩のみが成長の源泉になるという結論が得られます．このような長期定常状態の存在は，政策論的にも非常に興味深い意味をもっています．

　かりに，技術についてはその伝播が十分に行われるため，生産関数の形状とその変化は各地域で共通であるとしましょう．すると，人口成長率，貯蓄率，資本減耗率が同じ経済では，現時点でいかに大きな経済格差があったとしても，長期的には1人当たりの所得は同じ水準になると考えることができます．

　そうであれば，ある時点で1人当たり所得が低い経済ほど成長余力があるため高い経済成長率を達成すると考えられます．これをモデルに即した形で表現すると，資本装備率が長期定常状態よりも低いほど，1人当たりの経済成長率は高くなるといえます[9]．

　このように，現時点で所得水準の低い低開発の経済ほど高い経済成長率を達成し，時間がたつにつれて経済間の所得格差が小さくなっていくという新古典派成長理論の結論を，「収束論」といいます．技術，貯蓄，人口などの基礎条件さえ共通していれば，地域間・国際間格差は長期的に消滅するという収束論が成立しているかどうかは，国家間，または地域間の所得再分配を考えるうえで重要なファクターです．

　収束論が世界各国の経済成長を考えるうえで妥当なモデルならば，いくつかの条件が満たされれば，低所得経済は高い成長率を，高所得経済は低い成長率を経験することで，国家や地域間の経済格差は消滅することが予想されます．

---

9 ──資本装備率の成長率は，ソロー・スワンの基本方程式より，
$$\frac{\Delta k}{k} = \frac{s}{v} - (n+d)$$
です．ただし，$v=K/Y=k/y$とします．vは「資本係数」と呼ばれます．vの逆数であるy/kは図6-2などで原点から$f(k)$に引いた直線の傾きとして表すことができます．したがってkが増えるに従ってy/kは小さく，その逆数であるvは大きくなります．これからkが増えるに従って資本装備率の成長率は低くなる，つまり経済成長率は低下することがわかります．

つまり,かつて南北問題と呼ばれた先進国と発展途上国間の格差問題はあくまで過渡的な現象であり,時間の経過こそがその解消の特効薬であるという議論が可能になるのです.

収束論の妥当性を確認するためには,それが机上の空論にとどまらず,実証的にも妥当であることが確かめられなくてはなりません.そこで,本節では収束論の実証的パフォーマンスについて考えてみましょう.

先進国の地域間格差の収束

戦後の日本経済は,年率10%を超える高度成長から,安定成長を経て,1990年代以降のゼロ成長時代を迎えたという印象をもっている人が多いと思われます.しかし,これをもってただちに収束論の証拠の1つであると考えることはできません.1955年頃から70年代の初めにかけて,終戦直後から1955年までの戦後復興期の成長を超える高度成長期が到来したり,80年代には70年代を超える経済成長が達成されたりと,その動きは決して単調なものではなかったからです.現実の経済成長は,オイル・ショックなどの外生的な要因,政策の失敗による経済低迷など,経済成長理論の想定外の要因にも左右されます.このような「雑音」をコントロールしたうえでなければ,収束論の実証的なパフォーマンスを検討できないのです.

そこでしばしば用いられるのが,国内の地域間格差に関する収束の確認です.同じ国の中であれば,技術進歩は容易に伝播するでしょう.貯蓄に関しても,国内での資本の移動は容易なため貯蓄率の差に留意する必要は小さくなります.さらに,海外要因や政治による外生ショックについても,州間,都道府県間に共通のものが多いと考えられるでしょう.つまり,国内の地域間では収束論の前提となる条件が満たされやすいため,収束論を検証する第一歩として格好の対象なのです.

日本の都道府県別データに関して,1930年度の1人当たり所得と,各都道府県の1930年から90年までの平均成長率をプロットしたものが図6-6です[10].横軸に1930年度の1人当たりGDP,縦軸に平均成長率をプロットすると,両

10——R.J. バロー,X. サラ・イ・マーチン (1994)

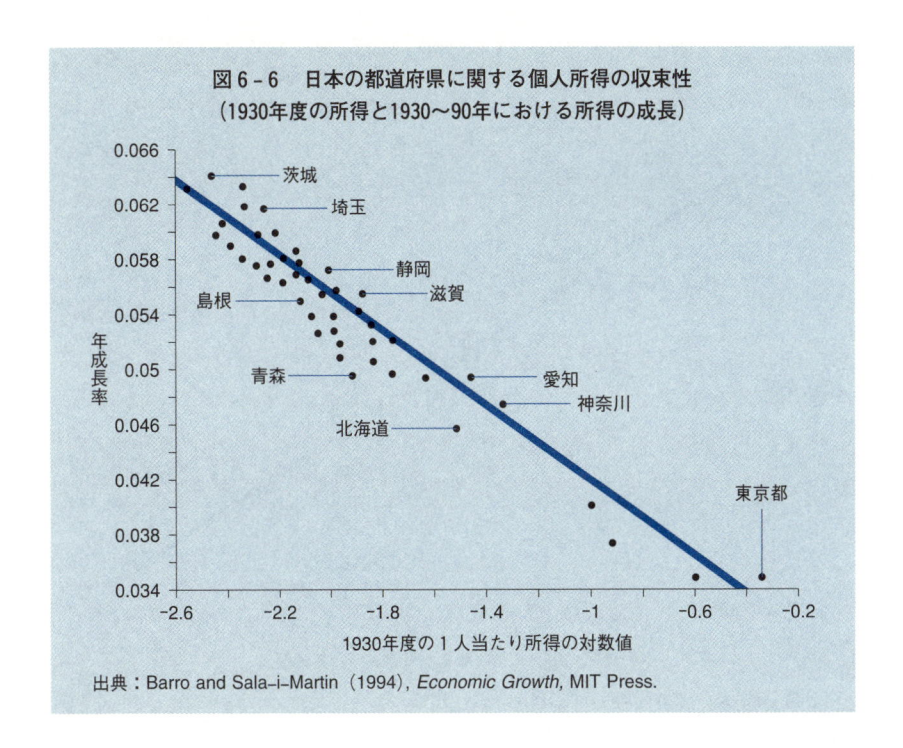

図6-6 日本の都道府県に関する個人所得の収束性
（1930年度の所得と1930〜90年における所得の成長）

出典：Barro and Sala-i-Martin (1994), *Economic Growth*, MIT Press.

　者の間には右下がりの関係があることがわかります．1930年代に高い1人当たり所得を誇った県はその後成長率が低く，当初低所得であった県ではその後の成長率が高くなっています．

　ただし，日本では1970年以降公共事業などを通じ，地域間の所得再分配政策が実施されたため，以上の収束はあくまで地域間再分配政策の結果にすぎないといわれるかもしれません．そこで，同様のデータをアメリカ51州に関して観察した図6-7もみてみましょう．これをみると，アメリカにおいては日本と同様，またはそれ以上に収束性がみられることがわかります．

　この関係はヨーロッパでの地域間でも成立することが知られています．しかし，日本国内，またはアメリカ国内でみられるほどきれいな右下がりの関係にはなっていません．これは，ヨーロッパでは地域間・国家間で貯蓄率や生産関数などの形状に違いがあるためと考えられます．

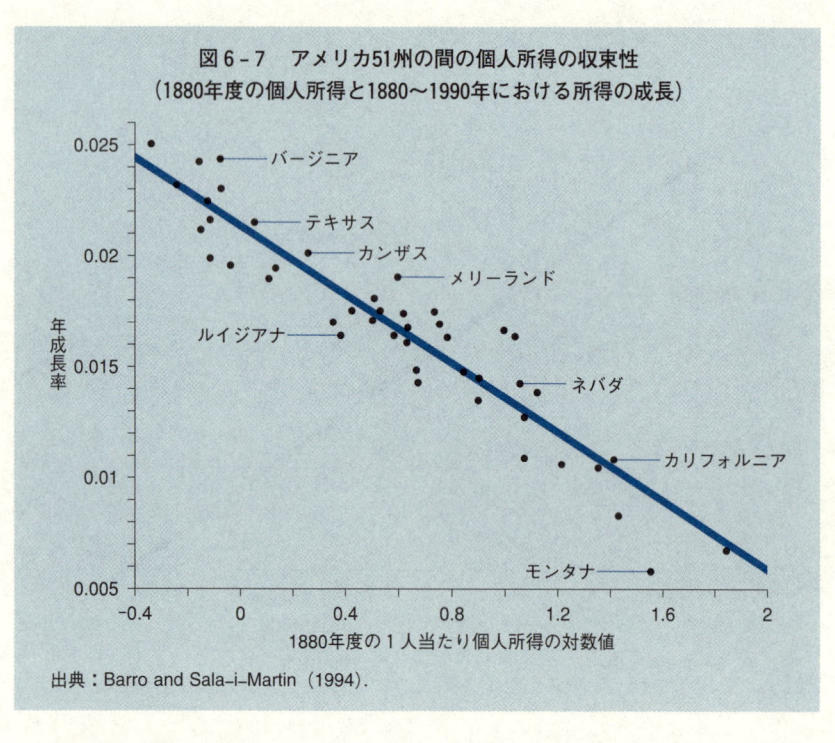

図6-7 アメリカ51州の間の個人所得の収束性
（1880年度の個人所得と1880～1990年における所得の成長）

出典：Barro and Sala-i-Martin (1994).

格差はなぜ維持されるのか

以上のように，先進国内での地域間格差は年を追うごとに収束していく傾向があることがわかりました．では，これらの関係は途上国まで含めたデータにおいても成り立っているのでしょうか．

1960年代以降の東アジア諸国の急速な経済発展にみられるように，発展途上国の中には高度成長を経験する国が増えてきました．しかし，アフリカ諸国など依然，経済が成長過程に入らない国も多く，収束は全世界的な傾向とは言い難いでしょう．さらに先進国についても，90年代後半のアメリカ，カナダ，オーストラリアのように継続的な高成長を経験する国もあり，先進国とそれ以外の国・地域の経済格差に縮小傾向があるとはいえません．このような格差はどこから生まれるのでしょうか．

低位均衡としての低開発

新古典派成長理論に従うならば，人口成長率や貯蓄率の差によって，格差の収束スピードは弱められていると考えられます．しかし，これらの要因をコントロールしても先進国—途上国間には明確な収束傾向が存在しないことが知られています．したがって，これらの格差を生む原因はマクロ生産関数にあると考えられるでしょう．

まず，途上国の中で発生している平均所得水準の二極化問題から考えましょう．かつて発展途上国であった国の中でも，東アジアや南米などで高度成長を迎える国がある一方で，そのような発展への展望を未だに描けない国が存在します．このような二極化を生むロジックを考えるためには，図6-1で考えた生産関数の形状に修正を加える必要があります．

図6-1の特徴としては，

① 資本なしには生産することはできない．したがって，$k=0$ のときには資本の限界生産性は∞
② すべての k の値の領域で，k が増えるに従って資本の限界生産性は低下する

の2つが挙げられます．しかし，初期の経済発展を考えるときには，この想定には無理があります．

前近代の社会を考えれば，資本なしには生産することはできないという仮定は疑わしいと考えられます．さらに，資本がほとんどない世界では，資本が増えるにつれて，資本の限界生産性は高くなると考えられます．つまり，資本が十分に普及していない，資本装備率が低い社会では，資本に関して収穫逓増（資本の限界生産性逓増）が働くと考えられるのです．一方，資本装備率が一定以上の高さに達している場合には，図6-1で想定したように，資本に関して収穫逓減（資本の限界生産性逓減）が生じると考えられます．

このときの生産関数は，図6-8のようなS字形になると考えられます．生産関数の形状が変わっても，

$$\text{ソロー・スワンの基本方程式：} \Delta k = sy - (n+d)k$$

に変わりはありません．すると，資本装備率 k の変化が止まる，つまり，長期

図6-8 貧困の罠

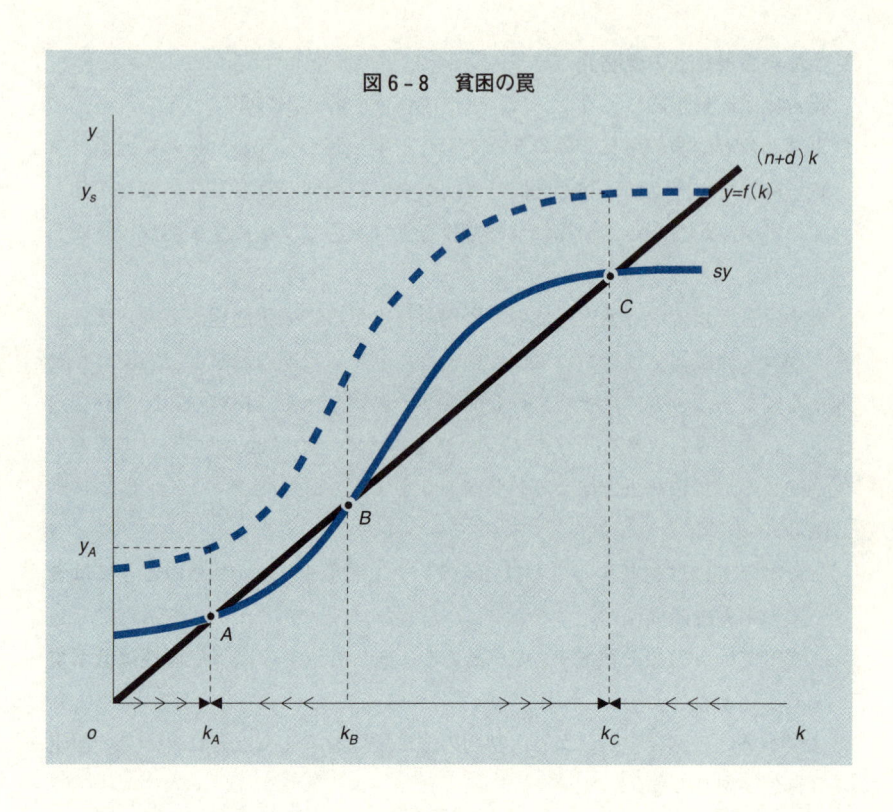

定常状態が3つあり得ることがわかります。ここで、kの水準に応じてΔkの正負を考えていきましょう。簡単化のため$A=1$で一定とします。

資本装備率の水準がきわめて低い$0<k<k_A$では、資本の限界生産性（$y=f(k)$の各点の接線の傾き）はkが増えるほど上昇していきます。この領域では、1人当たりの貯蓄syは$(n+d)k$を上回っているためkは上昇していきます。一方、$k_A<k<k_B$では、資本の限界生産性はまだ上昇を続けていますが、syは$(n+d)k$を下回るため、$\Delta k<0$、つまりkはしだいに低下していくことになります。

そして、kがk_Bを超えると資本の限界生産性はしだいに低下していきます。この領域では、資本に関して収穫逓増ではなく収穫逓減が働いているからです。$k_B<k<k_C$では$\Delta k>0$で資本装備率と1人当たり生産は成長を続け、$k_C<k$では$\Delta k<0$のため資本装備率と1人当たり生産は減少します。

k のレベルと Δk の関係を簡潔にまとめたのが，図6-8横軸の矢印です．これから，$\Delta k = sy - (n+d)k = 0$ になる長期定常点 A, B, C のうち，B は不安定です．かりに外部からショックが加わって，k が k_B をわずかに下回ると k は k_A に向けて減りつづけることになり，k_B をわずかに上回ったら k は k_C に向けて上昇を続けます．わずかなショックがあっただけで，B 点は維持されないため，B は動学的に不安定であるといいます．動学的に不安定な経済状態は，長期にわたって維持されることはありません．

したがって，実際の経済水準は安定的な長期定常状態である A か C 点のいずれかに落ち着くと考えられます．この章の2節では唯一であった長期的な到達点が2つあり得るのです．A 点は資本装備率と1人当たり所得が低い低位均衡，C 点は逆に高位均衡と呼ばれます．

ある経済が低位均衡に到達するか，高位均衡に到達するかは初期の資本ストック水準に依存します．初めの資本ストックが，k_B を下回っている場合，経済は低位均衡である A に向かって収束します．一方，外的なショックが加わって資本装備率が一度 k_B を超えると高位均衡への収束が開始されます．

すべての国において，前近代には，資本装備率は非常に低い水準にありました．したがって，少々の k の増大では高位均衡へ向かう経路に乗ることはできません．アメリカでは1840年代のゴールド・ラッシュとそれに続く鉄道建設ブームが，日本では1880年代の企業勃興，1890年代の日清戦争賠償金による社会資本の拡充などが「ビッグ・プッシュ（big push）」となって，1人当たり資本を k_B を超える水準へと押し上げ，その後の高位均衡への収束が開始されたのではないかといわれます．

以上の議論は，発展途上国の中で，高度成長状態に到達する国としない国への二極分化が生じる状況に一定の説明を与えることができるでしょう．低位均衡では，低所得のための低貯蓄，低貯蓄のための低投資，低投資のための低成長という「貧困のワナ」の状態にあります．一時的なブームや大規模な外資導入によって資本装備率が k_B を超えた国は，高度成長パスへ向かい，それがなかった国では低位均衡での停滞にとどまりつづけるのです．

貧困のワナに注目したモデルから導かれる政策インプリケーションは，なんらかの方法によって資本装備率を k_B 以上にすることです．1人当たり資本水

準が k_B を下回る経済は，多少 k が増えても低位均衡（A 点）に引き戻されてしまいます．これから，大規模な外国からの政府開発援助（ODA）によって資本装備率の上昇を目指すという解決策が導かれます．

しかし，先進国の政府援助が援助対象国にとって適切な，収益性の高い事業に投下されるとは限らないなど，多くの問題があることも指摘されています．これを受けて，海外企業の直接投資の受け入れをスムーズにすることで低位均衡からの離脱を図る政策が注目されています．

内生的成長モデル

ソロー・スワンモデルとそれに基づく収束論から，類似の経済環境下にある国や地域間の経済格差は時がたつにつれ消滅することがわかりました．一方，貧困のワナモデルは，発展途上国の中で成長経路に乗る国と，低位均衡にとどまる国への分化が生じる理由を明らかにしています．しかし，現実の経済成長を観察すると，これらの問題以上の大きな問題が残されていることがわかります．それは，なぜ先進国と途上国，とくに成長経路に乗っていると考えられる途上国との経済格差が縮小傾向を示していないのかという問題です．

たしかに，1950〜60年代の日本，80年代の台湾や韓国，90年代の中国など，成長が始まった当初は高度成長期を経験します．これは，ソロー・スワンモデルや，その修正版である貧困のワナモデルの結果と整合的です．しかし，高度成長を経てもなお残る経済水準の格差にはこのような縮小傾向はありません．途上国の経済成長と並行して，先進国の経済も成長を続けているからです．

これに対し1つの解答を与えるのは，経済成長における技術水準の重要性でしょう．ソロー・スワンモデルでは技術水準は外生的に決定されていました．これは，生産技術を容易に伝達可能な，たとえばマニュアルのようなものとしてとらえる考え方です．しかし，生産性向上は，経験の積み重ねや経済全体での規模の経済などによって達成される部分も多く，ソロー・スワンモデルにおけるこの取り扱いは不十分といわざるを得ません．このような疑問に1つの解答を与えるのが内生的成長モデルです．ここでは，最も単純な内生的成長モデルである AK モデルを解説します．

地域に多くの企業が存在し，活発な経済活動が行われることが個々の企業の

生産性をも上昇させるというマーシャルの外部性[11]があるとき，個々の企業にとっての生産関数は収穫一定であっても，経済全体では収穫逓増状態にあることもあり得ます．さらに，資本を物的資本（機械設備など）に限定せず，知識や経験なども含めた意味で考えると，資本の限界生産性が資本の増加とともにしだいに低下するという想定は必ずしも正しくないかもしれません．マーシャルの外部性や広義の資本に関して考えると，資本の限界生産性が逓減しない，次のようなマクロ生産関数を考えることができます．

$$y = Ak \tag{6-14}[12]$$

これをソロー・スワンの基本方程式に代入すると，

$$\Delta k = sAk - (n+d)k \tag{6-15}$$

となります．（6-15）式の両辺を k で割り，さらに生産関数が（6-14）であることに注意すると，$\Delta y/y = \Delta A/A + \Delta k/k$ です．したがって A が一定ならば，$\Delta A/A = 0$ ですから

$$\frac{\Delta k}{k} = sA - (n+d)$$

$$= \frac{\Delta y}{y} \tag{6-16}$$

です．つまり資本の限界生産性が一定の経済では，貯蓄率 s, 技術水準 A, 人口成長率 n, 資本減耗率 d が一定であれば，資本装備率と1人当たり生産の成長率は一定で等しくなります．成長率が一定であるならば，国・地域間の格差は縮小傾向をもたないことになります．

4 技術進歩と経済成長

内生的成長モデルでは経済成長の源泉は技術水準と貯蓄です．ソロー・スワ

---

[11] ——マーシャルの外部性については，2-4節参照．
[12] ——この生産関数においては，資本の限界生産性 $\Delta y/\Delta k$ は逓減せず，一定で，一定の資本の平均生産性 $Y/K = A$ に等しくなります．

ンモデルにおいても技術進歩率は経済成長に大きな影響を与えると考えられます．とくに，定常状態に到達した後には技術進歩だけが唯一の成長の源泉となります．

このように，経済成長において1つの中心をなす「技術」はどのようにして決定されるのでしょうか．ここでは，マクロ経済全体の技術水準の計測方法を紹介し，それがどのような要因によって決定されているかを観察していきましょう．

ソロー残差

個々の生産要素の生産性，たとえば労働や資本の平均生産性を測ることは比較的容易です．生産量を労働や資本の投入量で割ることで各生産要素の平均生産性を測ることができます．しかし，資本と労働のトータルでの生産性，さらには一国経済全体の総生産性をこのような割り算で算出することはできません．

そこで登場したのが，「ソロー残差」と呼ばれる考え方です．これは，直接計測できない「技術・生産性進歩率」を間接的に求める方法といってよいでしょう．本章で繰り返し登場するマクロ生産関数にみられるように，付加価値や所得を生み出すためには，資本と労働が用いられます．すると，経済成長のうち，資本と労働投入の増加によって説明されない部分が，生産技術の変化による成長であると考えられます．

つまり，ある経済の実質GDPの成長率は，(6-1) から，

$$\frac{\Delta Y}{Y} = a\frac{\Delta K}{K} + (1-a)\frac{\Delta L}{L} + \frac{\Delta A}{A} \tag{6-17}$$

のように分割できます[13]．この分割は「成長会計」と呼ばれます．ここで，a は資本所得の分配率（実質GDPに占める利子・配当などの資本所得の割合），$(1-a)$ は労働所得の分配率（実質GDPに占める労働所得の割合）を表します．すると技術進歩率は，

---

[13] 完全競争下では，すべての一次同次関数について (6-14) のような分割が可能であることの証明は巻末にあげたより上級の教科書を参照してください．

$$\frac{\Delta A}{A} = \frac{\Delta Y}{Y} - a\frac{\Delta K}{K} - (1-a)\frac{\Delta L}{L} \qquad (6\text{-}18)$$

と計算できることがわかります．このように導かれる A の変化率がソロー残差，または，最近では「TFP (Total Factor Productivity：全生産要素生産性)」と呼ばれる技術進歩率の指標です．

ソロー残差の注意点

ソロー残差は簡潔な手法で目に見えない技術進歩を計測するという意味で，非常に魅力的な手法です．しかし，それを現実の経済の解釈として利用する際には多くの注意が必要です．

第 1 は，投入量計測の問題です．労働投入量と資本投入量は概念的には明らかな数値ですが，実際の統計からそれを正確に測ることには大きな困難が伴います．たとえば，同じ資本設備を利用していても，好況時にフル稼働させている場合の投入に比べ，不況期に低い稼働率で利用するときでは「同じ資本投入」と呼ぶことはできないでしょう．これは労働に関しても同様です．

投入量計測による TFP の誤計測については，吉川洋氏による「駐車場の生産性」の例が有名です[14]．ある駐車場の生産性は，「1 日に何台の車を駐車させたか」で決まります．その駐車場がいつでも混雑していて，駐車係の人もフル稼働しているとき，駐車場の生産性は駐車係の技能や駐車場の機器の性能など，文字通りの「技術」から決定されるでしょう．しかし，多くの場合，1 日の駐車台数はその駐車場に止めようとした人の数，つまり需要から決定されます．このように，ソロー残差の変化が単なる需要動向を表すにすぎなくなる場合があります．

第 2 に，資本と労働の分配率に関しても同様の誤りが生じる可能性があります．(6-17) の計算は，生産物，資本，労働がすべて完全競争的に取引されているという前提から導かれます．しかし，現代では多くの産業において企業はなんらかの独占力をもっていると考えられます．この場合には，独占力の上昇が技術進歩としてカウントされてしまう恐れがあります．

---

[14] 吉川洋（2000）を参照．

第3に,資本と労働の質の変化など,生産性の計測には大きな壁が存在します.

TFP計測の際には,稼働率修正によって問題を改善する努力が払われていますが,それは完全であるとはいえません.すると,ソロー残差によるTFP計測が意味をもつのは比較的長期の計測においてであることがわかります.長期的には利用されない資本や労働は淘汰されるでしょうし,長期的に独占力が上昇しつづけるとは考えにくいからです.

長期の経済成長の要因

以上の結果を受けて,長期の経済成長を決定する要因についてバロー(Robert J. Barro)の研究を紹介しておきましょう.バローは1965～75年,1975～85年,1985～90年にかけての世界各国の平均成長率に関して表6-1のような各変数の説明力を計測しました.

ソロー・スワンモデルに従うならば,高いGDP水準の経済では成長率が低く,低いGDP水準の経済の成長率は高いことが予想されます.計測結果はモデルの予想通り,当初のGDP水準は経済成長に負の影響(-0.0254)を与える,つまり成長率はしだいに低下する傾向があることを表しています.これ

表6-1 1人当たり経済成長率への影響要因

影響要因	係数
GDP(対数値)	-0.0254
出生率(対数値)	-0.0161
中等以上の教育年数(男子)	0.0118
平均余命(対数値)	0.0423
GDP(対数値)×中等以上の教育年数(男子)	-0.0062
法治国家指数	0.0293
民主国家指数	0.09
(民主国家指数)^2	-0.088
政府消費のGDP比	-0.136
インフレ率	-0.043
交易条件の変化	0.137

Barro, Robert J. (1997) "Determinants of Economic Growth–A Cross Country Empirical Study" MIT Press p.13.

は，収束論を支持する実証結果といってよいでしょう．また，人口成長率の代理変数である出生率が1人当たりGDPの成長に負の影響を与えるという点もソロー・スワンモデルの予想通りです．

しかし，GDPの水準や人口成長率だけでは，経済成長のかなりの部分が説明できません．

そこであらためて重要になるのが，技術進歩です．バローの計測では，技術進歩の源泉となるいくつかの要因が挙げられています．中等以上の教育の普及，国民の健康状態の代理変数としての平均余命，法治国家であること，民主主義的であることなどが技術進歩率を高め，その結果，経済成長率を上昇させることがわかります．

一方，政府の規模（政府消費のGDP比）が大きく，インフレ率が高い場合には経済成長率は低下します．また，当初の経済水準と教育水準のクロス項（両者の積）の係数がマイナスであることは，豊かな国で高学歴化が進むことは経済成長にとっては負の影響をもつことを示しています．民主主義指標の2乗の係数がマイナス（-0.088）であることは民主化による経済成長へのプラス効果はしだいに小さくなることを表しています．

技術進歩促進のための政策

この章の2節では，新古典派成長モデルに従った成長政策として，貯蓄率引き上げ政策と人口成長抑制策を取り上げ，これらはいずれも実効性に疑問があることを説明しました．すると，成長政策として残されるのは技術進歩の促進だけになります．

では，技術進歩促進策のための政策としては何が考えられるでしょうか．

バローの研究に従うならば，教育の普及，国民の健康状態の改善，民主化，法治主義の徹底といった政策は技術進歩率を上昇させる有効な政策であるといえそうです．ただし，これらの政策効果はすでに民主化水準の高い国や所得水準の高い国では小さいことが，実証的に明らかにされているため，比較的途上国向けの処方箋になるでしょう．

教育の普及に当たっては，中等教育課程への公的援助，義務教育化といった政策手段があります．所得再分配政策としての教育政策については第10章で取

1990年代日本のTFP

　1990年代初めのバブル崩壊以降，日本経済は長期にわたる経済停滞を経験しました．この長期経済停滞を説明する仮説の1つとして注目されたのが，サプライ・サイドの停滞説です．これは，経済成長の源泉である技術進歩が停滞したことによって，経済成長率が低下したという解釈です．技術進歩が停滞した理由としては，日本型の企業システムが時代遅れになってしまった，銀行が巨額の不良債権を抱えたためその金融仲介機能が衰えた，政府の規模が過大になり，民間の技術革新インセンティブを阻害したなどさまざまなものが挙げられています．

　ここでは，これらのサプライ・サイド説を詳細に検討するのではなく，成長会計の技法を使って，1990年代の技術進歩率の低下の程度を計測した研究のサーベイを紹介し，この問題を整理しておきましょう．

　乾友彦・権赫旭両氏の論文＊には，日本のTFPの計測例がその手法を含めてまとめられています．1980～90年代のマクロのTFPに関しては，10の研究が取り上げられていますが，それらの論文で計測されたTFPの変化には大きな幅があります．

　ソローの元論文に近い形で，詳細に生産要素の質や稼働率の違いを考慮していない研究の中には，80年代にはTFPは平均2.4％で成長していたのに対し，90年代は0.2％の成長にすぎず，この生産性上昇の停滞によって，90年代の日本の経済成長率は年2.2％低下したという結論を導いている論文があります．しかし，その他の研究をみるとこれは少々極端な数字のようです．

　10の研究のうち，TFPの上昇の低下がGDPの成長を2％以上低下させたという結論を得ているのは2つ，1％～2％低下させたという研究は2つあります．その一方で，90年代はむしろTFPの成長は80年代よりも高かったという研究も2つあります．

　これらの，まさにバラバラな研究結果をみると，90年代の日本の停滞が生産性停滞によってもたらされたという仮説はそれほど頑健なものではないことがわかります．さらに，90年代の前半と後半を比べると，多くの研究において90年代後半のほうがTFPの成長は高まっています．90年代の経済情勢の悪化は後半のほうがより深刻であったことを考えると，生産性停滞による90年代停滞説には疑問があります．

　ソロー残差，そしてその応用としてのTFP計測にはすでに述べたようなさまざまな難点があります．TFPの計測とその利用は超長期，または多数の国の平均的な姿を比較する場合にのみ有用であると思われます．

＊──乾友彦，権赫旭（2004）『展望：日本のTFP上昇率は1990年代においてどれだけ低下したか』，ESRI Discussion Paper No. 115.

り上げますが，長期的な経済成長にとっても教育が鍵の1つであることは重要な事実でしょう．また，国民健康水準の向上に当たっては公衆衛生，基礎的な医療への公的サポートといった政策が考えられるでしょう．

民主化と法治国家化は，継続的な経済活動の基礎となっているため，当然，技術進歩に大きく影響します．今日の技術進歩の多くは，技術開発による利潤の獲得を目的に行われます．すると，発明・発見のための努力や研究開発投資からの収益が「たしかに自分のものになる」保証がなければ，活発な技術開発など望むべくもありません．

これは技術進歩のもう1つの源泉である人的資本の収益に関しても当てはまります．教育を受け，さらには働きながらより高度な技術を身につけるという努力は，努力したリターンが自分のものになることが保証されないならば，過小になると考えられます．以上から，2-4節で述べた「知的財産の保護」は技術進歩にとって重要な政策です．

また，先進国・途上国を問わず技術進歩率に影響する要素としては政府規模の問題が挙げられます．

政府の規模が大きくなると，より高い技術によって利潤を最大化する行動（プロフィット・シーキング：profit seeking）よりも，政府にうまく取り入ることで他者の行動の成果を掠め取る活動（レント・シーキング：rent seeking）——具体的には，政府の役人や政治家に賄賂を贈って，独占的利益を政治的に守ってもらうために政治活動をするなど——のほうが得になります．

レント・シーキングは「他人のものを自分のものにする」というゼロ・サムゲームのため，マクロ全体では何も生み出しません．「工場で1時間執務するより，大臣室の前に1時間座ることによって高利潤を産む」[15]ような国では，活発な技術革新は生じません．したがって，政府規模の縮小はプロフィット・シーキングの活発化によって，技術向上の源泉となり，長期的な経済成長を高めます．

15——原田泰（2005）『世相でたどる日本経済』（日経ビジネス人文庫）より．同書では戦前・戦後の日本の経済成長が共にプロフィット・シーキング活動の促進によって加速されたというアイデアを歴史的事例を用いながら解説しています．

また，バローの分析には明示的に含まれていませんが，第1章で述べたように，自由で競争的な市場環境の整備はプロフィット・シーキングをより魅力的にし，レント・シーキングを抑制します．したがって，成長政策は，第Ⅰ部で示した規制緩和や政府企業の民営化などの競争政策を継続的に実施することです．価格規制や独占・寡占による価格支配などの価格システムの働きを妨げる諸要因を取り除き，新規参入を阻む制度的な障壁を取り除くことが，技術進歩のキー概念になります．そして，市場の失敗への対応以外で過度の政府介入がないように注意することによって，長期的に経済成長率は上昇すると考えられます．

> 【練習問題】
> 1．ソロー・スワンモデルで想定される資本装備率と1人当たりGDPの関係を，縦軸に1人当たりGDP，横軸に資本装備率を取って図示しましょう．次いで，任意の資本装備率水準k_0を図に示し，その際の1人当たり生産y_0のうち，資本の取り分，労働の取り分がそれぞれ図中のどの部分に当たるかを示しなさい．ただし，市場は完全競争的であると仮定します．
> 2．生産関数が$Y=AK^{0.5}L^{0.5}$，貯蓄率が20%，人口成長率と資本減耗率が共に5%のとき，長期定常状態での資本装備率を求めなさい．
> 3．先進国において，経済成長率が低下しているときにその理由として考えられるものにはどのようなものがあるでしょうか．ソロー・スワンモデルに従って考えなさい．
> 4．経済成長率が3%，資本ストックの増加率が2%，労働投入量の増加率が1%の経済において，技術進歩率を表すと考えられるソロー残差は何%になるでしょうか．ただし，資本分配率は0.3，労働分配率は0.7で不変であるとします．
> 5．技術進歩率を説明する要因の1つに政府規模が考えられます．本章で取り上げた実証分析では，政府規模は経済成長に負の影響を与えるようです．第Ⅰ部と第Ⅲ部の学習内容を踏まえて，政府規模の増大が技術進

歩率を低下させる原因として考えられるものを挙げてみましょう．
6．ハロッド・ドーマーモデルに従うと，資本係数が 2，資本減耗率が 5％，人口成長率が 3％，技術進歩率が 2％の経済で，保証成長率と自然成長率が一致するためには，マクロの貯蓄率が何％になるようにマクロ経済政策を実施する必要があるでしょうか．

【練習問題のヒント】

1．競争的な市場では資本の限界生産性が資本 1 単位に対する収益となります．資本の限界生産性は図中のどの部分で表すことができるでしょうか．さらに，資本の所得は資本の量に資本 1 単位に対する収益をかけたもの，労働への支払いは総生産から資本への支払いを引いたものであることに注意してください．
2．ソロー・スワンの基本方程式に代入してみましょう．
3．収束論に従うならば，資本装備率が長期定常状態に近い経済では成長のスピードが鈍ります．また，長期的な人口成長率や貯蓄率なども成長率に影響を与えると考えられます．
4．(6-18) を使って考えましょう．
5．とくに，第 2 章，第 10 章を参照．
6．210-211 ページのコラムを使って考えましょう．

第7章

安定化政策の基礎と財政・金融政策

　前章では，経済成長を長期的に促進する成長政策について説明しました．この章では，もう1つのマクロ経済政策である安定化政策について説明します．

　経済成長論は経済の長期的なトレンドを説明します．しかし，現実の経済成長が常にその長期的トレンドと一致しているとは限りません．図7-1は，長期的なトレンドと現実経済の動向に関するイメージを示しています．現実の経済動向，たとえば，GDPの動向は，長期的なトレンドを中心に「過熱」と「冷え込み」を繰り返すと考えられます．

　マクロ経済の安定化政策はその名の示すとおり，図7-1のような経済活動の振幅をできる限り縮小し，実現する実質GDPを供給能力の近辺に安定させるための政策です．現実の実質GDPが経済全体の供給能力を下回る場合，つまり，経済が本来の実力を発揮できていない状態では，本来得られたであろう生産と所得が失われていることになります．このような場合には，景気を浮揚させる政策が必要になります．ただし，安定化政策とは不況対策だけを指すわけではありません．不況期に景気を浮揚する政策を実施する一方で，景気の過熱に対してはそれを冷却する政策を実施する必要があります．この両者を合わせて「安定化政策」といいます．

　本章では，初めに，安定化政策がなぜ必要になるのかを検討し，次に，安定化政策の経済モデルとして最も伝統的な IS-LM モデルに基づいて安定化政策の方法と効果を考え，最後に，この伝統的なモデルの意義と限界について解説することにします．

図7-1　トレンドとサイクル

実質GDP／時間

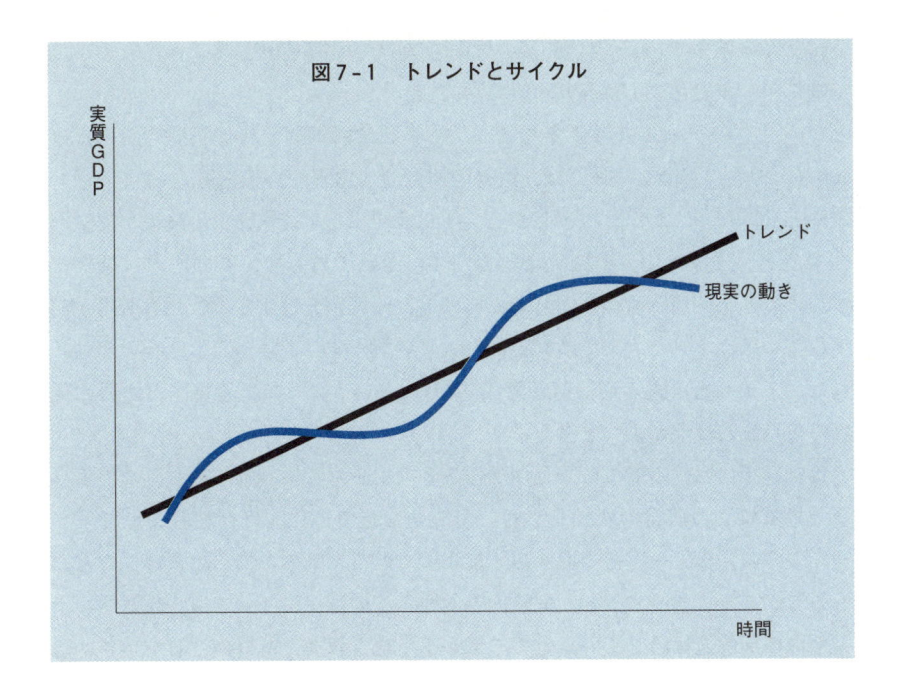

トレンド
現実の動き

1　安定化政策の必要性

　前章で学んだように，経済成長論は国民の長期的な所得水準の変化を研究します．そして，成長政策は「長期的な所得水準」をより高くする方法を考えるという点で，その必要性は明確です．しかし，安定化政策の必要性はそれほど明確ではありません．そこで，本節では安定化政策が必要になる理由について考えることにします．

リスク回避度と安定化
　第1の理由として，景気循環が平準化される，つまり，現実の経済の変動が小さいことによって，人々の経済厚生は改善されると考えられます．その理由の1つは危険回避行動に求められます．国民の多くは普段の生活に関して，危険回避的であると考えられます．危険回避行動は5-1節で説明しましたが，ここで復習しておきましょう．

①50%の確率で100万円，50%の確率で700万円の所得がある
②毎年，確実に400万円の所得が得られる

という2つのケースを考えましょう．①②共に所得の期待値（期待所得）は400万円です（①のケースでは，所得の期待値は100万円×確率0.5＋700万円×確率0.5に等しくなります）．しかし，①は実現する可能性のある所得が複数存在するという意味で，不確実な所得です．それに対して，②の所得は確実です．このとき，期待所得が同じであっても，所得が分散する①よりも所得が確実な②のほうを好む人を危険回避的な人といいます．危険回避の度合いが強ければ，①よりも所得の期待値が毎年350万円というように低くても，所得が確実に得られるほうがよいと考えます．

景気循環における所得は，長期的なトレンドを中心に変動します．このような「景気による所得の変動」に対して完全な形での保険は存在しないでしょう．さらに，借入や貯蓄の取り崩しによって所得変動の影響を和らげることにも限界があります．すると，危険回避的な多くの国民にとっては，長期的な所得水準の期待値は同じでも，景気の波が平準化されて，所得の分散が小さいほうが望ましいと考えられます．

不況と資源の不完全利用

経済が長期的トレンドから乖離することの問題は，危険回避だけの問題ではありません．

経済成長論が前提としている，すべての市場において競争均衡が成立している状態では，労働・資本などの資源は完全に利用されています．第1章で述べたように，一国経済における付加価値の合計がGDPであり，それが国内経済主体の総所得[1]です．労働市場では「働きたい人はすべて職を得ている」，「雇い主は雇いたいと思うだけの労働者を雇っている」状態にあり，資本に関しても存在している機械・設備のすべてが活用されている状態にあります．これは労働が完全に雇用され，資本が完全に利用されているということです．

---

[1] 国民の総所得は，GDPに海外からの純要素受取（海外からの利子・配当などの純受取）を加えたもので，国民総所得といいます．

第Ⅰ部で説明したように，市場が失敗する要因がない限り，人々の自由意思に基づく取引によって達成される競争的な均衡状態では，人々の経済的な豊かさの指標である総余剰は最大化されます．したがって，人々の自由な取引の結果実現する完全雇用GDPは，その時点の技術水準における最適な生産量水準を表しているといえます．それに対して，生産量がこの意味での最適な生産量を下回るときには，人々の総余剰で測った経済的な幸福度は小さくなります．

　第6章の経済成長論において考えられている長期の総生産量は，「完全雇用生産量」，「完全雇用GDP」，あるいは「潜在GDP」と呼ばれ，その成長率を「潜在成長率」といいます[2]．なお，完全雇用生産量は名目値ではなく実質値で定義されます．実際のGDPが完全雇用GDPを下回る不況期には，生産のために利用されている労働や資本などの資源が完全雇用水準よりも低い水準にとどまっています．

　ここで労働市場を例に考えましょう．実質賃金が高いときには労働需要は小さく，実際に雇用される労働量は均衡水準に比べて低位にとどまります．投入される資源量が少なければ，生産量もまた完全雇用のときに比べて小さくなります．資本財市場においても，予想実質利子率が高止まりしているときには資本需要は少なく，資本の投入量も完全雇用のときに比べて少なくなります．

　生産要素市場で需要と供給が一致しないとき，実際の投入量はその小さなほうで決定されます．このとき生産要素市場における総余剰は最大化されません[3]．

　このように，経済が完全雇用GDP水準を下回っている状況を「経済にデフレ・ギャップがある」といいます．経済にデフレ・ギャップがあるときには，本来生産に用いられるべき資源が不完全利用により「無駄」になっています．したがって，安定化政策はこのような不況への対策を含むものでなければなりません．

2——以上を生産関数で考えてみましょう．生産関数を $Y=F(L, K; A_0)$ とします．技術水準 A_0 は外生的に決まっています．労働市場での均衡労働投入量 L^*，資本市場での均衡資本投入量 K^* を代入した $Y_F=F(L^*, K^*; A_0)$ が完全雇用生産量です．

3——第2章の図2-6を用いて，なんらかの理由で，実質賃金が均衡水準より高い場合に，労働市場の総余剰が実質賃金が均衡水準にある場合に比べて小さくなることを示してみましょう．

経済厚生と引締政策

安定化政策は不況期の景気浮揚政策だけに限られるものではありません．景気の過熱を抑えることもまた，安定化政策の大きな課題です．供給能力を超える景気の過熱を抑えなければならないのはなぜでしょうか．第1の理由は，長期的に，供給能力を超えた経済水準を維持することは不可能であり，景気過熱状態が崩壊し不況期に移行すると，上で述べたような資源の遊休が大規模に発生するというものです．

さらに，人々の経済的な幸せとはなにかという問題を考えると，景気の過熱は経済厚生上も問題が多いことがわかります．結論を先取りすると，GDPは人々の経済的な幸せを測る完全な指標ではないため，大きければ大きいほどよいというわけではないのです．

再び労働市場を具体例にして考えましょう．労働投入量が均衡水準以上ならば，生産量は完全雇用GDPを上回ります．人々が均衡での労働投入量以上に働き，そして雇われるのはどのようなときでしょうか．2-1節の補助金政策の理論から類推できるように，労働の供給に対して補助金が支給される場合や，人を雇うことに対して補助金が与えられる場合には，労働投入量は均衡投入量以上になります．しかし，補助金には財源が必要です．その財源は最終的には国民が負担します．その結果，補助金の財源まで考慮した総余剰は，補助金のないときの均衡での取引に比べ小さくなってしまいます．

また，労働者が「予想の誤り」によって労働を過剰に供給する場合も，均衡を超えた労働が投入されます．詳しくは第8章で扱いますが，「予想の誤り」によって「本来ならば働く気にならない賃金水準なのに働いてしまった」わけですから，この場合も，労働者の余剰で測った経済厚生は減少してしまいます．

これは，資源としての資本についても同じです．実際の生産量が完全雇用GDPを超えているということは，資本が最適な量を超えて利用されていることを意味します．なお，現実のGDPが完全雇用GDPを上回る水準にある場合，「経済にインフレ・ギャップが生じている」といいます．

経済にインフレ・ギャップがある状況は，補助金政策のような，その政策によって増加したGDPを上回る余剰の減少を伴う政策が実施されるか，人々が

予想を誤るかしなければ，発生しません．好況もそれが行き過ぎた水準になると，人々の経済的な幸福度を下げる大きな要因になるのです．したがって，マクロ経済の安定化政策は不況期に景気を浮揚するためだけでなく，景気過熱期に景気の過熱を冷やすためにも必要です．

成長政策を支援する安定化政策

このように，安定化政策は，
・危険回避的な人々の効用を改善する
・不況による生産資源の無駄を防ぐ
・景気の過熱による過剰な資源の利用を防ぐ

といった観点から必要とされます．しかし，安定化政策の必要性は以上の3点にとどまりません．前章で扱った，成長政策を成功に導くためにも，マクロ経済の安定化が必要なのです．

その1つの理由は，関係特殊的人的資本の存在です．企業は，工場・機械・設備などの実物資本だけではなく，労働者の技能形成といった人的資本へも投資します．人的資本は，各労働者がどの企業で働いても役に立つ一般的技能と，企業内での業務知識の蓄積などその企業内では役に立つが，別の企業では役に立たない知識とに分けられます．たとえば，技能資格や工作機械の操縦法などが前者，その企業内でのチームを組んで行う仕事，部課間調整の方法，慣習の習得などが後者に当たります．後者を「関係特殊的人的資本」と呼ぶのです．

企業は一般的技能よりも関係特殊的人的資本の蓄積を重視します．一般的技能を身につけた労働者は，どこの企業に行っても高い給料を得られるでしょう．したがって，企業が費用をかけてある労働者に一般的訓練を施すことと，そのような技能をすでにもっている労働者を高い給料を払って雇うことは同じことになります．一方，関係特殊的人的資本はその企業の中でしか形成されません．関係特殊的人的資本は，転職すると無価値になるため，その労働者の企業への帰属を強める効果をもちます．

日本の労働市場の特徴である長期雇用関係の根拠の1つは，関係特殊的人的資本への積極的な投資です．しかし，このような人的資本は「その会社」が倒

産すると，その価値はゼロになってしまいます．そのため，経済変動が大きく，それによる倒産が生じると，せっかく蓄積した人的資本がなんら経済厚生の増加に寄与しない無駄な資源になってしまいます．こうした人的資本が失われれば，長期的な経済成長率も低下します．また，景気変動の大きな経済では，関係特殊的人的資本への投資が停滞し，やはり経済成長の低下要因になるでしょう．

また，デフレ・ギャップが存在すると，その分資本蓄積も遅れます．さらに，先行き見通しの不安定性や，しばしば不況期に観察される予想実質金利の上昇は，投資を減少させる要因になります．経済成長の1つの鍵は資本蓄積です．資本蓄積の源である投資の減少は，長期的な経済成長にも負の影響を与えます．

2　*IS-LM* モデルの導出

それでは，実際の実質 GDP が完全雇用 GDP 以外の水準になるのはなぜでしょう．労働市場，財市場，債券市場などの各市場が，スムーズな価格調整によって瞬時に均衡状態に至るならば，経済全体の生産量はいつでも完全雇用 GDP の水準に決定されるはずです．そのとき，第6章で説明したように，経済は生産性の変化だけによって変動することになりますから，成長政策以外のマクロ経済政策は不要になります．

しかし，実際には価格調整はいつでもスムーズではなく，常に完全雇用 GDP が達成されると考えることはできません．第8章で説明するように，さまざまな理由から価格は硬直的になることがあります．価格が硬直的なときには需要側が現実の経済活動水準の決定に大きな役割を果たします．そこで，安定化政策を考えるためには，価格が硬直的な場合の GDP の決定理論を学んでおく必要があります．

硬直的な価格のもとでの，最も基本的な GDP 決定理論は *IS-LM* モデルです．*IS-LM* モデルは需要側による生産量の決定を重視した経済モデルです．本節ではその基本的な考え方を解説しましょう．*IS-LM* モデルでは，財・サービス市場と資産市場（とくに貨幣市場）とから利子率と GDP の関係を導

きます．

財市場の均衡と在庫

初めに，財・サービス市場（以下，財市場といいます）での需給均衡から考えましょう．財市場での供給はその期間内に新たに生産された付加価値で，国民経済全体では，実質GDPになります．これをYで表します．Yに対する需要は項目別に，民間による消費と投資，政府による消費と投資，海外需要が挙げられます．本章では，政府による消費と投資を合わせて政府支出として扱い，海外要因は省略して考えましょう．すると，財市場における需要は消費（C），投資（I），政府支出（G）になります．

財市場全体での供給を「総供給」，需要を「総需要」といいます．このとき，マクロの財市場均衡は，

（総供給）　$Y = C + I + G$　（総需要）

と表されます．これは一見，国民経済計算の三面等価定理から導かれる恒等式である，国内総生産≡国内総支出と同じようにみえますが，以下に示すように，マクロ経済の均衡を考えるときには，恒等的な関係ではありません．マクロ経済学の理論が考える投資はあくまで「意図的に選択された」ものだけだからです．設備投資と意図された在庫投資がこれに当たります．

ある予想実質利子率と経済に関する予想のもとで，$Y > C + I + G$という超過供給状態にあるときには，作ったほどには売れないため，意図せざる在庫の増加（意図せざる在庫投資）が発生します．また，$Y < C + I + G$のような超過需要の状況では，意図せざる在庫の減少（意図せざる負の在庫投資）が発生します．このような意図せざる正負の在庫投資は上の式の投資Iには含まれません．それに対して，国民経済計算での会計処理では意図せざる在庫投資も投資として処理するために，いつでも，$Y \equiv C + I + G$，すなわち，国内総生産≡国内総支出という恒等式が成立します．

需要と供給が一致しないときに，価格が即座に変化するならば，総需要と総供給はいつでも一致します．あるいは，一致するような水準に価格が決定されるということもできます．しかし，第8章で説明するように，現代の市場経済

においては多くの財・サービスの価格は完全にスムーズに変化するとはいえません．価格による調整が完全でない分，在庫による数量的な調整が行われるのです．

以上の点に注意して，次に，財市場での総需要と総供給の均衡を表す IS 曲線を導きましょう．まず，一国経済での総需要項目がそれぞれどのような要因から決定されるかを考えます．

IS-LM モデルでは予想実質利子率と実質 GDP の関係に注目します．

消費の決定要因

伝統的な IS-LM モデルが消費の決定要因として重視するのは，可処分所得です．可処分所得とは，ある期間内に得た収入のうち，自由に消費と貯蓄できる分，つまり，所得から税・年金保険料（T）を差し引いたものになります．自由に使える可処分所得が多ければ消費は増加するでしょう．なお，財市場で分析対象にするのは付加価値です．第1章で学んだように，付加価値 Y は最終的には民間の「だれか」によって所有されるため，Y は所得に等しくなります．したがって，可処分所得は（$Y-T$）と表され，消費は（$Y-T$）の増加関数であると考えられます．

名目利子率から予想インフレ率を差し引いたものを「予想実質利子率」と呼びます．消費は予想実質利子率（$r=i-\pi^e$ ここに，r は予想実質利子率，i は名目利子率，π^e は予想インフレ率）からも影響を受けます．消費と予想実質利子率の関係といわれると，一見奇異に感じるかもしれません．これは，定義によって，可処分所得から消費を引いたものが貯蓄 S である（$S=Y-T-C$）と考えると理解しやすいでしょう．

ここでは，予想実質利子率が貯蓄に与える影響を名目利子率と予想インフレ率に分けて説明します．予想インフレ率を一定として，名目利子率が上昇（低下）することは貯蓄の利回りが上昇（低下）することを意味します．貯蓄が有利（不利）になったのですから，通常，貯蓄は増加（減少）する，その結果として消費は減少（増加）すると考えられます[4]．

次に，予想インフレ率が上昇する場合を考えてみましょう．予想インフレ率の上昇とは，物価上昇率が高くなると予想していることを意味します．する

と，物価が安いいまのうちにさまざまな財・サービスを購入しておいたほうが得であると考えられるため，消費は増加するでしょう．逆に，予想インフレ率が低下するときには，買い急ぐ必要性が低下するため，消費は減少すると考えられます．

　以上から，名目利子率が上昇するか，予想インフレ率が低下するとき，つまり，予想実質利子率が上昇するときには，消費は減少することがわかります．一方，名目利子率が低下するか，予想インフレ率が上昇するとき，つまり，予想実質利子率が低下するときには，消費は増加します．

　以上をまとめると，消費は，可処分所得の増加関数に，予想実質利子率の減少関数になります．

投資の決定要因

　投資を左右する要因の1つは予想実質利子率です．ここでも名目利子率と予想インフレ率に分けて，投資への影響について考えます．

　まず，名目利子率と投資の関係から考えましょう．企業はさまざまな投資プロジェクトの候補をもっています．それらのプロジェクトは，非常に高い収益率が予想されるものから，それほど高い収益率は上げられないと予想されるものまでさまざまでしょう．しかし，これらのうち，実行に移される投資は，予想される投資の名目収益率が名目利子率を上回るものだけです．たとえば，借入によって投資を行う場合，名目利子率5％で資金を借りて予想名目収益率が4％の投資を実行すると，1％の損が予想されます．企業が「初めから損をすると予想する」活動を行うとは考えられません．このとき実行されるのは，予想名目収益率が名目利子率5％を超える投資プロジェクトだけです．

　なお，自己資金によって投資を行う場合も同様に考えられます．銀行への預金や国債の名目利子率のほうが，投資の予想名目収益率よりも高いような投資

---

4 ——名目利子率が上昇すると，以前よりも少額の貯蓄でも，将来の利子所得は増えます．この，将来の所得増加は現在の消費を増加させ，貯蓄を減らす効果をもっています．このような影響を「所得効果」と呼びます．ここでは，所得効果は，名目利子率が上昇して，貯蓄が有利になることにより貯蓄を増やす効果（これを「代替効果」といいます）よりも小さいと仮定します．この仮定のもとでは，貯蓄は名目利子率の増加関数になります．

プロジェクトが実行されることはないでしょう．なぜならば，この場合は，資金を投資プロジェクトに投入するよりも，預金や国債で運用したほうが得だからです．したがって，他の条件を一定として，名目利子率が低いほど多くの投資プロジェクトが実行に移される，すなわち，投資は増大すると考えられます．

予想インフレ率の投資への影響には，2つの経路が考えられます．予想インフレ率が高いときには，自社の製品の価格上昇率も高いと予想されるでしょう．各投資プロジェクトの予想名目収益率は投資の予想実質収益率に予想インフレ率を加えたものですから，予想インフレ率が高くなると，その高くなった分だけ上昇します．したがって，このとき，名目利子率が同じでも実行に移される投資プロジェクトは多くなるでしょう．

また，予想インフレ率が高ければ，投資のために必要な金額，たとえば，工作機械の価格上昇率も高くなると予想されます．すると，上で消費について述べたように，機械を後で買うよりもいま買ったほうが得になります．以上から，予想インフレ率の上昇は投資を増加させることになります．

以上より，名目利子率が上昇するか，予想インフレ率が低下するとき，つまり，予想実質利子率が上昇するときには，投資は減少します．一方，名目利子率が低下するか，予想インフレ率が上昇するとき，つまり，予想実質利子率が低下するときには，投資は増加すると考えられます．

予想実質利子率以外で投資に影響を与えるものは，全体的な投資プロジェクトの予想実質収益率です．投資のプロジェクトの実質収益率が全体的に高いと予想される状況では，予想実質利子率が高くても，多くの投資プロジェクトが実行に移されるでしょうし，逆に，投資プロジェクトの予想実質収益率が全体的に低いと予想されるならば，予想実質利子率が低くても投資は低水準にとどまるでしょう．このような投資機会の増大と減少の問題は後に再び議論することにします．

*IS*曲線の導出

以上で，消費と投資が可処分所得と予想実質利子率からどのような影響を受けるのかを示しました．もう1つの需要項目である政府支出は，経済学的な理

由によって決まるというよりも，政府が「決める」ものですから，ここでは外生変数として扱います．

以上から，財市場を均衡させる予想実質利子率と実質GDPの組み合わせであるIS曲線が導かれます．ここで，インフレ率と予想インフレ率を共にゼロであると仮定[5]し，利子率とGDPは共に実質値と名目値が同じであるとしましょう．予想インフレ率の問題はインフレを扱う第8章以降で再論します．

いま述べた仮定のもとでは，財市場の均衡条件は，

$$Y = C(Y-T, i) + I(i) + G \qquad (7-1)$$

です．なお，予想インフレ率はゼロと仮定しているため，消費と投資は名目利子率iの関数になっています．消費と投資が利子率の減少関数であることに注意しましょう．iが高いときにはCとIは低水準になります．これは，iが高いときには（7-1）の右辺は小さくなることを意味します．したがって，財市場の均衡が達成される，すなわち，（7-1）が成り立つためには，左辺のYも小さくなければなりません．逆の理由で，iが低いときには，財市場の均衡が達成されるためには，Yは大きくならなければなりません．

以上から，財市場の均衡における名目利子率と実質GDPの関係は次のようになります．

　　名目利子率iが高ければ，実質GDPは小さい
　　名目利子率iが低ければ，実質GDPは大きい

したがって，縦軸に名目利子率i，横軸に実質GDPを取った平面上で，財市場を均衡させる名目利子率iと実質GDPの関係は図7-2のように右下がりの関係になります．

このようにして導出されるIS曲線は，名目利子率以外の要因によって総需要に変化が生じると，移動（シフト）します．たとえば，政府がその支出Gを増大させると，利子率が同じであれば，（7-1）の右辺のCとIは変化しませんから，（7-1）の右辺は増大します．したがって，左辺の実質GDPが増

---

[5] 予想インフレ率が一定であるならば，以下の議論は理論的にはまったく同じです．

図 7-2　IS 曲線

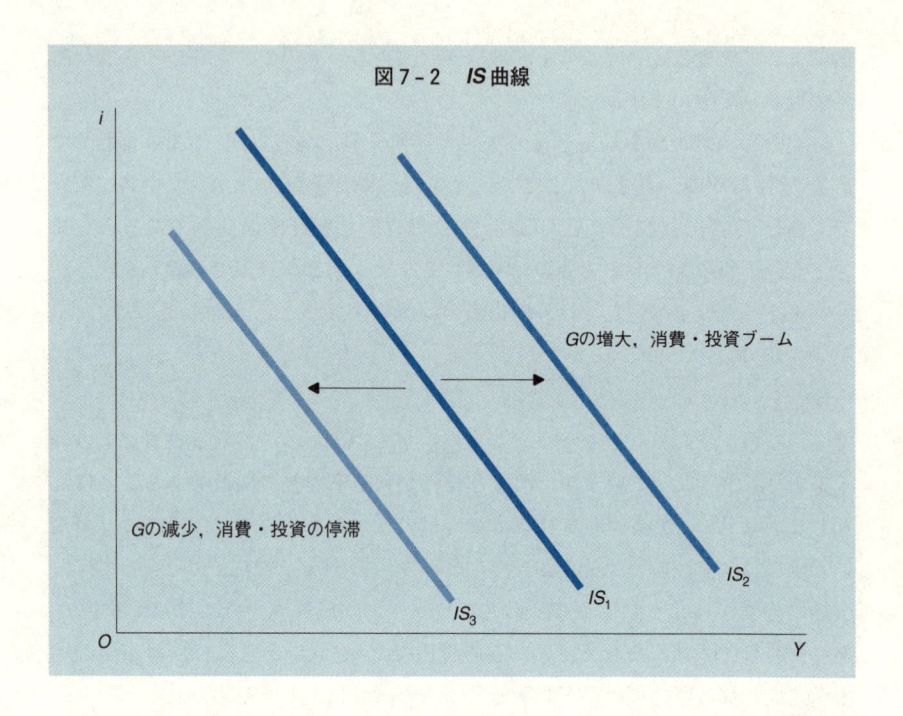

Gの増大，消費・投資ブーム

Gの減少，消費・投資の停滞

IS_3　IS_1　IS_2

えない限り，(7-1) は成立しません．これは政府支出 G が増大すると，IS 曲線は右に移動することを意味します．

　名目利子率や可処分所得の増大によらない消費の増加（たとえば，ベビーブームや高齢化による消費の増大）や新技術の登場による高収益投資プロジェクトの増大なども，IS 曲線を右にシフトさせます．一方，政府支出の縮小や将来不安の増大といった外生的要因（ここでは，外生変数として扱われる要因のこと）による消費と投資の停滞は，IS 曲線を左にシフトさせます．

　以上は，抽象的な説明でわかりにくかったかもしれません．そこで，具体的な IS 曲線を用いて説明しましょう．IS 曲線は財市場の均衡を表し，消費は可処分所得の増加関数で，名目利子率の減少関数，投資は名目利子率の減少関数ですから，

　　IS 曲線：$Y = C + I + G$
　　消費関数：$C = 280 + 0.8(Y - T) - 4000i$
　　投資関数：$I = 200 - 6000i$

といった関数形を取るとしましょう．これらをまとめると，

IS 曲線：$Y = 480 + G + 0.8(Y - T) - 10000i$

→ $0.2Y = (480 + G - 0.8T) - 10000i$

→ $i = -(0.2/10000)Y + (480 + G - 0.8T)/10000$

となります．これから縦軸を i，横軸を Y としたときの IS 曲線が右下がりになること，IS 曲線の縦軸切片が $(480 + G - 0.8T)/10000$ であることがわかります．また，上の式を，

IS 曲線：$Y = 5 \times (480 + G - 0.8T) - 50000i$

の形に直すと，G と T の変化が IS 曲線をどれだけ右にシフトさせるか（一定の i のもとで，Y をどれだけ増やすか）を知ることができます．

資産市場の均衡と貨幣

次に，資産市場の均衡について考えましょう．資産は貨幣とその他の資産に分類できます．資産は過去の貯蓄の蓄積から構成されるため，その総量が短期的に大きく変わることはありません．したがって，問題はその総資産のうちどれだけを貨幣で持ち，どれだけをその他の資産[6]——国債・社債・株・土地など——で持つかというポートフォリオ（資産の組み合わせ）の問題になります．さらに，資産総額から貨幣を除いたものがその他資産ですから，貨幣保有量が決まればその他の資産の保有量も決まります．そこで以下では，主として貨幣保有量の決定に注目して話を進めましょう．

貨幣とは現金だけを指すものではありません．ここでは，取引の際に支払い手段として利用できるもの，または，容易に現金化できるものを，貨幣と考えます．すると，現金のみならず預金も貨幣になります．マクロ経済に関する話題でマネー・サプライという言葉を聞いたことのある人は多いでしょう．日本の場合は，現金・普通預金・定期預金・譲渡性預金の和である M2＋CD をマネー・サプライと呼ぶことが多いようです．マネー・サプライとはある時点に存在する貨幣量を供給側からみた統計量です．本書でも，M2＋CD を貨幣と定義しましょう．

---

[6] 標準的なマクロ経済学のテキストでは，これらをまとめて「債券」と呼んでいます．

貨幣の供給は，現金については中央銀行，預金に関しては民間銀行の貸出や証券投資によって決定されます．ただし，民間銀行の預金総額も中央銀行の政策から大きな影響を受けると考えられるため，しばらくは，貨幣供給量は政策的に決定される外生変数であるとして議論を進めます．

　次に貨幣の需要について考えましょう．貨幣はその他の資産に比べて収益性の面で劣っています．現金には名目利子がつきませんし，通常，預金の利子率は国債や社債の利子率に比べると低い水準にあります．それにもかかわらず，人々が貨幣を保有するのはなぜでしょう．

　以下では，簡単化のために，貨幣以外の資産を国債や社債などの債券で代表させ，貨幣と債券との選択関係から，貨幣需要がどのような要因によって決まるかを考えましょう．なお，誤解の恐れがない限り，債券の名目利子率を単に名目利子率ということにします．

　人々が貨幣を需要する大きな理由として，取引のためには貨幣を保有している必要があることが挙げられます．この理由による貨幣保有を，貨幣の取引需要といいます．多額の取引が行われるときには，より多くの貨幣を保有していなければなりません．名目GDPが大きければ，名目の総取引金額も大きくなると考えられます．したがって，貨幣（その名目額を M で表します）の取引需要は，名目GDP（$P \times Y$：P は物価水準）の増加関数です．実質的な貨幣需要量（名目貨幣需要量 M を物価 P で割った M/P）は，実質GDPの増加関数であると言い換えることもできます．

　さらに，債券の名目利子率も貨幣需要の動向に影響すると考えられます．名目利子率が低い場合には，国債や社債などを持っていてもそれほど大きな利子所得を得られません．これは，資産を貨幣で持っていても失う利子所得はそれほど大きい金額ではないことを意味します．むしろ，取引のために貨幣が必要になるときに，国債や社債を売って貨幣に換える「手間」や証券会社に支払う手数料を考えると，家計や企業は余裕をもった額の貨幣を手元に置こうとすると考えられます．

　逆に，債券の名目利子率が非常に高くなって，預金の利子率との差が拡大すると，貨幣を持つことによって失われる利子所得は大きくなります．そのため，取引のたびに必要最小限の額の資産を債券に換えるほうが有利になります

から，取引のための貨幣需要は小さくなります．これから，貨幣需要は名目利子率の減少関数になります．

このような取引需要以外の貨幣需要として，貨幣の投機的需要が挙げられます．投機的需要も名目利子率の減少関数になるため，ここでは説明を省略します[7]．

以上をまとめると，名目貨幣供給量はモデルの外で決定される外生変数であるのに対して，実質貨幣需要は実質GDPの増加関数，名目利子率の減少関数であることがわかります．

*LM*曲線の導出

以上の関係から，LM曲線，すなわち，貨幣市場を均衡させる実質GDPと名目利子率の組み合わせを考えましょう．ここでは，以上の関係を実質貨幣供給量とそれに対する需要の一致という形でまとめます．実質貨幣供給をM/Pで，実質貨幣需要を貨幣需要関数$L(Y, i)$で表します．均衡では，

$$M/P = L(Y, i) \qquad (7-2)$$

となります．

ここで，(7-2)の左辺の名目貨幣供給量Mは過去の中央銀行の金融政策と銀行の貸出・証券投資によって供給された外生変数であることに注意しましょう．いま考えている時点では，このようにして供給された貨幣は経済主体のだれか（家計，企業，政府）によって保有されています．この各経済主体によって保有されている名目貨幣量が，現時点の名目貨幣供給量です．

さて，いま，貨幣市場がある水準の実質GDPと名目利子率iで均衡していたとしましょう．ここに，均衡しているという意味は，一定の物価のもとで，各経済主体が保有したいと思っている名目貨幣需要量が，現時点で彼らが保有している名目貨幣供給量に一致しているということです．

そこでなんらかのショックにより，名目利子率だけが上昇すると，何が起こ

---

[7] 投機的需要については，本書の最後に掲載されている標準的なマクロ経済学の入門書を参照してください．

図 7-3　*LM* 曲線

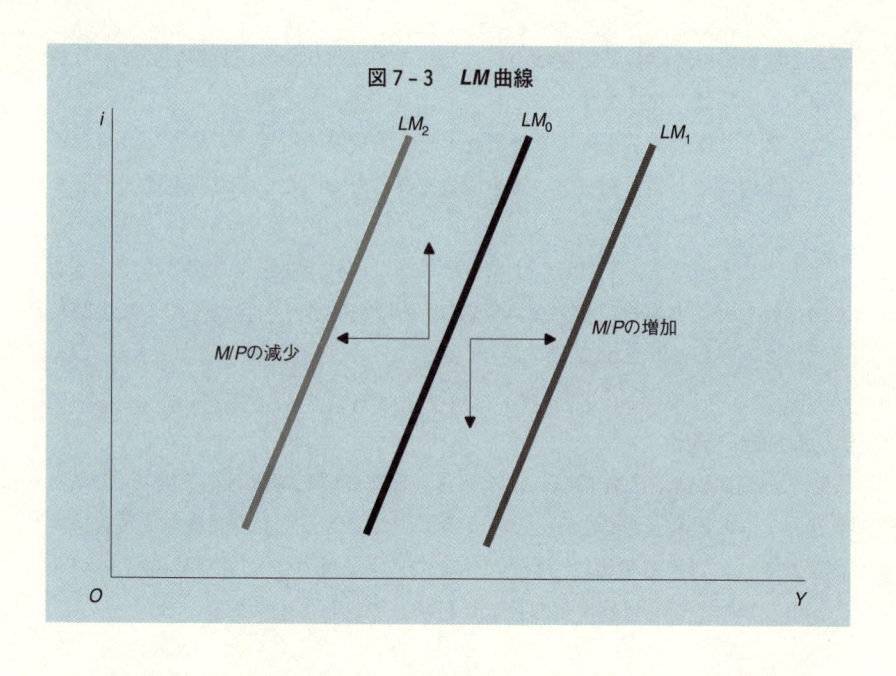

るでしょうか．実質貨幣需要は名目利子率の減少関数ですから，実質貨幣需要は減少します．すると，物価を一定とすると，（7-2）の左辺の実質貨幣供給のほうが右辺の実質貨幣需要よりも大きくなるため，等号は成立しなくなります．名目貨幣供給量 M と物価水準 P を一定として，（7-2）の等号が成り立って，貨幣市場の均衡が回復するためには，Y が増加して，それによる実質貨幣需要の増加が，名目利子率の上昇による実質貨幣需要の減少をちょうど相殺しなければなりません．したがって，一定の M と P のもとで貨幣市場を均衡させるためには，「名目利子率が高いときには，実質 GDP は大きく，名目利子率が低いときには，実質 GDP は小さい」という，図 7-3 の LM_0 のような関係が成り立つ必要があります．この関係が LM 曲線です．

このようにして導出される LM 曲線は，実質貨幣供給量（M/P）が変化すると，移動（シフト）します．たとえば，物価 P を一定と仮定して，名目貨幣供給量（M）だけが増大した場合，（7-2）の左辺は大きくなります．このとき P，Y，i といった他の変数が一定のままでは，等号が成り立ちません．等号の成立のためには，P を一定とすると，Y が大きくなるか，i が下がるこ

とによって，実質貨幣需要が実質貨幣供給量の増加に等しいだけ増える必要があります．したがって，貨幣供給量が増えたときに，貨幣市場が均衡するためには，名目利子率を一定とすると，Yは増加することになります．これは，物価を一定として，貨幣供給量Mが増えると，LM曲線は右にシフトすることを意味します．

一方，貨幣供給量Mが増えたときの名目利子率iの低下という調整に注目すると，貨幣供給量Mが増えると，LM曲線は下方にシフトすることがわかります．なお，どのようにして貨幣供給量が増えたり減ったりするかは，この章の4節で説明します．

物価Pがなんらかの理由で低下したときには，LM曲線は右（あるいは，下）にシフトすること，および，貨幣供給量Mの減少や物価Pの上昇に対しては，LM曲線は左（あるいは，上）にシフトする点も確認しておいてください．

以上のLM曲線についても具体的な式を想定することでイメージをつかんでおきましょう．貨幣供給と貨幣需要が以下のように与えられたとします．

実質貨幣供給：M/P
実質貨幣需要：$L = 350 + 0.5Y - 3000i$

とすると，LM曲線は，

LM曲線：$M/P = 350 + 0.5Y - 3000i$
→ $i = 350/3000 - (1/3000)\ M/P + (0.5/3000)\ Y$

です．これから，LM曲線は縦軸の切片が$350/3000 - (1/3000)\ M/P$で，傾きが$0.5/3000$の右上がりの曲線であることがわかります．さらに上の式を変形して，

LM曲線：$Y = 2(M/P - 350) + 6000i$

とすると，Mの増加，Pの低下，独立な貨幣需要（ここでは350）の減少は，左辺のYを増加させ，LM曲線を右にシフトさせることが理解できるでしょう．

*IS-LM*モデルにおける実質GDPの決定

以上により，財市場の均衡を表す右下がりのIS曲線と貨幣市場の均衡を表

図7-4 短期均衡点

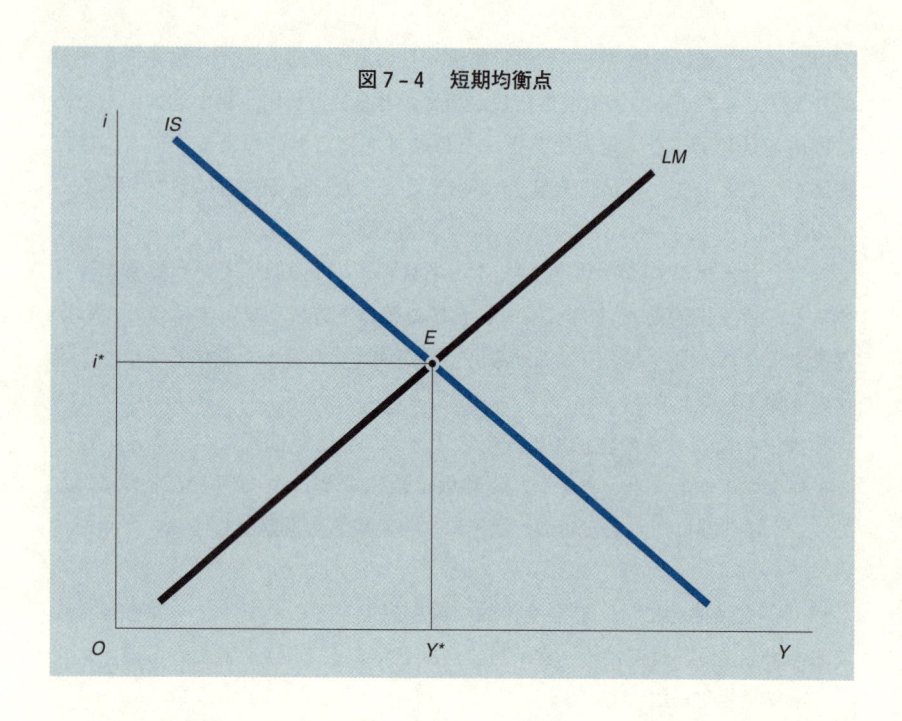

す右上がりの *LM* 曲線が導出されました．もう1つの市場である貨幣以外のその他の資産市場は貨幣市場と裏表の関係にあり[8]，貨幣市場が均衡していれば，債券で代表されるその他の資産市場も均衡していますから，その他の資産市場は明示的に考慮する必要はありません．

IS 曲線と *LM* 曲線の交点（図7-4の *E* 点）は，財市場，貨幣市場，その他の資産市場を同時に均衡させる名目利子率と実質 GDP の組み合わせを表しています．これが *IS-LM* モデルにおける均衡点です．労働市場など本節で考慮しないすべての市場が均衡する場合と区別して，*E* 点は「短期均衡点」と呼ばれることもあります．

IS-LM モデルでは価格が硬直的であることが前提されています．経済に

---

[8] 名目貨幣供給量は外生変数で一定ですから，経済主体は貨幣保有を増やしたいときには，貨幣以外の資産を売って貨幣を手に入れるしかありません．逆に，貨幣保有を減らしたいときには，保有している貨幣で貨幣以外の資産を買うしかありません．これが，貨幣市場と貨幣以外の資産市場とが表裏の関係にあるという意味です．

ショックが加わったとき，すべての市場での価格調整が終了するまでの間の実質GDPと名目利子率の均衡は，IS-LMモデルによる短期均衡点によって説明されると考えられるのです．

3　財政政策とその効果

以上で，IS-LMモデルを説明しましたので，この節では，経済にさまざまなショックが加わったときに，名目利子率と実質GDPにどのような影響を与えるのかをIS-LMモデルを用いて検討しましょう．まず，財政政策が名目利子率と実質GDPに与える影響から考えていきましょう．

自動安定化装置としての財政システム

財政という言葉は，通常，国，自治体，公営企業の経済活動全体を指す言葉として用いられます．財政には3つの機能があります．資源配分機能，所得再分配機能，安定化機能です．

資源配分機能は，市場の失敗が経済に存在し，民間経済主体の自由な競争によっては効率的な資源配分が達成できない状況で必要になります．市場の失敗を是正するように，税制や補助金制度などを設計し，公共財の供給を決めるといった政策が，財政の資源配分機能です．市場の失敗を是正する環境税のような税制や補助金については第4章で説明しました．

所得再分配機能は，市場での自由な競争が生み出す不公平・不公正の問題に対して，その是正を図っていく機能です．具体的には，累進所得税制度によって高所得者層からより多くの税を徴収することによって，可処分所得の不平等を緩和する，または，生活保護制度によって最貧層の生活水準の向上を図るなどがこれに当たります．所得再分配機能は時として資源配分機能と対立します．このような所得再分配政策における公平と効率のトレード・オフ問題については第Ⅲ部で説明します．

以上の2つの機能が19世紀からの古典的なテーマであるのに対し，本章で問題にする安定化機能はマクロ経済学が確立されて以降の比較的新しい課題です．財政の安定化機能は，さらに，ビルトイン・スタビライザー（built in stabilizer：自動安定化装置）とフィスカル・ポリシー（fiscal policy：裁量的財政政策）に分類されます．

ビルトイン・スタビライザーは財政システムがもつ特徴が，積極的な政策措置をとることなしに，経済変動を安定化させるという機能です．景気が過熱したときに，自動的に歯止めをかける役割を果たすもの，景気が悪化したときに，自動的に経済刺激効果を発揮するものが，ビルトイン・スタビライザーです．その代表例が累進型の課税システムです．

在庫循環の理論

　在庫動向の動きは，その時点の財市場状況を知るよい指標になります．在庫動向による景気の現状把握や先行き予想は実務上頻繁に用いられます．景気の状態を知ることは政策立案のうえでも非常に重要になることがあるため，詳しく解説しましょう．
　ある月に生産された財は，その月のうちに出荷されるか在庫になります．不況期からの回復が始まることによって，出荷が増加し始めたとしましょう．企業は景気の先行きに確信がないため，当初生産は増加させず，出荷増には在庫の放出で対応します．しかし，出荷の増大が続くと，多くの企業で在庫が不足し始めます．さらに，景気の先行きがいいことがしだいに確信されると，販売のチャンスを逃さないために積極的な在庫の保有が行われるでしょう．出荷・在庫が共に増大するとき，その合計である生産は大きく増大します．生産の増大は同時点の景気のよさを表しています．これが在庫積み増し期の好況です．
　しかし，出荷の伸びが頂点に達しその伸びが鈍化してくると，在庫は意図せざる形で増大していくことになります．生産を再び減少させるには調整時間がかかるため，在庫＝生産－出荷という関係から，出荷の減少が結果として在庫の増加を招くのです．
　在庫保有は直接的な保管費用はもちろん，損耗・陳腐化――古くなってしまったり，その商品が時代遅れになってしまうなどのために，大きなコストがかかります．意図したものではない，売れ残りによる在庫の増大が続くと，企業は在庫を減らそうとします．出荷が伸び悩む中で在庫を減らすためには，生産を減らさなければなりません．各企業が生産を減らすと，景気は悪化し，出荷はさらに減少します．そのため，在庫を抑えるためには，さらに生産を絞る必要があります．この景気の悪化が在庫調整局面前半の不況です．
　このような在庫調整が効を奏すると，各企業の平均的在庫水準は低くなっていき

所得税を例に説明しましょう．ある国は累進課税システムを採用しており，所得400万円未満では税率5％，400万円以上500万円未満では税率10％，500万円以上では15％の所得税が徴収されるとします．あるとき，平均的な国民の所得は450万円だったとします．このとき他の税がないならば，適用所得税率は10％ですから，所得税45万円で，平均可処分所得は405万円になります．ここで，景気の過熱によって平均的な国民所得が20％増え，540万円になったとしましょう．すると所得が500万円を超えたために適用税率は15％に，所得税は

ます．在庫は少なければ少ないほどよいというものではありません．ある程度の完成品在庫を抱えていないと，せっかくの販売のチャンスに対応することができなくなります．在庫が必要最低限の水準まで低下すると，在庫削減のための景気悪化には歯止めがかかります．これまで出荷を抑えてきた各企業の在庫調整が終了すると，出荷はしだいに増加し始めます．こうして景気循環は一巡します．

これを図式的に表したのが下の図です．aの回復局面からbの積み増し局面が景気の拡大期，cからdにかけてが景気縮小期になります．在庫の動きを決めるのは需要要因だけではないため，現実の在庫・出荷の動きはこれほど単純なものではありません．しかし，景気判断や先行き予測においてこのような在庫循環概念は依然として大きな有用性をもっているといわれます．

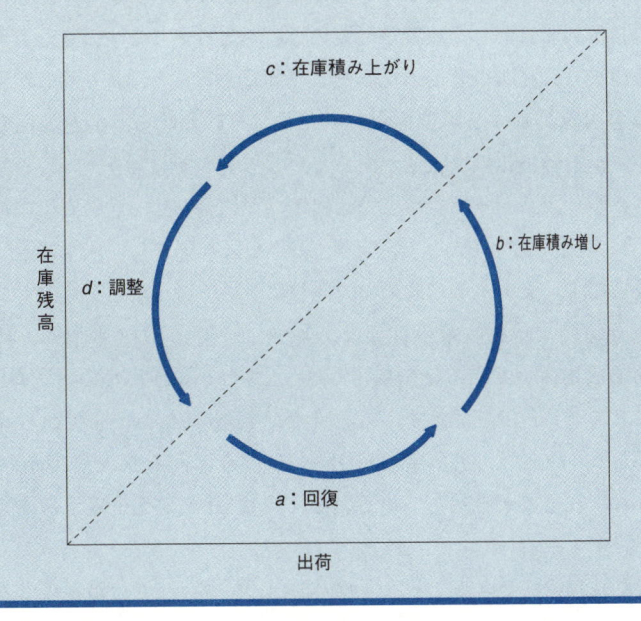

81万円，可処分所得は459万円になります．所得は20%増えたのに対し，可処分所得の伸びは約13%に抑制されます．

需要の約60%を占めるのは民間の消費です．景気が過熱しても，それほど可処分所得が増加しないならば，可処分所得の増加関数である消費の伸びも低くとどまるでしょう．景気の過熱が消費増によって加速するのを累進所得税が抑えているのです．逆に，景気が悪くなった場合には，景気の悪化ほどには可処分所得と消費が減少しないことによって，景気のさらなる悪化を防ぐことになります．

この他，失業保険や生活保護制度といったセーフティ・ネットも景気の悪化が継続することに歯止めをかける自動安定化装置です．1990年代のアメリカでは累進課税制度が強化されたことによって自動安定化機能が強まり，その後の安定的な成長の一要因となったといわれています．

フィスカル・ポリシーと IS-LM モデル

ビルトイン・スタビライザー機能は，各時点で経済の状況を判断することなしに経済を安定化させることができる点で魅力的なシステムです．しかし，各時点での経済判断に応じた政策が必要になることもあります．また，累進課税の強化，つまり，高所得者への税率をより高くすることはより高い所得を得ようという努力を抑制する可能性があります．その意味で，累進課税やセーフティー・ネットの強化には限度があるといってよいでしょう．

フィスカル・ポリシーは各時点での経済状況に合わせ，政府支出の拡大・縮小あるいは増減税を行うことで，実質 GDP をより望ましい水準に近づけようとする政策です．まず，その効果の方向性について考えましょう．

マクロ経済の安定化政策の目標は，望ましい実質 GDP 水準——具体的には，長期的な均衡点である完全雇用 GDP 水準——に，現実の実質 GDP を近づけることです．図 7-5 では，ある時点で IS 曲線と LM 曲線から決定される実質 GDP（Y_0）が，完全雇用 GDP（Y_F）を下回る状況が書かれています．これは，総需要が不足しているため，実質 GDP が完全雇用水準を下回っている状況です．

ここで財政政策にできることは，政府支出の拡大，または減税による総需要

図7-5 フィスカル・ポリシー

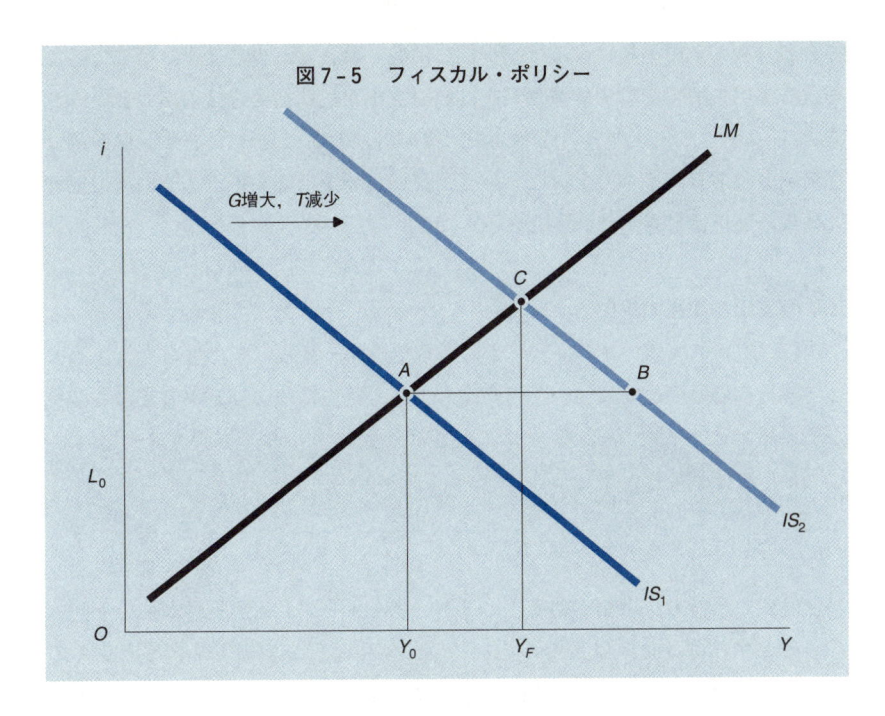

の拡大です．政府支出 G を増加させる，または税金 T を減少させることにより可処分所得を増やして消費を増加させることで，IS曲線は IS_1 から IS_2 へとシフトします．

しかし，現在の均衡点から実質GDPだけが増加する状態を示す B 点では，貨幣市場が均衡しません．B 点では，貨幣市場を均衡させる名目利子率と実質GDPの組み合わせに比べ，名目利子率は低く，実質GDPは大きすぎるのです．貨幣需要は名目利子率の減少関数，実質GDPの増加関数でした．したがって，B 点では貨幣需要が貨幣供給を上回っています．そのため，人々はより多くの貨幣を持とうとして，その他の資産，たとえば，社債や国債などの債券を売って，貨幣を入手しようとします．そのため，債券価格は低下し，逆に，名目利子率は上昇します[9]．

LM曲線上の B 点から C 点への変化は，人々が貨幣保有を増やそうとすると，名目利子率が上昇する効果を示しています．その結果として，政府支出や減税は均衡点を A 点から C 点へと変化させます．なお，B 点から C 点にかけ

第7章 安定化政策の基礎と財政・金融政策

ての名目利子率の上昇によって，民間の消費・投資は減少します．そこで，この政府支出の消費・投資削減効果を，政府支出が民間需要を締め出すという意味で，「クラウディング・アウト効果（締め出し効果）」といいます．財政的な経済刺激は名目利子率の上昇によって，民間需要を抑制するためその総需要増大効果の一部は打ち消されてしまうのです．

政府支出と減税の違い

次に，フィスカル・ポリシーにおける政府支出と減税（または政府支出削減と増税）の効果の違いについて考えましょう．そのためには，政府支出と減税がそれぞれどれだけ IS 曲線をシフトさせるか知っておく必要があります．（7-1）を使って考えましょう．

$$IS 曲線：Y = C(Y-T, i) + I(i) + G \qquad (7-1)$$

企業の生産能力に余裕がある，つまり，実質 GDP が完全雇用水準を下回っているとすれば，企業は需要の増加に応じて生産量を増加させようとするでしょう．したがって，政府支出という需要の拡大は実質 GDP（Y）を増大させます．この生産能力に余裕がある限り，需要が供給を刺激して生産を拡大させるという考え方を，有効需要の原理といいます．

政府支出拡大の影響はこれだけでは終わりません．生産の増大は所得の増大です．消費は可処分所得の増加関数です．すると，実質 GDP の増大によって消費もまた増大し，その消費の増大がさらに実質 GDP を増大させます．

実質 GDP の増加によって家計の可処分所得は同じだけ増加するとしましょう．可処分所得の増加のうち c の割合（$0 < c < 1$）が消費の増加に，残り

9——たとえば，1 年満期の割引債券（利子のつかない債券）の名目利子率は，（債券の市場価格 − 債券の償還価格）÷債券の市場価格を100倍したものと定義されます．この定義から，債券の名目利子率は（1−債券の償還価格÷債券市場価格）の100倍になります．ここに，債券の償還価格とは，債券の発行者である企業や政府が満期に債券を買い戻す価格で，発行時に決められた一定の価格です．この定義から，債券が売られてその市場価格が低下すると，債券の名目利子率は上昇することがわかります．満期が 1 年を超える長期の利付債券の長期名目利子率の定義については，参考文献の岩田（2000）を参照してください．長期名目利子率も長期債券が売られて価格が低下すると，上昇するという関係が得られます．

図7-6 乗数効果

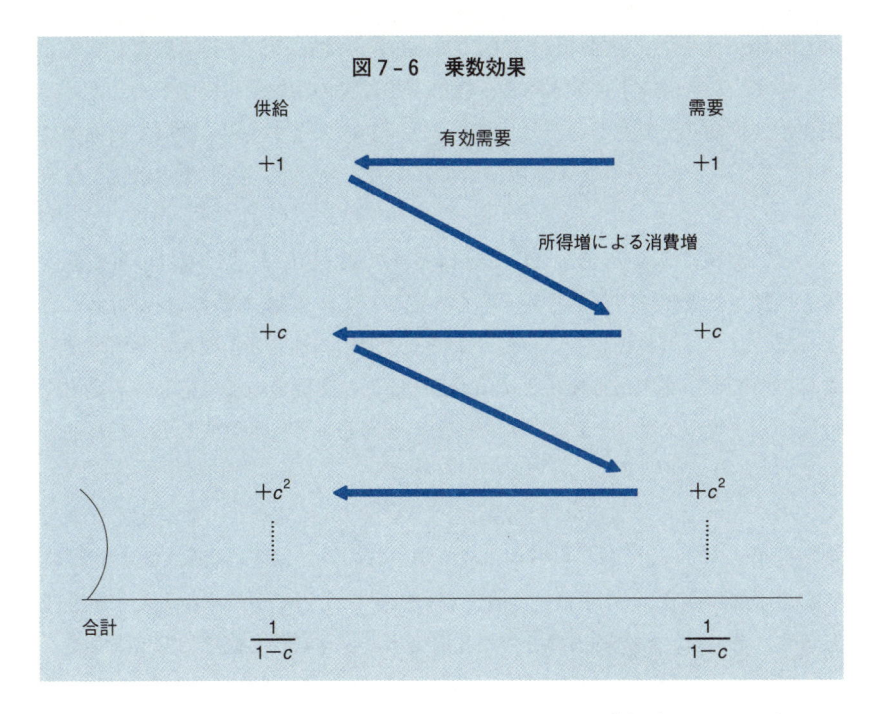

	供給		需要
	+1	← 有効需要	+1
		所得増による消費増	
	+c	←	+c
	+c^2	←	+c^2
	⋮		⋮
合計	$\frac{1}{1-c}$		$\frac{1}{1-c}$

$1-c$ の割合が貯蓄にまわるとします．この c を限界消費性向といいます．

名目利子率の変化による影響はさしあたり無視し，名目利子率は一定であると仮定しましょう．政府支出が1兆円増加すると，有効需要の原理によって実質GDPも1兆円増大します．実質GDPの増大により，消費は c の割合で増加しますから，消費は c 兆円（たとえば，c が0.75であれば，消費は7,500億円）だけ増大します．生産能力に余力があるため，この消費需要 c 兆円の増加に応じて供給も増加し，実質GDPも c 兆円増加します．そこで，再び，消費が c 兆円の実質GDPの割合 c だけ，すなわち，c 兆円 $\times c = c^2$ 兆円だけ増加します．これらの関係は図7-6のようにまとめられます．

結局，名目利子率に変化がなければ，政府支出1兆円の増大は $1/(1-c)$ 兆円の実質GDPの増加を招きます．このように政策が当初の規模を超えた影響力をもつことを「乗数効果」といいます．

以上より，一定の名目利子率のもとで政府支出が1単位だけ増大すると $1/(1-c)$ だけ実質GDPが増大することがわかります．これは政府支出が1単

位だけ増大すると，IS 曲線が「$1/(1-c)$」だけ右にシフトすることを表しています．このシフトの大きさが，政府支出拡大の乗数効果です．たとえば，限界消費性向 c が0.75だったとしましょう．このとき1兆円の政府支出拡大により，$\{1/(1-0.75)\} \times 1$ 兆円，つまり4兆円分だけ，IS 曲線は右にシフトします．

では，減税による IS 曲線のシフトはどうでしょう．減税は家計の可処分所得を増加させます．再び名目利子率を一定として，1兆円だけ減税が行われたとしましょう．減税によって可処分所得は1兆円増加し，消費が c 兆円増加します．消費が c 兆円増加すると実質 GDP はその需要の増加に応じて c 兆円だけ増加します．以下，上に述べた政府支出と同じように計算すると，最終的な実質 GDP の増加は $c/(1-c)$ 兆円になります．

この $c/(1-c)$ は減税の乗数効果ですが，$0 < c < 1$ により政府支出拡大の乗数効果 $1/(1-c)$ よりも小さな値です．このことは同じ金額であれば減税による IS 曲線の右シフトは，政府支出の拡大に比べて小さくなることを意味します．これは，政府支出の拡大が政府支出という需要を直接的に増大させるのに対して，減税はそれが消費にまわって初めて需要拡大とそれによる実質 GDP 拡大に結びつくためです．

以上より，減税に比べて政府支出の拡大のほうがより大きな経済刺激効果があると考えられます．ただし，この結論には批判も多く，この章の5節ではその批判を中心に再度取り上げます．

財政政策の有効性

財政政策はその手段が政府支出の拡大・縮小であれ，増・減税であれ，IS-LM モデルにおいて IS 曲線をシフトさせる政策にほかなりません．すると，財政政策の効果は IS 曲線と LM 曲線の形状から大きな影響を受けることになります．

まず，LM 曲線の傾きと財政政策の効果から考えましょう．IS 曲線の傾きは通常通りの右下がりであるとします．

貨幣需要が名目利子率からまったく影響を受けない場合には，LM 曲線は垂直になります．このとき，IS 曲線がシフトしても IS 曲線と LM 曲線の交点で

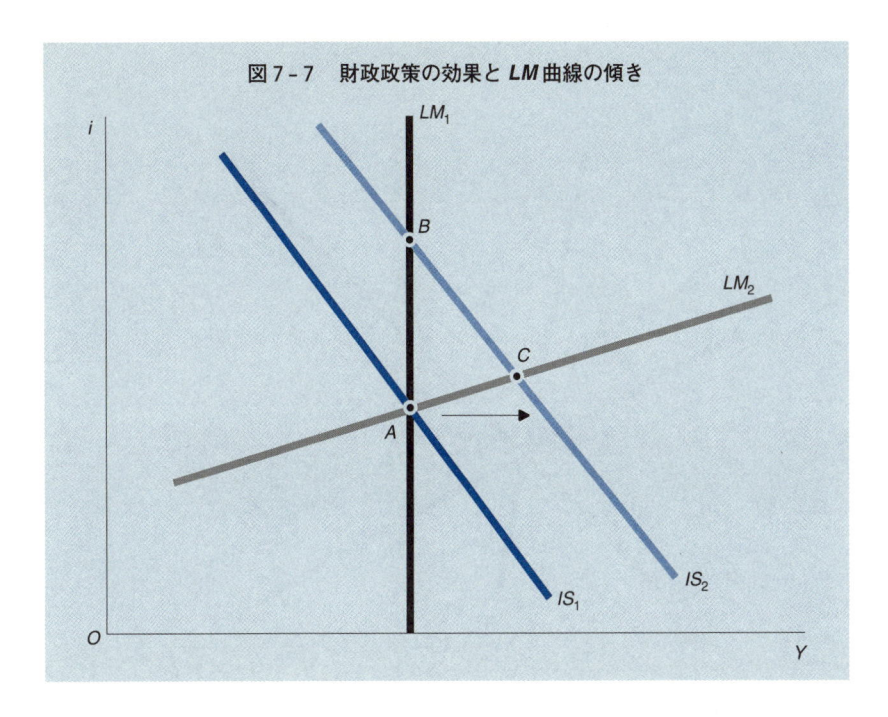

図7-7　財政政策の効果とLM曲線の傾き

の実質GDPはまったく変化しません（図7-7）．財政支出拡大はすべて名目利子率の上昇に吸収されて，民間消費・投資が財政支出の増加に等しいだけ減少するという100％クラウディング・アウトが生じ，実質GDPはまったく変化しません．LM曲線が垂直に近いほど，財政政策の効果は小さくなります．具体的には，人々が手元に保有しようとする貨幣の量が名目利子率からあまり影響を受けないとき（図中のLM_1のケース）には，財政政策の有効性は小さくなります．

　その反対に，LM曲線が水平のケースでは財政政策の効果は大きくなります．(7-2)の貨幣需要関数で，実質GDPの増加により貨幣需要が増加するとき，この貨幣需要の増加がごくわずかな名目利子率の上昇による貨幣需要の減少によって相殺される場合には，LM曲線の傾きは小さくなり，水平に近くなります（図中のLM_2のケース）．第1章で定義した弾力性概念を使うと，LM曲線の傾きが小さいことは，貨幣需要の名目利子率弾力性が大きい（あるいは，貨幣需要の利子率感応度が大きい）ことを意味します．この場合には，

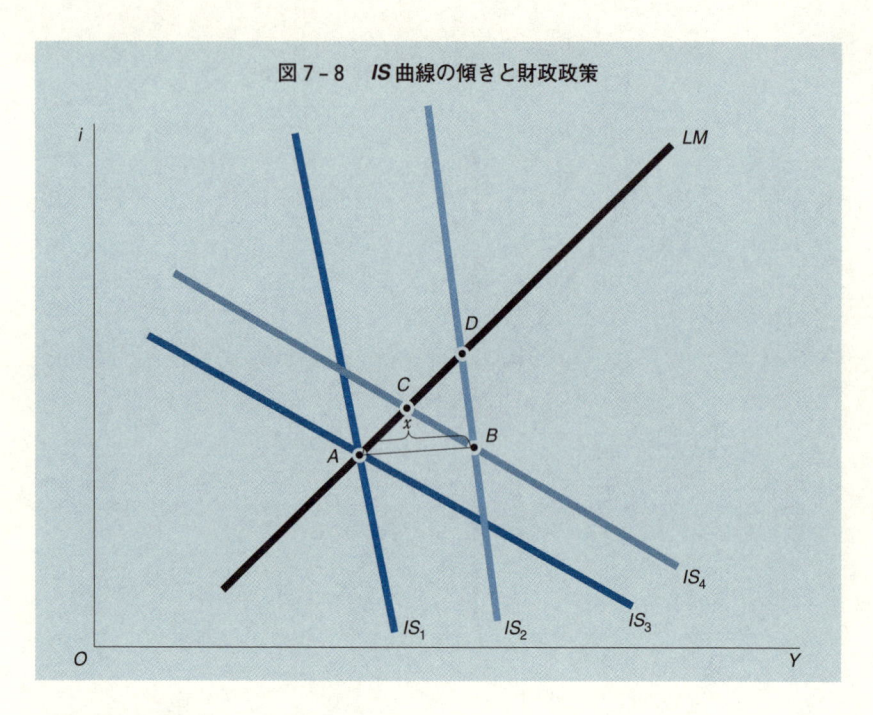

図7-8　**IS**曲線の傾きと財政政策

財政政策の効果は大きくなります．

　次に，IS曲線の傾きと財政政策の効果について考えましょう．LM曲線の傾きは通常通りの右上がりであるとします．

　政府支出の拡大，または減税がIS曲線をxだけ右にシフトさせたとします．IS曲線の傾きが急で，垂直に近いIS_1，IS_2のような場合には，IS-LM均衡点での実質GDPは図7-8でのAからDへの変化のように比較的大きく増加します．IS曲線の傾きが急であることは，IS曲線を表す（7-1）で，左辺の総供給Yが増加するときに，右辺の名目利子率iが大きく低下しなければ，右辺の消費と投資が総供給Yの増加に見合うほど増加しないことを意味します．つまり，名目利子率が財市場での需要である消費と投資にあまり影響を与えない状況です．これを「投資と消費の名目利子率弾力性が小さい」といいます．このケースでは名目利子率上昇によるクラウディング・アウト効果が小さいため，財政政策の効果は大きくなります．

　一方，IS曲線の傾きが緩やかで，水平に近い状態にあるIS_3，IS_4の場合に

は，財政政策の効果は図 7-8 での A から C への変化のように小さくなります．消費と投資が名目利子率に大きく影響される場合には，財政政策によって名目利子率が上昇することによってクラウディング・アウトされる消費と投資が大きくなるため，財政政策の効果は大きく相殺されてしまうのです．

以上は，いずれも財政政策による需要刺激の効果を用いて説明しましたが，需要抑制のケースについても結論は同じです．政府支出の減少や増税により IS 曲線が左にシフトしたときにも，IS 曲線と LM 曲線の傾きによってその引き締め効果に差が生じることを確認しておきましょう．

4　金融政策とその効果

次に，金融政策とその効果について IS-LM モデルを用いて考えましょう．ニュースなどで金融政策といった場合，時には銀行などの金融仲介業への規制・監督などを含む場合がありますが，これは第 I 部で扱ったミクロ経済学的な問題です．本章で扱うのは名目利子率や貨幣供給量といった変数をコントロールする狭義の金融政策です．

狭義の金融政策は中央銀行，日本では日本銀行の仕事です．日本銀行法では，

第 1 条　日本銀行は，我が国の中央銀行として，銀行券を発行するとともに，通貨及び金融の調節を行うことを目的とする．
　　　2　日本銀行は，前項に規定するもののほか，銀行その他の金融機関の間で行われる資金決済の円滑の確保を図り，もって信用秩序の維持に資することを目的とする．
第 2 条　日本銀行は，通貨及び金融の調節を行うに当たっては，物価の安定を図ることを通じて国民経済の健全な発展に資することをもって，その理念とする．

とされています．第 1 条の第 1 項が本章で扱う金融政策であり，その中でも第 2 条の「物価の安定を図ることを通じて国民経済の健全な発展に資する」の後半部分が安定化政策に関して規定されている部分であるといってよいでしょ

う．

　$IS\text{-}LM$ モデルにおいては，金融政策とは貨幣供給量（マネー・サプライ）をコントロールすることであると仮定されます．それでは，具体的には，日本銀行はどのようにして貨幣供給量をコントロールしているのでしょうか．

金融政策の手段

　この章の2節で解説したように，貨幣の量（マネー・サプライ）は現金と預金の合計です．このうちの預金の量は民間銀行[10]（以下，略して，銀行と呼びます）の貸出や証券投資（証券を購入すること）行動によって決定されます．銀行が企業や家計に貸し出したり，企業から証券を購入したりする場合には，その代金を貸出先や証券の購入先の預金口座に預金を振り込むことによって支払います．預金は貨幣ですから，銀行の貸出や証券投資が増えると，貨幣供給量は増えることになります．この場合，貨幣を供給したのは銀行で，預金を需要したのは銀行から貸出を受けるか，銀行に証券を売った経済主体です．貨幣供給量（マネー・サプライ）とは貨幣の量を日本銀行と民間銀行からみた概念です．

　銀行から貸出を受けたり，銀行に証券を売ったりして貨幣保有量を増やした企業や家計は，その貨幣を投資や消費の支払いに充てる可能性があります．投資や消費の代金が振込みによって支払われると，預金は振込みを受けた企業や家計の預金，すなわち，貨幣になります．これは貨幣の保有者が変わっただけですから，経済全体の貨幣供給量には変わりはありません．一方，預金が引き出されれば，預金は現金に変わります．しかし，現金も貨幣ですから，預金が現金化される場合も，貨幣供給量は変化しません．

　以上から，銀行が積極的に貸し出したり，証券に投資したりすると，貨幣供給量は増加し，逆に，銀行が貸出や証券投資を減らすと，貨幣供給量は減少することがわかります．日本銀行の金融政策は，民間銀行の貸出や証券投資行動

---

[10]——日本銀行の統計では，預金を取り扱う民間金融機関を金融機関と呼んでいます．その代表は都市銀行などの銀行ですが，信用金庫や信用組合も預金を扱っているという点で，都市銀行と変わりはありません．そこで，本書では，民間金融機関を民間銀行，誤解の恐れがないときには，単に，銀行と呼ぶことにします．

を刺激したり，抑制したりすることを通じて，間接的に貨幣供給量をコントロールしようとするものです．

　日本銀行が用いている，貨幣供給量を調整する金融政策の手段は，債券・手形オペレーションです．なお以下では，日本銀行を略して，日銀と呼ぶことにします．

　債券・手形オペレーションを理解するためには，日本銀行当座預金（以下では略して，日銀当座預金と呼びます）を理解しておく必要があります．これは，銀行が日銀に預けている預金のことです．銀行は，銀行にとって負債である預金に一定の比率をかけた日銀当座預金を保有していなければなりません．この制度を「準備預金制度」といい，この制度のもとでは，日銀当座預金は「準備預金」と呼ばれます．銀行が保有しなければならない準備預金を「必要準備預金」といいます．預金に対する必要準備預金の比率は日銀が決めます．

　日銀は，次のようにして日銀当座預金の供給量をコントロールすることによって，貨幣供給量をコントロールしようとします．たとえば，日銀が銀行の保有する国債や手形などを買い取るとしましょう．日銀が銀行から国債や手形を買い取るときには，日銀はその買い取り代金を日銀に国債・手形を売った銀行の日銀当座預金口座を増やすことによって支払います．これにより，日銀当座預金の供給量は増加します．これを日銀が銀行から債券・手形を買うという意味で，「債券・手形買いオペレーション（買いオペ）」といいます．

　銀行が買いオペに応じて日銀に国債や手形を売ろうとするのは，貸出や証券投資を増やして，利子収入を得ようとするからです．いま，銀行の保有準備預金はちょうど必要準備預金に等しいとしましょう．このままでは，銀行は貸出や証券投資を増やすことができません．その理由はこうです．銀行は貸し出すときには，貸出先の自行の預金口座の残高を貸出金だけ増やし，証券を購入するときには，証券を買った先の自行の預金口座の残高を証券の購入代金だけ増やすことによって支払います．したがって，銀行が貸し出したり，証券を買ったりすると，銀行にとって負債である預金（預金は貨幣であることに注意）は増え，それに応じて必要準備預金も増えます．そのため，当初，保有準備預金が必要準備預金にちょうど等しかった銀行は，準備預金不足に陥ります．

　これから，銀行は貸出や証券投資を増やそうとするときには，買いオペに応

じて保有準備預金を増やそうとすることがわかります．

このように，買いオペは銀行の貸出や証券投資を活性化させることを通じて，貨幣（この場合は，預金）供給量を増やす効果をもっています．

一方，日銀が手持ちの国債や手形を銀行に売却することを，「債券・手形売りオペレーション」，略して，売りオペといいます．売りオペに応じて日銀から国債や手形を買った銀行は，その購入代金を日銀当座預金の引き落としによって支払います．したがって，売りオペの場合には，日銀当座預金は減少します．これにより，銀行は準備預金不足に陥るため，貸出や証券投資を減らして，必要準備預金を減らそうとします．その結果，銀行の預金供給量が減り，貨幣供給量は減少します[11]．

日銀が貨幣供給量を増やす（あるいは，貨幣供給量の増加率を引き上げる）政策を金融緩和政策，貨幣供給量を減らす（あるいは，貨幣供給量の増加率を引き下げる）政策を金融引締政策といいます[12]．

金融政策と IS-LM モデル

IS-LM モデルでは，金融政策の影響は LM 曲線のシフトで表されます．この章の2節で学んだように，金融緩和政策によって貨幣供給量が増えれば，LM 曲線は右にシフトし，逆に，金融引締政策によって貨幣供給量が減れば，LM 曲線は左にシフトします．

金融緩和政策による LM 曲線の右シフトによって，IS-LM 均衡点は IS 曲線に沿って右下へと移動します．つまり，貨幣供給量が増えると名目利子率は低下し，それによって投資と消費が刺激されて実質 GDP は増加します．一方，

---

[11] 日銀は準備預金が不足する銀行に日銀当座預金を貸すことがあります．その際の日銀の銀行に対する貸付利子率を公定歩合といいます．かつては，日銀の公定歩合による銀行への貸出が金融政策の中心になっていたことがありますが，現在では，公定歩合による貸出は，特殊なケースを除くと実施されていません．したがって，現在では，公定歩合操作による日銀貸出の増減は貨幣供給量をコントロールするという意味での金融政策としては機能していません．また，日銀による必要準備預金率の変更を「準備預金率操作」といいますが，これまでのところ，日銀が準備預金率操作を使って貨幣供給量をコントロールしようとしたことはありません．

[12] これまでの日銀の金融政策では，通常，短期名目利子率（具体的には，銀行間の日銀当座預金の短期の貸借金利であるコール・レート）を一定水準に誘導するように，買いオペや売りオペの金額が決められ，その結果，貨幣供給量が変化します．

金融引締政策は貨幣供給量の減少により LM 曲線を左にシフトさせることによって，名目利子率を上昇させ，その結果，投資と消費は抑制され，実質GDPは減少します．

金融政策による LM 曲線のシフト幅は，実質GDP（Y）が増えたときに，実質貨幣残高（M/P）需要がどれだけ増えるかという，実質貨幣需要と実質GDPの関係によって決まります．

ここで，LM 曲線を再掲しておきましょう．

$$LM 曲線：M/P = L(Y, i) \qquad (7-2)$$

いま，貨幣供給量が増えた結果，貨幣市場で超過供給が生じたとしましょう．貨幣の超過供給とは（7-2）で左辺が右辺よりも大きくなっている状態です．実質貨幣需要は実質GDPの増加関数です．名目利子率を一定とすると，実質GDPが増大しなければ，貨幣市場の需給は一致しません．ここでは簡単化のために，物価水準は $P=1$ で一定であるとして LM 曲線が，

$$LM 曲線：M = a + bY - ci \qquad (7-3)$$

というケースで考えてみましょう．M が1兆円増えたとき，それに見合うだけの貨幣需要が生じるためには，$1/b$ 兆円だけ Y が増大する必要があります．この Y の増加である $1/b$ 兆円が貨幣供給量の1兆円の増加によって生じる LM 曲線の右へのシフト幅です．このシフト幅は b が小さいほど大きくなります．b は実質GDPが増えたときに貨幣需要（この貨幣需要は貨幣の取引需要に当たります）が増える割合（$\Delta M/\Delta Y$）を表します．これから，実質GDPの増加によって増大する貨幣需要が小さい（すなわち，b が小さい），言い換えれば，取引のために必要とされる貨幣量が小さいほど，金融緩和政策による LM 曲線の右シフトは大きくなることがわかります．

金融政策の有効性

IS-LM モデルにおいて，金融政策とは貨幣供給量を増減させる政策です．貨幣供給量の増減とは LM 曲線をシフトさせる政策にほかなりません．すると，財政政策の場合と同じように，その効果は IS 曲線と LM 曲線の形状に左

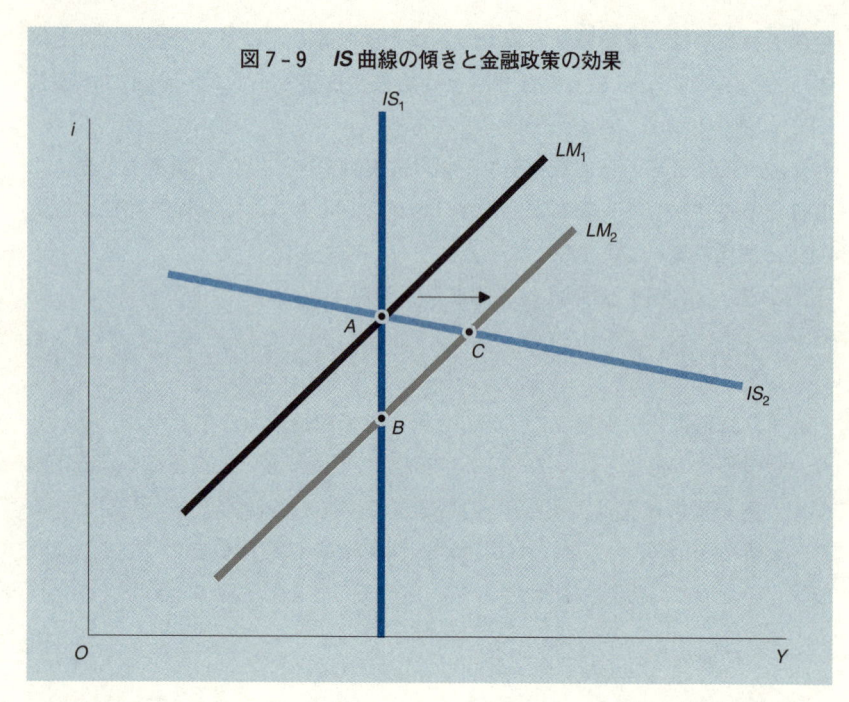

図7-9　*IS*曲線の傾きと金融政策の効果

右されます.

　まず*IS*曲線の傾きと金融政策の効果から考えましょう．*LM*曲線の傾きは通常通りの右上がりであるとします．

　金融緩和政策（金融引締政策）が実質GDPに影響を与えるのは，名目利子率が低下（上昇）し，それによって投資と消費が刺激（抑制）されるためです．したがって，*IS*曲線が名目利子率からあまり影響を受けないときには金融政策の効果は小さくなります．*IS*曲線が名目利子率からまったく影響を受けない，*IS*曲線が垂直のケースでは，金融政策は無効となります（図7-9で，均衡点が*A*から*B*へ移動）．逆に，*IS*曲線が名目利子率の影響を大きく受ける場合には，*IS*曲線の傾きは緩やかになり，金融政策の効果は大きくなります（図7-9の*A*から*C*への移動）．

　次に，*LM*曲線の傾きと金融政策の効果について考えましょう．*LM*曲線の傾きは貨幣需要と名目利子率の関係から決まります．

　貨幣需要が名目利子率からまったく影響を受けない場合には，*LM*曲線は垂

図7-10　LM曲線の傾きと金融政策の効果

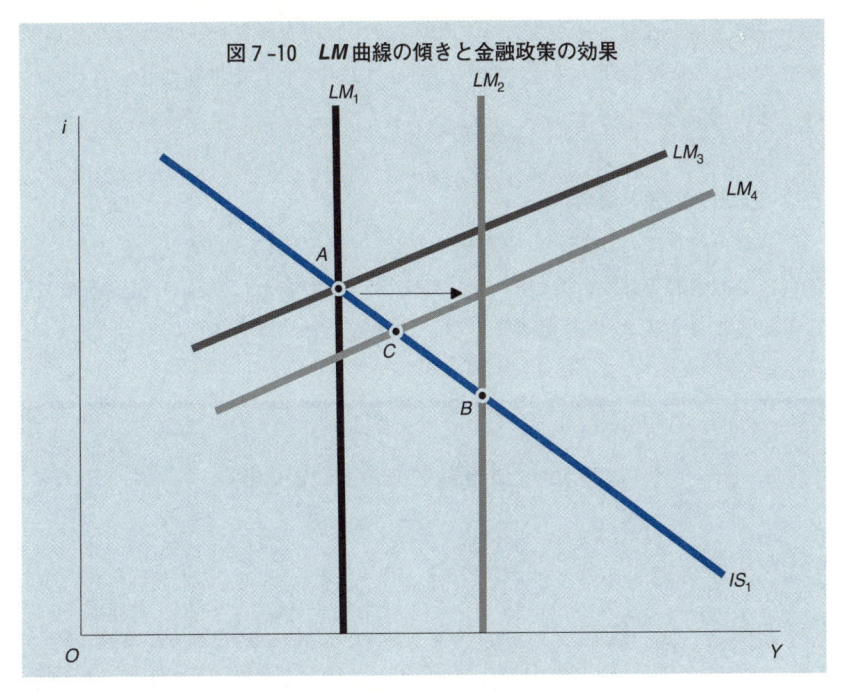

直です．このとき，LM曲線の右シフトは大幅に名目利子率を低下させ，大きな経済刺激効果があるでしょう（図7-10のAからBへの移動）．その一方で，LM曲線が水平に近い形をしていると，金融緩和政策による名目利子率の低下は小さくなり，その実質GDPに及ぼす効果も小さくなります（図7-10のAからCへの移動）．

LM曲線が水平に近い形をしていることは，ごくわずかな名目利子率の低下が，人々の資産選択を大きく変化させ，貨幣需要を大きく増やすことを意味します．LM曲線が水平になっているケースは「流動性のワナ」と呼ばれ，金融政策の効果がなくなる典型的なケースです．

5　伝統的モデルの拡張と財政政策の効果に対する批判

これまで，IS-LMモデルの最も基本的な性質に絞って説明してきました．以上の基本モデルは単純であるという利点がある一方で，現実の経済現象の多

くを省略しています．そこで，本節では IS-LM モデルをベースとした応用的なモデルについて説明します．以下の拡張によって大きな批判にさらされるのは，財政政策の効果です．

政府支出の財源と乗数

この章の3節では，拡張的な財政政策は IS 曲線を右にシフトさせました．さらに，拡張的な財政政策の中では，金額が同じであれば，政府支出拡大のほうが減税よりも大きく IS 曲線をシフトさせるため，経済刺激効果も大きいと

短期マクロ計量モデルと政策効果

IS-LM モデルは抽象的なモデルであるとの印象が強く，これが具体的な政策がどのようなインプリケーションをもっているのかをわかりづらくしている原因のようです．そこで，ここではこの章の2節で用いた具体的な IS 曲線・LM 曲線の形状を使って，IS-LM モデルの利用方法についてのイメージをつかみたいと思います．単位はすべて兆円で，物価は短期的には1で一定として，実質値と名目値の区別は不要であるとしましょう．

IS 曲線：$Y = C + I + G$
　　消費関数：$C = 280 + 0.8(Y - T) - 4000i$
　　投資関数：$I = 200 - 6000i$
LM 曲線：$M = 350 + 0.5Y - 3000i$

ここで，政府支出 $G = 80$ 兆円，税金 $T = 50$ 兆円，貨幣供給量 $M = 500$ 兆円としましょう．すると，

IS 曲線：$Y = \{280 + 0.8(Y - 50) - 4000i\} + \{200 - 6000i\} + 80$
LM 曲線：$500 = 350 + 0.5Y - 3000i$

です．上の連立方程式を解くと $Y ≒ 546$，$i ≒ 0.041$ となります．これは IS-LM の交点である短期均衡の実質 GDP が約546兆円，名目利子率は約4.1％であるということです．このように，IS 曲線・LM 曲線の形状がわかっていれば，政府支出の拡大，増減税，金融政策の効果がどのような大きさになるかを知ることができます．

上の例はあくまで著者が便宜上作成した例であり，IS-LM の形状も現実とはまったく異なります．実際の経済政策の現場，また政策効果を予想するシンクタンクなどではさまざまな基本モデルに依拠して，より複雑なモデルが作成されています．比較的類似の IS-LM モデルをベースとした政策分析ツールとしては内閣府経

考えています．しかし，政府支出の拡大には財源が必要です．3節では財源にとくに言及せず，あたかも天から政府支出が降ってきたかのような想定をしています．このような想定は海外からの援助や賠償金獲得といった特別な場合にしか正当化できません．現実の政府支出は増税か公債の発行によって調達した資金で実施されます．

まず，政府支出を拡大するためにそれと同じだけ増税するケース，つまり均衡予算を守ったままでの政府支出拡大の効果から考えましょう．これはX円の政府支出拡大とX円の増税を同時に行った場合と同じことです．256ページ

済社会総合研究所の短期マクロ計量モデル*が代表的です．2005年度版のモデルでの政府支出の増大，金融緩和政策に関してその数年後までの乗数の大きさを掲載しておきましょう．

実質GDPへの刺激効果（％）
名目政府投資を3年にわたって名目GDPの1％増加させた場合
　1年目　1.12
　2年目　0.99
　3年目　0.76
個人所得税を名目GDPの1％分だけ3年間減税した場合
　1年目　0.41
　2年目　0.51
　3年目　0.39
貨幣供給量を1％3年にわたって拡大した場合
　1年目　0.14
　2年目　0.25
　3年目　0.28

以上の乗数表では，海外要因や過去の政策の経緯，将来に向けての予想など本章で扱っていないさまざまな要因が考慮されています．これらの要因のいくつかについては，5節と第8章で解説します．

*——村田啓子・斎藤達夫・田辺健・岩本光一郎「研究ノート：短期日本経済マクロ計量モデル（2005年版）の構造と乗数分析」，ESRI Discussion Paper Series No.152.

図7-11 公債の資産効果

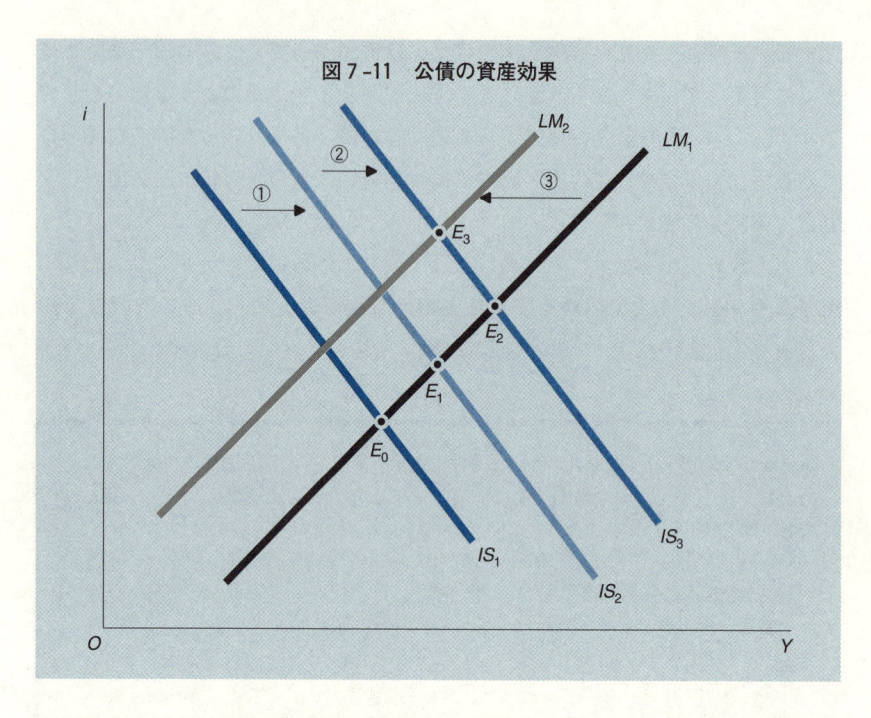

にあるように,X 円の政府支出拡大は IS 曲線を $X/(1-c)$ 兆円だけ右にシフトさせ,X 円の増税は IS 曲線を $cX/(1-c)$ 兆円だけ左シフトさせます.この両効果が同時に生じると,IS 曲線のシフト幅は $(X/(1-c)-(cX/(1-c))=X$ 円となります.つまり,増税を財源に政府支出を拡大すると,IS 曲線のシフトは政府支出の増加分 X 円に等しくなります.これを「均衡予算乗数($\Delta Y/\Delta G + \Delta Y/\Delta T$)は1である」といいます.$IS$ 曲線のシフトが小さいため,名目利子率の上昇によるクラウディング・アウト効果を考慮すると,政府支出拡大の効果はその支出増大額を下回ってしまいます.

では,公債を財源とした政府支出の場合はどうでしょう.同時点での増税がないため,IS 曲線は政府支出の増加分以上にシフトすると考えられます.しかし,公債発行は民間経済主体の資産構成に影響を与える点をも考慮しなければなりません.政府は公債を民間に売却することで獲得した貨幣を,公共事業の発注などにより,民間経済主体に支払います.すると,貨幣は公債の民間への売却によりいったん政府に吸収されますが,政府支出(いま述べた例では,

公共工事への支払い）とともに民間に戻ります．したがって，民間が保有する貨幣の量に変わりはありません．一方，民間はいままでより多くの債券（公債）を保有することになります．このとき，公債発行は消費と貨幣需要の両方に影響を与えます．

　より多くの資産を持つ人はより多く消費すると考えられます．すると，公債保有の増加による消費の拡大によって，政府支出によって右にシフトした IS 曲線（図7-11の①）はさらに右にシフトするでしょう（図7-11の②）．これを公債という資産保有の増加が消費を増やすという意味で，「公債の消費に対する資産効果」（または，「富効果」）といいます．

　その一方で，より多くの資産を持った人たちは，より多くの貨幣を保有しようとするでしょう．これを，貨幣需要が公債という資産保有の増加に伴って増えるという意味で，公債の貨幣需要に対する資産効果といいます．この実質GDPや名目利子率の変化によらない（すなわち，資産保有の増加による）貨幣需要の増大は，LM 曲線を左にシフトさせます（図7-11の③）．

　このように，公債を財源とした政府支出は IS 曲線の右シフトと同時に LM 曲線の左シフトをもたらします．この両者を公債の資産効果といい，そのうちの LM 曲線の左シフトは財政政策の効果の一部を打ち消してしまう要因です．

　結果として，実質GDPが政策実施前に比べてどの程度増加するかは，①政府支出の増加による IS 曲線の右シフト，②公債の消費に対する資産効果による IS 曲線の右シフト，③公債の貨幣需要に対する資産効果による LM 曲線の左シフトおよび IS と LM 曲線の形状によって大きく異なります．①と②の効果に比べて③の効果が大きければ，実質GDPがかえって減少することもあり得るのです．この可能性は IS 曲線が水平に近いほど大きくなります．このように，財源の効果を考慮すると，財政政策の効果は非常に不安定なものになってしまいます．

恒常所得仮説

　財政政策の効果については，次のような批判もあります．第1は，フリードマン（Milton Friedman）による恒常所得仮説に依拠した批判です．

　財政政策が IS 曲線を政府支出や減税額以上に右にシフトさせるのは，需要

増加→生産・所得増加→消費需要増加→生産・所得増加→というサイクル（図7-6）が原因でした．これは「ある年の所得増加が同年の消費を増加させる」という前提に基づいています．これは一見もっともらしい前提ですが本当にそうでしょうか．

ある年の年収が1,000万円だとしても，安定的な職に就いていて今後も毎年1,000万円かそれ以上の収入を得ることが確実だという人と，明日にも失業してしまうかもしれないという人では消費額は大きく異なると思われます．前者はそれほど貯蓄の必要はないでしょうが，後者は収入のかなりの部分を貯蓄して将来に備えなければなりません．消費はその年の所得ではなく，各人が一生を通じて得られると予想する平均的な所得（これを恒常所得といいます）からより大きな影響を受けると考えられます．

ある年に，そしてその年だけ，政府支出が10兆円増大したとしましょう．人口を1,000万人とすると，10兆円の政府支出の増加による1人当たりの直接的な所得の増加は10万円です．一生のうちある1年だけ10万円の所得の増加があっても，その人の「一生を通じて得られると予想される平均的所得」にはほとんど影響しないでしょう．恒常所得に変化がないのですから，消費は変化しないと考えられます．つまり一度限りの財政拡大は，消費を通じた波及効果をもたないと考えられるのです．すると，一度限りの政府支出の拡大はIS曲線を政府支出の増加という総需要の増加分だけしかシフトさせず，その効果は大きくないことになります．IS曲線を大きくシフトさせるためには，民間が今後も長期的に政府支出は拡大すると予想しなければなりません．しかし，長期的な財政拡大はより多くの財源を必要とすること，多くの人は景気回復後にも拡張的財政が継続するとは考えないであろうことなどから，多くの人がそのように予想するとは思われません．

ただし，人々はもっと多く消費したいと思っているが，情報の非対称性（第5章参照）などの理由により借入ができないためにそれ以上の消費を諦めている，という状況にある場合には，恒常所得仮説は成立しません．このような状況を「流動性制約」といいます．人々が「借りられるならもっと使う」とか「お金があればもっと消費する」という状態で，10万円の追加的な所得が得られるならば，その所得の増加の多くは消費にまわり，財政政策は波及効果をも

つことになります．このように，財政政策が波及効果をもつかどうかは人々が流動性制約状況にあるか否か，またはどのくらいの割合の人が流動性制約状況にあるのかによって大きく変わってきます．

乗数効果への根本的批判――公債の中立命題

　以上の批判は財政政策による IS 曲線のシフトは基本モデルが想定するほどには大きくはないというものでした．さらに，公債発行を伴った財政政策による IS 曲線の変化はもっと小さく，減税については IS 曲線をまったくシフトさせないかもしれないという議論があります．

　最も単純な計算として，2006年に1年満期の国債を発行して X 円だけ減税し，2007年に増税してこの国債を利子込みで $(1+i)X$ 円償還するというケースを考えましょう．2006年の国民は来年増税があることを知っています．このとき，来年の増税に備えて貯蓄をしておこうと考える人は少なくないかもしれません．そのような人は来年の増税に備えて，2006年時点で X 円だけ貯蓄を増やそうとすると考えられます．すると，減税額はそのまま貯蓄にまわるだけで，IS 曲線はまったくシフトせず，減税政策はなんの効果ももちません．これが公債発行による減税の効果が完全に中立的になる場合です．これを公債の「中立命題」といいます．また，不完全雇用下の公債発行を伴った財政支出の拡大も波及効果をもたないため，その乗数は均衡予算乗数と同じように，1になります．

　人々が，将来，増税が確実に行われると予想し，かつ流動性制約下にない場合には，中立命題が成立する可能性は高まります．このような状況では財政政策の効果はゼロか非常に小さくなるでしょう．一方，増税が行われるか否か不確実であったり，まだまださきのことだと予想されたりする場合には，中立命題が成立する可能性は小さくなります．また，人々が流動性制約にある場合には前の4節で説明したように，財政政策による所得の増大が消費を大きく刺激することもあり得ます．

　近年の日本では，財政赤字が続き，国債残高が増加しつづけているため，近い将来，増税は不可避であるという認識が強まっています．そのため，中立命題がより成立しやすくなっているといわれることがあります．

【練習問題】

1. 本章では安定化政策の必要性を説明するために不況の問題点を数多く紹介しました．それらの問題点をまとめ，1990年代の日本経済に当てはまるかどうかを考えてみましょう．また，不況には利点もあると主張されることがあります．不況の利点について考え，そのうえで不況の問題点と利点のどちらが大きいかを考えましょう．

2. 累進所得税にはビルトイン・スタビライザー機能があります．しかし，比例所得税（税率が所得の一定割合，$T=0.2Y$ のような税）についても，安定化の力は弱いものの，ビルトイン・スタビライザー機能があることが知られています．その理由について考えてみましょう．

3. 本章のコラムで取り上げた IS-LM 体系

    IS 曲線：$Y = C + I + G$

    消費関数：$C = 280 + 0.8(Y-T) - 4000i$

    投資関数：$I = 200 - 6000i$

    LM 曲線：$M = 350 + 0.5Y - 3000i$

    において，公債発行による G の1兆円増大と M の1兆円増大はそれぞれ，Y をどれだけ増加させるでしょうか．ただし，公債の中立命題は成立しないと仮定します．

4. 本章のコラムの短期マクロ計量モデルの結果は，練習問題3の財政政策の効果に比べ非常に小さくなっています．より現実に近いモデルでこのように政策の効果が小さくなる理由について5節で学んだポイントに注意して考えてみましょう．

5. 1999年には景気対策の一環として地域振興券の配布が行われました．これは，一定の条件を満たした国民に額面1,000円の地域振興券を1人20枚ずつ，総額6,000億円を贈与という形で交付するというものです．地域振興券が景気刺激策として有効ではない理由を考えてみましょう．

【練習問題のヒント】

1. 不況の問題点については1節をまとめてみましょう．また，不況の利

点についてはシュンペーター（J.A. Shumpeter）の創造的破壊について調べてみましょう．また，その問題点と利点を比べる際の方法についても考えてみると，経済学のよい思考訓練になります．

2．*IS* 曲線がシフトする理由は，需要増加→生産・所得増加→消費需要増加→……というサイクルによります．所得の一定割合が税として徴収されるとき，このサイクルにどのような変化が起きるかを考えてみましょう．

3．G と M に，100 と 101 などの値を代入して Y を計算するのが最も単純な手法ですが，増加幅のみを求めたい場合は，より簡単な方法があります．それが差分式に直すという方法です．すべての式のうち，変化する可能性のある部分だけを取り出しましょう．

IS 曲線：$\Delta Y = \Delta C + \Delta I + \Delta G$

消費関数：$\Delta C = 0.8(\Delta Y - \Delta T) - 4000\Delta i$

投資関数：$\Delta I = -6000\Delta i$

LM 曲線：$\Delta M = 0.5\Delta Y - 3000\Delta i$

ΔX は X の変化を表します．すると，この式を整理して $\Delta Y/\Delta G$，$\Delta Y/\Delta M$ を計算すると G と M がそれぞれ 1 変化したときの Y の変化の幅が求められます．

4．財政政策の効果はその財源を考慮した場合，また消費者の合理的な行動を考えた場合に大きく減殺されます．5 節で紹介した各理論が現代の日本にどの程度当てはまるかを考えて，まとめてみてください．

5．恒常所得仮説を応用して考えてみましょう．地域振興券は一度限りの措置です．また，地域振興券は原則として発行元の市区町村内（主に居住地）だけで使用可能であるため，地域経済の活性化につながると主張されました．これが地域の振興にとって役立ったか否かについても考えてみると面白いでしょう．

第8章

インフレ・デフレと失業

　前章ではマクロ経済の安定化政策の基礎として，物価水準やその予想変化率が固定的な経済モデル——短期経済モデルを考えました．$IS\text{-}LM$ モデルはその構造が明快で，実際の政策への応用も容易であるため，1950年代から60年代にかけて，多くの先進国の政策運営の基礎となりました．しかし，7-5節で紹介したように，モデルの有用性には大きな疑問がもたれています．その疑問を決定づけたのが1970年代のインフレーションです．

　物価水準が変化する状況では，前章の $IS\text{-}LM$ モデルだけで政策を考えることはできません．本章では，より長い時間的視野をもった中期的なマクロ経済モデルを学ぶことによって，インフレーション（以下，インフレと略します）・デフレーション（以下，デフレと略します）と失業に関する経済政策を考えましょう．

1　個別市場価格の決定

　インフレ・デフレの問題を考える際には，個別の財・サービスの相対価格と絶対価格，さらにさまざまな財・サービス（以下では，単に財といいます）の価格を集計した物価水準を分けて考える必要があります．

フローとストックの均衡価格

　1-3節で説明したように，個別市場の価格の決定を考える分析手段は需給

分析です．需給分析のグラフはその財の相対価格と数量の関係を表しています．したがって，需給分析から導かれる価格は相対価格です．超過需要と超過供給に応じて即座に価格が調整されるならば，相対価格は需要曲線と供給曲線の交点で決定されます．このときの相対価格がこの財の均衡価格です．

1-3節の需給均衡分析では，フローの財の価格決定を説明しましたが，株式や土地といった資産（ストック）についても同様に考えることができます．資産を購入しようとするのは「買ったほうが得だから」，売却しようとするのは「売ったほうが得だから」にほかなりません．したがって，需給均衡での資産価格もフローの財・サービスの価格と同じように，「売り手が手放してもよい最低価格」かつ「買い手が支払ってもよい最高価格」の水準に決定されます．

ここでは地価を例に考えましょう．土地所有者は，所有地を持ちつづけたときに得られる利益以上の地価でなければ，その土地を手放そうとはしないでしょう．一方，土地を購入する人は土地を所有することによって将来得られる利益以下の地価でなければ，土地を購入しようとはしません．このように考えると，土地の均衡価格は「その土地を所有したときに，将来得られると予想される利益（以下，「予想利益」といいます）の現在の価値」であることがわかります．

「将来の予想利益」の現時点での価値を計算するためには，現在価値という考え方が必要になります．今日100万円をもらうのと，1年後に100万円をもらうのとでは，ほとんどの人は今日の100万円のほうを望むでしょう．それは，今日100万円もらって，それを国債や預金などで運用すれば，名目利子率をiとすると，1年後に$(1+i)$100万円を得ることができるためです．すると，今日の100万円と1年後の$(1+i)$100万円は同程度の価値があることがわかります．つまり，今日のX円と1年後の$(1+i)X$円は同じ価値なのです．これは1年後のX円と今日の$X/(1+i)$円とは同じ価値だと言い換えることができます．この$X/(1+i)$円を「1年後のX円の現在価値」といいます．1年後のX円の現在価値を求めるときの利子率iを「割引率」といいます．

さて，土地を1年間保有すると，1年間他人に貸せば賃貸料が，自分がそこ

に住めば効用が得られます．これらの賃貸料や効用を金額で表したものをD_1円としましょう．この土地を1年後に売却すれば，P_1円の収入が得られるとします．D_1のような利益をインカム・ゲインといいます．ただし，D_1，P_1といった，土地から得られる収入は国債や預貯金の利子とは異なり不確実なものです．したがって，第5章で学んだように，確実に得られる利益よりもリスク・プレミアム（δ）分だけ高いリターンが期待できなければ，土地を買うインセンティブはありません．そのため，土地を所有することによって得られる収入（D_1+P_1）の現在価値を求めるときの割引率は，利子率iにリスク・プレミアム（δ）を加えたものになります．以上から，将来の予想利益の現在価値である地価（P_0）は，

$$P_0 = \frac{D_1 + P_1}{1 + i + \delta} \tag{8-1}$$

と表されます．（8-1）の現在の地価P_0と1年後の地価P_1との関係は，1年後の地価P_1と2年後の地価P_2との間にも成立します．一般的には，j年後の地価P_jと$j+1$年後の地価P_{j+1}の間にも同様の関係が成り立つため，

$$P_1 = \frac{D_2 + P_2}{1 + i + \delta} \tag{8-2}$$

$$P_j = \frac{D_{j+1} + P_{j+1}}{1 + i + \delta} \tag{8-3}$$

という関係があることがわかります．（8-2）と（8-3）の関係を（8-1）に代入すると，

$$\begin{aligned}P_0 &= \frac{D_1 + P_1}{1 + i + \delta} \\ &= \frac{D_1}{1 + i + \delta} + \frac{P_1}{1 + i + \delta} \\ &= \frac{D_1}{1 + i + \delta} + \frac{D_2 + P_2}{(1 + i + \delta)^2} \\ &= \frac{D_1}{1 + i + \delta} + \frac{D_2}{(1 + i + \delta)^2} + \frac{D_3 + P_3}{(1 + i + \delta)^3}\end{aligned}$$

$$= \frac{D_1}{1+i+\delta} + \frac{D_2}{(1+i+\delta)^2} + \frac{D_3}{(1+i+\delta)^3} + \cdots\cdots$$

$$+ \frac{D_j}{(1+i+\delta)^j} + \cdots\cdots \tag{8-4}$$

と書き表すことができます．ここでさらに，インカム・ゲイン D の予想伸び率を g^e とすると，

$$P_0 = \frac{D_1}{1+i+\delta} + \frac{(1+g^e)D_1}{(1+i+\delta)^2} + \frac{(1+g^e)^2 D_1}{(1+i+\delta)^3} + \cdots\cdots$$

$$+ \frac{(1+g^e)^{j-1} D_1}{(1+i+\delta)^j} + \cdots\cdots$$

$$= \frac{D_1}{i+\delta-g^e} \tag{8-5}$$

となります[1]．(8-5) から，地価は，地代 (D_1) と予想値上がり率 (g^e) が高く，名目利子率 (i) とリスク・プレミアム (δ) が低ければ，高くなることがわかります．地代の代わりに配当を考えれば，(8-5) は均衡株価の計算式になります．「株価や地価の低下に歯止めをかけるためには，低金利が必要だ」といわれることがありますが，この意味は，(8-5) の右辺の i の低下が P_0 の上昇をもたらすことから理解できるでしょう．

すべての財と資産の相対価格が以上のような均衡価格に向けてスムーズに調整されるならば，第Ⅰ部で取り上げたミクロ経済政策と第6章の成長政策および第Ⅲ部で取り上げる所得再分配政策だけが経済政策の課題になります．しかし，価格が経済環境の変化に応じて毎日のように変わる市場は，一次産品，株式市場など，それほど多くありません．多くの市場で，価格は不十分にしか調整されないか，あるいは調整にかなりの時間がかかるのが普通です．これを「価格硬直性または価格粘着性」といいます．

---

[1] (8-5) は初項 $\dfrac{D_1}{1+i+\delta}$，公比 $\dfrac{1+g^e}{1+i+\delta}$ の無限等比級数の和になっています．$-1<r<1$ のとき初項 a，公比 r の無限等比級数の和は $\dfrac{a}{1-r}$ になります．この無限等比級数の和の公式を使うと，(8-5) が得られます．

財の相対価格の硬直性

財市場で，相対価格が硬直的になる原因の1つは，市場分断による価格の硬直化と企業間協調の失敗です．

いま，ある財の市場は独占的競争の状態にあり，各企業はある程度固定的な顧客をもっている——つまり，消費者はおおまかには「どの企業から財を購入するか決まっている」という状況を考えましょう．スーパーマーケットなどでの日用品の購入などをイメージしてみてください．とくに状況が変わらない限り，消費者の購入店舗はだいたいいつも同じです．

ここで，原材料価格が上がったため，A店が財の価格を引き上げるとしましょう．このとき，A店の財と代替的な財を売る他店が価格を据え置けば，A店の財の他店の財に対する相対価格は上昇します．既存の顧客の一部は「値上げをするなら，よその店の価格も調べて，今後もA店から買いつづけるかどうかを決めよう」とするでしょう．このような顧客の一部は，「より安い店」をみつけて，A店から去ってしまう可能性があります．

逆に，原材料価格が下がったため，A店が価格を引き下げる場合はどうでしょうか．もしもいままでの顧客が，価格が下がった割には購入量を増やさなければ，彼らからの売り上げは減少してしまいます[2]．もちろん，この値下げによって新たな顧客を獲得する可能性はあります．しかし，各顧客はすでに他店に「囲い込まれている」ため，A店の値下げに気づいてくれないかもしれません．あるいは，他店がA店の値下げによって大幅に顧客を奪われる恐れがあると思う場合には，他店も対抗して価格を引き下げるでしょう．その場合は，すべての店で価格が引き下げられて，競争がおき，利益が減っただけということになりかねません．値下げをしただけで売上数量はほとんど変わらないことになりますから，収入はかえって落ちてしまいます．

以上から，「値上げをすると客に逃げられ」「値下げをしてもほとんど客は増えない」というわけですから，売り手は価格を上げることにも，下げることにも慎重になります．したがって，顧客の囲い込みが進んでいる市場では，費用

---

[2] 正確に表現すると，いままでの顧客の需要の価格弾力性が1よりも小さければ，価格引き下げにより，A店の売り上げは減少するということです．

の変化といった条件が変化しても，価格の変更は起きにくく，相対価格は硬直的になりがちです．

また，かりにすべての店が同時に値上げまたは値下げしたほうが利益があがる場合であっても「自店だけが値上げ」「自店のみの値下げ」が損失を招くようなケースでは，価格は変更されない可能性があるのです．これを協調の失敗による財の相対価格の硬直性といいます．

実質賃金の硬直性

労働市場における相対価格は実質賃金です．実質賃金はいくつかの理由から均衡水準よりも高い水準で固定的になる可能性があります．これを「実質賃金の下方硬直性」といいます．

実質賃金の下方硬直性を説明する理論の1つに，労働組合の存在に注目するインサイダー・アウトサイダー理論があります．ある企業にすでに雇用されている労働者（内部労働者．インサイダー）を新規採用者（外部労働者．アウトサイダー）で置き換えるためには，訓練費用などのコストがかかります．そのため，労働組合は賃金交渉の際に交渉力をもちます．労働組合は基本的にインサイダーの利益を代表して行動しますから，失業者が多いからといって，賃金を下げてより多くの人が働けるようにしようとは考えないでしょう．インサイダーにとって実質賃金の引き下げは生活水準の低下を意味するからです．インサイダーが実質賃金の低下を避けようとして抵抗すると，実質賃金は均衡水準を上回る水準に決定されます．ここで，実質賃金の均衡水準とは非自発的失業（非自発的失業とはなにかはこの章の3節で定義します）が存在しなくなる実質賃金のことです．

実質賃金の硬直性を説明するもう1つの理論は，情報の非対称性に注目するものです．情報の非対称性が存在する状態では，企業側に実質賃金を高めに設定するインセンティブがあります．もし，労働市場が競争均衡状態にあるとすれば，ある企業で解雇された労働者はすぐに他企業に再就職できます．同じような能力の労働者の賃金がどの企業でも変わらないのであれば，この労働者は「クビになってもいい」と考えるでしょう．そうなると労働者の中には仕事はできるだけ怠け，それが発覚してクビになったらまた別の会社を探せばよいと

考える人が現れるかもしれません．このように労働者に怠けられると，労働者を増やしても，生産の増加には結びつきませんから，企業は給料を払っただけ損することになります．もちろん，企業は労働者にできる限りの力で働いてほしいと考えています．しかし，経営者は労働者が働いた結果をみるだけでは，労働者が怠けたのか，一生懸命働いたのかがよくわかりません．たとえば，ある労働者の営業成績が悪くても，その労働者が怠けたためなのか，その労働者の担当している営業区域の状況が悪かったのかの判別がつきません．つまり，労働者が働いている状況については，労働者と経営者の間に情報の非対称性が存在します．

この場合には，「他社よりもやや高い賃金」で労働者と契約することが効果的です．「よそよりもよい給料を出すから，仕事を怠けてクビになると損だぞ」といって，労働者に怠けずに，よく働くインセンティブを与えようとするわけです．各社が一斉にこのように考えると，マクロ経済全体での平均的な実質賃金は，均衡よりも高めに決まりますから，いま勤めている企業をクビになれば失業してしまいます．実質賃金が均衡よりも高くなれば，賃金の企業間格差はなくても，「クビになれば，失業だ」という脅しが，労働者が「怠ける」ことを防止することになります．

このように，労働者に怠けずに働いてもらうインセンティブを与えるような賃金を「効率賃金」といい，効率賃金の設定により実質賃金が均衡水準より高くなるという考え方を「効率賃金仮説」といいます．

予想実質利子率の硬直性

金融市場においても実質価格の硬直性が生じる場合があります．金融市場における実質価格は予想実質利子率です．予想実質利子率は上方に硬直的（上がりにくくなる）になる場合と，下方に硬直的（下がりにくくなる）になる場合の2つのケースが考えられます．

予想実質利子率の上方硬直性は，第5章で学んだ有限責任制のもとでの危険愛好的行動から発生します．予想実質利子率が上昇すると，負債を抱えた企業はより多くの返済が必要になります．負債を返済できなければ，倒産せざるを得ませんから，借り手は返済が難しくなるにつれて，いままで以上に一か八か

の投資を選択する可能性が大きくなります．したがって，予想インフレ率を一定とすると，名目利子率が高くなるにつれて，その分借り手が危険愛好的行動を選択する可能性も高まります．そこで，貸し手は借り手にこのような危険愛好的行動を選択させないために，名目利子率を低めに設定しようとするでしょう．このとき，一定の予想インフレ率のもとで，予想実質利子率は超過需要がなくなる均衡水準よりも低めに設定されることになります．以上のようにして，金融市場では超過需要のまま，低い予想実質利子率水準が選択されることがあります．

予想実質利子率は下方硬直的になるケースもあります．予想実質利子率は（名目利子率－予想インフレ率）です．ここで予想インフレ率を－2％としましょう．名目利子率をマイナスに設定することはできません．というのは，名目利子率がゼロの現金が存在するからです．名目利子率がゼロの現金が存在している以上，マイナスの名目利子率で資金を貸し出す（この場合は，貸し手が借り手に利子を払うことになります）人はいません．したがって，名目利子率はマイナスにはなり得ず，ゼロが下限になります．そのため，予想インフレ率が－2％であれば，予想実質利子率は2％が下限になります．これは，「名目利子率のゼロ制約問題」と呼ばれます．

名目価格の硬直性

需給均衡分析で説明されるのは相対価格・実質価格です．財市場では，他の財や物価と比較した財の価格（ある財の価格÷物価など），労働市場では実質賃金（名目賃金÷物価），金融市場では予想実質利子率（名目利子率－予想インフレ率）がそれに当たります．

しかし，その一方で，特殊な物価スライド契約を除けば，ほとんどの契約は名目値で行われます．したがって，各市場で，需給が変動するときに，新たな均衡に向かって変化するのは名目価格です．これは，リンゴ以外の財の価格を一定として，リンゴに超過需要がある場合にはリンゴの名目価格が上昇することにより，リンゴの価格とその他の財との相対価格あるいはリンゴの価格と物価との比である実質価格が均衡水準に近づいていくということです．

これまで説明してきた価格の硬直性は，相対価格あるいは実質価格の硬直性

ですが，財の名目価格や名目賃金などの名目価格が硬直的になる場合があります．

名目価格が硬直的になる第1の理由は，メニュー・コストの存在です．財の価格を改定するには，カタログの改訂や契約様式の改変などのコストが必要です．需要の価格弾力性が小さい市場ほど，状況に応じて細かく価格を変化させることの利益は小さくなります．そのような市場では，価格変化の便益がメニュー・コストを下回ることが多いため，名目価格が硬直的になりやすくなります．

第2の理由は長期契約です．情報の非対称性が存在する市場では，危険回避者は安定的な取引を望みます．その場合には，いったん長期的な契約として決定した名目価格はしばらくの間変更できないか，変更するためには大きな違約金が必要になるため，名目価格変更は事実上不可能になります．その結果，経済環境に変化が生じても名目価格は硬直的になります．日本では，一般に，正社員の名目賃金は年に一度しか改定されません．また，企業間取引などにおいても年単位で固定的な契約が交わされるケースがあります．

このような名目価格の硬直性の諸原因の存在は，名目価格の変化が完全になくなってしまうことを意味するわけではありません．しかし，メニュー・コストや長期契約の存在は，経済状況が変化したときに，需給均衡価格へ向けての実質価格の調整が不十分になる要因になります．

2 物価水準の決定

個別の財の価格の決定は，需給均衡，実質価格の硬直性，および名目価格の硬直性などの影響を受けます．それでは，個別の価格を集計した物価水準はどのようにして決まるのでしょうか．

物価の決定を考えるためには，物価とはなにかを定義しておく必要があります．第1章で述べたように，物価は「ある財の組み合わせ」の購入に必要な額です．たとえば，消費者物価は「日本人が1年間平均的な生活を送るための生計費」を表します．ある年の1年間の生計費が200万円であるとしましょう．これは1円で，1年間の生計費のうちの200万分の1をまかなえることを意味

します.言い換えれば,1円の価値は「日本人の平均的な1年間の消費の200万分の1の価値」に等しいということです.これから,貨幣価値は物価の逆数になることがわかります.逆に,物価は貨幣価値の逆数です.以上から,物価と貨幣の間には密接な結びつきがあることが推測されるでしょう.

貨幣数量説

ある対象の価値は稀少なほど高くなり,豊富なほど低くなります.これから,貨幣の量が少なくなれば,貨幣の価値は上昇し,その逆数である物価は低下すると考えられます.これを最も単純に適用した物価決定理論が「貨幣数量説」です.

貨幣の量・物価・実質GDPの間には,次のケンブリッジ方程式と呼ばれる貨幣の需給均衡式が成立します.

$$M = kPY \qquad (8-6)$$

Mは貨幣供給量,Pは物価水準,Yは実質GDP,PYは名目GDPです.ここで,kはマーシャルのkと呼ばれます.(8-6)の左辺は貨幣供給を,右辺は貨幣需要を表します.貨幣数量説では,貨幣需要は名目GDPの一定割合kに等しいと前提されています.

いま,すべての財の価格が伸縮的で,各市場では常に均衡価格が成立しているとしましょう.この場合には,労働市場では,その市場で決まった賃金で働きたい人はすべて働いているという意味で,完全雇用が成立します.実質GDPは,マクロの生産関数における雇用量が完全雇用量に等しくなるときの実質GDPの水準に決定されます.したがって,実質GDPは貨幣市場の影響を受けません.このようにして決まった実質GDPを「完全雇用GDP」といいます.以下では,完全雇用GDPをY_Fで表します.

単純な貨幣数量説では,kは,人々が安全資産の代表である貨幣をどの程度保有したいと考えるかといった個人の選好や,その時点の銀行の利便性などから外性的に決定され,名目利子率には依存しないと考えられています.

(8-6)から,次の物価決定式が得られます.

$$P = \frac{M}{kY} \tag{8-7}$$

このような状況で，貨幣供給量 M を増加させると，家計や企業は増えた貨幣で財を購入しようとします．しかし，(8-7) の右辺の分母の Y は Y_F のまま増えず，k も変化しないため，物価だけが (8-7) の右辺の M の増加率と同じだけ上昇します．言い換えると，貨幣供給量の変化率とインフレ率は完全に一致します．

予想物価水準と不十分な価格調整

(8-1) からわかるように，将来時点での価格（(8-1) では P_1）が高いと予想される資産の価格は現在でも高くなります．これから，資産価格は現在の供給量だけではなく，将来の予想価格からも影響を受けることがわかります．

同様に，現在の物価も予想される将来物価から影響を受けます．たとえば，米の不作が予想されると，将来，米が不足してその価格が高くなると予想されるため，収穫前であっても，現時点で，米価は上昇してしまいます．これと同じように，物価が上昇すると予想されるならば，現在の物価も上昇するでしょう．逆に，将来，物価が低下すると予想されるならば，現在の物価も低下すると考えられます．

上で述べたように，現在の物価は現在の貨幣供給量の影響を受けます．同様に，将来の物価は将来の貨幣供給量の影響を受けます．以上から，現時点で予想される将来の貨幣供給量が，現時点で予想される将来の物価（以下，予想物価といいます）に影響し，その予想物価が現在の物価に影響することになります．結局，現在の物価は，現在の貨幣供給量だけでなく，将来の貨幣供給量の予想値の影響も受けることになります．

前項では，すべての市場で価格がスムーズに調整されるケースを考えましたが，実際にはそうとは考えられません．第 7 章で述べましたが，実際の GDP が同時点での完全雇用 GDP を超えている状態をインフレ・ギャップ，下回る状況をデフレ・ギャップと呼びます．価格が硬直的である場合には，このような需給ギャップはある程度の期間続く可能性があります．

たとえば，経済にインフレ・ギャップがある状態では，供給能力に比べ需要

は過大になっています．現在の超過需要は現在の物価の上昇をもたらしますが，この物価上昇によって現在の超過需要が解消されない場合には，将来も需要超過が続くと予想されるでしょう．その場合には，将来，さらに物価は上昇すると予想されるでしょう．将来，物価が上昇すると予想されると，現在の物価にも上昇圧力がかかり，実際に，現在の物価は上昇します．

逆に，デフレ・ギャップが存在する場合には，現在の超過供給による物価低下に加えて，現時点で予想される将来の物価低下による物価低下圧力も働くことになります．

以上のようなメカニズムを通じて，現在の需給ギャップも現在の物価に影響を与えると考えられます．

以上の関係をまとめると，現在の物価水準は，現在の貨幣供給量，現在予想される将来の貨幣供給量，現在の需給ギャップなどにより決定されることになります．

インフレ率の決定

上では，物価水準がどのように決定されるかを説明しました．そこで次に，物価の変化率であるインフレ率がどのように決定されるかを説明しましょう．(8-7)を変形すると，

$$\frac{\Delta P}{P} = \frac{\Delta M}{M} - \frac{\Delta Y}{Y} - \frac{\Delta k}{k} \qquad (8-8)[3]$$

という関係が得られます．

単純な貨幣数量説が成立する世界では，k が一定であることに加え，すべての価格が均衡に向けてスムーズに調整されるため，Y は常に完全雇用GDP (Y_F) に等しいと想定されます．さきに説明したように，このとき，金融緩和政策による M の増加は同率のインフレを発生させます．また，(8-8)からわかるように，供給能力の増大 ($\Delta Y/Y > 0$) による完全雇用GDP (Y_F) の増加は，同率の物価下落を発生させます．

次に，単純な貨幣数量説とは違って，マーシャルの k が一定ではなく，名目

---

[3] 差分式への変形については第6章の脚注4参照．

利子率に依存するケースを考えてみましょう．(8-6) の右辺は貨幣需要を表しますから，k が名目利子率に依存することは，貨幣需要が名目利子率に依存することを意味します．そこで，k を表す式 ($k = M/PY$) に第 7 章で学んだ貨幣市場の短期均衡条件 $M/P = L(Y, i)$ を代入すると，

$$k = \frac{L(Y, i)}{Y} \tag{8-9}$$

となります．(8-9) からマーシャルの k の変化率を求め，それを (8-8) に代入すると，$\pi = \Delta P/P$ として，

$$\frac{\Delta k}{k} = \frac{\Delta L}{L} - \frac{\Delta Y}{Y} = a\frac{\Delta Y}{Y} + b\frac{\Delta i}{i} - \frac{\Delta Y}{Y} \tag{8-10}^4$$

$$\pi = \frac{\Delta M}{M} - \frac{\Delta Y}{Y} - \left(a\frac{\Delta Y}{Y} + b\frac{\Delta i}{i} - \frac{\Delta Y}{Y}\right)$$

$$= \frac{\Delta M}{M} - a\frac{\Delta Y}{Y} - b\frac{\Delta i}{i} \tag{8-11}$$

となることがわかります．なお，a は実質貨幣需要の実質所得弾力性を，b は実質貨幣需要の名目利子率弾力性を表しています．a の符号は正，b の符号は負です．

　価格が硬直的な経済では，Y は常に Y_F に一致するとは限らず，可変的になります．(8-11) が成立している状態で，金融緩和政策が実施され，M が増加したとしましょう．第 7 章で説明したように，M の増加は名目利子率を低下させますから，そのとき，予想インフレ率が変化しなければ，予想実質利子率は低下します．予想実質利子率の低下により，消費と投資が増加します．消費・投資需要の増加は物価を上昇させるでしょう．このとき，名目賃金が硬直

---

4 ──貨幣需要関数 $L = L(Y, i)$ を全微分すると，

$$dL = \frac{\partial L}{\partial Y}dY + \frac{\partial L}{\partial i}di$$

になります．ここで，両辺を L で割ると，

$$\frac{dL}{L} = \frac{\partial L}{\partial Y}\frac{Y}{L}\frac{dY}{Y} + \frac{\partial L}{\partial i}\frac{i}{L}\frac{di}{i}$$

となることがわかります．ここで，実質貨幣需要の実質所得弾力性を $a = \frac{\partial L}{\partial Y}\frac{Y}{L}$，実質貨幣需要の名目利子率弾力性を $b = \frac{\partial L}{\partial i}\frac{i}{L}$ とすると (8-9) が得られます．

的であれば，実質賃金が低下するため，雇用が増え，それに伴って実質GDPも増加します．

このように価格（上の例では，名目賃金）が硬直的な経済では，Mの増加はインフレ率（π）の上昇と実質GDP（Y）の増加，および名目利子率（i）の低下を引き起こすと考えられます．逆に，Mの減少はπの低下とYの減少，iの上昇を引き起こすでしょう．以上から，貨幣・物価・実質GDPの間には正の相関関係が観察されることになります．

なお，名目利子率のゼロ制約といった利子率の硬直性が重要な局面ではマーシャルのkの決定はさらに複雑になります．名目利子率のゼロ制約の問題は第9章で取り上げることにしましょう．

3 物価の変化と労働市場

フィリップス曲線

上で述べたように，一部の市場に価格硬直性がある場合には，貨幣供給量・実質GDP・物価水準の間には正の関係があります．これは，「貨幣の増加率・経済成長率・インフレ率の間に理論的には正の関係が存在する」と言い換えることもできます．

このような現象を表すのがフィリップス曲線（Philips Curve）です．当初，フィリップス曲線は，横軸に失業率，縦軸に名目賃金の上昇率を取ると右下がりの曲線になるという実証的発見でした．しかし，名目賃金の上昇率とインフレ率との間には密接な関係があるため，失業率とインフレ率の間にも同様の関係があることから，現在では，横軸に失業率，縦軸にインフレ率を取ったときの両者の関係を「フィリップス曲線」と呼ぶことが多くなっています．図8-1(a)は概念上のフィリップス曲線，図8-1(b)は1960年以降のデータを用いて描かれた日本のフィリップス曲線です．

フィリップス曲線によると，失業率を低下させるためには，インフレ率の上昇が必要であり，インフレ率を低く抑えるためには，失業率の上昇が避けられません．つまり，失業率とインフレ率との間にはトレード・オフの関係があります．このとき，経済政策当局は，適切なインフレと失業の組み合わせを決定

図8-1(a) フィリップス曲線

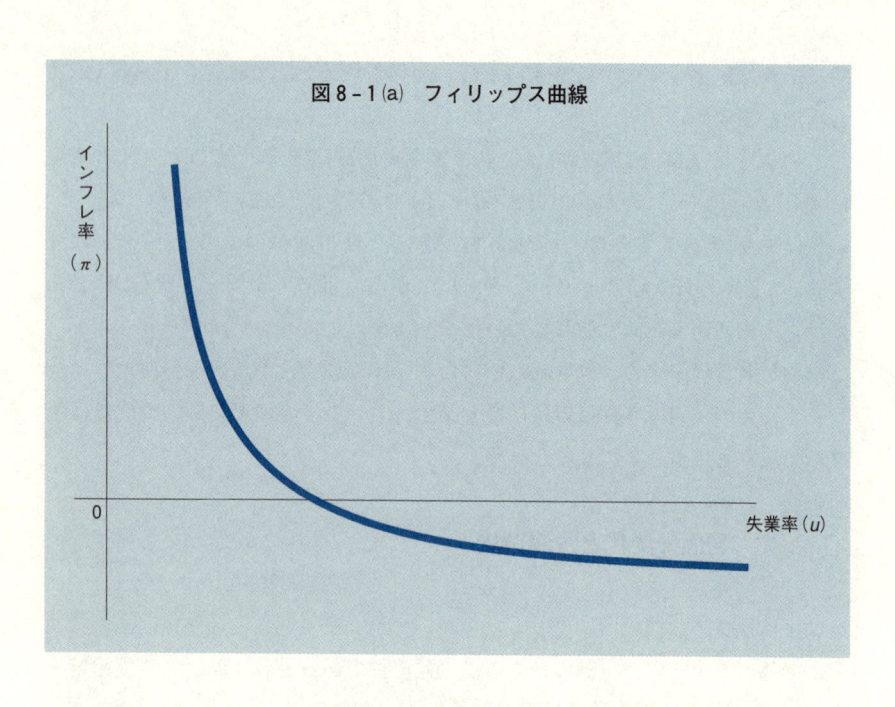

図8-1(b) 日本のフィリップス曲線（1960～2004年）

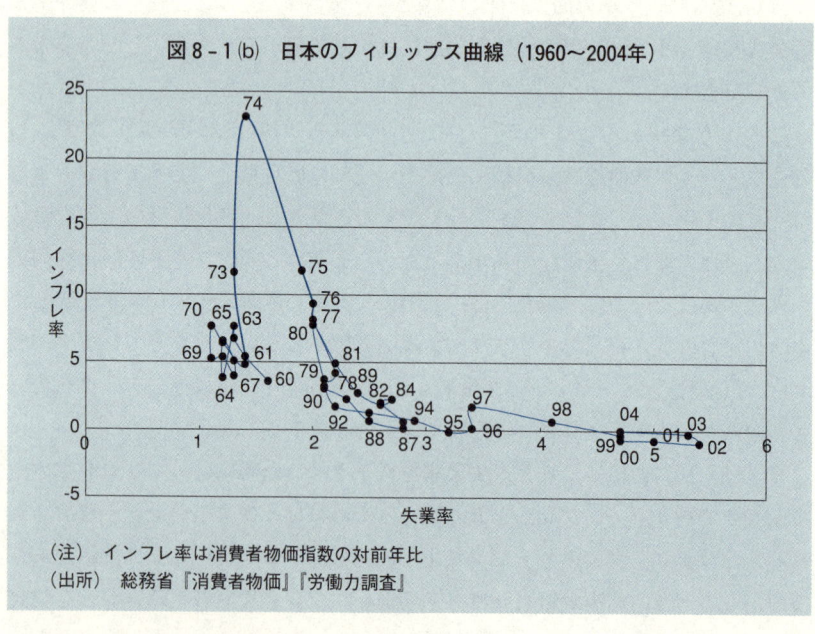

（注） インフレ率は消費者物価指数の対前年比
（出所） 総務省『消費者物価』『労働力調査』

し，それを達成するように金融政策を運営すればよいこととなります．

また，実質 GDP は資本サービスと労働から生み出されますから，失業率の上昇は実質 GDP の減少要因，失業率の低下は実質 GDP の増加要因です．したがって，フィリップス曲線が成立していれば，インフレ率の上昇は失業率の低下をもたらすことにより，実質 GDP を増大させることになります．このことから，フィリップス曲線は中期的なマクロ経済の安定化政策の出発点として重視されてきました．

しかし，フィリップス曲線を利用した中期的な安定化政策が有効になるためには，いくつかの条件があります．さらに，フィリップス曲線に示されるインフレ率の上昇による失業率の低下が，経済厚生の低下を招くこともあり得る点にも注意が必要です．

失業の定義

フィリップス曲線を利用した安定化政策の有効性を考えるために，初めに失業とはなにかを定義しておく必要があります．公式統計における完全失業率は，経済学上の失業率とは同じものではありません．

労働力には上限があります．たとえば，すべての労働可能な人が体力の限界まで就労している場合，それ以上の労働投入は不可能です．このような労働力の上限を L_X としましょう．図 8-2 の L_D と L_S はそれぞれ，労働需要曲線と労働供給曲線です．

ここで，図 8-2 のように，労働市場で実質賃金が高止まりしており，労働市場に超過供給が存在する場合を考えましょう．この労働の超過供給は $(W/P)_0$ で働くつもりがあるにもかかわらず，職を得ることができない状態にある失業であるという意味で，非自発的失業と呼ばれます．一方，$(W/P)_0$ での労働供給量を超える部分，図中の $L_X - L_{S0}$ の部分は「現行の賃金水準では労働を供給する気にならない」という意味で自発的失業と呼ばれます．

経済政策で問題になるのは非自発的失業です．自発的失業は，すべての人には働きたくなければ働かない権利があるため，これを経済政策によって拡大・縮小することは効率性の観点から望ましいとはいえません．

失業には非自発的失業・自発的失業のいずれにも当てはまらない摩擦的失業

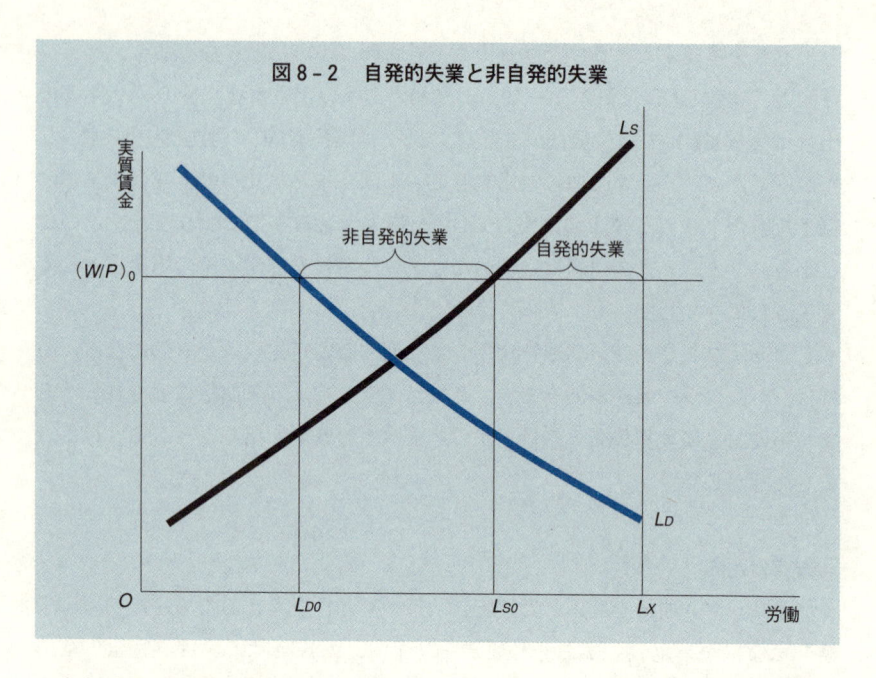

図8-2 自発的失業と非自発的失業

縦軸：実質賃金 $(W/P)_0$、横軸：労働
曲線：L_S（労働供給）、L_D（労働需要）
横軸上の点：L_{D0}、L_{S0}、L_X
区間：L_{D0}〜L_{S0}＝非自発的失業、L_{S0}〜L_X＝自発的失業

があります．労働市場は他の市場に比べ分断された市場であるといわれます．労働者個人の特性や求人条件などから，求人が1件と求職活動の人が1人いても，両者がすぐに結びつくとは限りません．たとえば，北海道の炭坑で鉱山技術者が1人失業し，同時に東京で生命保険の営業マンの求人が1件あったとしましょう．この求職・求人が即座に結びつく可能性はきわめて小さいと考えられます．自動車の営業マンが生保の営業に転職し，自動車の工場労働者が営業に配置転換され，自動車工場での求人が発生し……といった回り道を経て，ようやく鉱山技術者が就業可能な求人が生まれます．したがって失業者は自分が就労可能な求人を探すというサーチ活動に時間を割かなければなりません．このような職探しの間の失業を摩擦的失業といいます．

一方，公式統計の「労働力調査」における完全失業率では，自発的失業，非自発的失業および摩擦的失業の区別はされていません．この統計では，満15歳以上で，就業を希望しつつ，現在求職活動をしている失業者のことを完全失業者と呼びます．満15歳以上で就業している人と完全失業者の和を労働力人口といいます．完全失業率はこの労働力人口に占める完全失業者の割合です．

この完全失業者には非自発・自発・摩擦的失業者が混在しています．たとえば，求職活動をしているか否かは自己申告のため，現在の失業状態が自発的か非自発的かはわかりません．また，年齢・性別などの条件により就職が困難であると判断した人は，求職活動自体を諦めてしまうかもしれません．このような人は求職意欲喪失者と呼ばれ，統計上は労働力人口から除かれます．しかし，求職意欲喪失者の中には非自発的失業が含まれていると考えられます．
　このように，失業統計には多くの問題があると指摘されていますが，統計上の完全失業者数と経済学的な非自発的失業者数の間には強い相関関係があると考えられるため，非自発的失業率の動向を知るうえで，完全失業率は大きな重要性をもっていると考えられます．そこで問題は，完全失業者は自発的失業と非自発的失業のいずれとより強く相関しているかという点です．

ケインジアン的解釈

　ケインジアン[5]は統計データから導かれたフィリップス曲線における失業率の変化は，主に非自発的失業の変化であると考えます．この章の1節で説明したように，実質賃金（W/P）は労働組合の交渉力や，効率賃金の設定によって需給均衡水準よりも高く設定される可能性があります（図8-2での$(W/P)_0$）．さらに賃金交渉は頻繁には行えないため，名目賃金（W）はある一定期間変化しません．
　インフレの発生は物価水準Pの上昇を意味しますが，そのとき，ケインジアンが想定するように，名目賃金（W）が硬直的であれば，実質賃金（W/P）は低下します．均衡水準よりも高止まりしていた実質賃金が低下する結果，企業の雇用需要が増加して，非自発的失業は減少します．逆に，デフレが生じたときには，名目賃金が下方に硬直的であれば，実質賃金が上昇するため，非自発的失業は増加するでしょう．これが，フィリップス曲線が右下がりになる原因であると考えられます．
　しかし，インフレはいつまでも失業を減少させるとは限りません．大幅なイ

5——本書では，1970年代後半に始まるミクロ的基礎をもった新しいケインズ経済学（New Keynesian Economics）の解釈を，「ケインジアンの解釈」と呼びます．

ンフレの発生は実質賃金を大幅に低下させます．その結果，実質賃金が均衡水準に到達し，非自発的失業が消滅する可能性があります．非自発的失業が消滅すると，インフレ率が上昇してもそれ以上に失業率が低下するとは考えられません．インフレ率の上昇による失業率低下の効果はしだいに小さくなっていくのです．失業率が非常に低い水準では，インフレ率が上がってもほとんど失業率を低下させる効果はなくなるでしょう．これがフィリップス曲線の左側で傾きが急になる理由です．

なお，フィリップス曲線における失業を非自発的失業として考えると，他の状況を一定として，失業率はできる限り低いほうが望ましいことになります．しかし，中央銀行は統計上の失業率が何％になったら非自発的失業がゼロになるかを知ることが困難なため，金融を緩和しすぎて，失業率が下がらないまま，インフレ率だけを引き上げてしまう可能性があります．この可能性については，次に，新古典派的解釈を説明しながら触れることにします．

新古典派的解釈

一方，フィリップス曲線の新古典派的な解釈では，労働市場において名目賃金は比較的スムーズに調整されるため，インフレ率の変化による失業率の変化は主に自発的失業の増減であると考えられます．この考え方では，労働市場は当初，図8-3のA点で均衡状態にあります．

新古典派によるインフレ率の変化による自発的失業の変化は次のように誤った予想を前提として説明されます．いま，名目賃金が一定であれば，インフレ率の上昇は実質賃金を低下させます．しかし，個別労働者はインフレの発生に気づかない可能性があります．この場合には，物価（P）の上昇によって実質賃金（W/P）が低下しても，その事実に気がつきません．インフレが発生したときに，労働者がインフレ率に関して予想を誤ると，彼らは企業側が提示する名目賃金を物価で割った実質賃金を，本当の物価で割った実質賃金よりも高いと勘違いしてしまいます．このとき図8-3のように，縦軸に名目賃金を取った労働供給曲線は右にシフトし，雇用量はL_Bに増加し，自発的失業は減少します．インフレにより統計上の失業率が低下するのは，このような自発的失業率の低下のためであると考えます．逆に，デフレのときには労働者は物価

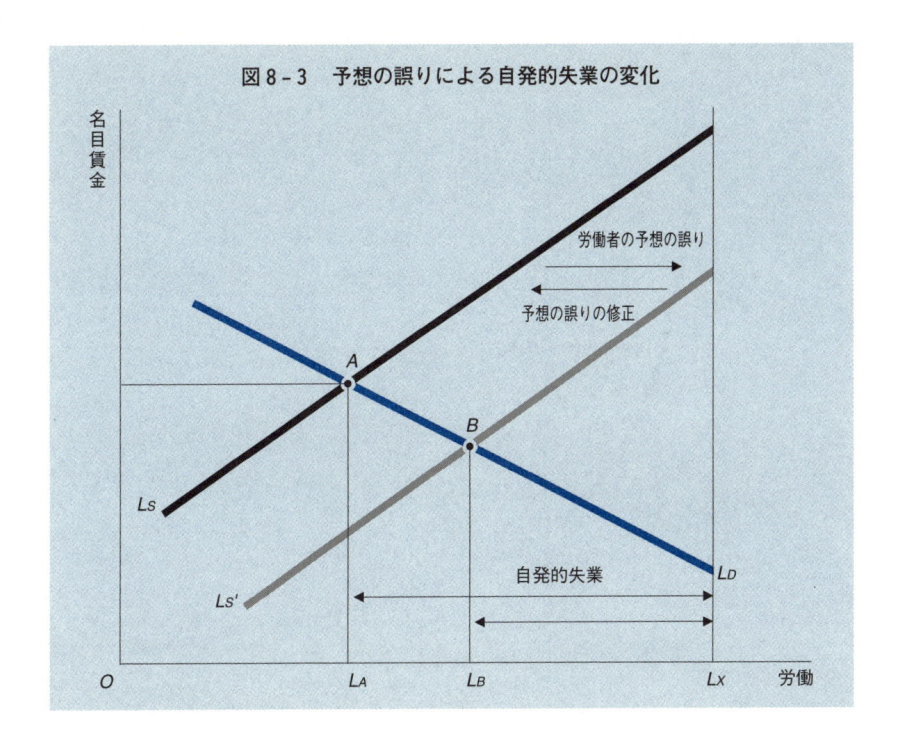

図8-3 予想の誤りによる自発的失業の変化

の下落に気づかずに，実質賃金を実際よりも低いと誤って認識するため，自発的失業は増加します．以上の結果，フィリップス曲線は右下がりになります．

しかし，大幅なインフレに対しては多くの労働者が「インフレが発生している」ことに気づくでしょう．このとき，労働者の予想の誤りは修正されます．これが，高率のインフレには失業率低下の効果がなく，フィリップス曲線の左側の傾きが急になる理由です．

さらに，労働者は一時的には物価の上昇に気がつかずに，実質賃金が上昇したと勘違いしますが，しだいにその誤りに気づき，インフレ予想を修正するようになるでしょう．その結果，労働供給曲線は労働者が誤った予想をする前の状態に戻っていきます．この元の状態に戻る過程で，インフレ率は高いにもかかわらず，失業率は上昇するというスタグフレーションが発生します（図8-4）．

他の状況が一定ならば，長期的には予想の誤りは消滅し，失業は図8-3の

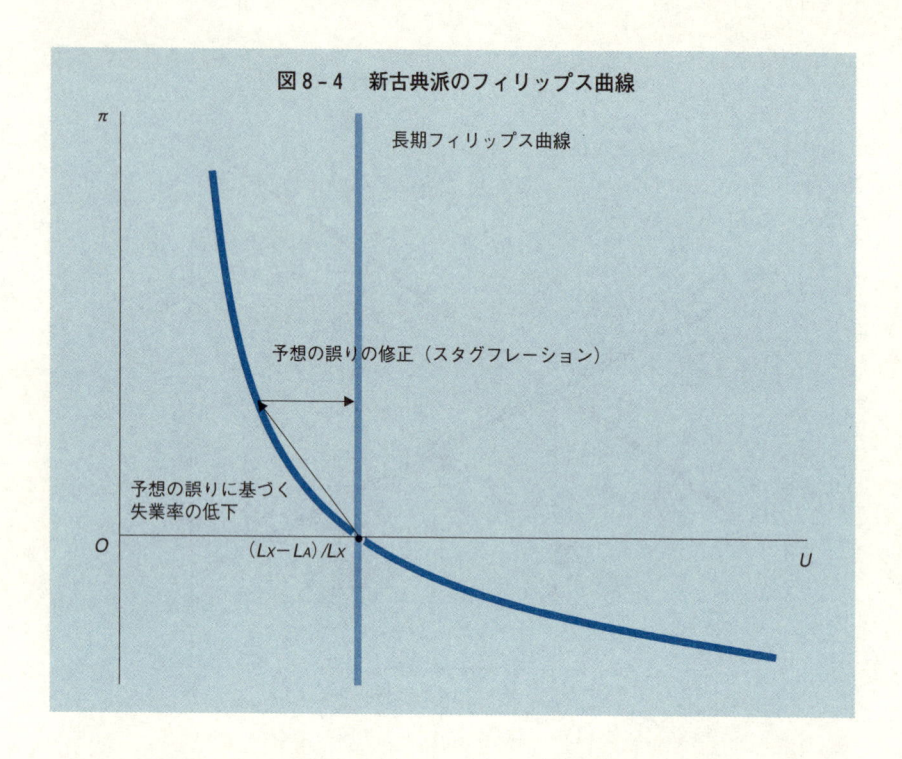

図8-4　新古典派のフィリップス曲線

長期フィリップス曲線

予想の誤りの修正（スタグフレーション）

予想の誤りに基づく失業率の低下

$(L_X - L_A)/L_X$

$(L_X - L_A)$ に落ち着くでしょう．このように考えると，長期的にはインフレ率にかかわらず，失業率は $(L_X - L_A)/L_X$ です．したがって，長期的にはフィリップス曲線は失業率 $(L_X - L_A)/L_X$ で垂直になると考えられます．

このようなインフレと失業の関係に関する仮説を，「予想の誤認仮説」といいます．

実際の経済では，自発的失業に加えて摩擦的失業が存在します．したがって，そのときの経済状況における自発的失業率と摩擦的失業率の合計の水準で，フィリップス曲線は垂直になるでしょう．このときの失業率を「自然失業率」，または「構造的失業率」といいます．

このように，フィリップス曲線におけるインフレと失業の関係を自発的失業の変化としてとらえるならば，失業率の高低は政策目標にはなりません．自発的に失業するのは各人の自由だからです．さらに一時的には，金融緩和政策によりインフレ率を引き上げて失業率を下げることができても，いずれ失業率は

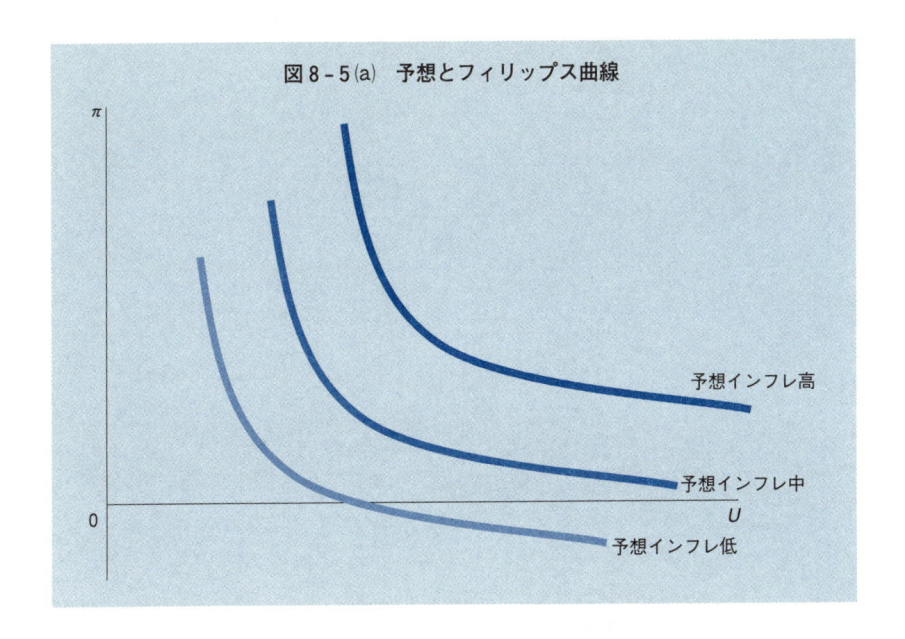

図8-5(a)　予想とフィリップス曲線

予想インフレ高
予想インフレ中
予想インフレ低

元に戻ってしまいます．このとき，マクロ経済政策の目標はインフレ率を低く抑えることだけになるでしょう．

予想とフィリップス曲線

予想の誤認仮説では，労働者がインフレの発生を正確に把握しないことから右下がりのフィリップス曲線が導かれます．しかし，労働者を含めすべての経済主体は自分のもつ情報の範囲内でできる限り正確に状況を把握し，将来を予想すると考えられます．このような行動をモデルの形で表現したものが合理的予想形成[6]です．

近い将来，大幅な金融緩和政策がとられて，インフレ率が上昇することが前もって労働者に予想されていれば，予想の誤りは発生しません．したがって，新古典派的な解釈に従うと，予想されたインフレ・デフレに関しては，短期的

6——日本では，合理的期待というのが普通ですが，期待には「よいことを待ち受ける」という含意がありますので，本書では，期待といわず，予想という中立的な言葉を使用します．

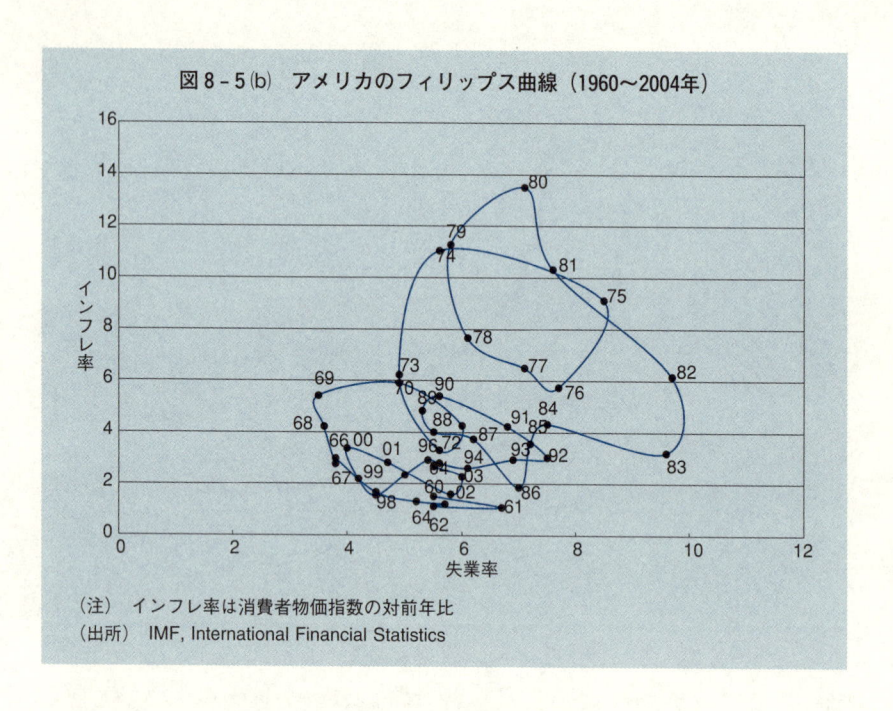

図8-5(b) アメリカのフィリップス曲線（1960〜2004年）

（注）インフレ率は消費者物価指数の対前年比
（出所）IMF, International Financial Statistics

にも図8-4のような垂直なフィリップス曲線が描かれます．

予想インフレ率が3％のときに実際に3％のインフレが発生しても予想の誤りは生じません．一方，実際には，4％のインフレが発生すれば1％分の誤った予想による労働供給の増加が生じ，失業率は低下します．逆に，インフレ率が2％で予想を下回ったときには，1％分の誤った予想によって失業が増加すると考えられます．このようにフィリップス曲線は予想インフレ率に応じてその位置が変化します（図8-5(a)）．図8-5(b)はアメリカの失業率とインフレ率の関係ですが，フィリップス曲線の位置が時期ごとに大きく変わっていることがわかるでしょう．

ケインジアン的な解釈においても，予想は重要な役割を果たします．予想インフレ率が高い場合には，あらかじめ高めの実質賃金が設定されるでしょう．たとえば，賃金改定が年に1回しか行われない場合に，年率3％のインフレが

7——実際は割引率などの関係からもう少し低めの設定が行われると考えられます．

予想されるならば，前もって3％ほど高めの賃金を契約すると考えられます[7]．このような契約方式では，1年間を平均してみるとインフレによる実質賃金低下は起きていないことになります．その結果，予想されたとおりのインフレが発生しても，実質賃金は下がらず，雇用は刺激されない可能性があります．したがって，予想インフレ率が高いときには，それ以上インフレ率が高くならなければ，雇用を刺激する効果はありません．その結果，ケインジアン的な解釈においても図8-5(a)のように，予想インフレ率が高いほどフィリップス曲線は上方にシフトします．

このように合理的な予想を前提にすると，雇用を刺激する効果があるのは予想されないインフレだけであることになります．このとき，新古典派的解釈とケインジアン的な解釈の違いは「インフレが予想される時点」の問題になります．

200Y年の6月に，すべての経済主体が「今後毎年X％のインフレが起きる」という予想をもったとしましょう．そして，実際に翌年の6月までに物価がX％上昇したとします．新古典派的な解釈に従うと，名目賃金はインフレを予想して前もってX％だけ高く契約されていますから，インフレ率が予想通りであれば失業率はまったく変化しません．

しかし，ケインジアン的な解釈に従うと，200Y年6月時点で新たに契約される名目賃金は予想インフレ率分を考慮して契約されますが，200Y年6月より前に設定された労働者の名目賃金に関しては，急に変更できません．そのため，企業にとっての労働者全体の平均的な実質賃金はインフレ率の上昇によって低下します．そのため，200Y年6月に賃金契約する新たな労働者の雇用は増えるでしょう．その結果，平均的な実質賃金の低下が生じ，失業は減少することになります．ケインジアン的な解釈では，経済政策実行のかなり前の段階でインフレが予想されていない限り，インフレは雇用を刺激し得るのです．

また，伝統的なケインジアンが重視したように，賃金の改定を予想インフレ・デフレに完全に連動させることは難しいかもしれません．これは，名目賃金の引き下げに対する労働組合の抵抗が強いためです．本章の4節で説明するデット・デフレーションのように，毎月の支払額が一定のローンを抱える労働者が多い場合には，賃金額の低下は労働者の生活を大きく悪化させることにな

NEET問題と経済政策

　日本の労働市場では，NEET（Not in Employment, Education or Training）が問題になっています．語源はイギリスの社会政策に関する専門用語で，雇用されておらず，教育・職業訓練を受けているわけでも，求職活動中でもない15歳から34歳の未婚者を指します（専門用語のため，イギリスでは日本のように一般的に知られている単語とはいえません）．

　厚生労働省では15歳から34歳の非労働力人口のうち，①学卒者，②学籍はあるが実際に通学していない人，③未婚で家事・通学をしていない人，④既婚者で家事をしていない人を若年無業者と定義しています．内閣府ではこれに家事手伝いを加えたものを日本版NEETと定義します．厚労省の定義では64万人（2004年），内閣府の定義では85万人（2003年）にのぼるといわれます．なお，完全失業者は労働力人口に含まれているため，日本版NEETの定義とは重なりません．ちなみに，完全失業者数は310万人（2004年）です．厚生労働省の定義によるNEET数と完全失業者数の推移は図のようにまとめられます．NEET数の推移で特徴的なのは，2000年以降に急増している点です．これは完全失業者数が長期的な不況の深刻化とともに徐々に増加し，2003年の景気改善以来減少しているのとは好対照といってよいでしょう．

　NEETはなぜ増加したのでしょう．第1の仮説は，NEETを非自発的失業ととらえる考え方です．非自発的な失業が長期化すると，「就職活動をしてもどうせ採用されない」と考えて求職活動をやめてしまうでしょう．完全失業者の一部が求職意欲喪失者化したことで，統計上はNEETにカウントされるようになったというわけです．第2の仮説は，近年の経済構造変化によって若年層における摩擦的失業が増大したことがNEETの増大を招いているというものです．摩擦的失業の長期化によって求職意欲喪失者化したということです．第3の仮説は，「働く気になれない」「働きたくない」「働く必要がない」若者の増加がNEETを増大させているという考え方です．つまりは，NEETは自発的失業であると考えるのです．

　第1の仮説に従うと，NEETを減少させるためには景気を回復させればよいことになります．景気回復により職に就くことが容易になれば求職意欲喪失者は再び労働力人口に復帰するでしょう．第2の仮説に従うならば，経済政策の役割は適切な再訓練・再教育制度の整備です．

　しかし，「NEETが問題である」と考えるとき多くの人の念頭にあるのは第3の仮説でしょう．とくに「最近の若者は怠惰で勤労意欲がない」「心理的に弱くて働くことが困難なものが多い」という文脈で「NEET問題」が取り上げられることも少なくありません．しかし，第3の仮説にはいくつかの問題があります．第1に，2001年から2002年の間に若者の性格が急に変わって怠惰になったり，心理的な

問題を抱えるようになったと考えることには無理があるでしょう。

また、NEETが自発的失業に起因する問題であるならば、NEET問題に関して経済政策の仕事は少ないということになります。「働きたくない」人を「無理やり働かせる」のは経済厚生の観点から（さらには民主主義的な観点からも）望ましいこととはいえません。ただし、かつてのイギリスで問題になったように手厚い社会保障が「働かなくても公的な支援があるから働かない」という制度へのただ乗りが生じている場合は話は別です。しかし、日本では失業保険は一定期間以上継続して勤務した場合しか受給されず、その給付期間も諸外国に比べて短期的です（多くの若者は3カ月だけ）。生活保護制度も、実際に「労働の能力」を有するにもかかわらず働く意思のない場合には給付されませんし、将来の年金受給も掛け金を支払っていないと受けられません。

もちろん少なからぬ若者が心身的な問題から労働参加できない状態にあるということは非常に大きな問題です。その改善のためにはさまざまな努力が必要です。しかし、それらがいまの若者に特有の現象（または病気）であるという理解や、すべての若者にとっての問題であると結論するのは早計でしょう。NEET問題とその政策的措置は慎重に検討しなければなりません。

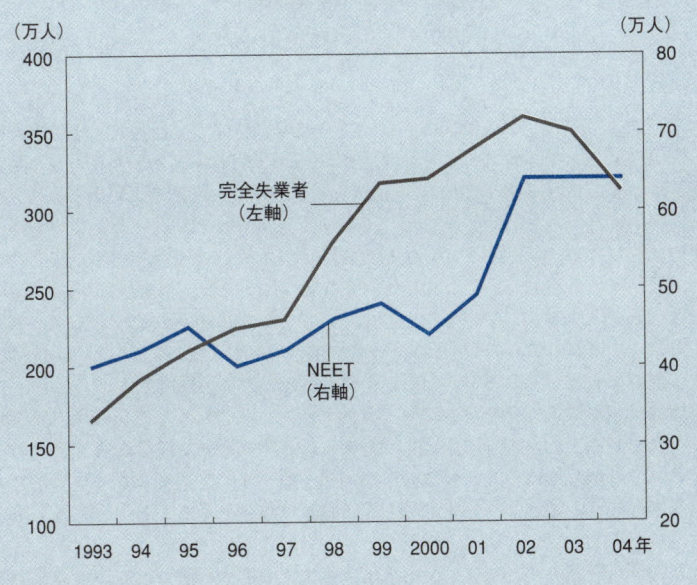

完全失業者数とNEETの推移

ります.また他社や他業種が賃金を据え置く中で名目賃金を引き下げるとその企業の労働者の相対的な所得が低下することになるでしょう.その結果,労使交渉の場で,労働者側の「2％のインフレが予想されるから,2％賃金を上げてくれ」との主張や,企業側の「2％のデフレが予想されるから2％賃金を下げさせてくれ」との主張が通ることは稀です.このような交渉・制度上の問題があるときにはインフレ・デフレの失業への影響はより長期的なものになります.

インフレと失業の経済厚生

金融緩和政策によって物価を上昇させ,失業率を低下させるべきかどうかの結論は,インフレ率と失業率の関係がケインズ的か新古典派的かによって異なります.

ケインズ的な解釈に従うならば,インフレは非自発的失業を減少させ,労働

合理的予想形成への誤解

本章では,ケインジアン的なフィリップス曲線についても合理的予想形成を前提として説明しています.このような考えは伝統的なケインジアンの考え方と区別して新しいケインズ経済学(New Keynesian Economics)と呼ばれることがあります.

歴史的には,1950年代から60年代初めに学会で主導的な位置を占めた伝統的なケインズ経済学への批判として,60年代末からフリードマン(Milton Friedman)を中心としたマネタリズムの経済学が登場し,新古典派の復活が始まります.70年代後半には,マネタリズムの理論はルーカス(Robert E. Lucas)を中心に理論的精緻化が進みました.そのキーとなるアイデアが合理的予想形成です.

合理的予想形成の概念が日本に輸入されたとき,その特殊な適用例ばかりが取り上げられたため,「合理的予想形成とはすべての経済主体が経済構造に関して完全に理解して行動している」,「合理的予想とは予想がすべて現実となる世界だ」,「合理的予想形成を前提とするとすべての経済政策は無効となる」といった誤解が未だに残っているようです.

合理的予想形成のアイデアは,各経済主体はその能力の限りにおいて最良の予想を行っているはずだというものです.これに従うと,経済主体はできる限り損を し

市場を均衡へと近づけますから，第Ⅰ部での余剰の観点からも望ましい政策です．

しかし，新古典派的な解釈に従うならば，インフレによって減少するのは予想の誤りに基づく自発的失業です．これは，あとから予想が間違っていたことに気づくならば，間違えて働きすぎたわけですから，余剰の観点からは望ましいとはいえません．そして，このような失業の減少自体が一時的であったり，予想されたインフレについては発生しない関係であったりするのです．このとき，金融政策による失業率のコントロールは望ましくない，または不可能であることになります．

ケインズ的解釈と新古典派的解釈のいずれが正しいかは，理論的な問題ではなく，実証的な問題です．ある時点で非自発的失業が深刻な問題になっているならば，ケインズ的解釈が妥当であると考えられます．一方，失業のほとんどが自発的・摩擦的なものにすぎないのならば，新古典派的解釈が説得的である

ないように行動しており，そのため初めから間違えているとわかっている予想に従って行動することはないということになります．

このようなコンセプトを数理的なモデルに取り込む際には，各経済主体は第5章で学んだ期待効用最大化行動をとっていることを前提とします．合理的予想形成を前提としないモデルが正しいならば，人々は前もって間違っているとわかっている予想に従って行動していることになります．もっと得をする行動があるのですから，そのような誤った行動がいつまでも継続するとは考えられないでしょう．

今日の経済理論では，合理的予想形成を前提として出発することが常識になっています．一方，伝統的なケインズ経済学では個々の経済主体の最適化行動という視点をあまり重視してきませんでした．そこで1980年代にさかんになる新しいケインズの経済学は，個々の経済主体の最適化行動と合理的予想形成を前提としたモデルを用いて非自発的な失業を中心とする「ケインズ的」な経済状況の記述を目指しています．

しかし，合理的予想形成には多くの欠点があることも確かです．正しく正確な情報を得るためには情報の購入や時間など直接・間接の費用がかかります．わずかな予想の誤りを修正するために何日も情報収集を続ける人はいないでしょう．そのため，情報の収集とそれによる予想形成自体は常に行われるのではなく，時々しか行われないという粘着情報（sticky information）を用いたモデル化などが研究され始めています．

ことになります.

4 物価の変化と金融市場

インフレやデフレが実質 GDP に代表される実体経済に影響を与える経路は労働市場だけではありません．物価の変化は金融市場経由でも実体経済に影響を与えます．物価の変化が実体経済に及ぼす影響の理論化はフィッシャー（Irving Fischer 1867-1947）の研究に始まりました．フィッシャーはとくに債権・債務関係とデフレに注目したため，彼の理論は今日，デット・デフレーション（debt deflation）仮説と呼ばれています．しかし，フィッシャーの説はデフレの悪影響に関して考えられるさまざまな要因が列挙されているため，いろいろな意味で解釈されています．

債務者利得と債権者利得

デット・デフレーション仮説の伝統的な解釈は，インフレ・デフレの所得再分配効果に注目するものです．通常，資金の融資契約はある程度の期間にわたって固定的な名目利子率で行われます．たとえば，1億円を年利10％で1年間貸す（借りる）などといった具合です．このとき1年後の返済額は1.1億円で固定されています．しかし，同じ1.1億円でも物価水準の動向によってその実質値は異なります．

自動車会社が資金を借り入れているとしましょう．インフレによって自動車の販売価格が上昇し，1台110万円になったならば，自動車100台分の売り上げで借金を返済することができます．しかし，デフレによって販売価格が低下し，1台90万円になったときには，1.1億円の返済のためには，約120台の自動車を販売しなければ返済できません．このように，債務者にとってはインフレは得，デフレは損なのです．資金を貸す側にとってはこの事情は逆になります．インフレが発生しているときには，返済される1.1億円の実質的な価値が低くなるため損，デフレのときには1.1億円の実質的価値が高くなるため得になります．

このような物価変化の影響は，インフレは債務者利得と債権者損失を，デフ

レは債務者損失と債権者利得を，それぞれ発生させるとまとめられます．平均的には企業部門は債務者です．そして生産活動を行うのは主に企業部門です．したがって，インフレは生産活動の担い手である企業に債務者利得をもたらすため，生産を活発化させると考えられます．一方，デフレは企業に債務者損失をもたらすため，生産活動を停滞させるでしょう．

　企業以外の借入主体として重要なのは，現役勤労者世帯です．現役勤労者世帯は生活基盤を整えるために，お金を借りるケースが多いのです．住宅ローンはその代表でしょう．継続的なインフレとそれに伴う名目賃金の上昇は，住宅ローンを抱える世帯の家計を助けることになります．インフレによって，毎月の給与に占めるローンの返済額の割合が低下するからです．したがって，インフレにより，その家計の消費は増大するでしょう．消費は総需要の主要な構成要素ですから，消費の増大は経済を活性化し，雇用と生産を増やすでしょう．

　デフレの場合はこの逆のことが生じます．とくに，インフレとそれに伴う名目賃金の上昇が予想されるときに住宅ローンを借り入れた家計は，デフレによって給与に占めるローンの返済額の割合が予想に反して大きくなるため，より大幅に消費を切りつめなければならないでしょう．

　ただし，前もってインフレが予想されている場合には，債権者はインフレによる実質返済額の低下を読み込んで，高めの名目利子率で貸出をしようとするでしょう．したがって，融資契約以前から予想されていたインフレは債務者利得や債権者損失を発生させません．しかし，労働市場に比べて金融市場での契約は長期固定的です．たとえば10年を超える名目固定利子率のローンはめずらしくありません．したがって，ある時点で金融緩和政策によってインフレ率が上昇すると，過去の資金の貸借契約に関して，債務者利得と債権者損失が発生し，実体的な生産活動は活発化すると考えられます．デフレの場合は逆で，過去の資金の貸借契約に関して，債務者損失と債権者利得が発生し，実体的な生産活動は縮小すると考えられます．

非対称情報とデット・デフレーション

　デット・デフレーションのもう1つの解釈は，第5章で学んだ非対称情報の役割に注目するものです．貸出に伴って逆選択やモラル・ハザード・リスクが

ある場合には，金融機関は十分な純資産がない企業への貸出を控えるようになります．これは，有限責任制度のもとでは，純資産が少ない企業に貸し出すと，その企業は危険愛好的な行動をとりがちになるために，そうした行動を防ごうとする金融機関の戦略です．純資産の一部を担保にすれば，借り手の危険愛好行動を抑制することができます．

多くの企業は，投資資金を借入によって調達します．純資産を多く持つ企業は有利な条件で借入ができるでしょう．一方，純資産が少ない企業は高金利や銀行からの取締役の派遣など不利な条件でしか借入ができなかったり，借入自体が不可能になったりします．このように，企業の純資産の大小によって総需要の重要な構成部分である投資の量は変化します．

それでは，企業の純資産はどのようにして決定されるのでしょうか．企業は現・預金や債券・他社の株式などの流動資産，土地・建物・生産設備などの固定資産を保有する一方で，金融機関に対する負債を抱えています．資産と負債の差が純資産です．

負債の多くは金融機関からの借入です．借入の返済金額は固定的であり，インフレ・デフレが発生してもそれによって増減することはありません．しかし，多くの資産の評価額は予想インフレ率から大きな影響を受けます．土地・建物・生産設備などは予想インフレ率次第で評価額が変動する資産の代表といってよいでしょう．ここで，本章1節で学んだ，次の資産価格の決定式を思い出してください．

$$P_0 = \frac{D_1}{i + \delta - g^e} \quad (8\text{-}5)$$

資産価格は次の年の予想インカム・ゲイン（D_1），現在の名目利子率（i），リスク・プレミアム（δ），インカム・ゲインの予想伸び率（g^e）によって決定されます．

インカム・ゲインは不動産の場合には賃貸料，株式の場合には配当を指します．土地の名目賃貸料や企業の名目利益額と名目配当額はインフレにより増加する可能性があります．したがって，予想インフレ率の上昇によって g^e は上昇するでしょう．

一方，名目利子率も予想インフレ率から影響を受けます．各市場での価格調

整がスムーズに行われ完全雇用 GDP が達成されている経済では，予想インフレ率の変化は予想実質利子率を一定に保つように名目利子率を変化させます．ここで，

予想実質利子率 ≡ 名目利子率 − 予想インフレ率　　　　　（8-12）

であることを思い出しましょう．完全雇用 GDP が達成されているときには予想インフレ率の上昇は同率の名目利子率の上昇をもたらします．これをフィッシャー効果といいます．予想インフレ率の上昇による g^e の上昇と名目利子率の上昇が打ち消し合うため，資産価格は変化しません．

しかし，このような予想インフレ率と名目利子率の1対1対応が発生するのは完全雇用 GDP が達成されている場合だけです．現実の GDP が完全雇用 GDP を下回っているときには，予想インフレ率の上昇が投資需要の拡大とそれによる GDP の増加を招き，結果として，名目利子率の上昇は g^e の上昇を下回ります．このとき，予想インフレ率の上昇は g^e の上昇を通じて資産価格 (P_0) を上昇させます．

同様に，デフレが予想される場合には，g^e は低下するでしょう．そのとき，名目利子率 i の低下が g^e の低下よりも小さければ，資産価格は低下します．たとえば，名目利子率が下限に達しているときがその好例です．デフレ下で名目利子率のゼロ制約問題が発生して，ゼロ以下に下がらなくなっている状況では，デフレ予想の拡大は資産価格を低下させることになります．

予想インフレ率が変化しても負債額は変わりません．しかし，資産額は変化します．以下では，予想インフレ率の上昇（低下）による名目利子率の上昇（低下）が，予想インフレ率の上昇（低下）による g^e の上昇（低下）を下回るケースを考えましょう．このケースでは，予想インフレ率の上昇によって資産価格は上昇し，その結果，資産総額から負債を引いた純資産は増大します．逆に，予想インフレ率の低下による資産価格の下落は純資産を減少させます．

予想インフレ率の上昇によって純資産が増大した企業は，さらなる借入ができるため事業拡大が容易になります．各企業が事業を拡大すれば，財市場での総需要が増大し，景気は改善します．一方，予想インフレ率が低下した場合には，借入が困難になるため，事業の拡大は難しくなるでしょう．このとき総需

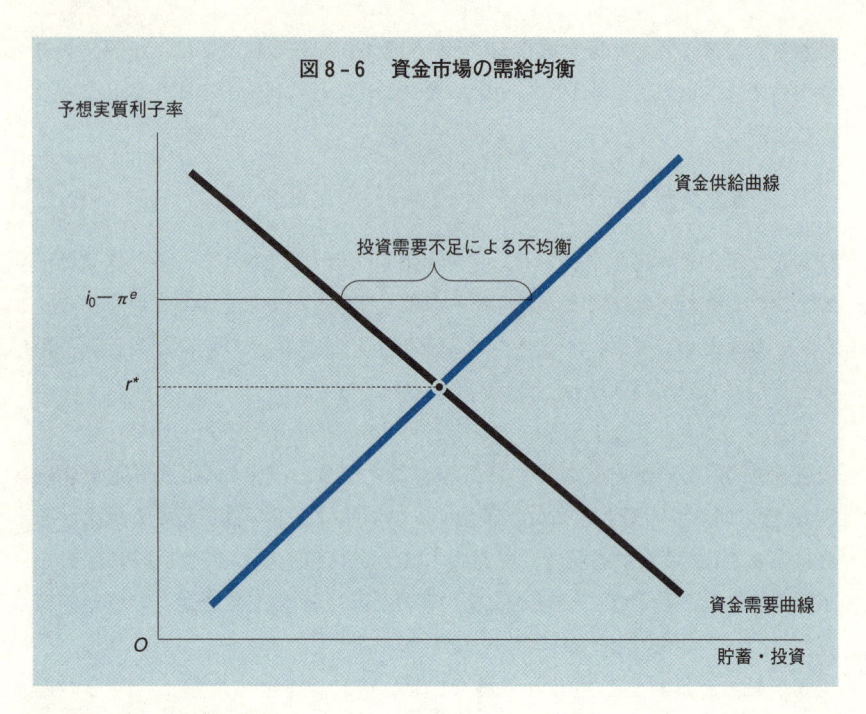

図 8-6 資金市場の需給均衡

(縦軸: 予想実質利子率, 横軸: 貯蓄・投資)
資金供給曲線, 資金需要曲線, $i_0 - \pi^e$, r^*, 投資需要不足による不均衡

要は減少し，景気は悪化します．

情報の非対称性からデット・デフレーション仮説を説明する場合には，実際のインフレ・デフレ以上に予想インフレ率が重要になります．予想インフレ率が決定的な役割を果たすケースは，いま述べたような情報の非対称性に基づく投資変動だけではありません．7-2節で説明したように，消費の決定に当たっても予想実質利子率は大きな役割を果たします．

名目利子率の下限問題

名目利子率が非常に低い水準にあるときには，実際のインフレ・デフレ以上に予想インフレ率が重要になります．実体経済にとって重要なのは予想実質利子率です．さきほど説明したように，予想実質利子率は，

$$\text{予想実質利子率} \equiv \text{名目利子率} - \text{予想インフレ率} \quad (8\text{-}12)$$

と表されます．予想実質利子率は名目利子率と予想インフレ率から決定されま

図8-7 デフレと予想実質利子率

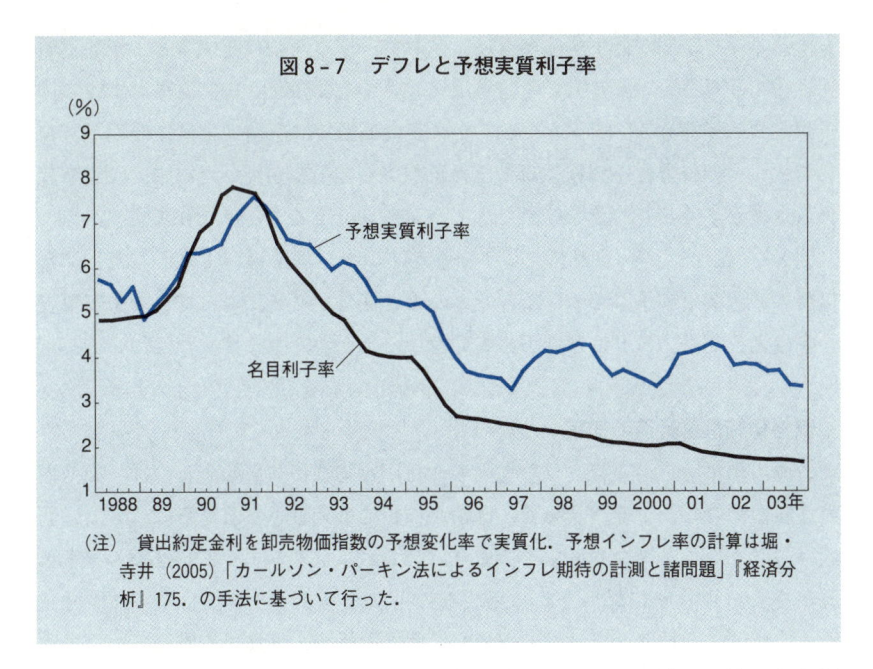

(注) 貸出約定金利を卸売物価指数の予想変化率で実質化．予想インフレ率の計算は堀・寺井 (2005)「カールソン・パーキン法によるインフレ期待の計測と諸問題」『経済分析』175. の手法に基づいて行った．

す．そのうち，名目利子率には下限があります．その1つがすでに述べた名目利子率のゼロ制約です．また，実際の融資契約の際には事務経費がかかるため，ごく短期の貸出を除くと，名目利子率は実際にはゼロよりやや上の水準 (i_0) 以下には低下しないでしょう．

一方，たとえば-3％のデフレが予想されているならば，名目利子率がゼロであっても予想実質利子率は3％になり，それ以上下がることはありません．

ここで，投資資金市場の需給均衡分析を念頭に置きながら考えましょう．図8-6では，横軸に貯蓄と投資が，縦軸に予想実質利子率が取られています．この市場では，貯蓄は資金の供給を意味します．第7章で説明したように，貯蓄は可処分所得の増加関数，予想実質利子率の増加関数と考えられます．したがって，貯蓄曲線（資金供給曲線）は可処分所得を一定として，右上がりになります．一方，資金を需要するのは投資主体です．投資は予想実質利子率の減少関数と考えられますから，投資曲線（資金需要曲線）は右下がりになります．資金の供給（貯蓄）と資金の需要（投資）が等しくなるのは，予想実質利子率が r^* のときで，これを「均衡予想実質利子率」といいます．

予想インフレ率が低下するときに，名目利子率が下限に達すると，予想実質利子率も下限（$i_0 - \pi^e$）に達します．ここにπ^eは予想インフレ率です．この予想実質利子率がr^*を上回ると，投資資金市場では超過供給（需要不足）になります．投資資金を調達するときの予想実質利子率が高いために，投資を諦める企業が多くなり，その結果として景気が低迷することになります．

図8-7はアンケート調査に基づく予想インフレ率を用いて推計した1988年以降の予想実質利子率です．これをみると，90年代後半になっても予想実質利子率は名目利子率ほどには低下していないことがわかります．

価格伸縮性と経済の安定

労働市場や財市場を経由した物価の変化が実物経済へ影響するのは，価格硬直性のためでした．その意味で，価格が伸縮的に調整されるならば，経済に問題は生じないことになります．つまり，激しいインフレ・デフレはむしろ実体経済を良好な状態に保つために必要なことになります．しかし，これは歴史的・実証的に支持されない考え方です．多くの場合，価格は安定しているほうが経済のパフォーマンスは良好になる傾向があるのです．

金融市場を経由したインフレ・デフレの実体経済への影響が，この疑問への1つの解答になるでしょう．財・労働・資産市場で名目価格がスムーズに調整されたとしても，過去に契約された負債の金額と負債の名目利子率が変わることはありません．負債の名目の元利合計額は一度契約が交わされてしまったら，財・労働の契約期間よりもはるかに長い間変更されないのです．

このような状況で，デフレで財・労働・資産市場の名目価格が大幅に下がったとしましょう．一方の負債の名目元利合計額には変わりはありませんから，このような価格変化は借金がある企業や住宅ローンがある家計の実質負債価値を大幅に増大させる一方で，純資産を大幅に減少させることになります．その結果，デット・デフレーションによる経済悪化はより大きなものになると考えられます．

逆に，インフレで財・労働・資産市場の名目価格が大幅に上がったとしましょう．この場合には，借金がある企業や住宅ローンがある家計の実質負債価値は大幅に減少し，企業や家計の純資産を大幅に増加することになります．そ

の結果，投資や消費といった需要が急拡大し，インフレは加速するでしょう．

このように，固定的な負債が存在するときには，価格の伸縮性は必ずしも経済を安定させないのです．

政策効果のスピード

前節では，労働市場だけに注目して，右下がりのフィリップス曲線を説明しました．その際に想定された因果関係はインフレにより失業が減少し，その結果として生産が拡大する（デフレにより失業が増大し，生産が減少する）というものでした．企業の生産活動水準と失業率は強い相関関係をもっています．

一方，金融市場に注目すると，インフレによる生産の活発化が結果として失業率を低下させる，または，デフレによる生産の停滞が失業を増大させるという因果関係があることがわかります．右下がりのフィリップス曲線は労働市場ではなく，金融市場でのデット・デフレーション仮説や名目利子率の下限制約から導かれると考えることもできるのです．

これらの理論のうちどれが主要因となって右下がりのフィリップス曲線が導かれているかによって，金融政策の効果は異なってきます．とくに，大きな影響があるのは政策効果が発生するスピードです．

フィリップス曲線が労働市場の予想の誤りや価格硬直性から導かれている場合に重要になるのは，実際の物価の変化です．新古典派的解釈では実際にインフレが発生して，それに労働者が気づかないことによって失業率が低下します．また，ケインジアン的な解釈でも実際のインフレが発生しても名目賃金が硬直的であるために，実質賃金が低下することによって非自発的失業は減少します．

債務者利得や債務者損失を重視する伝統的なデット・デフレーション仮説でも，重要なのはインフレ・デフレが生じることです．実際に物価水準が変化し，債務者・債権者間で所得再分配が生じることで実際経済に変化が起きるのです．

このように，労働市場や伝統的なデット・デフレーションが経済変動の主要因であるならば，金融政策は比較的長いラグを伴って効果を発揮します．つまり，金融政策が変化し，それによって物価水準が変化し，その後に産出量や失

業率などが変化するのです．

　一方，非対称情報に基づくデット・デフレーション仮説では，予想インフレ率の変化が鍵になります．資産市場での価格は財・労働市場に比べてスピーディーに変化します．すると，予想インフレ率の変化により資産価格がただちに変化するため，実際の物価水準の変化が観察される以前に，実体経済に影響が及ぶことになります．これは，名目利子率の下限制約についても同様です．デフレが予想されると，実際の物価水準の低下はまだ起きていなくても，予想実質利子率が上昇するため，投資は減少することになります．

　このように，非対称情報に基づくデット・デフレーションや名目利子率の下限制約が重要な場合には，予想インフレ率が変化すれば，比較的短期間で経済政策は実体的な効果をもつことになります．第9章では，金融政策が予想インフレ率を変化させる方法について説明します．

5　インフレ・デフレの所得再分配効果

　以上のように，物価の変化は一部市場での価格硬直性や金融市場での負債の価値の硬直性などを原因として，実体経済に影響します．そして，このような物価の変化が生じた際には「得をする人」と「損をする人」の両方が存在します．インフレやデフレを招く政策は，広い意味での所得再分配効果をもつのです．また，このような所得再分配効果が，インフレ・デフレから実体経済への波及効果の中心的な理由になっている場合もあります．

　ここでは，インフレ・デフレが引き起こす典型的な所得再分配について整理しておきましょう．

労働市場

　この章の2節で学んだように，物価水準が労働市場に与える影響は，失業が自発的か非自発的かによって異なります．

　初めに，失業のすべてが自発的な世界を考えましょう．このとき，インフレは予想の誤りを引き起こす可能性があります．企業はいままでよりも安い実質賃金で労働者を雇うことができるようになる一方で，労働者は予想の誤りに

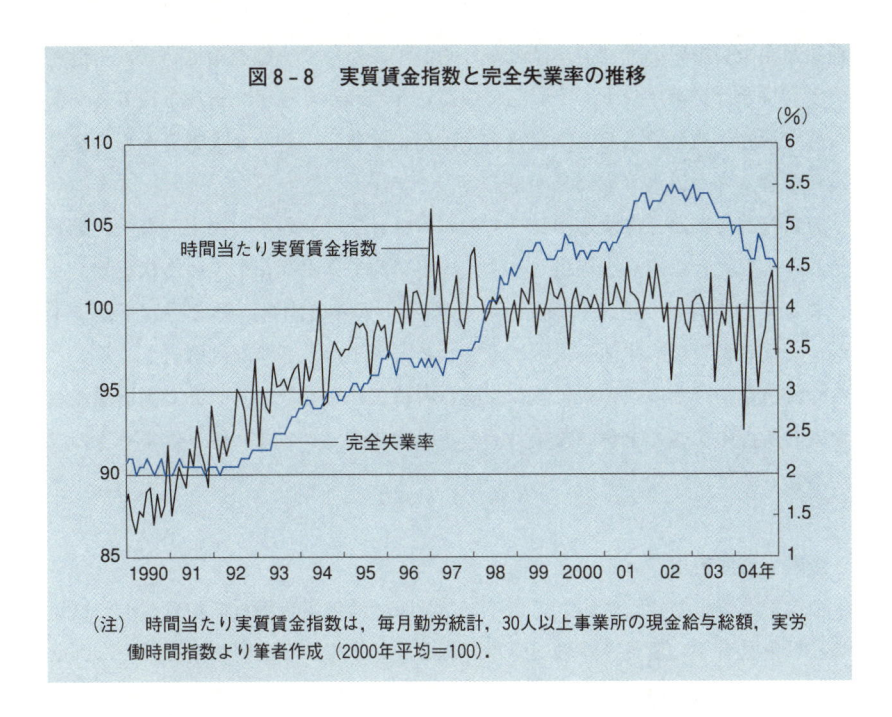

図8-8 実質賃金指数と完全失業率の推移

(注) 時間当たり実質賃金指数は，毎月勤労統計，30人以上事業所の現金給与総額，実労働時間指数より筆者作成（2000年平均＝100）．

よって安い実質賃金で働くことになるのです．したがって，インフレは労働者から企業への所得再分配を引き起こします．なお，デフレによって予想の誤りが生じた場合には，企業は高い実質賃金を支払わなければならないうえに，労働者も予想の誤りによって労働供給を減らしてしまうため，企業・労働者共に損をすることになります．

次に，非自発的な失業がある場合を考えましょう．この場合には，労働者の間での所得再分配が発生します．インフレが発生することによって非自発的失業が減ると，いままで非自発的失業の状態にあった労働者は職を得ることができるようになるため得をします．しかし，以前から企業に雇われていた労働者にとっては実質賃金が低下するため損をします．この章の1節での用語を使うと，インフレはインサイダーからアウトサイダーへの所得再分配を伴うのです．一方，デフレが発生した場合には，非自発的な失業者が増加すると考えられます．しかし，その一方で企業に残れた労働者にとっては実質賃金の上昇という恩恵が与えられます．図8-8は1990年から2004年までの日本の実質賃金

指数と完全失業率の推移です．92年から97年にかけて（職を得ている）労働者の実質賃金は10ポイントも上昇していることがわかります．不況下にスムーズな賃金調整が困難であると，実質賃金は高止まりし，新たな失業者から企業に残れた者への所得再分配効果が生じるのです．

非自発的失業が存在するケースでの所得再分配は，政策の民主的な決定を考えるうえで大きな論点を提供します．非自発的失業が存在している状況で，インフレ率の上昇は現在職に就いている多数の人々の実質所得を数％下げますが，失業者の一部の生活を大幅に改善します．また，デフレは解雇されることなく就業を続けた多数の人に数％の実質所得上昇をもたらす一方で，解雇された人の所得のすべてを奪います．その意味で，デフレのほうが「より多くの人が望む」政策なのです．

金融・資産市場

前節では資金の貸借に関して，インフレ時には債権者から債務者へ，デフレ時には債務者から債権者への所得再分配が起こることを説明しました．これをもう少し一般的にいうと，物価の変化の影響は資産の運用方法によって異なるということです．

資産は名目固定資産とその他の資産に分類できます．名目固定資産とはその元本の名目価値や名目利子が変動しないタイプの資産です．現金・預貯金や他の経済主体への貸付（債権），国債，社債などがこれに当たります．一方，銀行にとっての預金や企業・家計の借入（債務）は負の名目固定資産（負債）です．なお，名目固定的ではない資産とは物価変化に伴ってその名目額が変動する資産です．土地・株・生産設備などがこれに当たります．

インフレが発生すると，名目固定資産の実質価値は低下します．その意味で，名目固定資産の保有者は損をし，名目固定負債の保有者は得をします．これが前節の債権者損失と債務者利得です．デフレの場合には債権者利得と債務者損失が発生します．多くの資産を保有し，それを名目固定的資産の形で所有している経済主体の代表は引退世代です．一方，現役世代の労働者の多くは名目固定負債を負っています．

このような状況では，インフレ・デフレは世代間の所得再分配を引き起こす

可能性があります．インフレの際に，債務者利得を受けるのは主として現役世代であり，債権者損失を被るのは引退世代になるため，引退世代から現役世代への所得再分配が生じます．逆に，デフレの場合には，現役世代から引退世代への所得再分配が発生します．

なお，世代間の所得再分配の代表的なものとしては年金がありますが，多くの国で公的年金は物価スライド制をとっているため，その所得再分配の実質価値は物価変動に依存しません．かつての日本の公的年金のように，年金受給額がインフレ時には増加するが，デフレ時には減少しないという非対称的な物価スライド・システムの場合には，デフレ時には，現役世代から引退世代への実質所得の再分配が起こります．

6　金融政策は何を目的とすべきか

金融政策は失業・物価の双方に影響を与えます．しかし，すべての失業が自発的・摩擦的な場合，つまり，フィリップス曲線の新古典派的解釈が妥当な場合には，物価の安定だけが金融政策の役割になります．一方，非自発的な失業が存在するというケインジアンの解釈が妥当する場合には，物価のみならず，失業を減少させることもまた金融政策の大きな役割となるでしょう．

本節では，失業・物価を政策的にコントロールしていくことが可能であるとして，その望ましい理由を考えてみましょう．

失業のコスト

3節で説明したように，失業には3つの種類があります．自発的失業の減少は経済政策，とくに安定化政策の目標にはなり得ません．「働きたくないから働かない」人を無理に労働させることは経済厚生を低下させるためです．すると，「コスト」を伴う失業は摩擦的失業と非自発的失業であることになります．

摩擦的失業と非自発的失業のコストは資源の浪費です．もし，彼らが雇用されていたならば，それによってより多くの財・サービスが生産されたことでしょう．失業はこのような「もし彼らが失業していなかったならば，生産されたであろう財・サービス」が永久に失われてしまうというコストを伴います．

金融政策との関連を考えると，金融政策の目標は非自発的失業の抑制に求められることがわかります．それは「マンデルの定理」により，摩擦的失業の解消に金融政策を割り当てることは妥当ではないためです．摩擦的失業は労働市場での求人と求職のマッチングがうまくいかないために発生します．このような状況の改善に割り当てられるべき経済政策は，職業再訓練制度や紹介制度の拡大など，労働市場に対するミクロ経済政策になります．

　以上より，金融政策の目標は非自発的な失業が存在するときにその解消を目指すこととなります．非自発的失業が存在しないときの GDP が完全雇用 GDP です．したがって，金融政策の目標の 1 つは完全雇用 GDP の達成になります．

物価変動のコスト

　次に，物価の持続的な上昇であるインフレが望ましくない理由を考えてみましょう．「物が高くなるんだから，悪いに決まっている」と思われるかもしれませんが，それは正しくありません．物価上昇と同じペースで名目所得が変化するならば，実質的には「物は高くなっていない」からです．

　インフレのコストとして第 1 に挙げられるのは，靴底コストと呼ばれる費用です．物価が上昇すると，同じ 1 万円で買うことのできるものが減少します．このとき，資産を現金で持っていると，インフレによってその実質価値の減少という損失を被ります．人々はこの損失を避けるため，資産をできる限り現金ではなく利子のつく預金や債券などで保有しようとするでしょう．しかし，買い物をするためには現金が必要なことがあります．その結果，買い物のたびに銀行から預金を引き出しに行くという手間がかかってしまいます．この「手間」がインフレの靴底コストです．

　さらに，継続的なインフレが発生していると，企業は頻繁に価格を改定する必要に迫られます．価格改定には，新しい価格表やカタログを作成し，それを顧客に送付するなどの手間，つまりは，メニュー・コストがかかります．

　靴底費用やメニュー・コストはいずれもとるに足りない些細なものだと感じるかもしれません．たしかに，現在の先進国のような低いインフレ率のもとではこれらはとるに足りない費用にすぎないでしょう．しかし，これらは高率の

インフレのもとでは大きな費用になります．そして，靴底コストやメニュー・コストが問題になるような高率のインフレ下では，頻繁な価格変更による計算の混乱や不安など，金額表示も困難なコストが同時に発生します．

　一方，デフレのコストは実体経済の停滞です．名目賃金が硬直的なときには，デフレは非自発的な失業を増大させます．また，デフレやデフレ予想によってフィッシャー効果が働き名目利子率が低下して，ついにはその下限に達すると，名目利子率のゼロ制約問題が発生します．予想デフレ率の上昇に対して，名目利子率がそれ以下に低下しなくなるときには，デフレ予想は予想実質利子率を上昇させ，投資と消費を停滞させます．投資と消費といった需要項目の停滞は経済を完全雇用からさらに遠ざけるでしょう．

　また，金融緩和により経済に物価変化圧力が加わると，速やかに価格を変更できる産業とそうではない産業の間の相対価格が変化します．

　税制への影響においても，このような「調整速度の差」が大きな役割を果たすことがあります．日本をはじめ多くの国で，所得税は累進構造をもっています．累進構造とは所得が高いほど高い税率が適用される制度です．ここで，物価が20％上昇し，それと同時に年収も20％上昇したとしましょう．この場合，実質所得には変化がありません．しかし，税率は名目所得に応じて決められています．名目所得と税率の関係を頻繁に変更することは政治的にも不可能でしょう．その結果，名目所得が500万円のときには，所得税率が10％であったのに，名目所得が600万円になった結果，15％の所得税率が適用されるといった事態が生じます．インフレが増税を引き起こすわけです．同様に，デフレは減税を引き起こします．これは第7章でも説明した財政の自動安定化機能です．穏やかなインフレと好況が税収の自然増徴を招き，財政再建の助けとなった例が，1990年代前半のアメリカです．また，デフレと不況が税収の減少を招いて財政状況を悪化させた好例が90年代後半の日本です．

　また，4節で説明したようにインフレ・デフレには所得再分配効果があります．しかし，インフレ・デフレによる所得再分配は「マンデルの定理」からみて，所得再分配政策としては不適切です．所得再分配を行う最も効果的な政策については第Ⅲ部で検討しますが，金融政策によるインフレ・デフレは，当初の目標と異なる所得再分配を引き起こすというコストを伴う可能性があるので

す．
　このような理由から，金融政策にとってインフレの抑制とデフレの回避が大きな目標の1つとなります．

金融政策の目的
以上から，金融政策について，次のような結論が導かれます．
①金融政策は物価の安定化を目的として運営されるべきである．
②金融政策は財・労働・資産市場の名目価格の大幅な上昇や低下を引き起こすようなインフレとデフレを避けるべきである．
　さらに金融政策がゼロ・インフレを目指して運営されると，デフレに陥るリスクがあります．デフレは金融政策のもう1つの目標である完全雇用から実体経済を遠ざけることになります．したがって，
③金融政策が目的とすべき物価安定とは，低率のインフレである．
ということができるでしょう．どの程度の低率インフレとどの程度の失業率の組み合わせを選択するかは，国民の選好（好み）に依存します．インフレと失業の双方を考慮した金融政策のあり方については，第9章で解説することにしましょう．

【練習問題】
1．ある株式の予想配当額が100万円，予想株価上昇率が3％，名目利子率が2％，リスク・プレミアムが1％のとき，この株式の均衡価格はいくらになるでしょう．
2．マネー・サプライの伸び率が5％，実質経済成長率が2％，マーシャルの k の伸び率が2％の経済では，インフレ率は何％になっていると考えられますか．また，マーシャルの k の伸び率が10％ならばインフレ率は何％になるでしょうか．
3．日本のフィリップス曲線（図8－1(b)）とアメリカのフィリップス曲線（図8－5(b)）を比較して，予想インフレ率が安定的なのはどちらの国かを考えてみましょう．また，予想インフレ率が不安定化した時期に

どのような経済的な事件があったかを調べてみましょう．
4．非自発的失業は実質賃金の高止まりが原因で引き起こされます．ここから「失業解消のためには賃金の引き下げは望ましい」という議論が考えられるでしょう．この意見を批判的に検討してみましょう．
5．日本の1990年代のデフレーションで得をした人はどんな人ですか．また，損をした人はどんな人ですか．

【練習問題のヒント】
1．各数値を（8-5）に代入して導出します．
2．各数値を（8-10）に代入して導出します．
3．日本のフィリップス曲線は1972年以前のものから73年以降にかけてその位置を大きく変化させています．同時期に発生した大きな事件を考えてみましょう．また，アメリカのフィリップス曲線は非常に不安定なことがわかります．とくにその変動が大きくなっている時期のアメリカの経済状態について学習してみましょう．
4．名目賃金低下により，実質賃金の調整は労働市場の不均衡を修正すると考えられます．しかし，デフレの問題は労働市場の不均衡だけではありません．住宅ローンを借りている勤労者の名目賃金が低下したときにどのような影響が生じるのかを考えてみましょう．
5．第1の影響は金融取引を通じた再分配です．デット・デフレーション仮説を念頭に置いて考えてみましょう．また，第2の影響は労働市場を通じて発生します．デフレによる実質賃金の上昇によって得をした人，損をした人はそれぞれどのような人か考えてみましょう．

第9章

安定化政策の現代的課題

　第Ⅱ部では，これまで，マクロ経済政策を学んできました．マクロ経済政策は長期的視野に基づく成長政策（第6章）と景気循環に関する安定化政策に分類できます．さらに，安定化政策は固定的な価格を前提とするごく短期的な安定化政策（第7章）と市場間での価格変化スピードに差がある中期的な状況での物価（インフレとデフレ）の安定化（第8章）に分類できます．

　各政策が対象とする時間視野は，短期安定化政策が1年から3年弱，中期的な物価安定化政策が2年から10年，長期的な成長政策が10年から20年以上と考えると，実際的なイメージに近いと思われます．

　しかし，このような分類は厳密・正確なものとはいえませんし，短期・中期・長期の政策を完全に分断されたものとして考えることには大きな理論的問題があります．さらに，現実の政策には短期・中期・長期といった区別はないため，すべての政策は短期・中期・長期それぞれの影響をもちます．

　これまで紹介してきた経済政策のモデルはいずれも時間という要素を重視しない静学的な理論でした．このような静学的なモデル化は多様な政策の効果を整理し理解するうえで大きな力を発揮します．しかし，現実の経済政策においては，時間の視点が重要です．そのため近年では，経済政策の分析や立案に当たっては時間要素を組み込んだモデル化（動学モデル）が重視されるようになっています．

　そこでこの章では，動学モデルにおけるマクロ経済の安定化政策と時間の問題を説明しておきましょう．

1　ラグ（遅れ）と経済政策

経済政策と時間に関する最も古典的な議論がラグ（遅れ）の問題です．教科書的な理論モデルの中では，人々の意志決定や行動の準備，そして行動自体がただちに行われるように設定されていることが少なくありません．また，IS-LM モデルのように，静学的モデルでは，政策の波及効果が瞬時に発生するかのように仮定されています．

もちろんこのような仮定は現実とは異なります．そして，現実の経済政策を考える際には，さまざまな決定やそれに対する反応にラグ（遅れ）があることが決定的に重要になることがあります．

政策ラグと安定化

このような時間的な遅れが重要になるケースの一例が，経済政策における 3 つの内部ラグと外部ラグの存在です．

「内部ラグ」とは，認知・決定・実行の 3 つのラグをいい，政策当局の能力や制度的制約によって発生します．

ある時点で経済にデフレ・ギャップが発生しており，マクロ経済政策によって経済状態を改善できる可能性があるとしましょう．しかし，政府が「現在，自国経済にデフレ・ギャップが発生している」ことに気づくまでには時間がかかります．一般に，政府の関連省庁や中央銀行の担当者の間で，経済の現状に関してある程度の見解の一致を得るまでには，時間がかかります．とくに，組織が大きくなるにつれて，ある程度共通の認識をもつためにはかなりの時間が必要になります．これが第 1 の内部ラグである「認知ラグ」です．

また，関連省庁や中央銀行の担当者間で経済の現状について統一的な見解がまとまったとしても，ただちに，政策措置が発動されるとは限りません．マクロ経済政策の中には，各種審議会や国会での審議や決議なしに実行できるものはほとんどありません．補正予算による財政出動などはその典型でしょう．このような政治・法的な手続き自体に時間がかかるため，マクロ経済政策が実行されるまでには，認知ラグに加えてさらに遅れが生じます．この政策を決定す

るまでの遅れを「決定ラグ」といいます．

しかし，経済政策の重要性が認識され，手続きが終了しても，ただちに政策が実行できるとは限りません．たとえば，増・減税の場合，税率変更とその手続きを国税局・各税務署に伝え，かつその変更を納税者に周知徹底するには相当の期間が必要になります．また，金融政策についても緩和手段の選択や，具体的なスケジュールの策定などの技術的な準備に時間を要する場合があるでしょう．このような遅れを「実行ラグ」といいます．

内部ラグによる遅れを経て実際に政策が発動されても，その効果がただちに実体経済を変化させるとは限りません．財政政策では，実際に公共事業が発注され，それを受注した企業の関係者と関係業者に影響が及ぶまでには時間がかかります．また，金融政策では追加的なマネーの供給が投資を瞬時に増やすわけではありません．このような，政策発動後に実際にその効果が現れるまでの期間を「外部ラグ」，または「効果ラグ」といいます．

財政政策・金融政策のラグについて

ラグの存在は政策の機動性を低下させます．したがって，経済理論が導く政策的結論を現実の経済に適用する際には，内部ラグと外部ラグを考慮する必要があります．そこで，各政策手段がどの程度のラグを伴うのかをあらかじめ知っておく必要があります．主要なマクロ経済政策では，4種類のラグはそれぞれどの程度の長さになるでしょうか．

はじめに，「経済の状況を観察し，その都度マクロ経済政策の方針を定める」という裁量型の財政・金融政策について考えましょう．

認知ラグについては，各政策に関して差はないと考えられます．また実行ラグに関しては，財政政策のほうが金融政策よりも長くなるでしょう．金融政策は決定されれば，即座に実行されるのが普通です．

次に，決定ラグに関しては，財政政策の決定ラグは金融政策の決定ラグよりもはるかに長くなる傾向があります．日本では，財政法に基づき財政の歳出・歳入は共に議会の決議を必要とします．財政政策の発動——たとえば，通常国会の会期外で，補正予算の編成によって景気対策を実施するためには，臨時国会を召集し，補正予算案を審議しなければなりません．また増・減税について

は，政治的な係争の焦点になりやすく，政策の実施自体が困難であることも多いため，決定ラグはとくに長期化すると考えられます．

一方，金融政策はこれらの手続き上の困難は小さいといえるでしょう．日本の場合，金融政策の基本方針は月に2回開かれる政策決定会合で，多数決によって決定されます．議決権をもつのは日銀総裁・副総裁と審議委員の9名と少数で，必要があれば臨時の会合を開催できるため，決定ラグは非常に短くなります．

このように，金融政策の機動性は高いのですが，国会の審議を受けることなく選ばれた10人に満たない代表者が，財政・金融政策のうちの金融政策を決定するという手続きに対しては批判もあります．

政策の外部ラグ（効果ラグ）については，財政支出の増加・減少が最も短い期間で効果を発揮すると考えられます．一方，増・減税などの歳入政策は，増税（減税）によって減少（増加）した可処分所得が消費を減らして（増やして）初めて効果を発揮しはじめるため，外部ラグ（効果ラグ）があります．一方，金融政策は，マネーの供給の変化が民間経済主体の設備・住宅投資や耐久消費財消費へ影響し，その投資・消費需要の変化が他の主体の生産や所得の変化に波及することで初めて効果を発揮します．そのため，金融政策もその発動からある程度の期間をおいて効果が発生すると考えられます．

政策のラグの観点から考えると，内部ラグの短さでは金融政策が，外部ラグの短さでは財政支出の拡大・縮小といった歳出政策が，それぞれ優れていると考えられます．

しかし，政策ラグの存在は，「経済情勢を把握し，それに応じた経済政策を実行するという裁量型経済政策」自体の有効性を低下させる要因になります．

裁量政策の不安定化効果

実際の経済は政策的な介入がなくても，不況期と好況期を交互に経験すると考えられます．したがって，ある時点で財政支出の拡大や金融緩和を必要とする経済情勢であったとしても，内部ラグを経て実際に政策が発動されるころ，あるいは，内部・外部ラグを経て政策が効果を発揮するころには，経済政策を必要としない場合があります．財政支出の拡大や金融緩和が効果を発揮し始め

るときに，すでに景気が自律的に回復していたとすると，好況期に景気対策を行うことになります．その逆に，景気の過熱に対して緊縮的財政政策や金融引締政策を実施した場合，その効果が現れるころには，不況期に引締政策を行うことになる可能性もあります．このような場合には，裁量的な経済政策は当初の意図である安定化効果をもたないだけでなく，経済を不安定化させる可能性があります．

比較的短期の景気循環は 3 〜 5 年の周期をもっているといわれます．戦後の日本では，景気拡大期間は平均33ヵ月，景気後退期は平均18ヵ月ほどです[1]．政策ラグの長さについては厳密な計測は行われていませんが，これらの期間を超える可能性も十分に考えられます．すると，ごく短期的な景気循環に対して，効果的な裁量的安定化政策を行うことは，かなり困難であると考えられるのです．

2　動学的思考と経済政策

政策ラグの存在は短期的な裁量的財政・金融政策に対して疑問を投げかけます．さらに，裁量政策のもつ問題点は政策のラグといった技術的な問題だけではありません．人々の戦略的行動や予想の変化が大きな役割をもつ中期的な経済変動では，裁量政策自体が政府の失敗の原因になることがあります．政策ラグは政策に「時間がかかる」ことが問題だったのに対し，この節で重視するのは，政策の「順番」です．

金融政策における動学的非整合性

1970年代には，多くの市場経済国における共通の経済問題はインフレでした．とくに，1970年代以降のアメリカでは，拡張的金融政策がインフレをもたらす一方で，失業率の改善は生じないという現象──スタグフレーションが発生するようになりました．こうした状況を背景に，民間経済主体と中央銀行間

---

[1]──内閣府経済社会総合研究所（旧経済企画庁経済研究所）の「景気の日付」での平均値です．この「景気の日付」は主に在庫循環（キチン循環）を指すと解釈されています．

の戦略的行動に関連して，政策の動学的非整合性問題の重要性が指摘されるようになります．

　金融政策における動学的非整合性の問題は，中央銀行が失業率・インフレ率を共に低く抑えたいというインセンティブをもつことから発生します．

　まず，インフレ抑制に関する動学的非整合性の問題から考えてみましょう．第8章で説明したように，中央銀行は民間経済主体の予想を上回るようなインフレを発生させることによって，失業率を引き下げることができます．そのため，失業問題を重視する中央銀行は，民間経済主体の予想を上回るインフレを発生させるインセンティブをもっています．そこで中央銀行は，「将来，インフレ抑制的な金融政策を行う」というメッセージを市場に伝えることによって，民間の予想インフレ率を低く抑えようとします．それは，予想インフレ率が低ければ，わずかな金融緩和によってそれを上回るインフレを発生させることができるからです．

　しかし，民間経済主体は中央銀行が同時に低い失業率の達成も目指していることを知っています．すると，民間主体は，中央銀行が口先でインフレ抑制を主張しても，民間の予想インフレ率が低位安定する一方で，失業率が上昇すれば，予想を上回るインフレを引き起こして失業率を低下させようとすることを，正しく予想するようになるでしょう．その結果，中央銀行がインフレ抑制政策をとっても，民間経済主体の予想インフレ率は低下せず，失業抑制のためには，その予想インフレ率をさらに上回る高率のインフレが必要になってしまいます．

　このようにして，中央銀行は自身にとって最も望ましい「低い予想インフレのもとで，わずかな追加的金融緩和によって低失業を達成する」という結果を達成できなくなります．このとき，「低い予想インフレ下で，追加的な金融緩和を行う」という政策は，動学的に整合的ではないといわれます．

　以上が，失業に配慮した金融政策が慢性的な高インフレを招く理由です．金融政策の動学的非整合の問題は，デフレ状況において経済活性化のためにデフレを脱却して，穏やかなインフレを引き起こそうとする政策，つまり，デフレ対策について発生します．その理由は次の通りです．

　いま，デフレ下で，中央銀行がインフレになるまで，金融を緩和すると宣言

したとしましょう．実際に，インフレになるまで金融緩和政策が続けられるならば，民間経済主体は物価が低いいまのうちに，耐久財を購入したり，投資したりするでしょう．8-3節で説明したように，実際のインフレだけではなく，予想インフレ率の上昇が経済を活性化させます．しかし，予想インフレ率が十分に上昇し，景気が回復すれば，中央銀行は実際にインフレを起こさなくても，失業率低下という成果を達成することができてしまいます．

そこで，民間経済主体は，実際に景気が回復すれば，中央銀行はインフレを引き起こすような金融緩和政策を採用しつづけないことを正しく読み込んで行動します．インフレ抑制を重視する中央銀行が金融政策を担当している場合には，このような予想が形成される可能性は高まります．その結果，中央銀行がいくら継続的に金融緩和政策を実施するといっても，また実際に金融緩和政策を続けても，その継続性に疑問がもたれるため，予想インフレ率は上昇せず，金融政策がデフレ脱却効果を発揮することもありません．

このように，将来時点で「裏切られる」可能性が高い中央銀行の発言は，市場に信任されず，実質的な効果をもちません．口先だけでの介入（easy talk）は効果を発揮しない場合が多いのです．

ディスインフレーションの問題点

1980年代の多くの先進国がそうであったように，金融政策が動学的に非整合的であるために，慢性的なインフレーションが発生している状況を考えましょう．ここで，インフレ率の高止まりを問題視する声が大きくなったために，中央銀行は金融引き締めによるインフレの沈静化を目指したとします．

しかし，これまで高いインフレ率で失業率を押さえ込もうとしていた中央銀行が，インフレを低く抑えようとしても，民間経済主体はにわかには信じがたいと思うでしょう．一度，インフレが沈静化し，高インフレへの批判が止まれば，すぐに予想を上回るインフレ政策によって，失業率を引き下げる行動に出るのではないかと思われるためです．このような状況のもとでは，予想インフレ率は上昇しますから，金融引き締めは当初，高い予想インフレ率のもとで行わざるを得ません．

この状況を図示したものが図9-1です．短期フィリップス曲線はP_Hに位

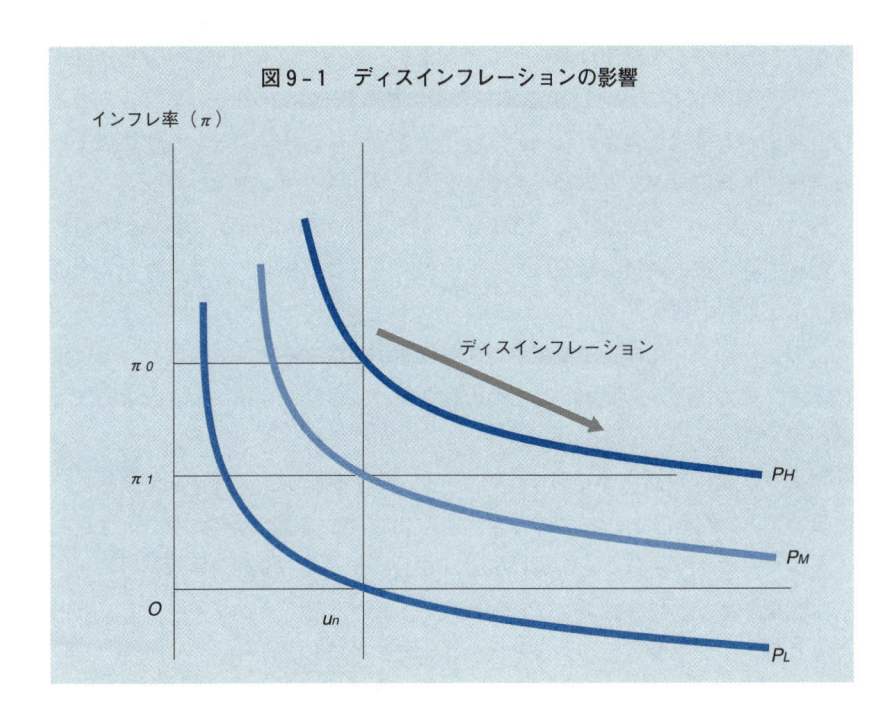

図9-1 ディスインフレーションの影響

置しています．ここでインフレ率を π_0 から π_1 に低下させると，失業率は大幅に上昇します．多くの中央銀行はこの時点で，失業率のあまりの高さに，金融引き締めを諦めてしまうかもしれません．民間経済主体はそれを読み込んで高いインフレ率を予想するでしょう．

かりに，中央銀行がインフレ退治（ディスインフレーション）に不退転の決意で望み，失業率がどんなに高くなっても，金融を緩和する気はないとしましょう．中央銀行はなんとかしてその決意を市場に伝えようとします．しかし，民間主体はその決意が中央銀行の本心なのか easy talk なのかを見分けることができないため，金融引き締めの影響は当初 P_H 上での失業率の変化をもたらします．その結果，インフレ率が π_1 でも，予想インフレ率が低ければ，十分に低い失業率を達成できたにもかかわらず，それができなくなってしまうのです．

もちろん π_1 のような中程度のインフレを長期的に維持すれば，民間の予想インフレ率はしだいに低下するでしょう．フィリップス曲線が P_M に下方シフ

トするにつれて，失業率は低下していきます．しかし，予想インフレ率が低下して，失業が当初の水準に戻るまでの過渡的な期間に，高失業率が続くことは，労働が有効に活用されないという損失をもたらします．そして，このような過渡期的状況は短いものではありません．フリードマンやマンキュー（Gregory Mankiw）をはじめ多くの経済学者は，このようなインフレ抑制のための金融引締政策の過渡的状況は，先進国のデータに依拠して，2～5年程度継続するとしています．

このように，一度慢性的な高インフレ状態に到達すると，裁量的な金融政策によってその状態から脱出するための社会的コストは，非常に大きなものになるのです．

インフレ治療が高くつくのは，図9-2における短期フィリップス曲線が，当初，P_H に位置しているためです．もしも，中央銀行がディスインフレーションに対する「決意」を市場に伝えることによって，金融引締政策の当初から，短期フィリップス曲線を P_H から P_M へ，さらに P_L へシフトさせることができれば，インフレ退治のコストは小さくてすむでしょう．

予想インフレ率が高止まりするのは，民間経済主体が，金融引締政策が動学的整合性を欠き，easy talk にすぎないのではないかという疑いをもつからです．この疑念を払拭するための1つの方法として，中央銀行の信認を向上させる，またはeasy talk を行わない（と多くの人が考える）人を，中央銀行総裁に任用することが考えられます．

しかし，継続的なインフレのもとでは，中央銀行の信認が大きく失われていることが多く，その回復には非常に時間がかかります．そして，総裁人事など個人の資質に依存した政策は，その効果を予想することがきわめて難しく，適任者がいることも稀でしょう．

このような個人の資質に依存した政策の失敗の典型例は，1980年代のアメリカにおけるポール・ボルカー（Paul Volker 任期：79年10月～87年8月）FRB議長時代のディスインフレーション政策です．ボルカー議長は就任以前から強力なインフレ抑制を主張しつづけてきた人だったため，インフレ沈静化には適任であると考えられていました．実際に，就任後，強力な金融引締政策を実施しましたが，予想インフレ率はなかなか低下せず，80年代前半のアメリ

カ経済を深刻な不況に追い込むことになってしまったのです．

それでは，民間経済主体が中央銀行の発言の真意や政策の継続性を信頼しておらず，民間の予想を転換するほどのカリスマ性をもった中央銀行総裁もいない状況で，動学的非整合性の問題をクリアするような金融政策を行うには，どうしたらよいのでしょうか．

コミットメントとインフレーション・ターゲティング

動学的非整合性の問題をクリアするシステマティックな手法は，金融政策方針のルール化または枠組み化です．動学的非整合性の問題は政策当局が「状況に応じて方針を変更することができる」という裁量権をもっているために生じます．

金融引締政策が動学的に整合的ではないケースを例に考えてみましょう．中央銀行がインフレ沈静化のために金融政策を行うとしても，それが市場に信用されないのは，「中央銀行は政策を随時変更することができる」という裁量権をもつためです．この裁量権の存在によって民間経済主体は「中央銀行は将来，民間の予想を裏切って，高いインフレを発生させるかもしれない」と予想するのです．

したがって，中央銀行に予想を裏切るようなインフレを発生させる権限がなければ，このような疑念は払拭されるでしょう．裁量権の放棄，つまり，将来の選択肢の一部を放棄することを「コミットメント」と呼びます．金融政策においては，中央銀行の目標に関して，法律で枠組みを設定することなどが，コミットメントにあたります．

金融政策に関するコミットメントが，失業率の上昇をできる限り短期間に抑えつつ，速やかなインフレ率の低下をもたらした例として挙げられるのが，1990年代から，多くの先進国で実施されるようになったインフレーション・ターゲティングです．

インフレーション・ターゲティングとは中央銀行が目標とするインフレ率の範囲を宣言し，その達成を目指して行動するという政策枠組み（フレーム・ワーク）です．まず，中央銀行内部，または行政府と中央銀行の協議によって，一定の幅をもった（通常，1～3％の範囲）目標インフレ率を定め，それ

を公開します．ただし，このインフレ目標は短期的に厳格に達成されるべき目標ではありません．というのは，中央銀行も政府も，インフレを短期間に目標範囲内にコントロールすることは困難であり，短期的にはインフレの変動と生産量の変動との間にはトレード・オフが存在することを認識しているからです．したがって，インフレ目標は中期的に達成されるべき目標であって，短期的に達成されるべき目標ではありません．ここに中期的とは，1年半から2年間程度と考えられています．

たとえば，インフレ率が短期的に目標圏を超える可能性があっても，急激な金融引き締めが生産量を大きく変動させる可能性が大きければ，インフレ率が短期的に目標圏を超えることは許容されます．この意味で，現在多くの国で採用されているインフレーション・ターゲティングは「伸縮的インフレーション・ターゲティング」と呼ばれることがあります．伸縮的インフレーション・ターゲティングと金融政策ルールとして有名なテイラー・ルールとの関係は後にこの章の4節で触れることにします．

インフレーション・ターゲティングは船の碇（アンカー）にたとえられます．碇につながれていない船は，どこまで漂流しつづけるかわかりませんが，碇につながれた船は，碇からある程度離れることがあっても，いつかは碇のあるところに戻ってきます．

中期的に達成すべき目標をもたない裁量的金融政策は，碇につながれていない船と同じで，民間経済主体はどこまでインフレが高進するのか，あるいは，いつになったらデフレが止まるのかといったことについて，予想することは困難です．それに対して，インフレーション・ターゲティングでは，インフレ目標値が船の碇に相当します．短期的には，中央銀行に裁量の余地がありますが，中期的には裁量の余地はなく，中央銀行は実際のインフレ率をインフレ目標の範囲内に収めなければなりません．それに失敗した場合には，中央銀行は政策報告書などの提出によって説明責任を果たすことが求められます．その際，ニュージーランドでは，中央銀行総裁が引責辞任しなければならない場合もあります．

インフレーション・ターゲティングは1990年にニュージーランドが採用して以来，日本とアメリカを除く主要国で採用されるようになりました．採用国

実証分析手法の発展

　経済学は経験科学です．その中でも応用的色彩の強い経済政策に関する分析は常に実証的検討と並行して進められなければなりません．実証的な検討は基礎的なデータの収集と概観から始まります．そして，時には経済史や個別の事例に関するケーススタディが重要な役割を果たします．そして，このような検討をクリアした後に，モデルをベースとした計量経済学的な分析が行われることになります．

　モデル・ベースの実証的検討とは，基礎とする経済理論をもち，その理論を実証可能な単純なモデルとしてまとめ，モデルに適合する計量経済学的な手法によって推計を行うとい研究を指します．

　このようなモデル・ベースの検討の古典的な例が，第7章のコラムで解説したマクロ計量モデルです．*IS–LM* モデルは統計上の定義や，実質 GDP，マネー・サプライ，利子率といったマクロ変数間の安定的な関係を導きます．したがって，*IS–LM* モデルに適合的な実証研究はマクロ変数間の関係を数値で表すマクロ計量モデルになります．

　しかし，*IS–LM* ベースのモデルは理論的な問題があるため，ごく短期間の政策効果予想にしか用いることができません．より中期的な政策効果を考えるためには，第8章で考えたフィリップス曲線を含むモデルを想定する必要があります．フィリップス曲線において実物経済に大きな影響を与えるのは，「予想されなかった物価変動」です．この他，合理的予想形成を重視するモデルでは「予想されなかった変化」全般が経済に影響を与えると考えられています．

　このような，合理的予想と予想されなかった変化を中心としたモデルに適合的な実証分析の方法が，**VAR**（Vector Auto Regression：多変量自己回帰）モデルです．**VAR** モデルでは，「過去のデータからは予想されない変数の変化」が他の変数にどのような影響を与えるかを推計することによって，ある変数の影響力の大きさや影響期間を知ることができます．現在では，**VAR** モデルとマクロ計量モデルの特徴と欠点を共に備えている推計方法である構造型 **VAR** モデルなどが，経済政策効果を推定する際の手軽な方法として多用されています．

　しかし，本章で取り上げた政策ルールの影響は，次の2つの理由から，マクロ計量モデルや **VAR** モデルでは扱うことはできません．第1に，政策ルールの導入は企業や家計の行動を変えると考えられますから，変数間の安定性は崩れてしまいます．第2に，政策ルール導入は，マクロ計量モデルや **VAR** モデルが扱う「ある変数の予想されない変化」に関わるものではなく，ある変数が決定される基本的なルールの変更です．政策ルールの影響を実証的に考えるためには，**DGE**（Dynamic General Equilibrium：動学的一般均衡）モデルを簡単化し，コンピューター・シミュレーションを行うという方法がとられています．

図9-2 インフレ率と実質成長率

実質成長率（％）

第1グループ
（80年代以降構造改革・90年代低位安定インフレ）
・ニュージーランド ・オーストラリア ・カナダ ・アメリカ ・イギリス

第2グループ
（構造改革の遅れ・90年代低位安定インフレ）
・フランス ・ドイツ ・イタリア

・日本
（80年代以降構造改革・90年代ディスインフレから資産デフレとデフレへ）

インフレ率（％）

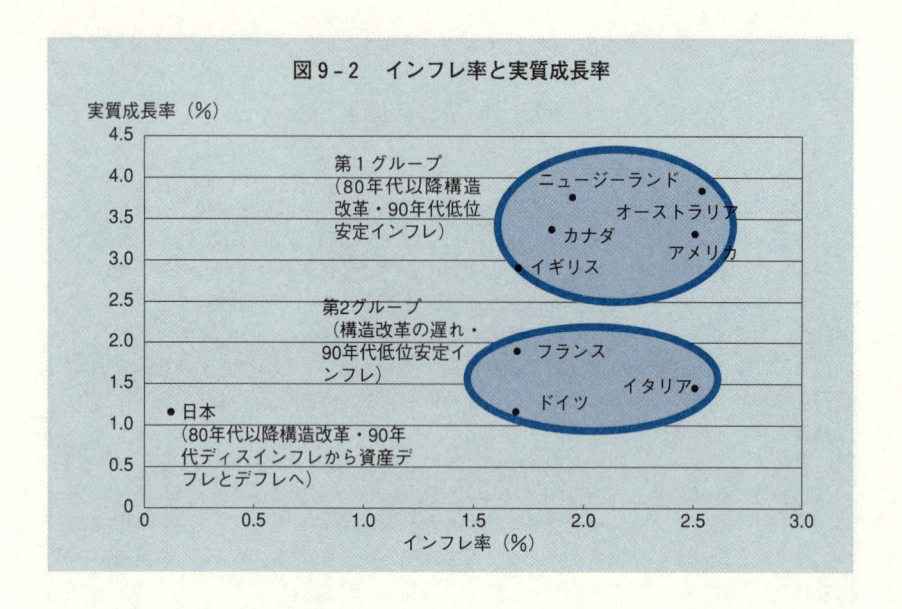

は，中期的にインフレ率を目標範囲に収めることに成功するとともに，それを採用する以前よりも高くかつ安定した成長を長期にわたって維持しています（図9-2の米国を除く第1グループの国）．こうした良好な実績により，採用国の中央銀行は市場の信頼を獲得することに成功したといえるでしょう．その結果，採用国では，穏やかで安定的なインフレのもとで，失業率は着実に低下しつづけてきました．こうして，インフレーション・ターゲティング採用国における中央銀行の宣言と行動は，動学的整合性をもつようになったのです．

以上のように，裁量政策のもつ動学的非整合性の問題をクリアするために，政策枠組みやルールに基づく金融政策の重要性が高まっています．中央銀行の裁量に一定の枠をはめる金融政策は，インフレーション・ターゲティングだけではありません．さまざまな金融政策ルールによる安定化については，この章の4節で再論しましょう．

3 財政の維持可能性と財政再建

1970年代後半から80年代の欧米諸国や近年の米国などでインフレと同じくら

い，またはそれ以上に問題になったのは財政赤字の慢性化とその結果としての財政危機です．そして，日本における90年代半ば以降の赤字財政の継続とその結果としての国債残高の急速な拡大は，スピードと規模の両面で同時期の欧米諸国を大きく上回っています．

このような財政悪化の傾向を生む理由は何でしょうか．そして，財政赤字はどのような意味で問題であり，どのようにして解決していくことができるでしょうか．

政治的バイアスとソフトな予算制約

先進国で財政が悪化する傾向がある理由の第1に挙げられるのは，選挙に配慮した財政運営です．

裁量的な財政政策の基本は，不況期に財政赤字によって需要を増やし，好況期に財政を黒字化させることによって需要を抑制することにあります．しかし，財政支出拡大や減税は選挙民の支持を得やすいのですが，財政支出の削減や増税などの財政赤字縮小・財政黒字化政策は選挙民の支持を失いやすい傾向があります．現政権の支持率があまりにも低い場合には，引き締め的な政策を行うことは選挙を通じて政権を失ってしまうリスクを大きくします．

与党がこのような状況を考慮すると，不況期には財政支出拡大・減税を実行するが，好況期には財政支出削減・増税は実行しないことになってしまいます．与党の支持基盤が脆弱な場合，たとえば，与野党の議席数が接近しており，支持率が少しでも下がると政権交代の可能性があるケースでは，この傾向はさらに強まるでしょう．

選挙配慮型の財政政策が続くと，財政は慢性的な赤字状態になります．そして，このような政治的な歪みの存在は，裁量的な安定化政策の実施を困難にします．ジェームス・ブキャナン（James M. Buchanan）とリチャード・ワグナー（Richard E. Wagner）は，このような政治経済学的見地から，財政支出拡大路線の温床になる裁量的財政政策を批判しています．

財政運営における動学的非整合性も，財政規模の拡大や財政赤字の累積をもたらす要因です．たとえば，金融庁に代表される金融機関監督当局は，各銀行が健全な経営を行い，その結果として金融システムが安定的に運営されること

を目標にしています．このとき，ファースト・ベストの経済状態は「金融庁が放漫経営によって破綻した銀行は潰すと宣言し，その結果，各行が健全な経営を行うことによって，金融システムが安定化する」ことです．しかし，実際に，ある銀行が破綻すると，政策当局にとっては，金融システムの安定化のために，その銀行を財政資金を投入して救済することが最適な対応になるでしょう．これは財政に関する動学的非整合性の問題にほかなりません．

　公社や特殊法人，地方財政などでも同様の動学的非整合性の問題が発生します．ひとたび公社に累積赤字が発生したり，地方自治体の財政が立ちゆかなくなった場合に，そうした状態を放置することは政治的に困難です．これらの組織はそうした政治の対応を予想して，民間企業のようには組織の経済的パフォーマンスを気にしなくなります．このように，組織がいざというときには救済措置が講じられることを予想して，組織運営が放漫になることを「ソフトな予算制約の問題」といいます．ソフトな予算制約下では，放漫経営・放漫財政の穴埋めをするための財政支出は，継続的に増加しつづけることになるでしょう．

　以上のような理由から，民主主義諸国の国家財政は容易に赤字化し，その赤字が累積する傾向をもつことがわかります．では，このような財政赤字はどのような問題を生むでしょうか．

財政赤字の問題点

　ソフトな予算制約の問題のように，非効率的な公社経営や地方財政が財政赤字を生み出す場合に，経済の効率性が低下することは明らかです．しかし，その場合には，問題は非効率的な運営であって，財政赤字や国債残高の増大そのものではありません．そこでここでは，財政赤字や国債残高の増大そのものの問題を考えてみましょう．

　財政赤字の累増には3つの悪影響があります．

　第1は財政硬直化です．財政赤字が大きくなると，毎年度予算に占める国債費（利払いと国債償還費および事務取扱費用）の割合は上昇していきます．すると歳出先のかなりの部分が，国債費に充てられることになるため，公共財の供給や所得再分配など財政本来の役割が損なわれる可能性があります．

第2は財政破綻です．将来の財政破綻懸念は名目利子率を上昇させ，国債費の増加による財政硬直化に拍車をかけるばかりでなく，民間投資を抑制して，成長率と将来の生活水準を低下させる可能性があります．この財政破綻の問題は後に詳しく検討します．

第3は，公債の負担をめぐる世代間不公平の問題です．これについては，次項で検討しましょう．

公債の負担とは

公債の負担については，常識的には，公債の利払いと償還の財源を負担する世代が公債費を負担すると考えられるでしょう．たとえば，財務省の『日本の財政を考える』（2005年3月財務省ホーム・ページ）は，「連年の公債発行により我が国の公債残高は年々増加の一途をたどっています．平成17年度末の公債残高は538兆円程度にも上ると見込まれていますが，これは将来世代の大きな負担となります」と述べ，「家計に例えると，毎月40万円の収入に対し，28万円も新しく借金しています」と国民に警告しています．このたとえを聞けば，普通の人はとんでもない財政だとびっくりするでしょう．ここでは，この財務省の公債負担の考え方や家計のたとえ話は適切であるかどうかを検討しましょう．

公債の負担を考えるときには，次の2点に注意することが重要です．

第1は，財政支出の中身を一定にするという点です．たとえば，しばしば，「公債発行によって公共財が供給され，将来世代がその公共財の便益を享受できるならば，将来世代は公債を負担しない．公債の負担が問題になるのは，公債発行によって調達した財源が一時的な財源不足補填や何の有用性もない用途に使われる場合である」といわれることがあります．しかし，公債の負担を考えるときには，財政支出の中身の違いの効果は捨象して考えなければなりません．一般に，「あるX（いま問題にしている例では，Xは公債発行）の効果を考えるときには，X以外の事情（いま問題にしている例では，X以外の事情は財政支出の中身）はすべて同じである」として考えなければ，得られた結果の原因がXにあるのか，それともX以外にあるのかを判別することはできません．

第2は，公債の負担というときの負担とはなにかです．経済学では，人々の経済厚生を効用を基礎にして考えます[2]．この考え方からは，「効用が低下するときに，負担が生ずる」ことになります．私たちは，消費から効用を得ると考えられますから，消費が減少すれば，負担が生ずるといえます．

そこでここでは，「公債の負担とは消費または消費可能な財が減少することである．財政支出の中身を一定として，公債は消費または消費可能な財が減少する世代によって負担される」と定義しましょう．

次のような経済を想定して，公債の負担を考えましょう．すなわち，これまで毎年民間貯蓄の200兆円がすべて民間設備に投資されていたとします．ここで，財政支出を一定として，減税し，不足する税収をまかなうために，公債が30兆円発行され，民間が貯蓄200兆円のうち30兆円を公債の購入に向けたとしましょう．この公債がどのように負担されるかは，当初の経済が完全雇用の場合と不完全雇用の場合とで違ってきます．

① 完全雇用の場合

第6章で説明したように，完全雇用下では国内の生産資源は完全に利用しつくされており，GDPは供給能力の上限である完全雇用GDP状態に一致しています．したがって，完全雇用状態で減税が実施されても，生産も所得も変化しませんから，消費も民間貯蓄も変化しません．

現在の消費が減らなければ，現在，公債の負担は発生しません．外国との貿易や資本取引がないとすると，民間貯蓄200兆円のうち30兆円は公債の購入に向かいましたから，民間投資に向かう貯蓄は30兆円だけ減ります．その結果，民間投資が30兆円だけ減少します．$IS-LM$モデルでいえば，利子率が上昇することによって，民間投資が減税分＝公債発行分だけ締め出されるわけです．これを「完全なクラウディング・アウト効果が発生する」といいます[3]．

第6章で述べたように，民間投資が減れば将来の生産性は低下し，その結果，将来の消費可能な財は減少します．したがって，定義によって，将来，公

---

[2] ——11-2節で説明するように，税の負担も同様に考えます．
[3] ——ただし，本節では，利子率が上昇しても，消費は減少しないと仮定します．以下の議論は，利子率の上昇により消費が減少する場合は，「公債発行時点の世代も消費が減った分だけ，公債を負担する」と修正されます．

債の負担が生ずることになります．このとき，民間投資が生産能力化するまでに時間がかかれば，将来，公債の負担が発生するときには世代交代が起きているでしょう．しかし，以下では，将来の公債負担と将来世代の公債負担とをいちいち区別することは煩雑ですので，将来世代の公債負担で統一することにします．

ここで注意しなければならないことは，公債の負担は消費が減少したり，消費可能な財が減少したりするときに発生するものですから，その発生時期と公債の利払い・償還時期とは一致するとは限らない点です．たとえば，一方で増税が行われ，他方でその増税で得られた資金で公債が償還されるとしましょう．これは納税者から償還を受ける公債保有者への所得分配ですから，それだけでは，国民全体の負担にはなりません．それに対して，公債発行による投資の減少が早い時期に生産性の低下をもたらせば，公債の負担は公債の償還が始まる以前に発生します．

② **不完全雇用の場合**

次に，当初，経済が不完全雇用の状態にある場合を考えましょう．この場合には，減税により生産と所得が増え，それに伴って，消費と貯蓄も増加します．現在の消費は増えますから，現在世代には公債の負担は発生しません．一方，民間貯蓄もこれまでの200兆円を超えて増えますから，民間投資に向かう貯蓄の減少は30兆円よりも小さくなります．

しかし，IS-LM モデルからわかるように，「流動性のワナ」の状態でない限り（すなわち，LM 曲線が水平でない限り），利子率は上昇しますから，民間投資は公債発行がなかった場合よりも減少します[4]．ただし，民間投資の減少額は民間貯蓄が増えた分だけ，完全雇用のケースよりも小さくなります．言い換えれば，完全雇用の場合よりも，利子率の上昇が小さいため，民間投資に対する締め出し効果は小さくなります（不完全なクラウディング・アウト効果）．この場合も，民間投資の減少→将来の生産能力の低下→将来の消費可能な財の減少→将来世代の公債の負担というメカニズムが働きます．ただし，民間投資の減少が完全雇用のケースよりも小さい分だけ，将来世代の公債の負担

---

[4] 練習問題5とヒント参照．

は完全雇用のケースよりも軽くなります．

③ 短期から長期にかけての公債の負担

上では，完全雇用と不完全雇用を分けて考えましたが，短期から価格や予想の調整がすべて完了して，完全雇用が成立する長期に至るまでの公債の負担を考えてみましょう．いま前提にしている条件[5]のもとでは，将来世代の公債の負担は短期では長期よりも小さくなります．しかし，完全雇用が成立する長期には，公債はすべて将来世代によって負担されることになります．

④ 外国貿易と外国との資本取引があるケース

これまでは，外国貿易と外国との資本取引が存在しないという前提で，公債の負担を考えてきました．ここでは，現実的に，これらの取引を考慮した場合を考えてみましょう．

外国との資本取引を考慮すると，減税のために公債を発行すると，利子率が上昇して，円高になります．そのため，純輸出が減少します．減税の消費拡大効果が純輸出の減少によって完全に相殺される場合には，利子率は元の水準に戻ってしまいます．そのため，民間投資は減少しません．しかし，純輸出が減少するため，対外債権が減少するか，対外債務が増加します[6]．対外債権の減少は将来の外国からの利子・配当収入や返済金の減少を意味しますから，将来世代がそれらの収入で輸入できる財は減少し，その結果，消費可能な財も減少することになります．また，対外債務が増加する場合には，将来，輸出により外国に債務を返済する必要があります[7]．この場合も，将来，外国へ輸出を増やさなければならない分だけ，消費可能な財が減少します．

ところで，外国の経済主体が日本の公債を保有する場合には，その利払い・償還に伴って公債の負担が生ずるといわれることがあります．しかし，外国人

---

[5] 以下で，前提条件が異なり，リカード・バローの中立命題が成立する場合を検討します．

[6] 1-4節の（1-7）の恒等式から，$Y \equiv C+I+G+EX-IM$が成立します，両辺から税金Tを差し引き，民間貯蓄をSとすると，$S=Y-T-C$ですから，$(S-I)+(T-G) \equiv EX-IM$①になります．①の左辺は国内貯蓄のうち，民間投資や公共投資などに供給されたものを差し引いた純貯蓄を表します．この純貯蓄は外国への資金供給額（マイナスなら，外国からの資金借入額），すなわち，対外債権の増加（マイナスなら，対外債務の増加）に相当します．①から，純輸出（$EX-IM$）が減少すれば，対外債権が減少するか，対外債務が増加するかのどちらかが起きることがわかります．

[7] 練習問題6とヒント参照．

の公債保有それ自体は公債の負担とは関係がありません．たとえば，ある外国人が日本国債を購入するとしましょう．彼はドルで円を買い，その円で日本国債を買います．このとき，日本はドルという対外債権を保有する一方で，外国人の日本国債の保有により対外債務を負うことになります．しかし，前者から後者を引いた日本の対外純債権（マイナスならば，対外純債務）は変化しません．したがって，日本国民全体でみれば，外国人が日本国債を買っただけでは，外国に対する債務負担は発生しないのです．公債の負担に限らず，負担は消費または消費可能な財が減少して初めて発生します．

いま述べたことは，ストックの対外資産・負債取引は一国の対外純債権・純債務を変化させることはなく，それらを変化させるのはフローの財・サービスの対外純取引（すなわち，純輸出）であることから導かれる結論です．

以上から，貿易と資本取引が存在しない場合も，完全雇用が達成されるまでの長期でみれば，将来世代がすべて公債を負担することになります．

上では，「公債発行―減税」の政策を例にとって公債の負担を検討しましたが，公債を発行して財政支出を増やす政策の場合にも，同様の議論が当てはまります．そこで，以上で説明した公債の負担をまとめておきましょう．

- 不完全雇用下では，所得の増大とそれに伴う民間貯蓄の増加によって，公債の負担は小さくなる．
- 完全雇用が達成されるまでの長期でみると，公債は，①民間投資が減少するか，②純輸出が減少するかのいずれかによって，将来世代にとって消費可能な財が減少するため，すべて将来世代（ただし，①か②が生ずるときに，現在世代のうちで生存している人を含む）が負担する．

なお，深刻な不完全雇用下では，「公債発行－財政支出増加」政策や「公債発行－減税」政策はどちらも予想実質利子率を引き上げる可能性はほとんどありません．したがって，さしあたり，公債の負担なしに雇用を増やすことができます．しかし，長期的に完全雇用が実現すると，ストックとして積み上がった国債は名目利子率の引き上げを通じて，予想実質利子率を引き上げ，上の①か②の効果が生ずる世代の負担になります．

以上から，不況期の「公債発行－財政支出増加」や「公債発行－減税」政策の是非は，将来の公債の負担と，現在の不完全雇用による生産の損失および失業者の効用の低下による負担とのバランスを考慮して，判断する必要があるといえるでしょう．

また，道路のように，数世代にわたって利用される社会資本の財源を公債発行で調達することは，現在の世代だけでなく，その社会資本を利用する将来世代もその費用を負担することになります．この社会資本の費用負担のあり方は世代間の公平の観点から妥当であると考えられます．

リカード・バローの中立命題と公債の負担

上では，長期的には，公債は将来世代の負担になることを示しました．しかし，第7章で紹介した財政赤字の中立命題が成立する場合には，この結論は次のように修正されます．

ある時点で公債が発行されると，将来のいずれかの時点で増税によってそれを償還しなければなりません．合理的な民間経済主体は将来時点での増税を予想して，貯蓄して将来の増税に備えようとするでしょう．このとき公債発行による減税は減税と同額の貯蓄を増やすため，景気刺激の効果はありません．現在の消費は変化しませんから，現時点で，公債の負担は発生しません．一方，民間投資のクラウディング・アウト効果はゼロですから，将来の生産性は低下せず，消費可能な財も減少しません．したがって，将来世代に公債の負担が発生することもありません．公債の償還時点では以前から予想されていたとおりの増税に対し，現在増やした貯蓄を取り崩して対応すればよく，消費を減らして新たに貯蓄する必要はありません．

公債の発行と償還の間が比較的短い場合には，発行時点の国民と償還時点の国民が同じですから，このような中立命題が成立する可能性は高いと考えられます．また，親が利他的な動機に基づいて子どもに財産を残す場合には，公債発行時点と公債償還時点が遠く，その間に世代交代があったとしても，中立命題は成り立ちます[8]．これは，子どもの消費水準が親世代の満足度に影響を与える場合，子ども世代への増税を見越して，親世代がより多く貯蓄して財産を残すようになるためです．

いま述べた命題を「リカード・バローの中立命題」といいます．なお，同一世代内での中立命題の成立を「リカードの中立命題」，世代を超えた中立命題の成立を「バローの中立命題」と呼んで区別することがあります．中立命題が成立する場合，公債がどんなに多くても，将来，新たな負担が生じることはありません．

しかし，流動性制約の存在や利他的な遺産動機がないなどの理由により中立命題が成立していない場合は少なくないと思われます．中立命題が成立しない場合には，前項の公債負担の議論が成立します．

財政破綻の定義と条件

次に，財政赤字累積のもう1つの，そして最大の問題である財政破綻について考えましょう．財政破綻という単語の定義はさまざまであり，時として整理されないままセンセーショナルな話題として取り上げられることが少なくありません．定義のない単語について議論することはできません．そこで，ここでは比較的多くの論文で用いられるオリビエ・ブランシャール（Olivier J. Blanchard）の定義に従って考えることにします．「ブランシャールの定義」とは，「政府債務の対GDP比を安定的に推移させながら，現在の財政政策態度を維持できるとき，財政は持続可能である」[9]というものです．
「ブランシャールの定義」に従うと，税制を一定にしたままでは，公債残高とGDPの比が無限大に発散する状態が財政破綻，そうでなければ破綻ではないということになります．これを図で表したのが図9-3です．

公債残高をB，物価水準をP，実質GDPをYとすると，公債残高の名目GDP比（b）は，

$$b = \frac{B}{PY} \tag{9-1}$$

と表されます．これを対数微分の方法を用いて整理すると，

---

[8] 子どもの満足度が上がると親も満足度が上がるという理由で残される財産を「利他的動機に基づく遺産」といいます．10-3節（381ページ）参照．
[9] Blanchard J. Olivier (1990), "Suggestions for a New Set of Financial Indicators," OECD Department of Economics and Statistics Working Paper No.79.

$$\frac{\Delta b}{b} = \frac{\Delta B}{B} - \frac{\Delta P}{P} - \frac{\Delta Y}{Y} = \frac{\Delta B}{B} - (\pi + g) \qquad (9-2)$$

となります[10]。なお π はインフレ率，g は実質経済成長率を，したがって $\pi + g$ は名目成長率を表しています．

ここで，公債残高の変化について考えてみましょう．政府の歳出と公債利払い費を除いた政府支出の差を「プライマリー・バランス（≡税収－利払い費を除いた政府支出，基礎的財政収支）」といいます．

プライマリー・バランスが赤字の場合には，新規に公債を発行して財政をまかなわなければなりません．また，プライマリー・バランスが黒字の場合には，その黒字分で公債を償還できますから，公債残高は減少します．また，プライマリー・バランスがゼロの場合には，公債残高は前期の残高に名目利子率を掛けただけ増加していきます．したがって，公債残高の変化（ΔB）は，

$$\Delta B = iB - \text{プライマリー・バランス黒字} \qquad (9-3)$$

と表すことができます．ここで，プライマリー・バランス黒字額の名目GDP比を x としましょう．プライマリー・バランスが黒字ならば $x>0$，赤字ならば $x<0$ です．「現在の財政政策態度を維持」するとは，この x が一定であるということだと解釈できるでしょう．すると，名目利子率を i として，（9-3）は，

$$\Delta B = iB - xPY \qquad (9-4)$$

と書き換えることができます．これを（9-2）に代入してみましょう．

$$\frac{\Delta b}{b} = \frac{iB - xPY}{B} - (\pi + g) \qquad (9-5)$$

ここで，$b = B/PY$ ですから，

$$\frac{\Delta b}{b} = -\frac{x}{b} + i - (\pi + g) \qquad (9-6)$$

10——対数微分を用いて展開しています．対数微分の方法については第6章の脚注4を参照してください．

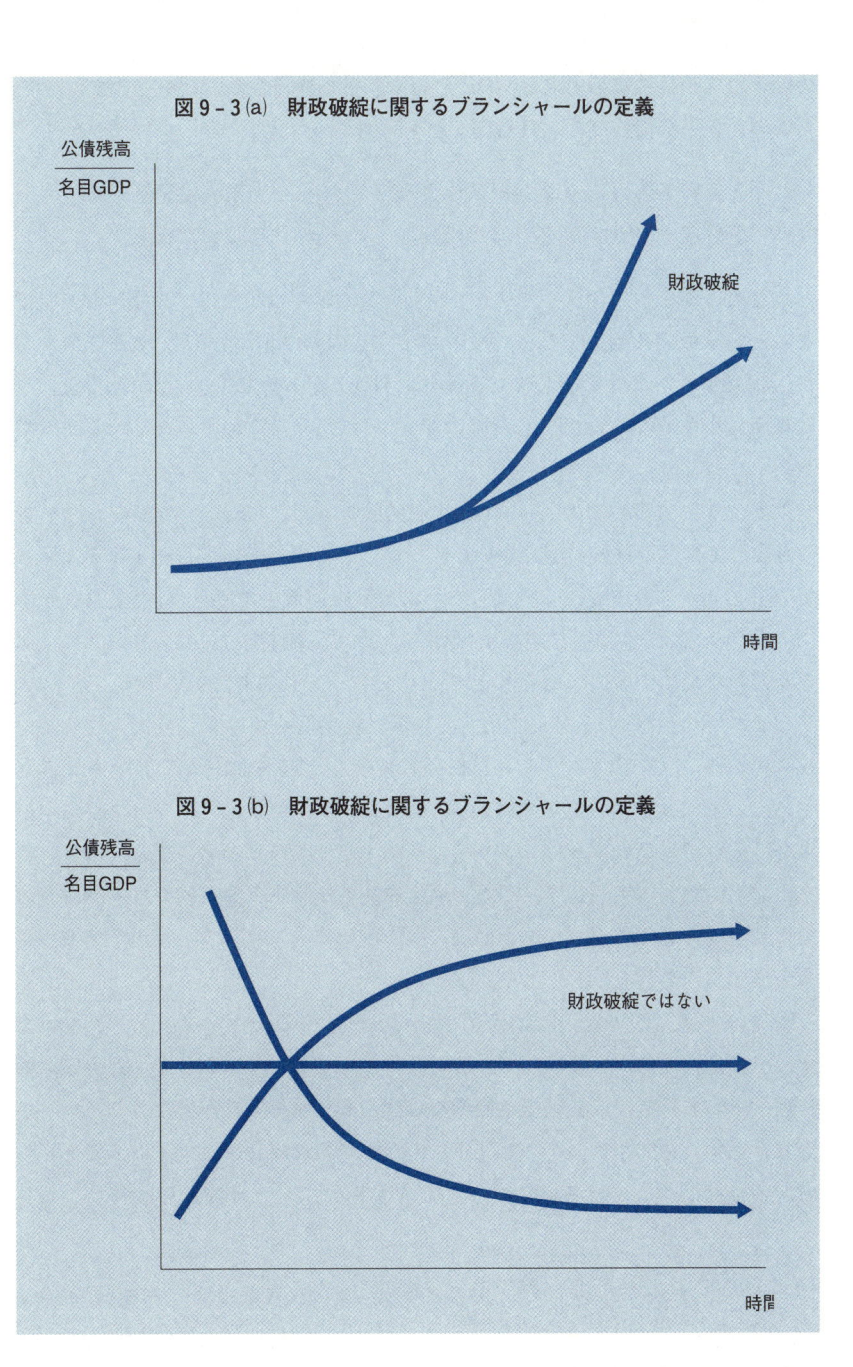

図 9-3 (a) 財政破綻に関するブランシャールの定義

公債残高 / 名目GDP

財政破綻

時間

図 9-3 (b) 財政破綻に関するブランシャールの定義

公債残高 / 名目GDP

財政破綻ではない

時間

のように，公債残高の対名目 GDP 比の伸び率を整理することができます．

このとき，公債残高の名目 GDP 比（b）は，

  名目利子率（i）＞名目経済成長率（$\pi + g$）→無限大に発散
  名目利子率（i）＜名目経済成長率（$\pi + g$）→有限値に収束

とまとめられます．プライマリー・バランスの黒字（または，赤字）が一定であるという仮定のもとでは，（9-6）の右辺の第1項 $-x/b$ は，b が発散するか，収束するかには影響しません．これは，b が上昇していくにつれて，x/b は無限に小さくなるため，しだいに伸び率（$\Delta b/b$）に影響しなくなるからです．

以上より，公債残高の名目 GDP 比が発散する，（つまり，「ブランシャールの定義」で）財政破綻に至らないためには，名目成長率が名目利子率を上回っている必要があります．このような，財政破綻回避のためには，「名目利子率＜名目経済成長率」が成立する必要があるという条件を，この条件を初めて明らかにした経済学者の名前をとって，「ドーマーの条件」といいます．

なお，「ドーマーの条件」をめぐる議論は初期時点での公債残高，プライマリー・バランスの黒字・赤字とは関係しません．「ドーマーの条件」さえ満たされていれば，公債残高の名目 GDP 比は，プライマリー・バランスが黒字の場合は近い将来低い水準で，プライマリー・バランスが赤字の場合には遠い将来に高水準で，収束します．一方，名目成長率が利子率を下回り「ドーマーの条件」が満たされていない場合には，プライマリー・バランスが黒字であっても公債残高の名目 GDP 比は発散します[11]．

戦後の先進諸国では，70年代までは「ドーマーの条件」が満たされています．公債が低リスクを反映して，そのリスク・プレミアムが小さいために，名目利子率が名目経済成長率を下回るならば，ドーマー条件が満たされます．しかし，近年（1990年代後半〜2005年）の日本の名目成長率はマイナスである一方，名目利子率はプラスのため，現在の日本では，「ドーマーの条件」を満た

11——ただし，プライマリー・バランスが大幅に黒字ならば，公債残高がマイナス無限大に発散する場合もあります．これは政府の資産が無限大になると言うことです．

していません（図9-4）．

「ドーマーの条件」が満たされず，将来，莫大な利払いが必要になれば，財政は完全に破綻するといえるでしょう．その意味で，「ドーマーの条件」が満たされていることは財政が破綻しないための必要条件であると考えられます．

しかし，「ブランシャールの定義」である「政府債務の対GDP比を安定的に推移させながら，現在の財政政策態度を維持できるとき，財政は持続可能である」は財政破綻の定義としては甘すぎるとの批判があります．たとえば，公債残高が名目GDPの100倍で収束する場合にも，財政は破綻しないと考えることはできないでしょう．

「ドーマーの条件」を計算する際には，プライマリー・バランスが現在から将来にかけて一定として計算されています．しかし，財政状況が悪化するときに，歳入・歳出方針をまったく変えない政府を想定することは，非現実的であると考えられます．

そこで，「ドーマーの条件」に代わって注目されるようになったのが，公債残高の対名目GDP比とプライマリー・バランスの関係に注目した「ボーンの条件」です．これは公債残高の対名目GDP比が上昇したときには，プライマリー・バランスを改善させる，とくに，公債残高の対名目GDP比の上昇が大幅なほどプライマリー・バランスを大きく改善させるという傾向があれば，財政は維持可能であると考えます．「ブランシャールの定義」や，「ドーマーの条件」では，公債残高の名目GDP比が一定になることに注目しましたが，ボーンの条件では，公債残高の増加が止まることが財政破綻回避の条件であると考えるのです．「ボーンの条件」が満たされていれば，公債の累増は縮小傾向をもち，いずれ止まることになります（つまりは財政破綻は回避できます）．

財政破綻には公的な定義や，誰もが納得する定義は存在しません．そこで，財政破綻に関する比較的緩い定義が「ブランシャールの定義」です．したがって，「ドーマーの条件」が満たされていないということは，財政破綻の楽観的な定義に従った場合さえも，財政は破綻するということになります．

悲観的に「公債残高の累増が止まらないならば財政破綻」と定義するならば，「ドーマーの条件」だけでなく「ボーンの条件」を満たす財政運営が必要

主要国のドーマー条件と財政状況

　名目（経済）成長率と名目利子率の大小関係によって決定されるドーマー条件は「税率一定のままで公債残高を発散させずにすむか否かを表す」という意味で，最も緩やかな財政維持可能性の条件です。ドーマー条件が長期的に満たされていない国では，名目成長率の上昇や増税がない限り公債残高の対 GDP 比は増加を続けることになるのです。

　そこで，1996年から2006年にかけて，主要国でドーマー条件が平均的に満たされてきたかどうかを確認してみましょう。名目利子率の指標としては各国の10年国債利回りを用いました。下図の直線よりも下に位置する国ではドーマー条件が満たされていません。

　日本ではデフレが続いたため，名目成長率がドーマー条件を満たす水準よりもはるかに低くなり，日本の財政は危機的な状況に陥りました。また，ユーロ圏に統合されたことで高金利と低成長を余儀なくされたドイツもドーマー条件を大きく割り込む結果となっています。なお，同じユーロ圏の中ではイタリアの状況が特徴的です。公債残高が非常に大きく，政権に安定性のない同国では国債金利が高止まっています。

　一方，アメリカ（U.S）やインフレ目標採用国のオーストラリア・イギリス（U.K）・カナダではドーマー条件が満たされているため財政状況は好転しています。

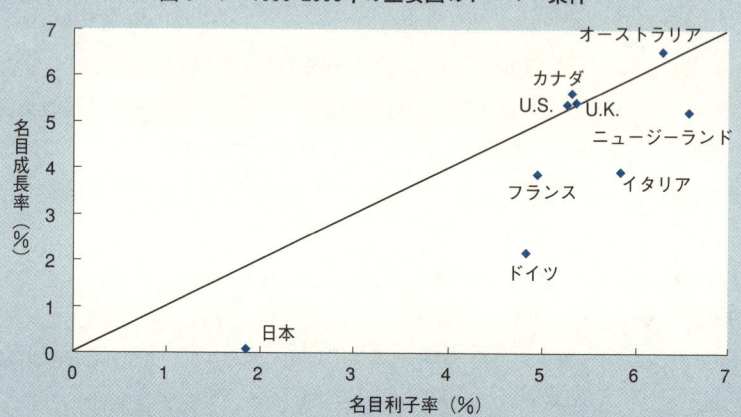

図9-4　1996-2006年の主要国のドーマー条件

（注）　名目利子率と名目成長率はともに1996年から2006年の単純平均
（出所）　OECD データ

であるということになるでしょう．

政策の継続性と効果

次に，財政状況が悪化すると，安定化政策としての財政政策の効果に変化が生ずるかという問題を考えてみましょう．

財政危機が叫ばれ，財政再建の必要性があると考えられるようになると，将来時点での増税が多くの人にはっきりと意識されるようになります．すると，公債の中立命題が成立しやすい経済環境が発生するでしょう．つまり，将来での増税を読み込むために，財政支出の拡大や赤字公債発行による減税は，同時に貯蓄の増加を招いて効果が打ち消しあってしまうのです．

また，大規模な財政支出の増加や減税が行われても，それによる財政状況の悪化解消のために，そうした財政政策は一時的なものに終わるという予想が支配的になるため，その効果は低下します．政策の継続性に疑問がもたれたためにその効果がなくなる場合，金融政策であれば，政策の継続にコミットすることを宣言する対策が考えられます．しかし，財政政策の場合には大幅な財政赤字を永遠に続けるというコミットメントは，将来の財政破綻を約束することになるため，そうしたコミットメントは不可能でしょう．

さらに，インフレ率一定のもとで，財政破綻回避の十分条件であるボーンの命題を満たすためには，財政政策によるマクロ経済の安定化は放棄しなければなりません．不況期には名目 GDP が伸び悩む傾向があるため，公債残高の対名目 GDP 比 は上昇します．「ボーンの条件」に従うならば，このような場合，税収と利払い費以外の支出の差であるプライマリー・バランスを改善するために，増税か政府支出の縮小が必要です．これでは，不況期に財政を引き締めるという政策ルールになってしまいます．インフレ率を一定とすると，「ボーンの条件」を守ることは財政を実体経済の不安定化要因にすることなのです．

このように，財政状況が悪化すると，財政政策による安定化はきわめて大きな困難に直面するのです．

財政危機の予防と解決

　財政危機とその最終的な姿である財政破綻を避けるためには，第1の条件として名目利子率以上の名目成長率（「ドーマーの条件」の成立）が必要とされます．そのためには，実質成長率かインフレ率のいずれかが伸びる必要があります．したがって，長期的に実質成長率を上昇させる成長政策と，安定的なインフレの維持が必要になります．

　また，「ドーマーの条件」は必ず満たさねばならない最低限の条件であると同時に，「最低限の条件にすぎない」点にも注目しなければなりません．「ドーマーの条件」が満たされたとしても，公債残高の対名目GDP比があまりにも大きくなりすぎれば，債務不履行に陥るリスクがあるのです．そのような状況にならないためには，プライマリー・バランスを黒字化する必要があります．

　しかしその一方で，財政の引き締めは景気の悪化による公債残高の対名目GDP比の上昇をもたらします．積極的に財政を引き締めた場合には，それによって失業などの別の問題が顕在化するおそれもあります．したがって，財政危機への対応を急激に行うことにも問題が多いといってよいでしょう．

　このように，財政政策による安定化政策は，第7章で説明した中立命題の問題，政治経済学的な観点からの財政膨張問題，そして財政破綻回避のための「ボーンの条件」などの問題を抱えているため，多くの批判にさらされています．さらに，現在の日本のように財政状況の悪化が著しいケースでは，財政赤字の拡大を放置できないため，将来時点での増税が予想されやすく，中立命題が成立しやすい状況にあるといえるでしょう．

　そして，財政政策には，政策の継続性が信頼できないために，その効果が小さいという動学的非整合の問題を解決するような，有効な政策ルール化もありません．財政政策のルール化は，民間が，不況期には公債発行と財政赤字の拡大が，好況期には公債償還と緊縮財政がとられることを織り込み済みで行動するようになるため，ルール化それ自体が中立命題を成立しやすくするというジレンマに陥ってしまいます．

　さらに，公共事業などを通じて行われる財政政策は所得再分配政策としての性格を強くもつため，安定化政策と矛盾する方向性をとらざるを得ないケースもあります（10-2節参照）．このように考えると，財政政策によるマクロ経済

の安定化は，通常の景気循環においては，自動安定化装置の役割に限定されるべきであると思われます．

4　金融政策ルールと安定化

財政政策を安定化政策として用いることが困難な状況では，安定化政策の中心的な役割を担うのは金融政策になります．その場合，動学的非整合性の問題を解決するためには，ルールもしくは一定の枠組みに基づいた金融政策が有効です．

金融政策の代表的な枠組みであるインフレーション・ターゲティングについてはすでに説明しましたので，ここではルールに基づく金融政策を取り上げましょう．ルールに基づく金融政策の多くは，「予想実質利子率ルール」「予想実質利子率に関する中央銀行の行動パターン」としてまとめられます．また，中央銀行が目標とする予想実質利子率を達成するための手段自体をルールに基づく金融政策と呼ぶこともあります．そこで，本節では，予想実質利子率ルールに基づく金融政策の安定化機能とその達成のための代表的な手法について考えたいと思います．

IS-MPモデル

第7章で説明したIS-LMモデルの枠組みでは，裁量的金融政策はマネー・サプライの増減を通じて行われます．したがって，IS-LMモデルで分析することができる「ルールに基づいた政策」は，「マネー・サプライを一定とするというルールに基づいた政策」ということになります．しかし，マネー・サプライを一定とするルールは運用が困難であるため，現在このようなルールや習慣に基づいて，金融政策を運営している中央銀行はありません．さらに，物価の変化や予想インフレ率が短期的にも重要な役割を果たすときには，予想実質利子率と実質GDPの組み合わせを示すIS曲線と名目利子率と実質GDPの組み合わせを示すLM曲線を同時に取り扱うことは，モデルを非常に複雑にしてしまいます．

このように，実際に，金融政策を運営するうえでは，LM曲線には多くの問

題があります．そこで，デービッド・ローマー（David Romer）は LM モデルに代わる金融政策のモデルとして，予想実質利子率ルールに基づく MP（Monetary Policy）曲線を推奨しています．

中央銀行は名目利子率やマネタリー・ベースを変化させたり，さまざまな談話を通じて，予想実質利子率をコントロールすると考えられます．このような予想実質利子率を目標とする政策は，1990年代のアメリカの金融政策などに典型的にみられた政策態度・政策ルールであるといわれます．

IS-MP モデルは，財市場の均衡を表す IS 曲線と予想実質利子率に関する金融政策のルール，または金融政策の慣習を表す MP 曲線から構成されます．

インフレ率や予想インフレ率が変化する状況を考えているため，IS-MP モデルでの縦軸は予想実質利子率（$r = i - \pi^e$）です．さらに，動学的な視点をつけ加えるために，消費は今期の可処分所得だけではなく，将来の予想可処分所得 $(Y-T)^e$ からも影響を受けると考えましょう．このとき，財市場の均衡条件は（7-1）に代わって，

$$Y = C(Y-T, r, (Y-T)^e) + I(r) + G \qquad (9-7)$$

になります．（9-7）においても，消費や投資が予想実質利子率の減少関数であることに変わりはないため，IS 曲線は右下がりになります．

（9-7）で表される IS 曲線も第7章で説明した IS 曲線と多くの点で共通の性質をもっています．たとえば，ベビーブームや高齢化による消費の増加や新技術による高収益投資プロジェクトの登場は，IS 曲線を右にシフトさせます．

ただし，将来の予想可処分所得の影響を考慮することによって，いくつかの相違点が生じます．たとえば，中立命題が成り立つ場合には，公債発行による財政支出拡大は今期の可処分所得は増加させますが，将来，増税が予想されるため，将来の予想可処分所得を低下させます．将来の予想可処分所得の減少は今期の消費を減少させます．その結果，今期の需要はほとんど増加せず，IS 曲線のシフトは小幅にとどまります[12]．

---

12 ── このとき，IS 線のシフト幅は増税と財政支出を同時に行ったケースと同じになります．つまりは財政支出額と同じだけ IS 曲線をシフトさせるだけで波及効果をもちません．

図 9-5　IS-MP モデル

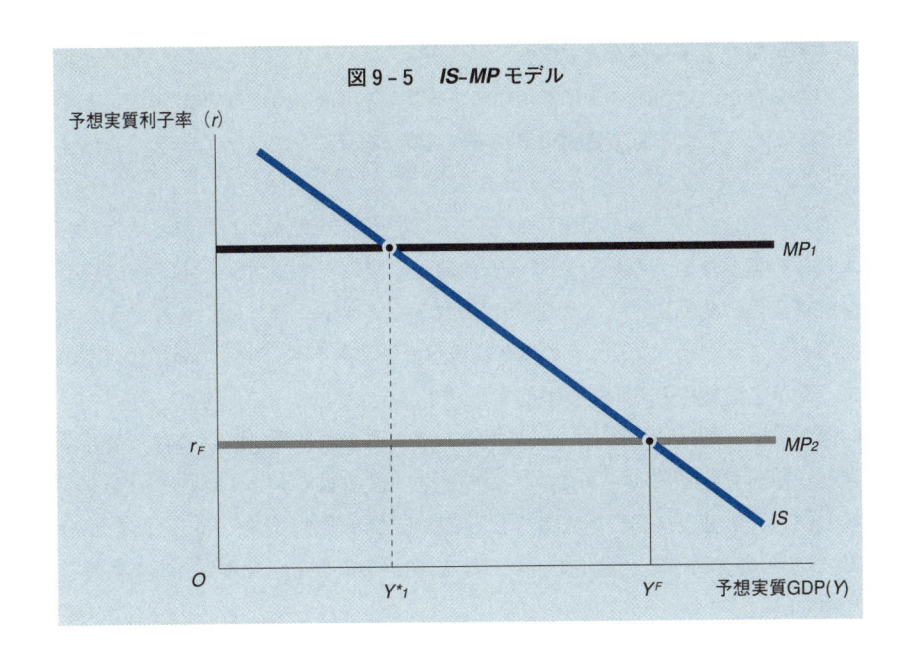

一方，MP曲線は中央銀行が予想実質利子率の水準に関してなんらかの目標をもっていることを前提として導出されます．たとえば，中央銀行が実体経済の動向とは無関係に予想実質利子率を一定に維持するように行動するならば，MP曲線は目標予想実質利子率水準で水平になります．図9-5はこのときのIS-MPモデルを図示したものです．

したがって，一定の IS 曲線のもとで，目標とする予想実質利子率水準が低いほど，均衡実質GDPは大きくなります．しかし，実質GDPは労働や資本が完全に利用される完全雇用実質GDP（Y_F）水準を継続的に超えることはできません．したがって，MP曲線を MP_2 以下に低下させることはできません．

なお，中央銀行にとって，完全雇用の達成は重要な使命の1つです．したがって，完全雇用水準でIS曲線との交点をもつMP線は，通常の中央銀行の行動を表すものとして，その妥当性は高いと考えられます．そこで，以下ではMP曲線は完全雇用水準でIS曲線との交点をもつことを仮定して議論を進めましょう．

予想実質利子率ルールと安定化

中央銀行が一定のルールに基づいて予想実質利子率をある水準に導こうとするとき、そうした予想実質利子率ルールは実体経済にどのような影響を及ぼすでしょうか。

この「一定のルール」は MP 曲線によって表されます。したがって、ルール自体の変更を行わないならば MP 曲線は一定になります。一方、海外需要や投資条件の変動によって IS 曲線はシフトします。それでは、このような IS 曲線をシフトさせるショックの実体経済への影響を小さくするためには、どのような予想実質利子率ルールが望ましいでしょうか。

図 9-6 の「予想実質利子率一定化ルール」での水平な MP 曲線は、最も単純な予想実質利子率ルールです。このとき、IS 曲線のシフトは、そのシフト幅と同じだけ実質 GDP を変化させることになります（図 9-6）。したがって、「予想実質利子率一定化ルール」は IS 曲線をシフトさせるショックに対して中立的、つまり、安定化効果はないことになります。

次に、中央銀行が、景気がよい場合には予想実質利子率を高くし、景気が悪化した場合には予想実質利子率を引き下げるという一定の行動様式に従う場合を考えてみましょう。この場合の金融政策は右上がりの MP 曲線によって表現されます（図 9-7）。このとき IS 曲線のシフトによる実質 GDP の変化は IS 曲線自体のシフト幅よりも小さいことがわかります。右上がりの MP 曲線が、IS 曲線のショックを吸収した形になっています。したがって、景気と予想実質利子率を同方向に変化させるというルールに基づく金融政策は、実体経済を安定化させる効果があることがわかります。

一方、景気がよい場合には予想実質利子率を低くし、景気が悪化した場合には予想実質利子率を引き上げるという政策ルールがとられる場合には、MP 曲線は右下がりになります。ここでは、MP 曲線の傾きが負で、IS 曲線よりも傾斜は緩いというケースを考えてみましょう[13]。このとき、IS 曲線のシフトと

---

[13] MP 曲線の傾斜が IS 曲線よりも急な場合には、消費や投資の増大による IS 曲線の右シフトが実質 GDP を減少させることになってしまいます。これは理論的に矛盾していますし、現実の経済状況を考えても非現実的でしょう。したがって、以下では IS 曲線よりも傾斜が緩やかなケースだけを考えます。

図9-6 予想実質利子率一定

予想実質利子率 (r)

IS_1　IS_2

Yの変化＝ISのシフト

MP

O　Y^*_1　Y^*_2　実質GDP(Y)

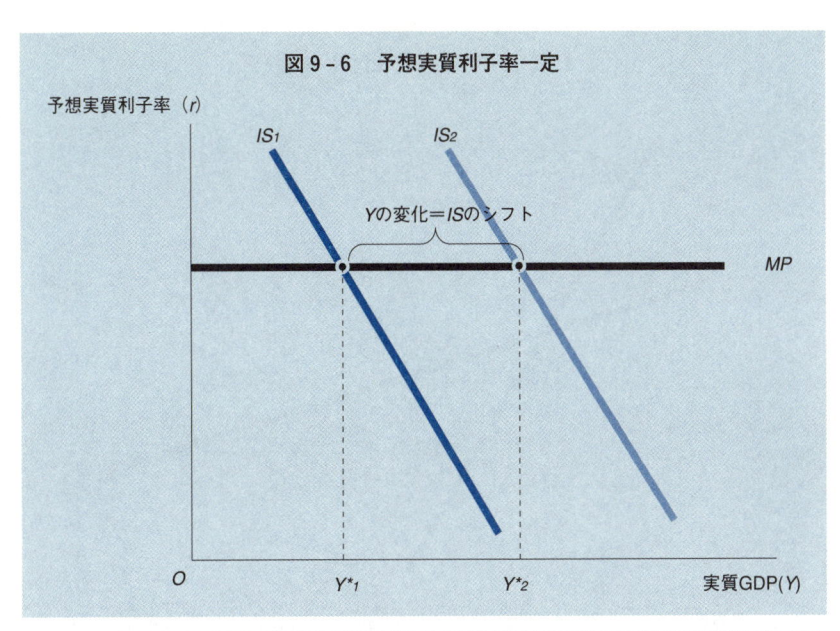

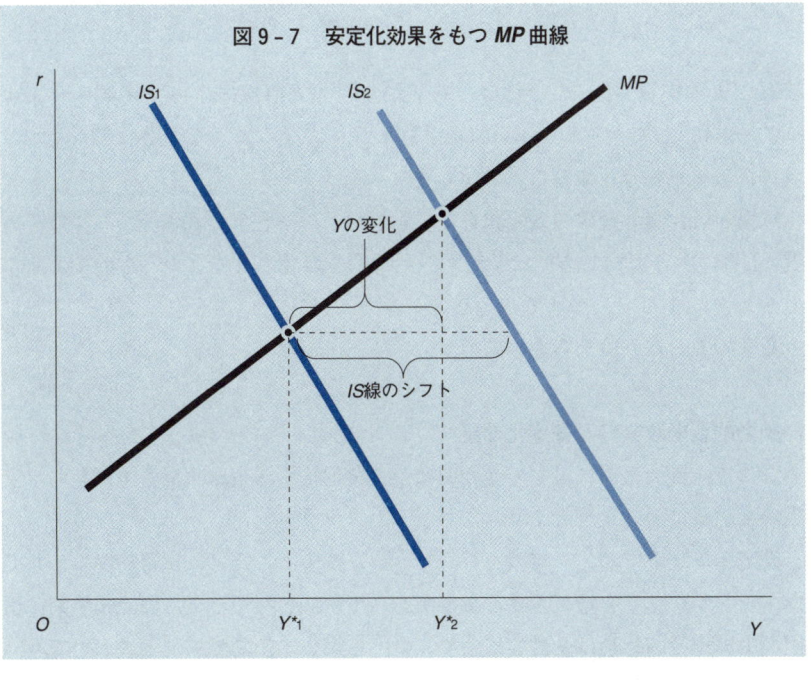

図9-7 安定化効果をもつ **MP** 曲線

r

IS_1　IS_2　MP

Yの変化

IS線のシフト

O　Y^*_1　Y^*_2　Y

第9章 安定化政策の現代的課題　351

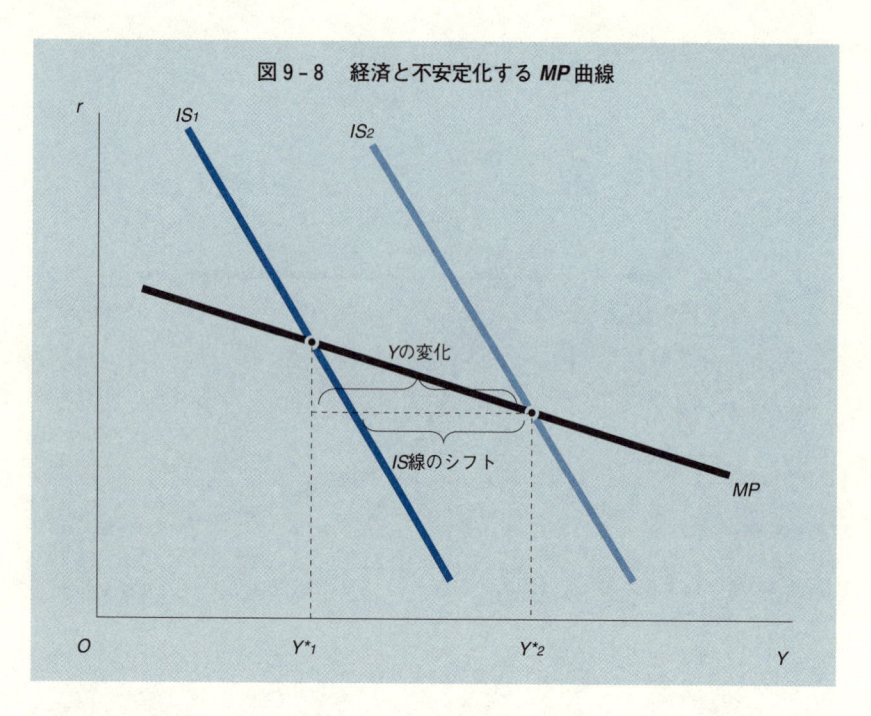

図9-8 経済と不安定化する MP 曲線

それによる実質 GDP の変化は，右下がりの MP 曲線によって増幅されます（図9-8）．したがって，MP 曲線が右下がりになるような金融政策ルールは実体経済を不安定化することになります．

以上から，実体経済の安定化を達成するための予想実質利子率ルールは，実質 GDP の動きと同じ方向に予想実質利子率を変化させるというものであることがわかりました．つまり，金融政策ルールは MP 曲線を右上がりにするようなものでなければならないのです．

受動的金融政策の不安定化効果

ここで，資金需要に対して受動的に資金を供給する金融政策，すなわち，受動的金融政策の効果を考えてみましょう．

固定相場制下では，一定の為替レートを維持するように，貨幣需要に応じてマネー・サプライを増減させる必要があります．したがって，固定相場制採用国の中央銀行の行動は受動的になります．しかし，変動相場制下においても，

この種の受動的金融政策が採用される例は少なくありません．

変動相場制下の受動的金融政策では，通常，一定の名目利子率のもとで，資金需要が旺盛なときには買いオペにより貨幣を追加的に供給し，資金需要が弱いときには市場で「ダブついた」貨幣を売りオペによって回収することになります．金融政策がこのようなルールまたは慣習に従う場合の MP 線はどのような形状をしているでしょうか．

このような名目利子率を一定とした受動的金融政策のもとでは，投資や消費ブームによる貨幣需要の増加に対して，貨幣が追加供給されることになります．したがって，好況時にはインフレ率と予想インフレ率は共に高くなるでしょう．名目利子率が一定で予想インフレ率が上昇するため，予想実質利子率は低下します．また，消費や投資意欲が減退したときには，貨幣需要の減少に対して受動的に反応するため，貨幣供給を抑制することになります．これによりインフレ率と予想インフレ率は共に低くなり，予想実質利子率は上昇します．

受動的金融政策は，実質 GDP が大きいときに低い予想実質利子率へ，実質 GDP が小さいときに高い予想実質利子率へ，それぞれ誘導しようとするわけですから，MP 曲線は右下がりになります．右下がりの MP 曲線は IS 曲線に加わるショックを増幅するため，経済は不安定化してしまいます．

したがって，安定化政策の視点から考えると，名目利子率を一定として受動的に貨幣を供給する政策は最も避けるべき政策であることがわかります．

テイラー・ルール

固定的な名目利子率水準の設定は経済を不安定化します．したがって，経済を安定化させるためには，名目利子率水準をインフレ動向や実体経済に合わせて変化させる必要があります．

中央銀行は債券・手形オペレーションを通じて，名目利子率をコントロールすることができます．その際に，名目利子率を実質 GDP やインフレ率の動向に合わせて変化させるルールとして有名なものに，テイラー (John B. Taylor) によって定式化された「テイラー・ルール」と呼ばれる政策ルールがあります．

「テイラー・ルール」では，目標予想実質利子率 (r_F)，目標インフレ率

(π_T）と実際のインフレ率（π）の乖離，および，完全雇用実質 GDP（y_F）と実際の実質 GDP（y）の乖離に基づいて，短期名目利子率水準を決定します．短期名目利子率を i とすると，「テイラー・ルール」は

$$i = r_F + \pi_T + \alpha(\pi - \pi_T) + \beta(y - y_F) \tag{9-8}$$

と表現されます．完全雇用の達成は中央銀行の使命の1つですから，r_F としては，図9-5の r_F のような均衡予想実質利子率水準（ここに，均衡予想実質利子率とは完全雇用を達成する予想実質利子率の意味）の推計値を用いることになります．なお，（$y - y_F$）は実際の実質 GDP と完全雇用実質 GDP の差，つまり，需給ギャップをパーセンテージで表したものです．

「テイラー・ルール」では，係数である α と β の値を変化させることによって，さまざまな金融政策ルールを表現することが可能です．たとえば，β を0にした場合には，インフレ率動向だけをみて金融政策を行うという，厳格なインフレーション・ターゲティング（物価上昇率目標政策）になります．α が大きくなるにつれて，インフレを考慮した金融政策運営ルールを，β が大きくなるにつれて，完全雇用の達成を重視した金融政策ルールを表します．したがって，さきに述べた伸縮的インフレーション・ターゲティングは α が β に比べて大きい「テイラー・ルール」であるといえるでしょう．

テイラーはアメリカの金融政策が非常にうまくいっていたといわれる，1987年以降の金融政策は，事実上，目標予想実質利子率2％，目標インフレ率2％，$\alpha = 0.5$，$\beta = 0.5$ とした（9-2）のルールに従って運用されていたと主張しています．つまり，90年代のアメリカにおいて，金融政策は，

$$短期名目利子率(\%) = 2 + 2 + 0.5 * (\pi - 2) + 0.5 * (需給ギャップ) \tag{9-9}$$

というルールに基づいて運営されていたという主張です．しかしテイラーは1999年の論文で，$\alpha = 1.5$，$\beta = 0.5$ に修正しています．

このようなルールのもとで，MP 曲線はどのような形状をとるでしょうか．実質 GDP が完全雇用水準を超えた場合には，財市場で超過需要が発生するために，物価水準も上昇傾向を示します．したがって，（9-9）の第2項と第3

項を通じて，名目利子率を上昇させることになります．（9-9）のルールが民間経済主体に読み込まれている場合には，目標水準を超えたインフレが発生したとき，ルールに従って金融引締が行われると予想されるため，予想インフレ率は低下します．名目利子率が上昇して，予想インフレ率が低下するため，予想実質利子率は上昇します．

逆に，実質GDPが完全雇用水準を下回っているときには，予想実質利子率は引き下げられることになります．したがって，MP曲線は右上がりの形状をもっていることがわかります．1990年代のアメリカの金融政策は，予想実質利子率に関して右上がりのMP曲線を（習慣的に）ルール化していたため，安定的なパフォーマンスが達成されていたと考えられます．

マッカラム・ルール

「テイラー・ルール」の成功は，ルールに基づく金融政策への信頼を高めることになりました．しかし，「テイラー・ルール」にも問題点があります．

その1つが，均衡予想実質利子率や均衡実質GDPに関する推計を必要とする点です．これらの値は，通常，データを用いて計量経済学的な推計によって求められます．しかし，経済構造の大きな変化が生じた場合などにはその推計値の信頼性は低下します．もし，真の均衡値に比べ，高い均衡予想実質利子率や低い均衡実質GDPを目標に金融政策が行われると，高すぎる予想実質利子率状態が続くため，長期にわたる実体経済の停滞をもたらしてしまいます．また，推計の誤りによって，低すぎる均衡予想実質利子率や高すぎる実質GDPを目標にすると，景気過熱と慢性的なインフレ状態に陥る危険性があります．

もう1つの問題は，「テイラー・ルール」は名目利子率水準の誘導目標を決めているという点です．（9-9）をみると，インフレ率が非常に低い，またはデフレが発生しており，実質GDPギャップが大きくマイナスのときには目標とする名目利子率の誘導水準がマイナスになってしまいます．しかし，名目利子率の下限制約の問題から，マイナスの名目利子率を達成することは不可能です．実際，1990年代後半以降の日本では，（9-9）に基づく望ましい名目短期利子率はマイナスです．このような状況では，「テイラー・ルール」に基づく政策運営自体ができなくなってしまいます．

これらの問題を解決する手段として考えられるのが,「マッカラム・ルール」です. マッカラム (Benett T. McCallum) は, 名目 GDP 成長率の目標を設定し, それに応じてマネタリー・ベースの供給量を決めるルールを提唱しています. マネタリー・ベースの供給量も債券・手形オペレーションによってかなり正確にコントロールできます.

「マッカラム・ルール」は, 現実の名目成長率が目標成長率を下回ったときにはマネタリー・ベースの増加率を上昇させ, 目標成長率以上の成長を達成したときにはマネタリー・ベースの増加率を引き下げるという構造をもっています. 具体的には,

$$\text{マネタリー・ベース伸び率} = \text{目標名目成長率} + \alpha(\text{目標名目成長率} - \text{前期の名目成長率}) + \text{調整項}$$

(9-10)

です.「マッカラム・ルール」は, 名目成長率だけではなく, 同時にマネタリー・ベースの流通速度に関する調整項を含めた政策ルールですが, ここでは割愛します[14]. マッカラムは安定化効果が高い α の値として0.25を推奨しています.

名目経済成長率は実質経済成長率とインフレ率の和です. したがって, 5％の名目成長率を目標として設定した場合には, 実質成長率が4％のときには1％のインフレ率を目標に引締的な金融政策を, また, 実質成長率が2％のときにはインフレ率3％を目標として緩和的な金融政策を, それぞれ行うことになります. このように, マッカラム・ルールに従うと好況期には金融引締政策を, 不況期には金融緩和政策を自動的に行うことになるため, MP 曲線は右上がりの形状をとります.

完全雇用実質 GDP やその伸び率である潜在成長率を正確に推計することは困難ですが, その大まかな大きさを把握することは難しいことではありませ

---

[14] 「マッカラム・ルール」については, マッカラム本人による紹介が Bennett T. McCallum (1993)「金融政策ルールの定式化と分析」『金融研究』12(4)に, また, 1990年代後半から2002年にかけての日本経済への適用は浜田・堀内他 (2004) 所収の岡田・飯田論文を参照.

ん．たとえば，現在（2000年代後半）の日本の潜在成長率にはさまざまな推計値が公表されていますが，4％を超えるものも1％を下回るものもほとんどありません．すると名目GDPの成長目標を5％に設定すると，常に1％以上4％未満のインフレを目標に，現実の実質GDPに応じた金融引締と緩和を行うことができます．また，マネタリー・ベースの最適な伸び率を導くルールのため，名目利子率の下限が問題になることもありません．

このように，「マッカラム・ルール」には，潜在成長率や均衡予想実質利子率の正確な推計を必要としないという利点があります．しかし，最も効果的な安定化効果を得るためには，いま述べたように，インフレ率を一定の範囲に維持することが必要ですから，（9-8）のαの値を実証的に計測する必要がある点は，「テイラー・ルール」の場合と同様です．

【練習問題】
1．裁量政策はラグを伴うため，経済を不安定にする可能性があります．一方，ルールに基づいた政策は内部ラグを短縮化することができます．企業内で発生する内部ラグとその解決のためのルール化について考えてみましょう．
2．動学的非整合性の問題は，放漫経営などの原因となるため，モラル・ハザードと混同して論じられることがあります．両者の相違点について整理してみましょう．
3．現在の日本の公債について，それが償還時にどのような負担と影響をもたらすかを考えてみましょう．
4．ある国の中央銀行が「我々は名目利子率が一定になるように金融政策を運営しているため，景気に対して金融政策は影響を与えていない」と主張したとします．この主張の是非について議論してみましょう．
5．1990年代後半から2000年代初めにかけて，日本では公債残高の累増にもかかわらず，長期名目利子率は低位安定していました．これは公債の負担に対してどのような効果を及ぼしたと考えられるでしょうか．
6．この章で，「対外債務の増加は将来，輸出により外国に債務を返済す

る必要があることを意味します」とありますが，なぜ，輸出しなければ，対外債務を返済できないのでしょうか．

7．財務省のホーム・ページにある「家計に例えると，毎月40万円の収入に対し，28万円も新しく借金しています」という，財政赤字に関する警告をどう考えればよいでしょうか．

8．図9-2は，①1980年代以降，構造改革を進め，90年代初め以降インフレ率が1％後半から2％半ばで安定している第1グループの国（アメリカ以外はインフレ・ターゲティング採用国）の実質成長率は高くかつ安定していること，②インフレ率は第1グループ国と同じように低位安定しているが，構造改革が遅れている第2グループの国の実質成長率は第1グループよりも低いこと，③80年代以降，規制緩和などの構造改革を進め，90年代半ば以降はその改革の速度を速めたが，90年代初めから，長期にわたって資産デフレが続き，90年代後半以降はデフレになった日本の実質成長率は，第2グループよりも低いことを示しています．経済政策の割り当て定理である「マンデルの定理」に則して考えると，この各国の経験から，どのような教訓が得られるでしょうか．

【練習問題のヒント】

1．学生の皆さんも日々の生活やアルバイトでの経験を考えながら例を探してみてください．

2．モラル・ハザードは「隠された行動の問題」と呼ばれます．第5章でその定義を確認し，ソフトな予算制約の問題はその定義を満たしているかどうか確認しましょう．

3．国債の償還のための増税自体は国民の負担にならないことに注意しましょう．なぜならば，増税された人は負担（その分，消費を減らすから）になりますが，国債の償還を受ける人の消費可能額は増加するからです．しかし，国債の非保有者から保有者への再分配効果が生じます．国債を直接，または間接的に保有しているのはどのような人かを考えてみましょう．

4．名目利子率を一定に保つという政策は受動的な金融政策と呼ばれま

す．受動的金融政策が景気変動に対してどのような効果をもつかを確認してみましょう．
5．公債発行のクラウディング・アウト効果はゼロであったと考えられます．そうであれば，2005年現在まで，1990年代半ば以降に発行された公債については，まだ負担は発生していないといえるでしょう．ただし，今後，公債残高の累増が長期名目利子率の上昇要因になるにつれて，クラウディング・アウト効果が現れると予想されます．そうなれば，将来，公債の負担が発生することは避けられません．
6．注6（336ページ）から，対外純債権（純債務）の変化≡純輸出に注意しましょう．日本政府が外国人保有の日本国債を償還しただけでは，日本の対外債務は減少しません．日本国債の償還を受けた外国人が，償還資金を円預金のまま保有しつづけるとどうなるかを考えてみましょう．
7．家計は借金を返すときに，消費を減らし，貯蓄を増やさなければなりませんから，借金の負担は家計が借金を返済するときに発生します．しかし，国の借金の負担とその借金を返済するための増税負担とは一致しません．こうした家計と国の借金の違い，不完全雇用下で，公債発行により負担を将来に先送りすることによる雇用と生産の増加，社会資本費用の将来世代の負担，財政の持続可能性などを総合的に考慮して，考えてみましょう．
8．図9-2から，潜在成長率を高めるためには構造改革を割り当て，その高まった潜在成長率を実際の成長率として実現させるためには，インフレ率を1～3％程度で安定化させる金融政策を割り当てるべきである，という教訓が導かれるでしょう．

第Ⅲ部

所得再分配政策

第10章

所得再分配政策の基礎理論

　第Ⅰ部では，外部性や公共財の供給のような市場の失敗が起きるケースを除けば，競争市場によって，効率的な資源配分が達成されることを説明してきました．しかし，競争市場は人々の間の貧富の差を拡大する可能性があります．この貧富の差を縮小するために，市場経済システムを採用している国の多くは，なんらかの公平性の基準から，税制や社会保険制度などを用いて，所得再分配政策を実施しています．そこでこの章では，所得再分配政策のメリットとデメリットを公平性と効率性の2つの基準から検討しましょう．

1　所得分配の公平性と資源配分の効率性

市場の所得分配

　所得再分配政策を考える前に，市場経済では人々の間の所得分配はどのように決まるのかを説明しておきましょう．

　まず，会社で働いている人の所得を考えてみましょう．彼または彼女（以下，彼といいます）は会社で働いて給与を得ます．これは労働サービスを供給して，その対価として給与という名の賃金を得ていることを意味します．

　彼はワンルームマンションを持っており，それを人に貸して家賃を得ているとしましょう．これは土地サービスと住宅サービスを供給して，その対価として家賃を得ていることを意味します．家賃のうち土地サービスの対価に相当するものは，地代です．住宅は生産要素としては資本に分類されます．

さらに，彼は預金と株式を持っており，それらの資産から利子と配当を得ているとしましょう．彼が預金したり，株式を購入したりしたときの資金は企業などに供給され，企業はその資金で原材料や設備などを購入します．原材料や設備などの生産された耐久生産物は資本と呼ばれ，生産要素の一種です．したがって，彼は預金したり，株式を購入したりすることを通じて，最終的には，資本という生産要素を供給していることになります．

以上から，彼は労働，土地，資本などの生産要素を供給して，賃金，賃貸料，利子・配当などの所得を得ていることがわかります．これらの所得の合計が彼の総所得です．市場経済では，人々は自分が供給する生産要素の対価として所得を得ています．そこでこれらの所得を「生産要素所得」といいます．

以上の所得以外にも，土地を持っていると，地価の上昇によって値上がり益が得られます．これを「土地キャピタル・ゲイン」といいます．また，株式を持っていると，株価の上昇によって値上がり益が得られます．これを「株式キャピタル・ゲイン」といいます．これらのキャピタル・ゲインは，実際に土地や株式を売却して現金化する場合には，「実現キャピタル・ゲイン」と呼ばれ，それらを売却せず，したがって現金化しない場合は，「未実現キャピタル・ゲイン」と呼ばれます．しかし，いずれも所得であることには，変わりありません．なお，地価や株価が買ったときよりも下がれば，値下がり損を被ります．この値下がり損を「キャピタル・ロス」といいます．キャピタル・ロスは負のキャピタル・ゲインです．

キャピタル・ゲインと賃金以外の生産要素所得は「財産所得」と呼ばれます．

ここで，利子率と配当率（株式1単位当たりの配当）を区別せずに，「利子率」と呼び，住宅などの建物は資本であることに注意すると，各個人の総所得は次のように表されます．

$$
\begin{aligned}
総所得 &= 賃金所得 + 財産所得 \\
&= 賃金所得 + 地代所得 + 利子・配当所得 + キャピタル・ゲイン \\
&= 労働サービスの供給量 \times 賃金率 \\
&\quad + 土地サービスの供給量 \times 地代 \\
&\quad + 資本サービスの供給量 \times 利子率
\end{aligned}
$$

　　　　　　　＋キャピタル・ゲイン　　　　　　　　　　　　　　（10-1）

ここで，賃金率とは時間当たり賃金や年間当たり賃金などの意味です．

貧富を決めるもの

（10-1）から，人々の総所得の大きさは，次に依存することがわかります．
　①労働サービス，土地サービス，資本サービスなどの生産要素の供給量
　②賃金率，地代，利子率などの生産要素の価格
　③土地や株式などの資産保有額
　④土地や株式の価格の上昇額
　個人の総所得は，上の4つの要素が大きければ大きいほど大きくなります．①と②は賃金，地代，利子などの生産要素所得を，③と④はキャピタル・ゲインの大きさを決める要因です．

　多くの人にとって，総所得のうち最も大きな割合を占める所得は，賃金所得です．高い賃金所得を得るには，賃金率を一定とすれば，よく働いて，労働サービス供給量を増やすしかありません．一方，同じだけ働くとすれば（すなわち，労働サービス供給量が同じであれば），賃金率が高いほど，賃金所得は大きくなります．賃金率は長期的には労働サービスの需要と供給が一致するように決まりますから，需要に比べて供給が少ないほど高くなります．たとえば，プロ野球，プロサッカー，プロゴルファーなどの中でも最も優秀な一部の選手は，需要に比べて供給が極端に少ないため，その賃金率は，需要に比べて供給の多い普通のサラリーマンに比べて，とてつもなく高くなります．その結果，彼らの賃金所得もきわめて高額になります．このことから，お金持ちになりたかったら，財産所得がない限り，需要に比べて供給の少ない労働サービスを供給できる人間にならなければならないことがわかります．いわゆる，「余人をもって代えがたい人間」になることが，お金持ちになる道の1つです．

　しかし，たとえ賃金所得が少なくても，財産所得が大きければ，お金持ちになれます．たくさんの遺産を相続すれば，生まれながらにして大きな財産，すなわち，資産を保有して，あまり働かなくても，裕福な生活ができます．

　一方，相続財産はなくても，一生懸命働いて，賃金所得を稼ぎ，消費を抑え

て，こつこつ貯蓄し，預金，国債，株式，土地などの資産を購入すれば，資産保有額を増やすことができます．しかし，賃金所得が大きくなければ，貯蓄に回せるお金も限られますから，増やせる資産保有額にも限界があります．それでも，運よく，保有している資産のキャピタル・ゲインが大きければ，少ない貯蓄で，大きな資産を築くことができます．

　戦後の日本では，1990年代に地価バブルが崩壊するまで，地価は傾向としては上昇しつづけてきましたから，早くから土地を持っていた人たちは莫大なキャピタル・ゲインを得て，大金持ちになりました．こういう人は，土地長者と呼ばれます．

　世の中には，相続財産もなく，教育も十分に受けられなかったために賃金所得が低く，貯蓄して財産所得を得ることもできずに，生活するのがやっとで，レジャーを楽しむ余裕のまったくない人生を送らなければならない人がいます．その一方で，大きな財産を相続して，ほとんど働かずに，悠々と人生を楽しんだり，恵まれた才能を生かして，巨額な賃金所得を稼ぐことのできる少数の人がいます．その中間に，ほどほどの教育を受けて，中程度の賃金を得，こつこつ貯蓄して，老後の生活に困らない程度の財産を築く，普通の人たちがいます．こうして，市場経済には，生活するのがやっとの低所得者から始まって，一部の恵まれた高額所得者が存在し，その中間に，中程度の所得の中流階級が存在しています．

効率性と公平性のトレード・オフ

　そこで，市場で決まった所得格差を，そのままにしておいてよいのかという問題が生じます．そのまま放置すべきでないと考える人は，なんらかの公平に関する価値評価基準，略して，所得分配の公平性基準をもっているはずです．これは価値判断ですから，経済学はどの公平性基準が望ましいかの判断を客観的に下すことはできません．しかし，経済学はある公平性基準を前提にしたときに，①その基準を満たすには，どのような経済政策（すなわち，所得再分配政策）が望ましいか，そして，②その公平性基準を満たそうとすると，資源配分にどのような非効率が生ずるかということを客観的に述べることができます．そこでここでは，これらの問題を一般的に述べておきましょう．

第I部では，市場の失敗がなければ，競争市場は効率的な資源配分を達成することを説明しました．たとえば，農家の所得を一定水準以上に保つという公平性基準を設けて，農産物の輸入を制限したり，輸入関税をかけたり，米価支持政策のような価格政策を採用すると，保護された農家の所得は競争市場におけるよりも高くなります．これは，農業保護政策によって，農家の所得を競争市場で決まる所得よりも引き上げるという意味で，所得再分配政策です．第2章で説明しましたが，この農業保護政策によって，消費余剰と総余剰が共に減少して，資源配分は非効率になります．これは，ある所得分配の公平性基準を満たそうとすると資源配分が非効率になる例ですが，このとき，効率性と公平性の間に「トレード・オフ（両者が両立しないこと）がある」といいます．

あるいは，財産所得に基づく所得格差を縮小しようとして，貯蓄によって獲得した資産から得られる利子，配当，キャピタル・ゲインに対する所得税を強化すると，貯蓄が減少する可能性があります．貯蓄が減少すると，設備投資のために供給される資金が減少し，その結果，設備投資も減少する可能性があります．設備投資が減少すれば，将来の生産性が低下して，将来の総余剰も減少するでしょう．これは自由な競争市場におけるよりも，将来利用可能な資本（機械など）が減少したために，将来の総余剰が減るという意味で，現在と将来の間の資源配分が非効率になることを意味します．したがって，利子，配当，キャピタル・ゲインに対する課税も，効率性と公平性のトレード・オフをもたらします．

所得再分配政策における効率性と公平性のトレード・オフ関係を明らかにすることは，所得再分配政策の望ましさを判断するための重要な情報を提供することになります．ある公平性基準を所与とすれば，できるだけ効率性を低下させない所得再分配政策が望ましいことになりますが，このことを明らかにすることも所得再分配理論の課題です．

2　所得再分配政策の基準

結果の平等

しばしば，所得分配が平等であるとか不平等であるなどといわれます．しか

し何が平等な所得分配で，何が不平等な所得分配かとなると，人それぞれで千差万別です．ここでは，人々の間で所得に差がないほど平等であると考えましょう．その場合，結果の平等と機会の平等を区別することが有意義です．

結果の平等を所得分配に当てはめると，最終的に，人々の間の所得格差が小さいほど平等ということになります．結果の平等のための経済政策としては，所得の多い人ほど所得に対する税率を高めるという累進所得税があります．しかし，累進所得税は，所得が少なければ税金を納めずにすみますが，最低の生活水準も維持できないほど所得の低い人にとっては，なんの助けにもなりません．そこで，そのような人に対しては，政府は最低の生活水準とはなにかを定義したうえで，その最低生活水準を維持できるように，所得を保証する必要があります．日本では生活保護費がこれに該当します．

しかし，生活保護費を手厚くしすぎたり，累進所得税率の累進度を急激なものにしたりすると，所得を獲得するために努力しても努力しなくても，結果として得られる所得にあまり差がなくなるため，人々は努力して働こうとするインセンティブを失います．そうなれば，総余剰が減少しますから，資源配分は非効率になり，そもそも人々の間に分配できる全体の所得自体が減ってしまいます．つまり，効率性と公平性との間のトレード・オフが深刻になるということです．したがって，結果の平等を追求するにも限度があります．

負の所得税

アメリカの経済学者であるミルトン・フリードマンは，生活保護費や所得税が人々の努力を阻害する効果をなくすために，負の所得税を提案しています．現行の日本の生活保護費は，一定以上の所得を稼ぐと，まったく支給されなくなります．それに対して，負の所得税とは，所得がある水準以下になると税金が負になり，その絶対値が所得が減るほど大きくなる制度です．

図10-1では，横軸は所得を，縦軸は税金と可処分所得を表し，共に単位は円です．税金線 T は所得と税金との関係を示しています．所得が OA（円）であれば，所得税はゼロです．それ以上所得が増えると，税金が比例的に増えるように描かれています．一方，所得が OA 未満になると，所得税は負になります．そこで，この制度を「負の所得税」といいます．所得税が負になると

図10-1　負の所得税

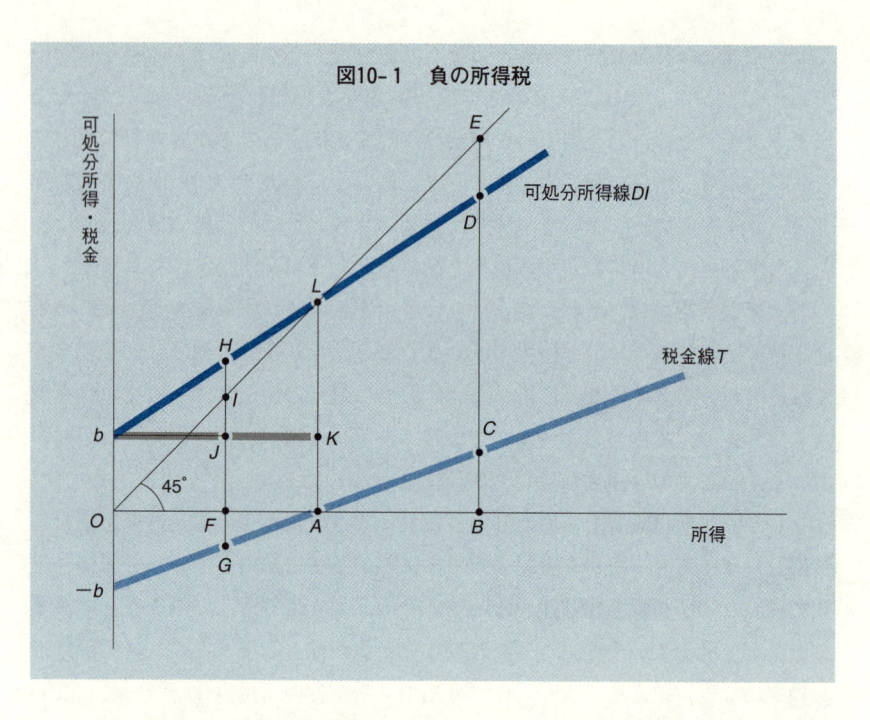

いうことは，政府から生活保護費を支給されることを意味します。負の所得税の絶対値，すなわち，生活保護費は所得が OA よりも低くなるにつれて比例的に増加し，所得がゼロになると，b（負の所得税は $-b$）になります。

可処分所得線 DI の縦軸は可処分所得を示し，税金を支払っている場合には，所得から税金を差し引いた金額に，生活保護費を受けている場合（つまり，所得税が負になる場合）には，所得に生活保護費を加えた金額に，それぞれ等しくなります。可処分所得線は，45度線の縦軸の値と可処分所得線の縦軸の値の差が，税金または生活保護費（負の所得税の絶対値）に等しくなるように描かれています。たとえば，ED は所得が OB の人の税金に等しくなるように描かれていますから，税金線の縦軸の値 CB に一致します。

ここで，45度線上では横軸の値と縦軸の値は等しくなることに注意しましょう。この性質に注意すると，EB と OB は等しくなることがわかります。以上から，所得が OB の人の可処分所得は，税金を支払う前の所得 EB から税金 ED（これは CB に等しい）を差し引いた DB になります。

一方，所得が OF であれば，負の所得税は FG になり，これが生活保護費として支給されます．図10-1では，可処分所得線上の点 H と45度線上の点 I との差である HI が，生活保護費 FG に等しくなるように描かれています．45度線の性質から，IF は OF に等しくなりますから，所得が OF の人の可処分所得は，彼の所得 IF に生活保護費（負の所得税）の支給額（HI）を加えた HF になります．

負の所得税制度のもとでは，X 軸上の点で示される税引き前（あるいは生活保護費支給前）の所得に対応する可処分所得は，可処分所得線 DI で表されます．それに対して，現行の生活保護費制度のもとでは，生活保護費は，所得がゼロであれば b 円ですが，生活保護費を受けている人が所得を稼ぐと，稼いだ所得分だけ減額されます．このような制度のもとでは，所得が OA 未満の人の可処分所得は，働いても，働かなくても同じになりますから，水平な直線 bK で表されます．一方，所得が OA 以上の人の可処分所得線は，点 L から右側になります．

所得が OA 未満の人の可処分所得は，働いても，働かなくても同じになるのであれば，生活保護費を受けている人にとって，働くインセンティブは小さくなるでしょう．働かなければ，技術は身につきませんから，就職は難しく，いつまでも生活保護に頼ることになりがちです．

それに対して，負の所得税制度であれば，生活保護費の減額は働いて得た所得よりも小さくなりますから，生活保護を受けていても，働けば可処分所得は大きくなります．そうであれば，生活保護を受けている人も働く意欲が出てくるでしょう．働けば，なんらかの技術も身につきますから，OA 以上の所得が得られる職に就いて，生活保護から抜け出すことも可能になります．

貨幣による分配と財・サービスによる分配

政府は徴収した税金を処分することによっても，結果の平等を推進することができます．上で触れた生活保護費は，自力では最低生活水準を維持できない人に，徴収した税金を財源にして貨幣で所得を分配し，かつ，その貨幣の使途を限定しない経済政策です．しかし実際の所得再分配政策では，貨幣による分配よりも財・サービスによる分配のほうがより広範に採用されています．

図10-2 財による分配と貨幣による分配

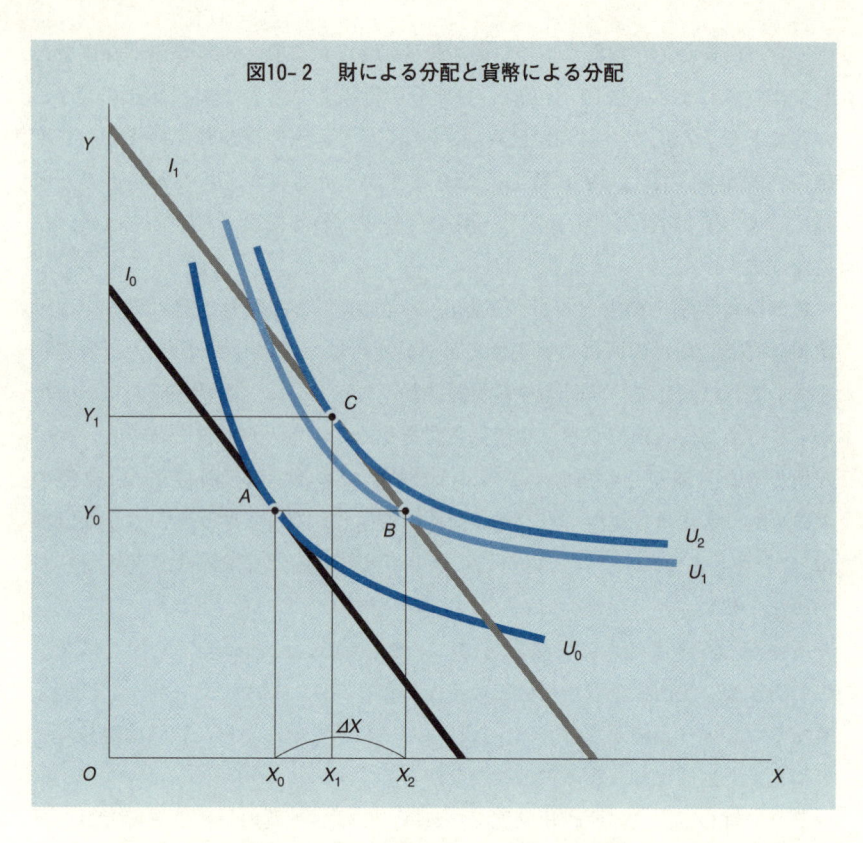

　たとえば，公共投資によって，図書館，公民館，児童館，公園，宿泊施設などが作られます．図書館で本を借りる人は，本の借り出しというサービスを無料で受けることができます．公民館ではコンサートや映画などのサービスを民間よりも安い価格で消費できます．児童館や公園では子どもを無料で遊ばせることができ，公営の宿泊施設サービスは，民間の旅館やホテルなどよりも安い料金で供給されています．これらはすべてサービスによる分配です．こうした政府が提供する民間よりも安いサービスは，所得の低い人でも利用できますから，結果の平等を推進します．

　しかし，財・サービスによる分配は，それらを利用しない人にとってはまったく無意味な所得再分配政策です．読書をしない人にとっては公立図書館は不必要ですし，子どもがいない人は児童館を利用しません．旅行をしない人は，

自分が納めた税金が公営の宿泊施設を作るために使われることを評価しないでしょう．狭い借家に住んでいる人は，税金で公園を作るよりも，安い公営住宅をもっとたくさん作ってほしいと思うでしょう．

　貨幣による分配であっても，貨幣の使途を限定して分配することがあります．しかし，それは特定の財・サービスで分配することと同じです．そこでここでは，使途を限定しない貨幣による分配を考え，それと財・サービスによる分配のどちらが，分配を受ける人にとって望ましいかを，ミクロ経済学の基礎である無差別曲線を使って示しておきましょう．

　図10-2は，ある人の無差別曲線群（U_0, U_1, U_2）と予算制約線（I_0, I_1）を示したものです．所得再分配政策が採用される前の，彼の効用が最大になる消費の組み合わせは点 A（X_0, Y_0）です．ここで，政府が財 X を無償で分配する所得再分配政策を採用するとしましょう．彼が政府から分配される財 X の量を ΔX（$= X_2 - X_0$）とすると，彼の消費点は B に移ります．この財による分配によって，彼の効用は U_0 から U_1 に増大します．

　財 X の価格を P_X とすると，上の所得再分配政策で彼に分配された財 ΔX の市場価値は $P_X X$ になります．そこで，この市場価値と同じ金額の貨幣を分配する所得再分配政策を考えてみましょう．この貨幣による所得再分配政策によって，彼の予算制約線は I_0 から I_1 に平行移動します．I_1 は点 B を通る，I_0 と平行な直線です[1]．

　予算制約線が I_1 であれば，彼の効用が最大になる消費の組み合わせは，点 C（X_1, Y_1）になります．このときの彼の効用は U_2 ですから，財 X による分配を受けるときの効用 U_1 よりも高くなります．

　これから，同じ金額の分配を受けるのであれば，財によるよりも，自由に使える貨幣で分配を受けたほうが，分配を受ける人の効用は高くなることがわかります．それは，自由に使える貨幣で分配を受ければ，その貨幣を自分の効用

---

1 ——財 Y の価格を P_Y，予算制約線が I_0 のときの彼の所得を I_0 とすると，図10-2から $I_0 = P_X X + P_Y Y$．したがって，予算制約線 I_0 の方程式は，$Y = -(P_X/P_Y)X + I_0/P_Y$．次に，予算制約線 I_1 のときの所得は $I_0 + P_X \Delta X$ですから，$I_0 + P_X \Delta X = P_X X + P_Y Y$．これから，予算制約線 I_1 の方程式は，$Y = -(P_X/P_Y)X + I_0/P_Y + P_X \Delta X/P_Y$．したがって，予算制約線 I_1 は予算制約線 I_0 を $P_X \Delta X/P_Y$ だけ上に平行移動した直線になります．

が最大になるように財の消費に使えるのに対して，財で分配を受ける場合には，分配された財の量が自分の効用を最大にする財の量に一致するとは限らないからです．

そのため，政府が財で分配すると次のようなことが起こります．図10-2で，ΔXの分配を受けた人は，ΔXのうちの(X_2-X_1)を市場で売って，貨幣に換え，その貨幣で財Yを(Y_1-Y_0)だけ買おうとします．なぜならば，この取引により，彼の効用がU_1からU_2に増加するからです．

しかし，実際には，財Xを買ってくれる人を探したりする費用がかかりますから，いま述べた取引によって到達できる効用はU_1よりも高く，U_2よりも低い範囲になるでしょう．

政府が分配する財が，ある人にとってはまったく効用を生まないことがあります．たとえば，太平洋戦争中，日本政府はタバコをはじめさまざまのものを人々に分配しましたが（配給と呼ばれました），タバコをすわない人にとっては，その財を転売することができなければ，分配されたタバコはまったくの無駄になってしまいます．

分配を受けた財を転売することは，政府によって禁じられています．しかし，政府は無数に起こるこうした人々の間の取引を取り締まることは不可能です．それに対して，財ではなく，サービスによる分配の場合には，耐久性がないために転売は難しくなります．しかし，それでも，たとえば公営住宅などのケースでは，公営住宅サービスの分配を受けた人が他人に公営住宅を転貸して，別の借家に住んでいるといったことが起こります．

「ただのランチ」の公共施設

現行の日本の財政制度では，公共投資によって建設される図書館，公民館，児童館，公園などの公共施設の建設資金は，それらの利用者が住む地域の住民の税金によってではなく，それらの公共施設を利用することがまったくないか，ほとんどない他の地域の住民の税金によって負担されている場合が少なくありません．この場合は，当該地域の住民はほとんど負担なしに公共施設を利用できます．これは当該地域の住民が他の地域の住民の負担で「ただのランチ」（1-1節参照）を食べる例です．このように，公共施設の利用がただのラ

ンチであれば，地域住民の公共施設需要は過大になります．そして，こうした住民の過大な要求を満たすように，中央政府から予算を取ってくる国会議員や知事などの地元での人気が高まり，選挙で選ばれることになります．以上の結果，公共施設に関する資源配分は非効率になります．

　外部経済が特定の地域に限定される地域公共財の供給に当たっては，いま述べたような非効率をなくすとともに，地域間の所得格差に配慮して，以下を原則とすることが考えられます．

①地域公共財の供給は，a.「消費の非競合性」を満たし，かつ，b.無料で供給したときの消費者余剰が，地域公共財の固定費用よりも大きいことを条件とする．

②①の条件を満たすかどうかをチェックするために，第三者機関（複数が望ましい）の費用・便益分析を義務付ける．

③①と②のテストに合格した地域公共財の財源は，その外部経済が及ぶ範囲の地域住民の負担を原則とする．

④国による地域間の所得再分配は，国が望ましいと考える特定の地域公共財のための財源の保証ではなく，使途を限定しない貨幣による分配を原則とする．

　④の貨幣による分配を原則とする理由は，前項で示した，消費者に対する貨幣による分配と財・サービスによる分配の効果の分析における消費者を，地域住民に置き換えて考えれば理解できるでしょう．

価値財の分配

　ところで，財・サービスによる分配よりも，自由に使える貨幣による分配のほうが，分配を受けた人の効用は高まるにもかかわらず，実際には，政府は財・サービス，とくに，サービスによって分配することが多いのは，なぜでしょうか．その1つの理由として，所得再分配政策においては分配される人の効用だけでなく，分配するための財源を負担する人，すなわち，納税者の効用も考慮されるという点が挙げられます．

　使途を限定しない貨幣で分配する場合には，分配された人がその貨幣を何に使うかは自由です．たとえば，競馬や競輪といった賭け事に使うかもしれませ

ん．しかし，税金を納めて，分配するための貨幣を負担する人たちは，分配を受けた人々が貨幣を競馬や競輪などの賭け事に使うことを快く思わないでしょう．競馬・競輪とはいわなくても，子どもの習い事や家族旅行やテレビの購入代金などに使うのはどうでしょうか．それらに使ってもいいという人もいれば，望ましくないと思う人もいて，なかなか意見の一致は得られないでしょう．

そこで，政府が人々を代表して，分配するうえで望ましいと考える財やサービスを分配するという所得再分配政策が選択されることになります．これを，政府が家庭の家父長のように行動するという意味で，「家父長的所得再分配政策」，あるいは，「温情主義的所得再分配政策」と呼ぶことがあります．

財・サービスの中には，人々の自由な消費に任せるよりも，政府が援助して，消費を奨励したほうがよい財・サービスが存在する，という主張もあります．そのような財を価値財といいます．たとえば，住宅サービスは価値財であると主張されることがあります．そのように主張する人々は，ある程度以上の良質な住宅に住むことによって初めて，人々の精神は健全に発達し，逆に，貧しい住環境に育った子どもの精神は健全に発達せず，非行や犯罪などに走りがちであるといいます．実際に，かつてイギリスでは，この考え方から，住宅政策が採用されてきました．貧民街のクリアランス事業などにも，こうした考え方がみられます．

逆に，麻薬などの一部の財・サービスは，その消費が禁じられることがあります．その場合には，それらの財・サービスは負の価値財となります．

価値財・負の価値財と自由

しかし，政府がこれは価値財であるといって消費を奨励し，逆に，これは負の価値財であるといって消費を禁ずるといったことが行き過ぎると，消費者が自分で消費を決めるという消費者主権が脅かされ，消費者余剰と総余剰が共に減少してしまいます．

消費が自由でなくなるということは，表現の自由など，より高次の自由がなくなることを意味します．たとえば，独裁国においては，政府が人々が知り得る情報の内容を決定します．情報を知るということは，情報サービスを消費す

ることにほかなりません．独裁政府が人々に隠そうとする情報は，政府がそれを負の価値財と考えていることを意味します．

また，何を着，何を見，何を読むかなどの，日常的な消費活動は自己表現そのものですから，そうしたことが価値財と負の価値財の観点から制約されることは，自己表現が制約されることと同じです．このように，消費の自由と表現や言論の自由とは表裏一体の関係にあることに注意する必要があります．

規制や産業保護による所得再分配

第2章で述べた規制や産業の保護にも所得再分配効果があります．たとえば，家賃の上限規制は借家人を低所得の弱者とみなして，家賃を自由な借家市場で決まるよりも低い水準に規制する政策ですが，家主から借家人への所得再分配効果をもっています．しかし，家賃規制は借家の供給量を減らすことによって，総余剰を減らす非効率な政策です．加えて，規制家賃で家を借りることのできる借家人のほうが，借りることのできない借家人よりも所得が低いとは限りませんから，所得再分配の公平性も達成できません．さらに，家主の中には夫に先立たれ，残された小さな住宅を貸してようやく生活を維持しているといった妻とその家族などもおり，所得が高い人ばかりとは限りません．

中小企業や農業における競争制限的規制や補助金支給などの産業保護政策も，これらの企業や産業に従事する人々を弱者とみなして，消費者（競争制限的規制の場合）や納税者（補助金支給の場合）からこれらの特定の企業や産業に従事する人々への所得再分配政策です．第2章で示したように，これらの政策は資源配分の非効率をもたらします．さらに，中小企業の経営者・従業員や農業従事者は，これらの人々に所得を再分配する消費者や納税者よりも低所得の弱者であるとは限りません．その意味で，所得分配の公平性基準からも評価できる政策ではありません．

財・サービスと企業・産業保護による分配から貨幣による分配へ

以上から，貨幣による分配のほうが財・サービスによる分配よりも，分配を受けた人の効用は高まる一方，特定の企業や産業を規制や補助金で保護する所得再分配政策は資源配分の非効率をもたらします．しかし，日本の所得再分配

の手段としては，財・サービスによる分配や中小企業・農業保護による分配のほうが貨幣による分配よりも主流です．貨幣による分配手段である生活保護制度は，最低生活保障制度としてはきわめて不十分にしか機能していません．その理由としては，次のものが挙げられます．

第1は，生活保護制度が，最低生活を保障する第一次的な責任は家族にあるという前提で運営されていることです．家族に一定以上の所得があったり，家族と同居する場合には，生活保護費を受けることはできません．また，実際に支給を受けようとすると，個人としての尊厳を傷つけられるようなこまごまとした条件を満たさなければなりません．

ところが，現役を退いた高齢者の扶養は公的年金制度にゆだねられており，家族の扶養を前提としていません．12-3節で述べますが，公的年金制度は年金受給者が支払った保険料だけで運営されているのではなく，巨額な税金が投入されており，今後もその投入額を増やそうとしています．これでは，家族による扶養を前提として，できるだけ税金の投入を抑制しようとしている生活保護制度と整合的ではありません．

第2に，すでに述べた所得再分配政策においては，分配される人の効用だけでなく，納税者の効用も考慮されることが挙げられます．

しかし，その場合，納税者の効用が適切に反映される保証はありません．分配される価値財や公共サービスは「ただのランチ」か，コスト以下の価格で消費できるため，分配を受ける人々の過大な要求に歯止めがかからず，その過大な要求に応えられる政治家が選挙で選ばれるといったことが生ずる可能性があることに留意すべきです．

第3に，財・サービスによる分配手段を用いると，公民館などの財・サービスの供給施設を運営する必要があるため，役人の仕事と雇用が確保できることが挙げられます．中小企業や農業保護の場合には，役人の天下り先になる国民金融公庫，中小企業金融公庫，畜産事業振興財団などの公的機関を作り，役人の退職後の雇用を確保できます．

しかし，所得再分配政策はそれを本当に必要とする低所得者層に限定し，そうした層に確実にいきわたり，かつ，できるだけ資源配分の効率性を低下させない手段を選択すべきです．この所得再分配に割り当てるべき政策手段の選択

基準は，1-5節で説明した「マンデルの定理」から導かれる基準です．以上の検討と「マンデルの定理」からは，次の所得再分配政策の原則が導かれます．

所得再分配政策の原則
①具体的にどのような所得分配の公平性基準を採用するにせよ，公平性は人々の所得や所有資産などの消費可能な水準を決定する指標を基準にすべきであり，その人が特定の企業（たとえば，中小企業）や特定の産業（たとえば，農業）に属しているか否かを基準にすべきではない．
②所得再分配政策は①の公平性基準からみて，自力では最低限の生活を営めない層に限定すべきである．
③所得再分配政策は使途を限定しない貨幣による分配（税と貨幣による移転支出の組み合わせ）を原則とすべきであり，財・サービスによる分配や特定の企業や産業の保護によるべきではない．
④生活保護費のような移転支出は負の所得税方式を採用すべきである．

なお，①の所得再分配政策における公平性の基準とすべき指標については，11-2節で検討します．

3　機会の平等と資源配分の効率性

機会の平等と教育
　結果の平等よりも，機会の平等を重視する立場があります．機会の平等を尊重する立場に立つ人々は，人生の出発点において，どの人にも均等な機会が開かれていることが，公平であると考えます．機会の平等は効率性とも関連があります．
　結果の平等を追求していくと，努力してもしなくても同じ所得や消費ができるようになるため，だれも努力して所得を稼ごうとしなくなる可能性があります．そうなれば，資源配分はきわめて非効率になり，人々の間に分配できる国民全体の所得が大きく減ってしまいます．それに対して，機会の平等の追求は，こうした結果の平等の追求に伴う非効率を回避しようとするものです．

機会の平等を尊重する立場から最も重視されるのは，教育の機会均等です．この立場に立つ人々は，人々の間に所得格差を生む最大の原因は，教育の差にあると考えます．貧しい家庭に生まれた子どもは，適切な教育を受けられないために，賃金の低い職にしか就けず，貧しくなるのに対して，裕福な家庭に生まれた子どもは，十分な教育を受けることによって，賃金の高い職に就いて，豊かになります．これが次々に世代を通じて繰り返されるため，貧しい家庭はいつまでたっても貧しく，豊かな家庭はいつまでも豊かでありつづける可能性があります．この考え方から，義務教育を無償にする政策が出てきます．

教育の外部経済効果

　上では，機会均等の基準という所得再分配の観点から，教育政策を検討しましたが，教育には外部経済効果や資本市場の不完全性という観点からも政策的対応が必要になります．

　現代では，最低限，初等・中等教育を受けていなければ，人々は自立した生活を営むことはできないでしょう．しかし，子どもに初等・中等教育を受けさせるかどうかを決定するのは子どもの両親です．彼らは必ずしも教育の意義を理解しているとは限りませんから，子どもに初等・中等教育を受けさせるとは限りません．この意味で，初等・中等教育には価値財の側面があります．

　さらに，初等・中等教育には，それを受けた当人が利益を受けるだけでなく，その他の人もそうした人が増えることによって，社会に参加するうえでのルールの遵守，安定した民主主義社会，基礎的な「読み，書き，そろばん」能力，これらすべてに基づく生産性の向上といったことから利益を受けると考えられます．これを「教育の外部経済効果」といいます[2]．しかし，教育を受ける人は外部経済効果まで考慮しませんから，初等・中等教育をどの程度まで子どもに受けさせるかの決定を両親に任せていたのでは，初等・中等教育の需要は資源配分の効率性基準からみて過小になります．この非効率を解消する手段が義務教育の無料化です．

2——ただし，太平洋戦争中の初等・中等教育にみられたように，教育には人々に戦争の正当性を信じ込ませるような外部不経済効果もあります．

教育と資本市場の不完全性

一方，高等教育にどれだけ外部経済効果があるかについては意見の分かれるところですが，資本市場の不完全性を原因として，市場の失敗が発生する可能性があります．高等教育を受けるには入学金・授業料といった費用がかかりますが，最大の費用は高等教育を受けている間に失う賃金所得という機会費用です．これらの費用をまかなうための所得や資産が不十分な家庭は，資金を借り入れる必要があります．銀行などの貸し手は情報の不確実性・非対称性のために，高等教育を受けようとしている子どもが教育を受ければ，将来どれだけの所得を稼ぐ能力をもっているかを知ることはできません．そこで，貸し手は土地などの価値のある担保を求めます．ところが，資金を借りようとする家庭は価値のある担保を持っていませんから，資金を借りることができません．このとき，資本市場（この場合の資本は生産要素である実物資本ではなく，資金としての資本です）は不完全であるといいます．高等教育資金の融資に関して，資本市場が不完全な場合には，教育水準は資源配分の効率性基準からみて過小になります．

日本にはそのために政策として育英会による奨学金制度があります．これは高等教育機関が学生を審査して一定の条件を満たすものに奨学金を低利または無利子で貸与する制度です．奨学金の支給を受けた学生は，卒業後一定期間の間に返済する義務を負います．

教育切符制度

教育の機会均等を達成するうえで，ミルトン・フリードマンは教育切符制度（教育バウチャー制度）を提案しています．これは，学校の教育費相当額を教育切符として学生に与え，学生は自由に学校を選択し，入学を許可された学校の教育費をその切符で支払い，学校は学生から受け取った切符を政府に示して，学校経営のための収入を得るというものです．

これを義務教育に当てはめると，すべての学齢期の児童は政府から無償で教育切符の支給を受けます．教育切符の金額をいくらにするかは，教育の機会均等を具体的にどこまで保障するかに依存します．たとえば，切符の金額を平均的な入学金と授業料に相当する額に決め，平均以上の学校を選択する場合に

は，自己負担とすることが考えられます．

　教育切符制度が現行の公立の義務教育制度と異なる最大の点は，政府が児童の入学できる学校またはそのグループを決めるのではなく，児童とその保護者が学校を選ぶという点です．教育内容が良い公立や私立の学校には，たくさんの入学希望者が殺到しますから，そういう学校は多くの収入を得て，ますます良い教育を実践することができるようになるでしょう．反対に，校内暴力などで評判の悪い公立学校は，生徒が集まらなくなります．生徒が集まらなければ，公立校も私立校と同じように，倒産の危機にさらされます．そうなれば，そういう学校も校内暴力の撲滅に努力するようになるでしょう．公立学校でも，自由に校長と学校経営者を選べるようにすれば，校内暴力を放置しているような公立校の校長と学校経営者は，校内暴力を撲滅して，良い教育を実践できるような校長と学校経営者に取って代わられるでしょう．

　高校以上の場合には，卒業後の所得で，学生時代に受け取った教育切符相当額を利子付きで返済させることが適切でしょう．これが現行の育英会奨学金と異なる最大の点も，義務教育における教育切符制度と同じです．現行の育英会奨学金制度では，学生が入学した高校や大学から審査を受けて，その審査に合格した学生が奨学金の支給を受けますが，教育切符制度では，学生が教育切符を得て，高校や大学を選びます．したがって，良い高校・大学ほど多くの教育切符収入を得て，ますます良い教育ができるようになり，教育の質の低い高校・大学は淘汰されてしまいます．

　このようにして，教育切符制度は教育の機会均等を保障するばかりでなく，良い教育を目指す学校間の競争を促すことによって，教育サービスの改善に資すると思われます．

　教育切符制度は教育の供給者を補助するのではなく，教育の需要者を補助する政策という点に特徴があります．これは「供給者から利用者への補助の転換」が資源配分の効率化の有効な手段であることを示す一例です．

機会の平等と相続税

　機会の平等の立場から主張されるもう1つの重要な所得再分配政策は，相続税の強化です．大きな遺産を相続することにより，豊かな生活が送れるなら

ば，大きな遺産を相続した人は働こうとしない可能性があります．これは資源配分の非効率をもたらします．しかしそれにとどまらず，遺産を相続できる人とできない人がいることは，人生の出発点において，どの人にも均等な機会が開かれているべきである，という機会の平等の立場からは，不公平でもあります．

一方，相続税が子孫に財産を遺す人（以下，被相続人といいます）に対してどのような効果をもつかは，遺産を遺す動機によって異なると考えられます．

自分の老後のために貯蓄してきた財産が死亡により相続される場合を「偶発的遺産」といいます．この場合には，相続税をかけても，被相続人の貯蓄は変化しないと考えられますから，相続税は貯蓄の減少を通じて資源配分の効率性を低下させることはありません．

それに対して，被相続人は自分の生涯の効用だけでなく，自分の死後の子孫の効用も考慮して，財産を遺す場合があります．これを「利他的遺産動機」といいます．この場合には，相続税が強化されると，被相続人は財産を子孫に遺す割合を減らし，生前に使ってしまう所得を増やそうとするかもしれません．これは相続税の強化によって消費が促進され，貯蓄が減少することを意味します．しかし，逆に，相続税課税後の財産が減らないように，課税前の財産をより多く遺そうとする可能性もあります．この場合には，貯蓄は増えます．結局，利他的遺産動機の場合，相続税の強化が被相続人の貯蓄を増やすかどうかは断定できません．

財産を遺すもう1つの動機として，老後，子どもに介護などの面倒をみてもらうことを期待することが考えられます．これを「戦略的遺産動機」といいます．この場合も，相続税の強化が貯蓄を減らすかどうかははっきりしません．相続税の強化により，課税後の相続財産が少なければ，少なくなった分だけ，子どもによる介護は期待できませんから，課税前の相続財産を増やすことにより，相続税による課税後の相続財産の目減りを防ごうとするかもしれません．この場合には，被相続人の貯蓄は増えるでしょう．

あるいは，子どもによる介護を期待せずに，他人から介護サービスなどを受けるための費用に充てるために，財産を取り崩そうとするかもしれません．財産の取り崩しは負の貯蓄ですから，被相続人の生涯の貯蓄は減少します．しか

し，将来，子どもが相続できる財産が少なくなれば，子どもは将来の生活に備えて貯蓄を増やす可能性があります．したがって，この場合には，相続税による被相続人の貯蓄の減少はある程度相続人の貯蓄増加によって相殺されるでしょう．

以上のように，相続税の貯蓄に及ぼす効果は被相続人の遺産動機によって異なります．日本では，戦略的遺産動機が支配的であるという研究があります[3]．そうであれば，相続税の相続人に対する労働供給阻害効果のほうが社会全体の貯蓄減少効果よりも大きくなる可能性があり，効率性基準から相続税を引き下げる根拠は弱まります．

このように，適切な相続税の税率を選択するためには，機会の平等という公平性の基準に加えて，日本ではどのような遺産動機が支配的であるか，そして，相続税は貯蓄にどのような影響を及ぼしているかについて，実証的な研究が必要です．

相続税には資源配分の効率性基準からみてもう1つの問題があります．相続税の課税対象になる財産は，土地や建物などの不動産と預金や株式などの金融資産です．しかし，親は子どもに教育を授けて，子どもの稼得能力を高めることができます．人々の稼得能力は「人的資本」と呼ばれ，一種の資産です．ところが，一般にこの資産には相続税は課せられません．したがって，不動産や金融資産で相続財産を遺すよりも，人的資本で遺したほうが相続税負担は軽くなります．これは人々，とくに高額所得者に対して，相続財産を，相続税の課税対象になる不動産や金融資産よりも，人的資本で遺そうとする誘因を与えます．その結果，相続税がなかったときよりも，不動産と金融資産への投資が減り，教育投資が促進されます．不動産投資のうち建物への投資は設備投資にほかなりません．また，金融資産へ投資された資金は，設備投資の資金調達のために使われます．したがって，相続税は設備投資よりも教育投資を優遇することによって，資源配分をゆがめ，その効率性を低下させる可能性があります．

しかし，教育の外部経済効果を考慮すれば，相続税上，人的資本を他の資産

---

[3] チャールズ・ユウジ，ホリオカ (2002)「日本人は利己的か，利他的か，王朝的か」大塚啓二郎他編『現代経済学の潮流2002』(東洋経済新報社) を参照．

よりも優遇することには，資源配分の効率性基準から，一定の評価を与えることができると考えられます．

【練習問題】
1．「政府が公園，公民館，児童館などの公共施設を最小限供給することは，国民に最低限の生活を保障するための義務である．したがって，これらの公共施設を地域の税金で建設・運営できない貧しい地域を，他の裕福な地域の住民が助けるのは当然である」という主張があります．この主張の妥当性をこの章の議論を踏まえて検討しなさい．
2．「『教育切符制度』を採用すると，学校が倒産する可能性がある．学校が倒産すれば，近くに適当な学校がないために転校の難しい学生は教育が受けられなくなってしまう．したがって，教育は他の商品・サービスと違って，市場競争に馴染まず，安定供給が重要である」という主張があります．この主張の妥当性を検討しなさい．
3．日本の所得税制では，16歳以上23歳未満までの子どもで，その子どもの所得が38万円以下であれば，その親は所得税の納税に当たって，所得から子ども1人当たり63万円を控除して，納税額を減らすことができるという「特定扶養親族控除制度」（2005年現在）があります．これは，16歳以上23歳未満までの子どもを持つ家庭は多額な教育費がかかることを考慮した制度です．この制度の合理性を検討しなさい．なお，上記年齢以外の子ども（子どもの所得は38万円以下）の場合の所得税上の控除額は38万円です．

【練習問題のヒント】
1．このような，「国民には特定の財・サービスについて，消費を保障されるべき最低の水準がある」という考え方を，ナショナル・ミニマムあるいはシビル・ミニマムの思想といいます．この思想では，その思想を主張している人が特定の財・サービスを価値財と考えています．まず，この価値財の考え方を効率性と公平性の基準から検討してみましょう．

次に，実際に，裕福とされる東京のような大都市の住民1人当たりの公共施設の整備状況と貧しいとされる地方の住民1人当たりの公共施設の整備状況を調べて，比較してみましょう．
2．教育切符制度の導入とは関係なく，少子化が進むにつれて，すでに倒産した大学もあり，私立学校の倒産リスクも高まっています．学校の倒産から学生を保護するには，学生が不利にならない条件で，学校経営権を他の経営者に移転できる制度や，転校が容易な学校市場の形成，異なる学校で単位が取得できる単位の互換制度の確立，学校間の転入学協定などのセーフティ・ネットの整備が必要でしょう．
3．所得分配の公平性基準からみると，現行の「特定扶養親族控除制度」には問題があります．第1に，所得税を納めていない低所得の家計には恩恵がまったくありません．第2に，所得の多い親ほど所得税納税における所得控除額が多くなるという問題があります．賃金所得税は，$\{$賃金所得税率×(所得−特定扶養親族控除額−その他の控除額)$\}$ で計算されますから，所得税の減額は（賃金所得税率×特定扶養親族控除額）になります．賃金所得税率は賃金所得が多い人ほど高くなりますから，特定扶養親族控除制度による所得税の減少額は，所得の多い人ほど大きくなります．「特定扶養親族控除制度」よりも読者の公平性基準に合致する，教育支援政策を考えてみましょう．

第11章

税制の効率性と公平性

　所得再分配政策の主たる手段は税金です．この章では，日本における基幹的な税である所得税と消費税を効率性と公平性の基準から評価しておきましょう．初めに，所得税と支出税に関する基礎理論を説明し，その理論を応用して，日本の所得税と消費税の問題点などを考えましょう．

1　包括的所得税の理念

2つの公平性基準

　税負担の公平性の基準として，しばしば主張される基準に，水平的公平と垂直的公平があります．水平的公平とは，同じ税負担能力であれば同じ負担を課すという基準です．一方，垂直的公平とは，負担能力の大きな人は，小さな人よりもより多く負担すべきであるという基準です．そこで，負担能力とはなにかが問題になります．その1つの考え方に，「包括的所得税の理念」があります．

　包括的所得とは，すべての所得を区別せずに合計した所得のことで，具体的には，次のようになります．

$$\text{包括的所得} = \text{金銭所得} + \text{帰属所得} + \text{未実現キャピタル・ゲイン} - \text{保有資産の償却} \qquad (11\text{-}1)$$

　金銭所得とは金銭で支払われた賃金，地代，家賃，利子，配当，実現キャピ

タル・ゲインなどの合計です．実現キャピタル・ゲインとは，株式や土地などの資産を売って得た売却益です．実現キャピタル・ゲインは税法上は譲渡所得と呼ばれ，それに対する税は譲渡所得税と呼ばれます．

　一方，帰属所得とは，金銭で支払われることはありませんが，金銭所得と同様に所得とみなされるものです．具体的には，次のような所得が帰属所得です．たとえば，住宅を所有して，その住宅に住んでいる人（すなわち，持ち家の人）は，家賃（地代と建物に対する賃貸料の合計）を払っていません．しかし，その住宅を他人に貸せば，家賃を得ることができます．そこで，持ち家の人はその住宅を他人に貸したならば得られたはずの家賃収入を使って，自分の家に住んでいると考えることができます．言い換えれば，彼は家主でもあり，借家人でもあると考えられ，家主としては家賃を取得し，借家人としては住宅を借りていると考えることができます．そこで，持ち家の人が他人に住宅を貸せば取得できたはずの家賃を，「帰属所得」といいます．

　実際に，このようにして家賃を帰属所得として所得に含めて考えなければ，持ち家が増えると，家賃という所得が減りますから，持ち家が多くなるにつれて，国民所得が減ってしまうという奇妙なことが起こります．

　次に，未実現キャピタル・ゲインとは，株式や土地などの資産の市場価値がそれらの取得価額を上回った値上がり分のうち，譲渡所得として実現していない部分をいいます．たとえば，ある株式を100万円で購入し，1年後に，その株式の市場価値が120万円になり，その株式を売却せずに保有しつづけるとすると，1年間の未実現キャピタル・ゲインは20万円になります．

　最後の保有資産の償却とは，家屋などの価値が年数がたって減少する部分をいいます．

「包括的所得税の理念」によれば，人々の担税力は（11-1）で定義される包括的所得によって測ることができ，包括的所得が大きくなるにつれて高い税率をかける累進包括的所得税が，水平的公平と垂直的公平を達成する理想的な税であるといいます．

包括的所得税の問題点

　しかし，包括的所得税に対しては，いくつかの問題点が指摘されています．

第1は，資産が売却されて売却益が実現されているわけではない未実現キャピタル・ゲインを，正確に算出できるかというものです．証券取引所に上場されている株式については，日々，市場価格が形成されていますから，それと取得価格の差から，未実現キャピタル・ゲインを推定することができます．上場されていないが，証券会社の店頭で取引されている株式の場合も，かなりの精度で推定できると思われます．しかし，上場も店頭取引もされていない株式については，もしも市場で売却したらいくらになるかという時価を推定しなければなりませんから，それには少なからずの誤差が伴います．土地の未実現キャピタル・ゲインの推定についても，同じような誤差が生ずる可能性があります．

　そこで，未実現キャピタル・ゲインの課税を諦め，売却によってキャピタル・ゲインを実現したときに，いつキャピタル・ゲインを実現しても税金の現在価値が同じになるように税率を調整したり，相続の際にキャピタル・ゲインが実現したとみなして課税したりする方法が提案されています[1]．

　第2は，帰属所得を正確に計算できるかという問題です．多くの人にとって，最も大きな帰属所得は持ち家の帰属所得ですが，人に貸していない住宅の家賃を，正確に推定することは不可能でしょう．推定誤差は避けられませんが，同じような住宅を借家の中からみつけだして，その借家の家賃から推定することで満足しなければなりません．

　第3は，包括的所得税は，貯蓄に対して2重に課税することにより，水平的公平を乱し，貯蓄を阻害するという問題です．次に，この点を説明しましょう．

包括的所得税の貯蓄に対する2重課税

　表11-1と表11-2は，人生を第1期と第2期の2期間に分け，人は第2期の終わりに死亡すると仮定して，各期の賃金が同じであるAとBの包括的所得税が，貯蓄によってどのように変わるかを示したものです．

1——この点は，経済政策の基礎理論のテキストである本書では詳しく説明できませんので，興味のある読者は，岩田・八田（2003）『日本再生に「痛み」はいらない』（東洋経済新報社）の第6章を参照してください．

表11-1　貯蓄しない人（A）の包括的所得税

	第1期	第2期	第2期で測った2期間の現在価値
賃金	100	100	210
利子	0	0	0
包括的所得	100	100	210
消費（支出）	80	80	168
貯蓄	0	0	0
包括的所得税	20	20	42

（注）　税率20%，利子率10%．

表11-2　貯蓄する人（B）の包括的所得税

	第1期	第2期	第2期で測った2期間の現在価値
賃金	100	100	210
利子	0	1	1
包括的所得	100	101	211
消費（支出）	70	80.8	157.8
貯蓄	10	0	11
包括的所得税	20	20.2	42.2

（注）　税率20%，利子率10%．

　表11-1は家計Aの賃金や包括的所得税などを示したものです．Aの所得は賃金だけで，第1期も第2期も共に100です．包括的所得税の税率を20%とし，Aは2期間とも貯蓄しないとすると，Aの第1期と第2期の包括的所得税は20になります．

　次に，表11-2は家計Bの賃金などを表したものです．Bの各期の賃金はAと同じですが，Bは第1期に10だけ貯蓄します．Bの第1期の消費はこの貯蓄10だけAよりも少なくなります．なお，Bも第2期には貯蓄せず，すべての所得と資産を消費すると仮定します．

　さて，Bの第2期の包括的所得は，第2期の賃金と第1期の貯蓄10が第2期に生み出した利子の合計になります．利子率を10%とすると，利子収入は1に，したがって，第2期の包括的所得は101になります．第2期の包括的所得税は，この包括的所得101に税率20%をかけて，20.2になります．

ここで，AとBが2期間にわたって納めた包括的所得税を比べてみましょう．期間が異なる数値を比較するためには，それらの現在価値を求めて，それを比較しなければなりません．ここでは，現在価値を第2期で評価する方法を採用しましょう．第2期で評価した現在価値は，次のように計算されます．

　いま，かりに，家計Aが第1期に支払ってもらえたはずの賃金100を，第1期ではなく第2期に支払ってもらうとしたら，いくら支払ってもらえば，第1期に支払ってもらったのと同じになるかを考えます．表11-1と表11-2では，利子率を10％と仮定しました．ここでは，人々はこの利子率10％で，預金することもできれば，お金を借りることもできるとしましょう．

　ここで，話を簡単にするために，税金は存在しないとします．Aは第1期と第2期に賃金をそれぞれ100払ってもらえれば，それぞれ100の消費をしたいと思っているとします．第1期に賃金を支払ってもらえなければ，賃金で消費することはできませんが，Aは第1期に利子率10％で100だけ借金をすれば，第1期に100だけ消費できます．しかし，第2期には借金の元利合計110を返済しなければなりません．したがって，第1期に100の賃金を払ってもらえなくても，その代わりに，第2期に110だけ払ってもらえば，第1期に借金をすることにより，第1期も第2期も，第1期に100の賃金を払ってもらった場合と同じだけの消費ができます．

　このことから，賃金を第1期に100だけ支払ってもらうことと，第2期に110だけ支払ってもらうこととは，Aにとって同じであることがわかります．このように，第1期の所得と同価値になる第2期の所得のことを，「第1期の所得を第2期で評価した現在価値」といいます．上の例では，第1期の所得100と同価値になる第2期の所得は110でしたが，それは，第1期の所得100に（1＋利子率/100）を乗じて求めた元利合計に等しくなっています．これを式でまとめておきましょう．

　　　第1期の所得を第2期で評価した現在価値
　　　＝（第1期の所得）×（1＋利子率/100）　　　　　　　　　（11－2）

　なお，第2期の賃金の第2期で評価した現在価値は，第2期の賃金そのものです[2]．

表11-1と表11-2の第3欄の「第2期で測った2期間の現在価値」とは，賃金，消費，包括的所得税などのそれぞれの2期間にわたる現在価値の合計のことで，(11-2)を用いて計算した値です．たとえば，表11-1のAの「第2期で測った2期間の賃金の現在価値」は，「第1期の賃金の第2期で評価した現在価値（110）」と第2期の賃金（100）の合計で，210になります．この2期間の賃金の現在価値（210）を，「生涯賃金」といいます．

　さて，AとBの生涯賃金は共に210です．他方，第2期で評価した2期間の包括的所得税（これを「生涯包括的所得税」といいます）は，Aが42であるのに対して，Bは42.2で，0.2だけ大きくなっています．

　Bの生涯包括的所得税のほうがAよりも大きくなるのは，Bの第1期の貯蓄が生み出す利子に対して，第2期に所得税をかけたからです．このことは，表11-2で，利子1に対する税金0.2（利子1×所得税率0.2）が，Bの生涯包括的所得税がAよりも多い金額に一致することからも理解できるでしょう．

　Bが第1期に支払った包括的所得税20は，貯蓄した所得10に対する所得税2と，消費から貯蓄を控除した所得90に対する所得税18に分けて考えることができます．このことは，Bは第1期に貯蓄した所得に対して，すでに包括的所得税を支払っていることを意味します．包括的所得税制では，このすでに所得税を支払った所得を貯蓄すると，その貯蓄から生み出される利子に再び所得税がかけられます．このように，すでに税を負担した貯蓄から生み出される所得にさらに税をかけることを，貯蓄に対する2重課税といいます．BのほうがAよりも生涯包括的所得税が大きくなったのは，この貯蓄に対する2重課税のためです．

　このように，生涯賃金が同じ人の生涯包括的所得税負担が同じでないことは，「担税力を包括的所得に求めることは，水平的公平の条件を満たしていない」ことを意味します．

　さらに，包括的所得税は次の意味で，効率的でもありません．すなわち，生涯賃金は同じなのに，貯蓄をするBのほうが貯蓄をしないAよりも生涯の税負

2——現在価値は第1期，すなわち現在で評価することもでき，そのほうが，本文のように，第2期，すなわち将来時点で現在価値を評価するよりも一般的です．(11-2)から第2期の支出の第1期で評価した現在価値＝第2期の支出÷(1＋利子率/100) という関係が得られます．

担が大きくなるならば，Bの貯蓄意欲は減退するでしょう．貯蓄が減少すれば，予想実質利子率が上昇して，設備投資も減少する可能性があります．したがって，包括的所得税は水平的公平を乱すだけでなく，設備投資を減らすことにより，非効率な資源配分をもたらすという欠点ももっています．

2　支出税の考え方

支出税——貯蓄の2重課税を避ける課税

そこで，次に，貯蓄に対する2重課税を避ける課税を考えましょう．生涯賃金が同じであれば，生涯の税負担も同じになるようにする方法には，次の2つがあります．

①支出を課税対象とする支出税
②賃金だけに税をかける賃金税

まず，①から説明しましょう．表11-3で，Bの第1期の貯蓄10を課税対象から控除することにすると，Bの第1期の課税対象額は90になります（第1期の4行目）．税率をこれまでと同じ20％とすると，第1期の税は18になります．利子率を10％としましたから，第1期の貯蓄の第2期における元利合計は，11（第2期の2行目）になります．Bは第2期にこの貯蓄をすべて取り崩して消費します．この第2期の貯蓄取り崩し額11を第2期に消費支出に充てられる賃金とともに課税対象にすると，第2期の課税対象額は111（第2期の4行目）になり，それに対する税額は22.2になります．第1期の税金18の第2期

表11-3　支出税

	第1期	第2期	第2期で測った2期間の現在価値
賃金	100	100	210
利子＋元本（元利合計）	0	11	11
貯蓄	10	0	11
課税対象額＝税込み消費(支出)	90	111	210
支出税	18	22.2	42

（注）　税率20％，利子率10％．

で評価した現在価値は19.8ですから，Ｂの第2期で測った2期間にわたる税金，すなわち生涯税金は42になり，貯蓄をしないＡのそれに等しくなります．

したがって，この税制では，同じ生涯賃金の生涯税負担が同じになるという意味で，水平的公平が保たれるとともに，貯蓄に対して中立的（税金が貯蓄を促進も抑制もしないということ）になっています．

ところで，上の課税方式では，Ａの第1期と第2期の課税対象額はそれぞれの期の税込みの消費に等しくなっています．したがって，上で述べた課税は，それぞれの期の包括的所得に対する課税ではなく，それぞれの期の消費に対する課税であることがわかります．

消費は支出ですので，いま述べた税は，各期の支出を課税対象とするという意味で，支出税といいます．したがって，支出税は支出に担税力を求めていることになります．担税力を支出に求めることは，個人が生涯に得る効用は生涯支出から得られることを考えれば，合理的な考え方であるといえます．

表11-2に示されているように，包括的所得税では，同じ生涯賃金でも，貯蓄する人の生涯所得は211（第3欄3行目）になり，貯蓄しない人の210よりも，貯蓄が生み出す利子の現在価値分だけ大きくなっています．それに対して，表11-3からわかるように，支出税では，貯蓄をするＢの生涯所得は4行目の生涯支出210に一致し，貯蓄をしないＡのそれと同じになっています．これから，次の命題が得られます．

税に関する命題1
「毎年の所得の現在価値を生涯を通じて合計したものが，毎年の消費の現在価値を生涯を通じて合計したもの，すなわち，生涯支出に等しい，という条件を満たす所得概念だけが，効用の基礎である消費と首尾一貫した所得概念である．したがって，この所得概念を公平性や担税力の指標とすべきである」

なお，いままでは，ＡとＢは第2期にすべてを消費し，財産を遺さないことを前提にしてきました．支出税では，財産を遺す場合には，その財産を支出とみなして課税対象に含めることになります．

支出税では，垂直的公平を考慮して，生涯支出が大きくなるにつれて，税率

が高くなる累進税を採用することができます．それに対して，同じ支出を課税対象とする消費税は，消費に対して一定の税率の税金を課す比例税です．したがって，累進的な支出税を導入する場合には，家計が消費のたびに税を払うという，現行の消費税方式を採用することはできません．

表11-3からわかるように，適正な支出税を算出するためには，課税当局は人々の，賃金所得，利子所得，貯蓄を知らなければなりません．そのための徴税コストを考慮すると，支出税を実際に導入することは難しくなります[3]．

賃金税

それでは，支出税ほど徴税コストがかからず，しかし，生涯の税負担は支出税と同じになるような税はないでしょうか．包括的所得税の欠点は，貯蓄に対する2重課税が原因でした．そこで，貯蓄から生まれる利子には所得税をかけない，という所得税制を考えてみましょう．

表11-4で，Bの第2期目の利子所得を包括的所得に含めずに非課税とし，所得税をかけなければ，Bの第2期の所得税は表11-1のAのそれと同じになります．したがって，両者の生涯所得税も同じ42になります．この利子非課

表11-4 利子非課税の所得税

	第1期	第2期	第2期で測った2期間の現在価値
賃金	100	100	210
利子＋元本（元利合計）	0	11	11
貯蓄	10		
税込み消費（支出）	90	111	210
課税対象額＝賃金	100	100	210
利子非課税の所得税	20	20	42

(注) 税率20％，利子率10％．

[3] 正確に述べると，家計の支出は次のようになります．支出＝消費＝包括的所得－純貯蓄 ①．純貯蓄＝資産の購入＋未実現キャピタル・ゲイン＋返済－保有資産の償却－資産の売却－借入 ②．①と②および本文の (11-1) から，支出＝金銭的所得＋資産売却＋借入－資産の購入－返済＋帰属所得 ③．支出税を算出するには，③の右辺の各項目の情報が必要になります．なお，より情報が少なくてすむ前納勘定方式の支出税がありますが，その問題点については，八田 (1996) を参照．

の所得税方式では，賃金だけが課税対象になりますから，この方式は「賃金税」とも呼ばれます．

なお，賃金税でも，死亡時に相続財産があれば，生涯賃金が同じ人の生涯賃金税を等しくするためには，その財産に賃金税率と同じ税率で税金をかける必要があります．

支出税と賃金税の同等性

ここで，もう一度，表11-3と表11-4に注目してみましょう．

表11-4の課税対象は各期の賃金です．第3欄1行目と5行目は，共に，第2期で評価した生涯にわたる賃金の現在価値，すなわち，生涯賃金（表では，210）です．この生涯賃金は表11-3と表11-4の第3欄4行目の生涯支出に等しくなっています．また，表11-4の第3欄6行目は，生涯賃金に税率をかけて求めた生涯賃金税（42）を表しますが，それは生涯支出税（表11-3の第3欄5行目の42）に等しいこともわかります．以上から，次の命題が導かれます．

税に関する命題2
「生涯支出は生涯賃金に等しく，生涯支出税は生涯賃金税に等しい」[4]

包括的所得税，支出税，および，賃金税の評価

ここで，包括的所得税，支出税，および，賃金税の3つの税を，資源配分の効率性基準と所得分配の公平性基準および徴税費用の観点から比較しておきましょう．支出税と賃金税は貯蓄の2重課税を回避し，生涯賃金が同じ人ならば，生涯の税金も同じになるという意味で，水平的に公平な税であるという点で，包括的所得税よりも優れています．

支出税は，包括的所得税と同じように，帰属所得を推定する必要がありますが，包括的所得税と違って，推定誤差の避けられない未実現キャピタル・ゲイ

---

[4] 厳密には，この命題が成立するためには，すべての資産は安全資産だけであるという前提が必要です．収益が不確実な資産を考慮すると，生涯支出税のほうが生涯賃金税よりも大きくなります．この点については，八田（1996）を参照．

ンは推定する必要がありません[5]．賃金税であれば，未実現キャピタル・ゲインだけでなく，帰属所得も推定する必要がありません．以上のように，支出税と賃金税は課税対象額の算定に伴う誤差が少ないという点でも，包括的所得税よりも優れています．

次に，資源配分の効率性基準から，各税を評価しておきましょう．支出税と賃金税では，利子所得のような資産所得は課税されませんから，貯蓄に対しては中立的です．貯蓄は投資の資金源ですから，支出税と賃金税は投資に対しても中立的です．しかし，賃金税は直接賃金に，支出税は支出を可能にした賃金に間接的に，それぞれ課税しますから，税引き後の賃金を引き下げることによって，労働供給を減らすように作用する可能性があります．労働供給の減少に伴って，社会全体の総余剰は減少します．

一方，包括的所得税は，賃金にも資産所得にも課税しますから，貯蓄と労働供給の両方を減少させることによって，総余剰を減らす可能性があります．

以上により，資源配分の効率性基準からは，資産所得税の貯蓄に及ぼす効果が無視できない場合には，支出税・賃金税のほうが包括的所得税よりも優れた税であるといえます．

なお，資産所得税については，税率が資産所得ごとに異なる場合には人々がどの資産を保有するかという資産選択には影響するが，人々の貯蓄そのものはほとんど変化しないという実証研究もあります．つまり，資産所得税の貯蓄阻害効果はごくわずかであるということです．もしそうであれば，資源配分の効率性基準から，資産所得を非課税にしたり，賃金税よりも税率を軽減したりする必要性は低下します．

ところで，上の命題によれば，賃金税と支出税は同等でした．しかし，徴税コストを考慮すると，賃金税のほうが安くてすむというメリットがあります．それは，賃金税であれば，税務当局は人々の賃金だけを知ればよいのに対して，支出税の場合には，すでに述べたように，より多くの情報が必要になるからです[6]．

---

5 ——注3を参照．
6 ——注3を参照．

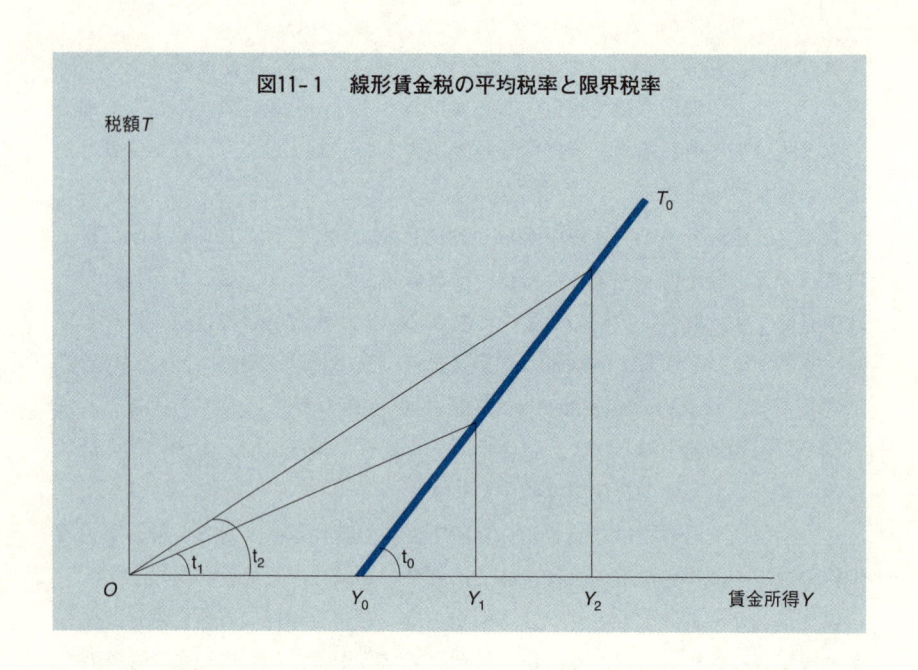

図11-1　線形賃金税の平均税率と限界税率

税率の効率性と公平性

包括的所得税にせよ，支出税・賃金税にせよ，その税率は効率性と公平性に影響します．ここでは，賃金税の税率をどのように設計すべきかを，資源配分の効率性基準と所得分配の公平性基準とから検討しておきましょう．

まず，平均税率と限界税率を区別しておきましょう．賃金税における平均税率とは税額を賃金で除した値です．一方，限界税率とは賃金が増えたときに，その増えた賃金分に適用される税率です．人々はより働いて賃金が増えたときに，その増えた分に適用される限界税率が高くなるほど，勤労意欲は低下すると思われます．したがって，資源配分の効率性基準からみて重要な税率は，平均税率ではなく，限界税率です[7]．

賃金の増加とともに平均税率が高くなる税率構造をもった賃金税を「累進的賃金税」といいます．図11-1の直線 T_0 は，賃金所得控除を Y_0，限界税率を

---

[7]──この点は，入門書である本書では厳密に説明する余裕がありません．厳密な証明は，スティグリッツ（2004）などの専門書を参照．

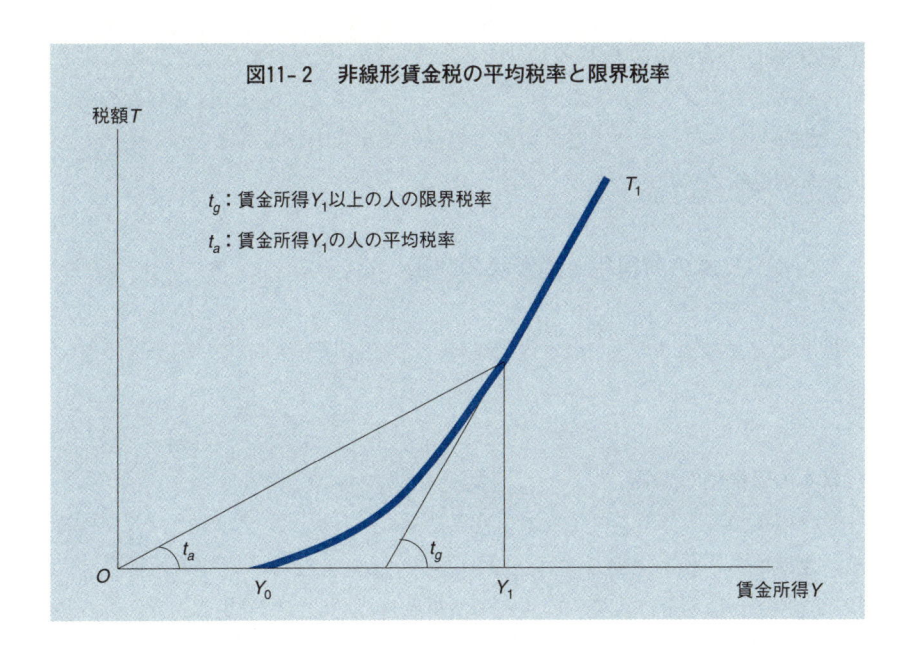

図11-2 非線形賃金税の平均税率と限界税率

t_g：賃金所得Y_1以上の人の限界税率
t_a：賃金所得Y_1の人の平均税率

t_0としたときの賃金と税額の関係を示したものです．平均税率は賃金がY_1であればt_1，Y_2であればt_2で，賃金が増えるにつれて上昇します．これは，限界税率は一定ですが，平均税率は賃金の増加とともに上昇する累進的賃金税です．このように限界税率が一定の賃金税を，「定率賃金税」あるいは「線形賃金税」といいます．

図11-2の曲線T_1では，Y_0からY_1までは所得が増えるにつれて平均税率も限界税率も高くなります．賃金がY_1を超えると平均税率は上がりますが，限界税率は一定になっています．このように限界税率が賃金の増加とともに変化する税を，「非線形賃金税」といいます．

限界税率が高い賃金税ほど，労働供給を減少させる効果は大きくなることを考慮すると，賃金が増加するにつれて限界税率が上がる非線形賃金税よりも，限界税率が一定の線形賃金税のほうが望ましいことになります．

それに対して，垂直的公平のためには，平均税率だけでなく，限界税率も賃金とともに上昇する賃金税のほうが望ましいという考えもあります．しかし，そのように税率の累進性を強めると，労働供給に対する負の効果が大きくなる

可能性があります．したがって，その場合には，税率の累進性を高めるよりも，高所得者によく働いてもらい，それによって増えた税収で，中程度の所得者の税率を引き下げたり，貧しい人への移転支出を増やしたほうが，すべての人の余剰を増加させることができます．

3　日本の所得税と消費税の評価

以上の基礎理論を踏まえて，日本の所得税と消費税を評価しておきましょう．

日本の所得税の評価

所得の種類によって，所得税率を変えたり，所得税をかけなかったりする税を，包括的所得税と区別して，「分類所得税」といいます．日本の所得税制では，賃金所得は累進課税ですが，利子所得と株式の譲渡所得税は一律20％課税です．ただし，株式譲渡所得税の税率は，2003年度から2007年度までは10％に軽減されます（2005年現在）．

他方，土地譲渡所得税は保有期間によって異なり，保有期間が5年を超える土地の譲渡所得に対しては，原則20％（2005年現在．所得税15％と住民税5％）の長期譲渡所得税が，保有期間が5年までの土地の譲渡所得に対しては，原則39％（2005年現在）の短期土地譲渡所得税が，それぞれかけられ，ケースによっては特別措置により税金が軽減されます．

以上のように，日本の所得税は賃金に重く，資産所得に軽くなっていますから，包括的所得税を理想とする考え方からは，低い評価しか受けられません．しかし，生涯支出に担税力があるという考え方からは，資産所得税率を賃金税率よりも軽くすることには，合理性があります．日本の所得税制は，賃金税の考え方をある程度取り入れた税制と考えることができ，包括的所得税に比べて，貯蓄を阻害する程度は小さくなっています．

それに対して，資産所得税率が累進的でなく，一律20％（2003年度から2007年度までの時限的な株式譲渡所得の軽減税率と，短期土地譲渡所得税を除く）であることは，垂直的公平を損なうという主張があります．支出税ならば，資

産所得には課税せず，その所得が支出された段階で累進的に課税できますから，貯蓄や危険資産への投資を阻害することなく，垂直的公平を達成できます．しかし，支出税の導入は徴税コストからみて困難だと思われます．支出税を導入しない場合に，国際間の資本移動を考慮すると，資産所得税率をアメリカや北欧などで一般的になりつつある30％前後以上に設定することは，非効率な資源配分を促進する恐れがあります．というのは，資産所得税率をそれ以上にすると，資金がより低い資産所得税率を求めて海外に流出して，予想実質利子率が上昇するからです．これにより，設備投資が減少し，生産性の低下を招く可能性があります．したがって，垂直的公平を達成するために資産所得税の税率を30％以上に引き上げることは，資源配分の非効率を促進して，人々の間で分配できる国民所得自体を減らしてしまう可能性があります．

日本の（賃金）所得税の評価

資産所得税率を単一税率に設定すると，垂直的公平は，賃金所得税と相続税の課税最低限とその税率の累進性に依存します．

日本の税制では，賃金税は「所得税」と呼ばれます．そこで，以下では，資産所得税との混同の恐れがない限り，賃金税を所得税といいます．

日本の所得税に関して，大きな論争の的となっているのが課税最低限の取り扱いです．2005年現在，夫婦と子ども2人のいわゆる標準世帯で，賃金が年間325万円以下の人は，所得税を支払っていません．これは給与所得控除，配偶者控除，特定親族扶養控除など，課税所得から控除される各種の控除があるからです．

これらの各種控除を廃止または縮小すれば，所得税の課税最低限は下がります．課税最低限の引き下げは高所得者よりも低所得者に不利のように思われますが，そうではありません．数値例で示しておきましょう．

たとえば，課税最低限を10万円引き下げたとします．賃金所得が現在の課税最低限から10万円差し引いた水準よりも低い人の所得税は増えません．課税最低限の引き下げで課税されるようになり，その所得税率が10％の人にとっては，1万円の負担になります．しかし，所得が多いために，所得税率が30％である人の負担は3万円だけ増えます．このように，課税最低限を引き下げる

と，高所得者ほど負担が重くなります．

　将来，増税が避けられないとすれば，所得の低い人の負担増が軽いほうが，多くの人の「所得分配の公平性基準」に合致していると思われます．

　また，所得税における各種控除のため，主婦の所得が年間103万円以下であれば，所得税はかかりません．103万円を超えると，所得税がかかります．そうなると，夫は所得税の納税において，38万円（2005年現在）の配偶者控除の適用を受けられなくなります．たとえば，主婦がパートに出てその所得が103万円を超えると，夫の所得税の適用税率を30％として，夫の所得税は11万4,000円（配偶者控除に夫の適用税率の100分の1である0.3をかけた金額）だけ増えます．そうであれば，主婦のパートの時間を減らすことにより，その所得を103万円以下に減らし，夫が配偶者控除の適用を受けたほうが，夫の所得税が減るうえに主婦がパートの時間を他の用途に使える分だけ得をします．そこで，主婦たちはパートの所得を103万円以下にとどめるようにパートの時間を調整しています．この状況を「103万円の壁」といいます．このように，配偶者控除は主婦の労働供給を阻害することにより，非効率な資源配分をもたらしています．

　第12章でも触れますが，主婦の所得が年間130万円を超えると，主婦は健康保険料と基礎年金保険料を負担しなければならなくなります．したがって，130万円は主婦の労働供給の第2の壁になります．

　高齢化社会を迎えて，今後，労働力不足の時代が到来することを考えると，こうした労働供給阻害要因を取り除く必要があるでしょう．

　さらに，2003年度の税制改正で，所得税と住民税の合計最高税率を50％に引き下げたことに対する批判も存在します．2005年現在，課税所得（所得から各種の控除を差し引いた課税の対象になる所得）が1,800万円以上では所得税の限界税率は37％になります．つまり，課税所得が1,800万円の人も，その100倍の18億円の人も，同じ37％の限界税率ということです．ただし，一定の控除額がありますから，限界税率が同じでも，平均税率は課税所得の増加とともに上昇します．たとえば，課税所得が1,800万円の人の平均所得税率は23％ですが，10億円の人の平均所得税率は36.9％になります[8]．これは，読者の「所得分配の公平性基準」からみて公平でしょうか．

課税上のキャピタル・ロスの扱い

次に，株式や土地・建物の投資に関して損失が出たときの扱いに触れておきましょう．これらへの投資の事後的収益率がマイナスになって，それらを売ると損失が出る（譲渡損失といいます）場合には，株式については，他の株式の譲渡所得や投資信託の償還（または，解約）益から，土地・建物については，他の土地・建物の譲渡所得から，それぞれ譲渡損を控除して譲渡所得を申告することができます．これを損失通算といいます．株式譲渡損失は損失を繰り越すことが認められています[9]．しかし，この損益通算方式（2006年現在）では，他の株式・投資信託の譲渡所得や，償還・解約益や土地の譲渡所得がなければ損失通算できず，損失繰越期間も 3 年と短いため，譲渡所得税が株式資本などのリスクを負担する資本の供給を抑制するという効果を相殺するには不十分と思われます．この不十分さを補うためには，損益通算を認める期間を，10年あるいは20年といったように長期にとることが考えられます．

消費税の評価

次に，日本の消費税を評価しておきましょう．1989年の消費税の導入に当たっては，支出税の立場から，消費税の優れた点が強調されました．しかし，消費税は支出税と違って単一税率ですから，低所得者ほど相対的に負担が重くなります．というのは，消費性向（消費の所得に占める割合）は，所得が増えるにつれて低下する傾向があるからです．たとえば，消費税率を 5 ％（2005年現在）とし，年間所得500万円の人の消費性向を80％とすると，消費400万円に対する消費税総額は20万円で，年間所得の 4 ％になります．次に，1,000万円の人の消費性向を70％とすると，消費700万円に対する消費税総額は35万円

---

[8] 日本の所得税制では，所得税額は，課税所得×限界税率マイナス一定の控除額から計算されます．課税所得が1,800万円以上であれば，限界税率が37％で一定の控除額は249万円になります．

[9] 損失繰越とは次のことをいいます．2005年度の株式の譲渡損失を100万円とし，他に株式譲渡所得がなく，2006年度，2007年度，2008年度の株式譲渡所得が，それぞれ20万円，40万円，30万円とします．3 年間の損失繰越制度により，2006年度以後 3 年間の課税上の株式譲渡所得は，譲渡損失を2006年度は20万円，2007年度は40万円，2008年度は30万円，それぞれ繰り越して，ゼロになります．しかし，残る10万円の譲渡損失は繰り越せません．土地譲渡損については，2004年度の改正で，繰越は認められなくなりました．

で，年間所得の3.5%になります．この数値例から，所得に占める消費税負担の割合は，低所得者のほうが高所得者よりも大きいことがわかります．

以上から，包括的所得税の考え方からみて消費税は垂直的に不公平な税負担で，逆進的です．

消費税は支出税の考え方からみても逆進的です．というのは，支出税の考え方によれば，生涯税負担が生涯支出に対して累進的であることが垂直的公平の必要条件だからです．したがって，消費税の導入や税率引き上げに当たっては，賃金税，相続税などの他の税制を含めた税制全体の垂直的公平性の観点から，導入と税率引き上げの是非を評価するべきだったと考えられます．このことは，今後の消費税率引き上げに当たっても，考慮すべき点です．

1989年の消費税導入に際しては，クロヨン[10]と呼ばれる所得種類別の徴税漏れ問題を解決する，所得税に比べて徴税コストが安くなる，高齢化社会にふさわしい税である，といったことが導入の理由とされましたが，そうした理由は妥当でないという批判があります[11]．

消費税には逆進性の他に，益税問題があります．益税とは売上高が一定以下の企業は消費税の納税が免除されるために，そうした企業に利益が発生することをいいます．一般的に，売上高が消費税免税点以下の企業は中小企業です．免税点以下の中小企業も免税点を超える大企業も，同じ財・サービスであれば同じ価格で販売しています．消費税が課せられると，その税負担を反映して財・サービスの価格は上昇するでしょう．ところが，中小企業は消費税の納税を免除されているのに，価格が上がりますから，その分だけ利益を受けます．これが益税です．2005年現在，消費税の免税点は従来の3,000万円から1,000万円に引き下げられていますが，売上高1,000万円未満の企業には依然として益税が発生します．この益税は中小企業経営者の所得を引き上げる要因になります．これは中小企業への補助金政策であり，中小企業への資源配分を過大にするという意味で，効率的な資源配分を阻害する所得再分配政策です．

10——クロヨンとは，給与所得は税務署によって9割把握されているが，自営業者所得は6割，農業所得は4割しか把握されていないことを意味する言葉です．

11——これらの消費税導入理由は現実に妥当しないという批判については，八田（1994）『消費税はやはりいらない』（東洋経済新報社）を参照してください．

消費税については，年金問題と絡んで，将来，増税は避けられないという考え方が広くみられますが，その点については，年金問題との関係で，12-3節で検討します．

> 【練習問題】
> 1．税の公平性は消費税でなく，所得税で達成すればよいという考え方があります．どう考えたらよいでしょうか．
> 2．日本の所得税率はアメリカ，イギリス，ドイツに比べて低く，消費税率はヨーロッパ諸国の消費税である付加価値税（イギリス17.5％，フランス19.6％，ドイツ16％）よりも相当に低い水準です．それにもかかわらず，日本では増税に対する反対が強いのはなぜでしょうか．読者はどういう条件が満たされれば，ヨーロッパ並みの消費税率を受け入れてもよいと考えますか．
> 3．2005年，税制調査会は政府に，所得税における給与所得控除の廃止を答申しました．給与所得控除とは，給与所得の一定割合を雇用者が働くうえでかかった費用とみなして，課税所得から控除する制度です．給与所得控除は給与所得が増えるにつれて増加します．この控除が廃止されると，雇用者は働くうえで実際にかかった費用（これを実額控除といいます）を税務署に示して認めてもらう必要があります．
> 　給与所得控除の廃止は，高所得者と低所得者ではどちらの税負担額をより大きく増やすでしょうか．その点を踏まえて，給与所得控除の廃止を資源配分の効率性と所得分配の公平性の基準から検討してみましょう．
>
> 【練習問題のヒント】
> 1．消費税には所得税が達成した税負担の累進性を緩和する効果があります．そうであれば，所得税と消費税を別々に考えるわけにはいきません．
> 2．納税者は増税に際して，税金の使われ方を問題にします．税金の使い

方をどのように改革すれば，増税したときの税負担感が緩和されるかを考えてみましょう．
3. 課税最低限の引き下げと同じように考えることができます．資源配分の効率性に及ぼす効果は，労働供給に及ぼす効果をどう考えるかに依存します．

第12章

年金と医療政策

　第11章では,税金と政府による財・サービスの供給という財政手段による所得再分配を説明しましたが,所得再分配政策には,公的年金や医療サービスのように,社会保険によるものもあります.この章では,社会保険による所得再分配を財政による所得再分配と比較しながら説明します.そのうえで,日本の公的年金制度と医療保険制度が抱えている問題のうち,最も本質的と思われるものに絞って解決策を検討することにしましょう[1].

1　社会保険制度の基礎理論

保険とリスク・プールによる所得再分配

　人々の所得が大幅に減少する原因の1つは,健康を害したり,年をとったりして,大幅に稼得能力が低下することです.景気が悪いなどの理由で,不運にも,職を失ったり,職に就けなくなったりする場合もこれに当たります.このような場合に,人々の所得をある程度保障する制度が保険で,政府によって提供される保険を「社会保険」といいます.

　初めに,5-1節の復習になりますが,「保険の原理」から説明しておきましょう.保険とは多くのリスクを集める(プールする)ことによって,保険加

---

[1] 年金と医療保険には,この章で扱う以外にも重要な問題がさまざまあります.それらの問題と解決策の詳しい分析については,巻末の参考文献を参照してください.

入者（被保険者）全体について起きるリスクの確率をあらかじめほぼ確実に予想できる範囲に抑えながら，保険金支給対象者に一定の所得を保障しようとするものです．

このような保険が成立するのは，リスクをプールすることによって，不確実な事象がほぼ確実に起きる事象に変わるからです．たとえば，ある男性が65歳の年金支給開始以後どれだけの期間生きるかという確率はよくわかりません．しかし，そうした男性がたくさん集まった場合には，彼らの寿命の分布確率は，かなりの精度で推定することができます．そのような人が何万人も集まれば，残存寿命分布はほぼ確定します．このように，たくさんの人が集まると寿命分布がほぼある一定の値に収束することを，「リスク・プールによって不確実な事象がほぼ確実な事象に変わる」といいます．保険会社はこのリスク・プールの法則を利用することによって，保険サービスを提供できるのです．

保険原理と財政原理の違い

それでは，年金や医療サービスはなぜ保険という方法で供給されているのでしょうか．この点を考えるために，保険による所得再分配と，これまで説明してきた財政による所得再分配との原理的な違いを説明しておきましょう．財政による所得再分配は，税金によって，税引き後の所得分布を税引き前よりも平準化したうえで，さまざまな政府サービスを税金を財源にして供給する仕組みです．政府サービスは税金を納めなかった人でも利用できます．また，福祉サービスの場合は，税金を納めても所得が一定以上あれば利用できません．これが財政原理による所得再分配です．

それに対して，保険は，保険料を納めた人（被保険者）に保険金（年金の場合は年金保険金，略して，年金）の支給を限定し，納めなかった人には支給しません．この「自分の保険は自分で保険料を払って負担する」という点に保険の特徴があります．これを，ここでは，保険原理と呼びましょう．

保険制度では，被保険者のうちで，リスクにあわなかった人（医療サービスの場合には，病気にならなかった人）から，リスクにあった人（医療保険の場合には，病気になった人）へ所得が再分配されます．したがって，保険による所得再分配を受けるためには，保険料を支払って被保険者になっていなければ

なりません．この保険原理は，自助努力によって自分の安全を守るという点で，財政原理と異なっています．

社会保険制度の種類

日本には，社会保険制度として，雇用保険，医療保険，介護保険，公的年金保険があります．医療保険と公的年金保険についてはそれぞれ，この章の2節と3節で説明しますので，ここでは，雇用保険と介護保険に触れておきましょう．

雇用保険（一般的には失業保険ですが，日本では「雇用保険」と呼ばれています）は，失業した場合の所得を保障する保険で，政府が被保険者から保険料を徴収して運営しています．しかし，給付総額が保険料収入だけでは不足する場合には，税金で補填されます．雇用保険の給付日数は被保険者の年齢が高くなるにつれて，また被保険期間が長くなるにつれて，長くなり，最短90日から最長360日です．第5章で述べましたが，雇用保険が政府によって運営されているのは，失業は景気の悪化などによって同時に大量に発生するため，民間の保険では収支を均衡させることが困難だからです．

介護保険は，政府が40歳以上の人から介護保険料を徴収し，原則として，65歳以上で介護が必要と認定を受けた人に，家事援助や身体介護などのサービスを提供する公的保険です（2005年現在）．

介護保険が公的保険として供給されるようになった理由としては，第5章で説明した情報の非対称性による逆選択が挙げられます．任意加入の民間の介護保険の場合には，介護が必要になりそうだと自分でわかっている人は保険に加入しようとしますが，その可能性が小さいと思う人は加入しないかもしれません．その結果，加入者の中に介護が必要になる可能性の高い人が多くなり，給付額が増大するため，民間介護保険会社は介護保険料を引き上げなければ，営業できなくなります．しかし，保険料が上がれば，ますます介護を受ける可能性の大きな人しか保険に入らなくなります．このプロセスが続くと，民間では介護保険を供給することはできなくなります．この逆選択のため，介護保険は民間では供給できず，公的に供給する必要があるといわれます．

介護保険の強制加入のもう1つの根拠として，次の点が考えられます．すな

わち，介護保険がなければ，長期入院といった形で介護費用を医療保険でまかなわなければならなくなり，医療保険サービスの費用が増大します．医療サービスは病気やけがが治癒することを前提に供給されるサービスですが，介護サービスは介護の原因になった障害は治癒できないことを前提として供給されるサービスです．病気やけがで治療が必要になる確率と介護が必要になる確率および必要な保険金額は異なります．そのため，両者を分けて公的保険を供給するほうが効率的に各々の目的を達成できます．そのことが，公的介護保険が導入された理由の1つであると考えられます．

2 医療保険と医療政策

日本の医療保険制度

医療政策の中心は医療保険です．医療保険は，健康を害したときに，所得が低いために医療サービスを受けられないことや，医療費がかさんで可処分所得が大きく減少することを防ぐことを目的としています．日本では，人々が働いている組織ごとに健康保険組合があり，医療保険を運営しています．これらは民間の保険ですから，本来，政府による所得再分配政策ではありません．しかし，日本の医療保険は政府が診療報酬制度を決めたり，異なる医療保険制度間の財政調整をするなど，政府が決めたルールに基づいて運営されています．

それに対して，会社などの組織に属さない自営業者や無職の人は，政府が管轄する国民健康保険に加入します．国民健康保険の給付額は被保険者が支払う保険料収入ではまかないきれないため，健康保険組合など他の医療保険組合から財政的支援を受けたり，税金が投入されたりしています．

日本では，国民はいずれかの医療保険に加入する義務があります．これを「国民皆保険」といいます．

医療保険への公的介入の根拠

それでは，日本では医療保険が強制加入になっているのはなぜでしょうか．5-1節で述べたように，「よく風邪を引く人か」や「よくけがをする人か」などは健康診断等で判断できないため，医療保険では逆選択問題が深刻になりま

す．この逆選択問題を解決する手段の1つは，医療保険の強制加入です．

しかし，アメリカでは医療保険は強制加入ではありません．ほとんどの人は民間の医療保険に加入しています．ただし，大企業などに勤めている人は，自ら直接，民間保険に加入するのではなく，企業が従業員の福利厚生制度として導入した医療保険に企業を通じて，家族を含めて加入しています．企業が契約する医療保険は企業ごとに異なりますから，従業員が受けられる保険の内容や自己負担の割合も一律ではありません[2]．

アメリカでは，民間の医療保険会社は企業ごとに保険契約を結ぶことによって，「よく風邪を引く人」や「よくけがをする人」ばかりが保険に加入するという逆選択を防止しようとしています．

しかし，退職した人，企業に勤めていない人，零細企業に勤めている人などは，企業を通じて医療保険に加入することはできません．そこで，65歳以上の高齢者には公的な医療保険（「メディケア」といいます）が提供されています．その他の企業に勤めていない人は自分で民間の医療保険に加入することになりますが，生活困窮者に対しては公的に援助された「メディケイド」という医療保険制度があります．

民間保険会社は個人と医療保険契約を結ぶ場合には，保険料率，免責金額，自己負担割合などが異なる複数の保険プランを提供することにより，逆選択問題を回避しようとしています．

しかし，所得が低く，どの医療保険プランも負担が重すぎるために，民間の医療保険に加入できない人で，メディケイドの対象になる条件を備えていない人がいます．アメリカには，こうした非保険加入者が3,000万人近くいる（2004年現在）といわれています．

このような所得の低い人が民間の医療保険に加入できず，きわめて不十分な医療サービスしか受けられないというアメリカの医療保険制度を，読者はどう

2——アメリカの医療保険制度のもとでは，企業の医療費負担は競争力を削ぐ要因になっているといわれます．たとえば，2005年に自動車会社ゼネラル・モーターズ（GM）が売上高の減少で苦境に陥りましたが，同社は巨額な医療費負担が競争力の低下要因になっているとして，従業員の自己負担率を引き上げることにより会社の医療費負担を年間約10億ドル削減することで，全米自動車労組と合意しました．

考えるでしょうか．そうした状態は望ましくなく，だれでも適切な医療サービスが受けられる医療保険制度のほうが望ましいと考える読者は，そうした「所得分配の公平性基準」をもっているということになります．

医療サービスを通じての所得再分配だけが目的であれば，医療費を税金でまかなうというイギリス方式もあり得ます．しかし，医療費を財政原理に従って負担する医療制度を採用すると，患者の医療費負担はゼロになりますから，医療サービス需要が過大になり，供給が追いつかなくなる可能性があります．実際に，イギリスでは患者は医療サービスを受けるのに何カ月も待たなければならないといった状況が生じています．その一方で，高所得者は民間の医療保険に加入して，政府の医療保険の対象にならない医師から，迅速な医療サービスを受けています．

以上のように考えると，日本の強制加入という医療制度は，すべての人に保険料を負担させて自らの健康を維持するという自助努力を促しつつ，患者をイギリスのように長期間待たせることなく，迅速な医療サービスを供給しているという点で，比較的高い評価が与えられるのではないでしょうか．しかし，日本の医療保険制度にも次のような問題が生じており，その持続可能性が問題になっています．

医療費の現状

図12-1は，1985年度は16兆円だった国民医療費が，2003年度には約2倍の31.5兆円に増大していることを示しています．医療費の対国民所得比は85年度の6.1％から，2003年度は8.6％に達しています．医療費は加齢とともに増加する傾向があり，2003年度の老人医療費は85年度の3倍近くになっています．厚生労働省は2005年に，このままで推移すれば，医療費の対国民所得比は2025年には13.2％まで上昇するという試算を発表しました．

こうした医療費の増大を背景に，国民皆医療保険制度を維持可能にするためには，どのようにして医療費の適正化を図るべきかが課題になっています．

医療保険のモラル・ハザードとその対策

医療サービス需要は20歳を過ぎると加齢とともに増加し，70歳を超えると急

図12-1　国民医療費の推移

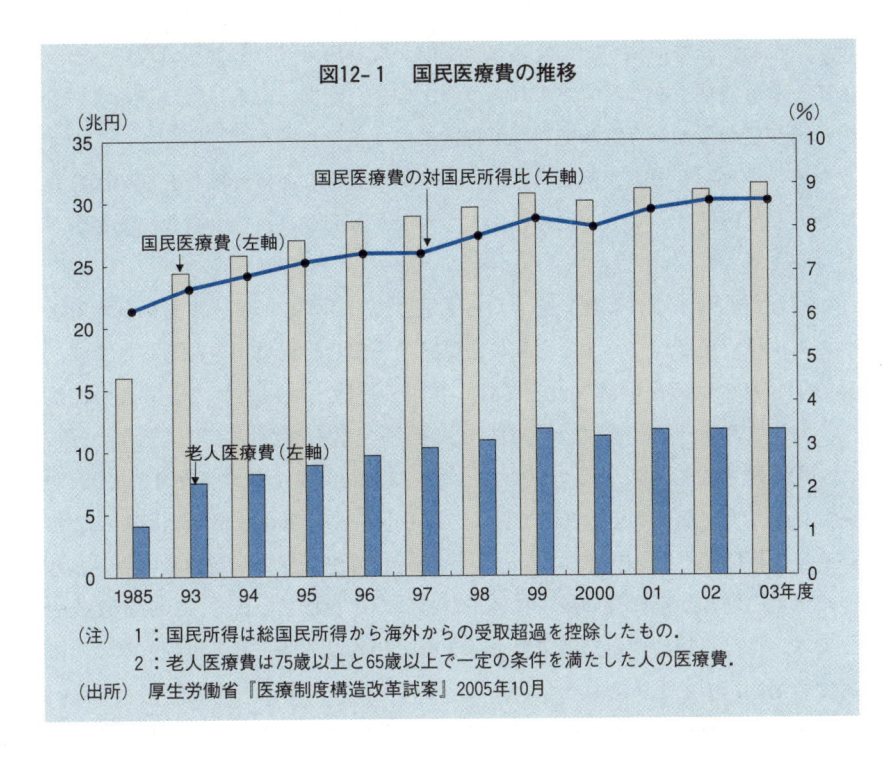

(注)　1：国民所得は総国民所得から海外からの受取超過を控除したもの．
　　　2：老人医療費は75歳以上と65歳以上で一定の条件を満たした人の医療費．
(出所)　厚生労働省『医療制度構造改革試案』2005年10月

増する傾向があります．したがって，今後ますます高齢化が進むことを考えると，医療費が増加することにはやむを得ない面があります．しかし，医療保険制度には高齢化にかかわらず，医療費を増大させる要因があります．

第5章で述べたように，他の保険と同様，医療保険には情報の非対称性を原因として逆選択とモラル・ハザードのリスクが存在します．これらは共に医療費を増大させる要因です．さきに逆選択問題に触れたので，ここでは，モラル・ハザードに注目しましょう．

医療保険に関するモラル・ハザードは，医療サービスの需要者である患者と医療サービスの供給者である医師の両方で発生する可能性があります．

かりに，患者が医師にかかるときに，医療保険に加入していればそれ以上の自己負担はないとしましょう．この場合には，患者はどんなに医師にかかっても，すでに支払った保険料以上を負担する必要はありません．そのため，医療保険がなかったならば受診しなかったような病気でも，受診する可能性があり

ます．また，医療保険があるために，保険がない場合よりも健康管理がおろそかになる可能性もあります．これらは，医療保険があるために保険加入者の受診行動が変わるという意味で，医療保険に伴うモラル・ハザードです．このようなモラル・ハザードが起こると，社会全体が負担しなければならない医療費は増大し，医療サービスのために過大な資源が配分され，社会全体の総余剰が減少します．

　こうした非効率な資源配分をもたらす患者のモラル・ハザードを抑制する1つの方法は，患者が受診するたびに医療費の一部を自己負担させることです．1997年9月の医療保険制度改正では，被用者保険（雇用されている人の保険で，健康保険や共済保険など）の自己負担割合が1割から2割に引き上げられ，老人医療受給対象者についても，外来については1カ月当たり1,020円から1日当たり500円に変更されました．この改正の効果を分析した研究によれば，健康保険組合員の外来については，受診日数が減少し，高齢者についても一部負担の増加が医療費の減少に効果があったとされています．2002年度の改正では，自己負担割合が，69歳以下は3割，70歳以上は1割（現役並みの所得者は2割）に引き上げられました．

　しかし，自己負担割合の引き上げによって医療サービス需要を抑制すると，本当に医療サービスを必要としているにもかかわらず，低所得であるために受診できないといったことが生じます．これにより，健康な人から病気の人への所得再分配である医療保険の機能が失われてしまいます．この意味で，自己負担割合の引き上げによってモラル・ハザードを抑制することには限界があります．

　医療サービスは患者と医師との間における「情報の非対称性」が大きいため，患者は医師が提供する医療サービスをそのまま需要せざるを得ない面があります．通常の財・サービスであれば供給されるサービスの価格が上がれば需要は抑制されますが，医療サービスの場合には保険があるために，患者は医師が供給する医療サービスをそのまま需要することになりがちです．この需要を「医師誘発型需要」といいます．医療サービス需要にはこのような特徴があるため，医師には，医療保険がなかったならば供給を控えたような医療サービスまで供給して収入を増やそうとするインセンティブがあります．これは医療保

険があるために生ずる医師側のモラル・ハザードです．

現行の診療報酬制度は，診察や投薬などのコストにかかわらず，それらの診療行為が多くなるほど医師の収入が多くなるという「出来高払い制度」をとっています．そのため，医師誘発型需要という側面がいっそう強く働いて，「過剰診療・過剰投薬」を招き，医療費の高騰につながる要因になっています．

この問題を解決する制度として，「出来高払い制度」に代えて「包括払い制度」を導入することが考えられます．これは，あらかじめ病気ごとに，あるいは入院・外来の種類ごとに，医師に対して一定額を支払うことを決めておく制度です．医師は診療における費用をこの一定額の支払いの範囲内に収めようとするため，診療における費用削減効果が期待されます．

しかし，この制度のもとでは，医師がどのような内容の診療をしても，得られる収入は同じですから，医師にはできるだけ費用のかからない医療サービスを供給しようとするインセンティブがあります．あるいは，最も効果のある医療サービスでもコストが一定の支払額を超えてしまうために，選択されない可能性もあります．

根拠に基づく医療

上に述べた包括払い制度の欠点を是正するためには，個々の医療サービスを科学的根拠に基づいて標準化することが必要です．これを「根拠に基づく医療」といいます．

日本の医療サービスの供給については，診療内容が医療機関や医師ごとにばらつきが多く，標準化が進んでいない点が問題になっています．たしかに，治療方法については，医師の裁量性をまったく否定することはできません．しかし，最新の科学的知識に基づいて標準的な治療方法を確立したうえで，それを基準として個々の患者ごとに医師の裁量性を維持することは可能であると考えられます．

アメリカでは，民間の保険や政府のメディケア・メディケイドは，疾病症候群別の定額見込み払い制度を採用しています．これは，病気やけがを約500種類に分類し，分類別に標準化された医療サービスを決め，その医療サービスに対して定額の医療費を医師に支払うという制度です．

病気ごとの標準的な治療方法を確立するためには，医療情報のデータベース化が必要になります．そのための有力な手段は，医療のIT化です．現在（2005年），医療分野ではIT化はほとんど進んでおらず，カルテ（診療記録）やレセプト（診療報酬明細書）は基本的に紙ベースです．これは医療事務費用の増大を招いていますが，医療情報のデータベース化を妨げている要因でもあります．

医療情報の開示

　患者と医師の間の情報の非対称性が放置されると，患者はどの医師・医療機関に行けば，最も適切な治療が受けられるのかを知ることができません．患者はなかなか治らない場合には，医師・医療機関を替えてみます．何度も医師・医療機関を替えてみて初めて，それまでの診断がまったく誤っていたことを知らされることもあります．これは患者本人にとっては無駄な，時として有害な治療を受けたことになりますが，社会全体にとっても資源が無駄に使われて，医療費の増大を招くことになります．

　こうした情報の非対称性に基づく無駄や患者にとっての不利益をなくすためには，医療の情報開示が必要です．

　最も重要な医療情報の公開は，どのような医療サービスが供給されたかがわかる詳細な医療カルテの患者への公開です．これにより，患者は他の医師・医療機関にそれまでの治療履歴をみせて，治療が適切であったかどうかの判断を仰ぐことができます．不適切であったことがわかれば，患者は医師・医療機関を替えるでしょう．この患者の行動は医師・医療機関に対して，質の良い医療サービスを提供するように努力するインセンティブを与えます．

　医療情報を第三者が評価できるようにするためには，病名の標準化や医薬品のコードの統一化により，医療行為のIT化を進める必要があります．IT化により医療情報のデータベースが整えば，患者に代わって第三者機関や他の医師・医療機関が，患者が受診した医師・医療機関の治療行為を評価することが容易になります．

　医療サービスを評価する第三者機関に，㈶日本医療機能評価機構があります．同機構は，評価を希望する病院に関して機能評価をしています．しかし，

その評価は当該病院には開示されますが，規制により，一般には公開できません．この規制を緩和すれば，高い評価を受けた病院はその評価を公開して，患者を引き付けるようになるでしょう．一方，情報公開しない病院は患者から低い評価しか受けられず，淘汰されていく可能性があります．ただし，機能評価が信頼されるためには，複数の評価機関が評価の質を競争によって高めること

保険者の医療機関選別機能は働くか

　医療改革の一環として，保険者（健康保険組合などの医療保険を運営する主体）機能の発揮が期待されています．現行制度では，保険者が得ることのできる医師や医療機関に関する情報は，レセプトを通じたものに限定されています．レセプトの電子媒体による処理が可能になれば，同じ病気について，医師や医療機関ごとの治療内容の違いが明らかになります．これにより保険者は医師・医療機関ごとのサービスの質と費用の差に関する情報を得ることができます．保険者はこの情報を基に質の良い医療サービスを低コストで供給する医師・医療機関と契約を結び，そうした医師・医療機関を保険加入者に対して受診すべき医師・医療機関に指定することができます．

　保険者が以上のような機能を果たすようになれば，医師・医療機関の間にも競争が働いて，質の良い医療サービスを低コストで供給する競争が始まるでしょう．それによって医療サービスの効率化が進み，社会的な医療費の削減にもつながり，資源配分の効率性も改善されると期待されます．

　しかし，現行の医療保険制度では，保険者に医師・医療機関を選別しようというインセンティブがありません．それは，企業に勤めればその企業の健康保険組合に，企業に勤めなければ国民健康保険に，それぞれ加入するしかなく，被保険者には保険者を選ぶ余地がないからです．したがって，保険者が医師・医療機関の選別機能を発揮しなくても，被保険者が保険者を替えることはありません．そうであれば，保険者は医療保険組合が解散せざるを得なくなることを心配する必要もありませんから，医師・医療機関を選別しようとするインセンティブもありません．

　そこで，保険者に医師・医療機関の選別機能を発揮させるために，被保険者が保険者を自由に選べるようにすべきであるという主張があります．これは，結局，アメリカの医療保険制度に移行することになります．しかし，アメリカの医療保険制度にも本文で述べたような問題があるとすれば，「被保険者による保険者の選択」とそれによる「保険者機能の発揮」という改革には，検討すべき点が多いように思われます．

が必要です．医療情報公開の規制緩和が進めば，病院も情報公開に積極的になると思われますから，債券格付け機関と同様に，民間の医療機関格付け機関の登場も期待できるでしょう．

　医療情報の公開については，病院・診療所の広告規制の緩和も必要です．現行の医療情報公告制度（2005年現在）では，病院・診療所は治癒成績など，患者が医師・医療機関を選択するうえで役に立つ情報を公開することができません．

3　公的年金の諸問題

年金を公的に供給する根拠

　公的年金保険は，年をとって，大幅に稼得能力が低下したときの所得を保障する制度です．年金が公的に供給される理由についても，私的年金では，長生きのリスクのある人だけが加入するという逆選択が生じて成立しなくなるという理由が挙げられることがあります．しかし，自分が何歳まで生きるかは自分自身でもよくわかりません．長寿の家系に生まれたからといって，自分は長生きすると確信できる人は少ないでしょう．実際に，両親が長命でも子どもは短命という事例も少なくないようです．そうだとすると，逆選択を根拠に年金を公的に供給するという説明は，あまり説得的ではないように思われます．

　年金の公的供給の第2の根拠は，生活保護に基づくモラル・ハザードを防ぐことです．公的年金の加入を義務付けなければ，老後に備えて貯蓄せずに，国の生活保護に頼ろうとする人が大幅に増えてしまう可能性があります．これは生活保護制度があるために人々の行動が変わるという意味で，「生活保護に伴うモラル・ハザード」といいます．こうしたモラル・ハザードが起きると，高齢者に対する生活保護費が大幅に増大してしまいます[3]．そうした生活保護費の大幅な増加を防止するための1つの方法は，強制的に，「自分の老後は自分の保険料で負担する」という自助努力を求めることです．

3——実際に，国民年金が整備されていなかった1960年代初めまでは，生活保護受給者の大部分は高齢者でした．

しかし，実際には公的保険は保険原則に従って運営されていないため，その持続可能性が問題になっています．そこで，次に，日本の公的年金（以下，単に年金と略します）制度が抱えている問題点を説明し，どのように改革すべきかを考えてみましょう．

積立方式と賦課方式

日本の年金問題を理解するためには，年金には積立方式と賦課方式とがあることを理解しておく必要があります．積立方式とは，年金加入者が老後に受け取る年金受給額と，彼が勤労時代に納めた保険料の元利合計とが，年金数理的にみて等しくなるように，保険料を設定する方式をいいます[4]．年金加入者が納めた保険料とその運用益は，彼が年金を受給するようになるまで積み立てられ，その額は複利的に増えていきます．このように複利的に増えた積立金が，彼に対する年金支給に充てられるわけです．この方式の本質的な点は，「自分の年金は自分で年金保険料を支払って負担する」という点にあります．

一方，賦課方式とは，勤労者が支払う保険料を，そのときの退職者の年金支給に使う方式をいいます．したがって，この方式では，勤労者が支払った保険料とその運用益は積み立てられることなく，すべて退職者への年金支給に充てられてしまいます．すなわち，各年度に退職世代に支給される年金総額はその年度の勤労世代の支払う保険料総額に一致します．この方式は，「各世代は自分よりも後の世代から年金を受け取る」という意味で，「世代間の助け合い」と呼ばれています．

日本の年金制度では，各年度に勤労世代が支払った保険料のすべてが，退職世代の年金支給に充てられるのではなく，一部は積み立てられています．したがって，日本の年金制度は完全な賦課方式ではなく，一部ですが，積み立てされています．そこで，そのような方式を「修正賦課方式」といいます．

---

[4] 寿命や今後の利子率などについて一定の仮定を設けて，長期的に年金収支が均衡するように，年金保険料と年金支給額とを決定するための理論を，「年金保険数理理論」といいます．

世代間の不公平を生む少子・高齢化社会における修正賦課方式

修正賦課方式は経済成長率が高く，人口が増大しているときには，うまく回転します．寿命を一定として，人口が増えれば，保険料を納める勤労世代は退職世代に比べて増えます．この場合には，勤労世代1人当たりが支えなければならない退職世代は減少しますから，勤労世代の負担はしだいに小さくなります．しかし，最近の日本のように，寿命が延びて年金受給者が増大する一方で，少子化により保険料を納める勤労世代が減少すると，修正賦課方式のもとでは，将来の勤労世代ほど保険料を支払って支えなければならない年金受給者が増えるため，負担は重くなってしまいます．

図12-2は，鈴木・小口・小塩（2005）による，2004年の年金改正後の生まれ年ごとの厚生年金の受給・負担比率の推計を示したものです．受給・負担比率が1であれば，生涯の保険料の負担額と生涯の年金受給額が等しくなります．受給・負担比率が1を超えれば，負担した以上に給付を受けることができますから，年金加入者は得をします．逆に1よりも小さくなれば，年金の給付額は負担額を下回ることになりますから，年金加入者は損をします．

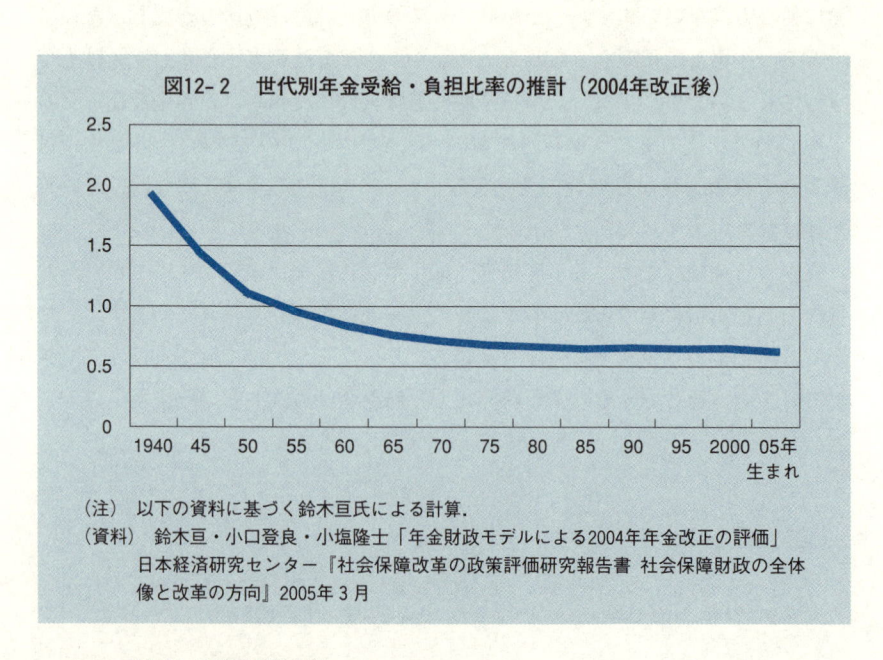

図12-2　世代別年金受給・負担比率の推計（2004年改正後）

（注）　以下の資料に基づく鈴木亘氏による計算．
（資料）　鈴木亘・小口登良・小塩隆士「年金財政モデルによる2004年年金改正の評価」
　　　　　日本経済研究センター『社会保障改革の政策評価研究報告書　社会保障財政の全体像と改革の方向』2005年3月

この推計によると，1950年生まれの世代の受給・負担比率は1.11で，負担した以上の給付を受けることができます．しかし，1955年生まれでは受給・負担比率は0.96になり，受給額は負担額を下回ってしまいます．それ以降に生まれた世代ほど受給・負担比率は低下し，1975年生まれでは0.69に，1990年生まれでは0.66に，2005年生まれでは0.63にまで低下してしまいます．2005年生まれの人は保険料負担額の6割程度しか年金を受給できないということです．一方，1940年生まれの人の受給・負担比率は1.92ですから，負担額のおよそ2倍近くの年金を受給できることになります．

　このように，日本の年金制度は世代間の著しい不公平を生んでいます．これでは，一方的に若い世代が退職世代を助けるだけで，「世代間の助け合い」という看板に偽りありという状況です．この大きな世代間の不公平を一日も早く解消しない限り，将来世代の反乱が起き，1940年生まれの世代も将来は現行制度ほどの年金を受け取れなくなり，その受給・負担比率は1.9よりも低下するかもしれません．そうなると，1.9の受給・負担比率を前提に設計された彼らの老後の生活は大きく狂ってしまいます．つまり，現在の公的年金制度の持続可能性は危ういのです．

なぜ，修正賦課方式が採用されたのか

　日本の年金制度が，著しい世代間不公平と予想される将来世代の大きすぎる負担のために，その維持が困難になっているのは，修正賦課方式を採用しているためです．

　修正賦課方式が採用されたのは次の理由によります．公的年金を導入してからしばらくの間は，年金保険料を積み立てていなかった世代や積立額が少ない世代が存在しますから，彼ら自身が納めた保険料の積立額で彼らに年金を支給しようとすると（すなわち，積立方式を採用すると），彼らの年金はきわめて貧しいものになってしまいます．そこで，彼らにも老後の生活に困らない程度の年金を支給しようとして，不足する年金を勤労世代が納めた保険料で補填することにしたのです．しかしそうすると，現役世代が年金を受給する年齢に達したときに，彼らが納めた保険料とその運用益を原資として年金を支給しようとすると，今度は彼らの年金がきわめて貧しいものになってしまいます．それ

を避けるためには，彼らへの年金支給のうち不足する分を，彼らよりも後の勤労世代が納める保険料で埋めなければなりません．このようにして，次々に，次の勤労世代が納める年金保険料が，その前の世代への年金支払いの不足分を埋めるために使われるようになったわけです．

しかし，修正賦課方式を採用したからといって，常に，図12-2に示されているほどの著しい世代間不公平が生ずるとは限りません．著しい世代間不公平が生じたのは，年金福祉元年といわれる1973年以降も，高い成長と人口の増加とを予想して，修正賦課方式のもとで年金受給額を大幅に増やしたからです．その結果，厚生年金の受給者の中に，毎年のように海外旅行を楽しむといった裕福な人が生まれる一方で，将来，年金だけではとうてい老後の生活がおぼつかない人々を生み出しています．

修正賦課方式の問題の根源

以上の修正賦課方式の問題の根源がどこにあるかは，積立方式と比較するとよく理解できます．積立方式ならば，「自分の年金は自分で負担する」ことになりますから，人口がどのように変動しても，どの世代の年金の受給・負担比率も1になり，世代間の不公平は生まれず，公平な年金制度を維持できます．これは，積立方式が「自分の年金は自分で負担する」という本来の保険の原理に一致しているからです．

年金を受給するために支払う金額を保険料というように，年金は正確には「年金保険」と呼ばれ，本来の趣旨からは，上に述べた保険の原理に則して運営されるべき制度です．この考え方からは，公的年金は本来，生命保険などの民間保険と同じように，積立方式でなければなりません．

すでに述べましたが，保険がかなり高い確率で，あらかじめ予想された保険金を支払えるのは，きわめて多くの加入者から保険料を集めることによって，リスクをプールするからです．年金保険であれば，加入者の中には長生きをする人もいれば，短命な人もいます．そこで，すべての加入者から同額の保険料を徴収すれば，長命な加入者に，彼ら自身が支払った保険料とその運用益からだけでは支給できないような年金を，短命な加入者が支払った保険料とその運用益から支給することが可能になります．つまり，保険の原理は同額の保険料

を負担した保険加入者間での所得の再分配です．上の例では，年金保険加入者のうちの短命な人から長命な人への所得再分配です．これが，積立方式では「自分の年金は自分で負担する」という意味です．

それに対して，賦課方式ではこの保険の原則が崩れてしまい，支払った保険料に見合う以上の年金を受け取れる人（以下，前者といいます）と，支払った保険料をはるかに下回る年金しか受け取れない人（以下，後者といいます）が存在します．前者は後者よりも前の世代ですから，これは世代間の所得再分配です．

以上から，現行の修正賦課方式の問題の根源は，保険のリスク・プールの結果として起きる所得再分配機能と，政策的な所得再分配の機能とが混在していることにあることがわかります．

現行の年金制度は上に述べたような財政的な所得再分配機能をもっていますが，そういう制度では，若い世代は年金保険料を払ったのではなく，税金を払ったのと同じことになってしまいます．この意味で，日本の年金は本来の保険原理を大きく踏み外していますが，実際にも，すでに基礎年金の支払いには税金が投入されています．

積立方式への移行

以上の考え方からは，現行の年金の修正賦課方式に混在している政策的な所得再分配機能を年金制度から切り離し，保険機能部分だけを年金制度に残すべきであるという主張が導かれます．この考え方によると，年金制度に保険原理に従う所得再分配機能だけを残したうえで，現行年金制度が果たしている政策的な所得再分配機能を財政手段によって置き換えるべきかどうかは，別途，検討することになります．

そこで，保険機能だけをもつ年金制度を考えましょう．それは積立方式の年金ですから，現行の修正賦課方式から積立方式へ移行することになります．しかし，積立方式に移行すると，保険料はすべて積み立てて各種の資産に運用しなければなりませんから，賦課方式のように，現役世代が支払った保険料で退職世代に年金を支給することはできなくなります．そうすると，すでに年金を受け取っている人やすでに支払った年金保険料に対して年金受給権をもってい

る人に，どのようにして年金を支給すればよいかという問題が生じます．

この問題は，年金のバランス・シートに即して考えると理解しやすくなります．

公的年金制度においては，政府はすでに年金保険料を支払った加入者に対して，その加入実績に応じて，加入者の支給開始年齢以降，その人の生存期間中年金を支給しなければなりません．この政府が約束している年金額の現在価値を「過去債務」といいます．過去債務は2つの部分から構成されます．

第1は，すでに年金を受給している人に対して，政府が将来にわたって支給を約束した年金の現在価値です．これを「受給者部分」といいます．

第2は，まだ年金の支給開始年齢に達していない加入者に対して，かりにその人が現時点で引退したとすれば，将来その人が支給開始年齢に達した以降，政府が支払うことを約束している年金の現在価値です．

それに対して，将来の加入実績に応じて発生する年金の現在価値を「将来債務」といいます．現在すでに年金に加入している人は，将来も保険料を払いつづけます．政府はこの加入者が将来，払いつづける保険料に対応して，支給開始年齢以降，年金を支給しなければなりません．さらに，これから生まれてくる人を含めて，まだ年金に加入していない人も将来，保険料を支払い，それに応じて年金を受け取ることになります．こうした無限の将来にわたって支払われることが約束されている年金の現在価値が，将来債務です．

以上が，公的年金のバランス・シートの負債（債務ともいいます）になります．一方，公的年金のバランス・シートの資産は次の3つから構成されます．

第1は，これまで政府が年金加入者から受け取った保険料の収入が，加入者に対して支払ってきた年金額を超える分です．政府はこの部分を将来の年金財源として積み立てています．これを「積立金」といいます．

第2は，現役世代や将来世代が無限の将来にわたって納める保険料の現在価値です．

第3は，国庫負担，すなわち，税金です．

以上から，公的年金のバランス・シートは以下のようになります．

$$\text{過去債務}+\text{将来債務}=\text{積立金}+\text{将来の保険料収入}+\text{国庫負担} \quad (12\text{-}1)$$

（12-1）の各項目はすべて現在価値で表したものです．左辺が公的年金の負債（債務）で，右辺が資産になります．右辺の資産は左辺の過去および将来の債務をどのような手段で資金を調達して支払うかを示したものです．すなわち，政府がすでに約束した年金の支払額（過去債務）と将来約束する年金の支払額（将来債務）は，政府がすでに持っている積立金か，政府が将来受け取る保険料収入か，もしくは国庫負担（税金）かの，いずれかを財源にして支払うしかありません．

次に，（12-1）を次のように変形してみましょう．

過去債務－積立金＝（将来保険料収入－将来債務）＋国庫負担　（12-2）

いまかりに，公的年金が当初創設されたときから積立方式をとっていたとしましょう．この場合には，保険加入者が支払った年金が積み立てられて，支給開始年齢以降に年金が支払われるわけですから，過去債務と積立金はちょうど等しくなります．同じように，将来債務である年金額も将来の保険料収入によってすべてまかなわれることになりますから，右辺の第1項であるカッコの中の将来保険料収入と将来債務は等しくなります．以上から，国庫負担も必要がなくなりゼロになります．これが完全な積立方式です．

しかし，現在の日本の公的年金制度は修正積立方式ですから，積立金は過去債務より少なくなっています．したがって，左辺の過去債務から積立金を引いた金額はプラスになります．このプラス部分を「年金純債務」といいます．この年金純債務は，これまでに積立方式を採用してこなかったために積立金では過去の債務を返済しきれないことを意味しており，「年金の積立不足」ともいわれます．

この年金純債務を支払うための財源は，（12-2）の右辺の，将来保険料収入が将来債務より大きい部分と国庫負担です．将来保険料収入が将来保険債務より大きいことは，現役世代は今後支払う保険料収入についてはその現在価値以下の年金しか受け取れないことを意味しています．また，まだ年金保険料を支払っていない将来世代についても，将来の保険料収入は将来債務よりも大きくなるわけですから，彼らもまた，自分たちが支払った保険料よりも少ない年金しか受け取れないことを意味します．これは年金純債務を支払うために，これ

から保険料を払う人たちに負担してもらう部分になります．この部分で年金純債務をすべて支払うことができないならば，その支払えない分は国庫負担（税金）で埋めるしかありません．

以上を準備として，(12-2) を用いて，積立方式への移行を考えてみましょう．かりに，ただちに積立方式に移行するとすれば，(12-2) の右辺の将来保険料収入と将来債務を等しくするように，保険料と年金受取額を決めなければなりません．これにより，将来の年金は完全に積立方式に移行し，現行の修正賦課方式における「世代間再分配という政策的な所得再分配の機能」が年金制度から切り離され，「保険のリスク・プールの結果として起きる所得再分配機能」だけが残ることになります．

将来の年金が積立方式に移行することにより，年金純債務を返済するための財源は，財政的な手段である国庫負担，すなわち税金になります．この税金がすべて現役世代とまだ年金に加入していない将来世代に課せられるならば，年金純債務返済の財源を負担するのは，結局，現役世代と将来世代になります．したがって，積立方式に移行しても，現役世代と将来世代全体の負担はまったく変わりがありません．ただし，その場合でも，年金純債務返済の財源が年金保険料から税金に変わることによって，現役世代内と将来世代内の負担のあり方は変化します．たとえば，財源を累進所得税に求めれば，保険料による負担よりも世代内での垂直的公平は高まります．さらに，現行の所得税における年金控除制度を廃止すれば，すでに年金支給を受けている人々のうちで，一定以上の所得のある人にも負担を求めることができます．

以上の改革では依然として，現役世代と将来世代にとって，保険料負担と税負担の合計は重すぎると思われるかもしれません．しかし，将来の年金は積立方式ですから，積み立てた保険料は運用益分だけ増えて積み立てた本人の手元に戻ってきます．したがって，改革後の年金保険料は他人の年金のための負担ではなく，本人にとっての貯蓄です．保険料負担が重すぎると考える人は，私的な貯蓄を減らすことによって対応することができます．

一方，年金純債務返済のための税負担を軽減するには，すでに年金を受給している人の年金と，まだ年金の支給開始年齢には達していない加入者がすでに支払った保険料に対して，政府が支払うことを約束した年金の両方，または，

少なくとも後者を削減するしかありません．これは，政府による債務不履行にほかなりません．

しかし，この年金削減の対象になる人々は，政府が約束した年金支給を前提に生活を組み立てていますから，年金削減に対応して，消費を削減することには大きなコストが伴います．そのコストは，すでに年金を受給している人や年金支給開始年齢に達するまでに時間がない人ほど大きくなるでしょう．

それに対して，いますぐ完全な積立方式に移行するのではなく，時間をかけて積立方式に移行し，遠い将来時点で完全な積立方式に移行することも考えられます．この場合には，年金純債務返済の財源は将来保険料収入と税金になります．ただし，この場合にも，年金の賦課方式に伴う世代間再分配の部分は財政原理に従うという原則からは，主たる財源は税金になります．完全な積立方式に移行した時点では，過去債務は積立金に一致し，将来の保険料収入も将来債務に一致し，国庫負担もゼロになります．

八田・小口（1999）は，修正賦課方式に内在する「世代間再分配という政策的な所得再分配の機能」を年金制度から切り離すという立場から，2150年までに完全な積立方式に移行する改革を提案しています．この改革案では，年金純債務返済の主たる財源は税金になります．また，すでに年金を受給している人の年金は削減しませんが，改革時点までに支払われた保険料に対応する比例報酬年金については20％の削減を求めています．この改革案には，国庫負担のあり方を工夫することによって，すでに年金を受給している世代を含めて，年金純債務の財源調達における垂直的公平性を高めることができるとともに，2150年以降には，年金制度が人口構成には依存せず安定したものになるというメリットがあります．

その他の年金改革案としては，修正賦課方式を維持しながら，年金給付額を引き下げるとか，年金所得を税金から控除する制度を廃止して，年金受給者にも応分の所得税負担を求めるべきだといった主張もあります[5]．

---

5 ──その他の年金改革案としては，保険料収入と国庫負担，および年金積立金の運用収入を合計した収入総額に合わせて年金支給額を毎年調整していくという，公的年金の規模縮小を伴った「収支均衡方式」（小塩（2005））などがあります．いくつかの年金改革案を比較検討するうえでは，小塩（2005）が有益です．

日本の修正賦課方式の世代内不公平

日本の修正賦課方式は世代間の不公平だけでなく，世代内の不公平ももたらしています．なかでも問題なのは，厚生年金（民間企業に勤めている人の年金）と共済年金（公務員や私立学校・大学の教員の年金）の加入者の配偶者で，加入者に扶養されている人（「扶養配偶者」といいます．その多くは専業主婦）は，本人の年収が130万円以下であれば，年金保険料を負担していなくても基礎年金の受給権をもつという点です．

厚生年金と共済年金は，保険料と年金支給額が定額の基礎年金と，保険料と年金受給額が勤労時代の賃金所得に比例して変わる比例報酬年金とから構成されます．一方，自営業者や無職の人が加入する国民年金は基礎年金だけで，比例報酬年金はありません．

サラリーマンの専業主婦は，保険料を負担しなくても基礎年金を受け取ることができます．それに対して，夫婦のそれぞれの所得が一定以上で共に所得税を納税する義務がある，いわゆる共稼ぎ世帯は，夫婦共に厚生年金か共済年金に加入することになりますから，共に基礎年金保険料を負担することになります．つまり，主婦の所得が一定以上を超えると，基礎年金受給権を得るためには，保険料を負担しなければならなくなります．これは，共稼ぎ世帯から専業主婦世帯へ所得を移転（すなわち，所得再分配）することにほかならず，同じ世代でも，専業主婦世帯を共稼ぎ世帯や単身世帯よりも有利に扱う措置で，多くの人々の所得分配の公平性基準からみて，不公平でしょう．この不公平をなくすには，専業主婦にも基礎年金保険料を負担させることが必要です．

主婦はパートなどで所得を103万円以下に抑えれば，所得税を納める必要がなく，その配偶者も所得税の配偶者控除を利用することによって所得税納税額を減らすことができます．これは，専業主婦が103万円以上働くことを抑制する要因になっています．さらに，主婦の所得が130万円を超えると基礎年金保険料を負担しなければならなくなります．そのため，103万円を超えて働く主婦には所得を130万円以下に抑えるように，労働供給を減らすインセンティブがあります．

このように，所得税の配偶者控除や専業主婦の基礎年金保険料免除制度は，女性の勤労意欲を削ぐ要因になっており，社会全体の余剰を減らしています．

基礎年金をすべて税金でまかなう案

さきに紹介した八田・小口の年金改革案では，基礎年金への税金の投入は廃止され，年金純債務を支払う税金が新たに導入されます．それに対して，基礎年金はすべて税金でまかなうべきだという主張が強まっています．この主張の背景には次のような考え方や事情があります．

第1は，基礎年金は最低の生活保障であるから，保険の原理よりも財政の原理に馴染むという考えです．

第2は，基礎年金である国民年金の未納者が増えつづけ，国民年金を維持することができなくなりつつあるという，深刻な事情です．国民年金を維持しようとして，保険料率を引き上げれば，未納者はさらに増える可能性があります．保険料率の引き上げに限界があるとすれば，基礎年金への税金の投入を増やすこと（2005年現在，基礎年金の給付の3分の1は国庫負担），さらに，基礎年金はすべて税金でまかなうことが考えられます．

基礎年金に投入する税金については，消費税が有力な候補になっています（2005年現在）．それはおそらく，国民の間に消費税増税に対するアレルギーがなくなってきたからでしょう．

消費税が年金財源として広く支持される理由として，消費税は高齢者も含めて広く薄く負担されるという点が挙げられています．高齢者にも所得の高い人がいるので，消費税ならそういう高齢者にも負担を求めることができるともいわれます．しかし，「広く薄く負担される」ということは，所得の高い人も低い人も同じように負担することを意味しますから，所得の低い人にとっては，負担は相対的に重くなります．消費税は高齢者も負担するといっても，高齢者の中には少ない年金だけが頼りの人もいます．消費税はそういう高齢者にも負担を求める税です．つまり，消費税は所得の低い人ほど負担が相対的に重くなるという意味で，逆進的です．

将来，基礎年金の財源を確保するために，増税が不可避としても，政府はこうした税負担と所得との関係に関する情報を正確に国民に伝えたうえで，国民が選挙で所得税増税か消費税増税かを選択できるようにすべきでしょう．

【練習問題】
1. 被用者保険（健康保険組合保険など）の場合には，雇用主が労使折半で保険料を負担しているので，従業員は保険料を全額負担する場合よりも得をしているという主張があります．この主張をどのように評価すべきでしょうか．
2. さまざまな年金改革案が提案されていますが，少なからずの案がすでに年金を受給している人や近い将来受給することになっている人たちの年金の削減を求めています．これらの人々の年金が削減されると，現役世代と将来世代の負担は年金削減分だけ減少するでしょうか．
3. 2節で取り上げた以外の医療制度改革案を考えてみましょう．

【練習問題のヒント】
1. 図2-6と同じ図を用いて，①雇用主が年金保険料の半分を負担する場合と，②従業員が年金保険料のすべてを負担する場合とで，賃金がどのように異なるかを調べてみましょう．①のケースの賃金が②のケースよりも雇用主が負担する年金保険料分だけ低ければ，従業員は①によって②よりも得も損もしません．
2. 公債負担に関するリカード・バローの中立命題（9-3節）を応用して考えてみましょう．年金が削減されると，すでに年金を受給している人や近い将来受給することになっている人たちは，自分たちの消費水準を維持するために，金融資産を取り崩したり，銀行から持ち家を担保に資金を借り入れたりする可能性があります．銀行は資金を借り入れた人が死亡すると，担保に取った不動産を売却して，貸し金を回収します．
年金削減の対象になる人々がこのような行動をとれば，現役世代と将来世代が受け取る相続財産が減少し，年金削減による負担の減少は相続財産の減少によって相殺されるでしょう．
3. 参考文献として，厚生労働省『医療制度構造改革試案』2005年10月，八田・八代（1998），八代・日本経済研究センター（2003）などを挙げておきます．

参考文献

以下では，本書執筆に当たって参考にした文献のうち，本書読了後の学習に有用と思われるものを紹介します．なお，専門論文と英書については本文または脚注に示されています．

●経済理論に関する入門書

岩田規久男（1993）『ゼミナール ミクロ経済学入門』日本経済新聞社

岩田規久男（2005）『基礎コース マクロ経済学 第2版』新世社

梶井厚志・松井彰彦（2000）『ミクロ経済学――戦略的アプローチ』日本評論社

八田達夫（2006）『ミクロ経済学』東洋経済新報社（近刊）

西村和雄（2001）『ミクロ経済学(第2版)』岩波書店

吉川洋（2001）『マクロ経済学(第2版)』岩波書店

N. グレゴリー・マンキュー著，足立他訳（2003）『マンキュー マクロ経済学(第2版) 入門編・応用編』東洋経済新報社

●経済理論に関する中・上級書

伊藤元重・西村和雄編（1989）『応用ミクロ経済学』東京大学出版会

矢野誠（2001）『ミクロ経済学の応用』岩波書店

R.J. バロー，X. サラ・イ・マーチン著，大住圭介訳（1999）『内生的経済成長論＜1＞＜2＞』九州大学出版会

D. ローマー著，堀雅博・南条隆・岩成博夫訳（1998）『上級マクロ経済学』日本評論社

●経済政策に関連した言及を多く含むテキスト

井堀利宏（2005）『ゼミナール 公共経済学入門』日本経済新聞社

岩田規久男（2000）『金融』東洋経済新報社

小田切宏之（2001）『新しい産業組織論：理論・実証・政策』有斐閣

柳川範之（2000）『契約と組織の経済学』東洋経済新報社

吉川洋（2000）『現代マクロ経済学』創文社

J.E. スティグリッツ著，藪下史郎訳（2003）『スティグリッツ 公共経済学（第2版）上・下』東洋経済新報社

● ミクロ経済政策に関する解説書

伊藤元重・清野一治・奥野正寛・鈴村興太郎（1988）『産業政策の経済分析』東京大学出版会

植草益（1991）『公的規制の経済学』筑摩書房

小宮隆太郎・奥野正寛・鈴村興太郎編（1984）『日本の産業政策』東京大学出版会

日引聡・有村俊秀（2002）『入門 環境経済学 環境問題解決へのアプローチ』（中公新書）中央公論新社

三輪芳朗，J. マーク・ラムザイヤー（2002）『産業政策論の誤解——高度成長の真実』東洋経済新報社

日本の産業政策については，その存在から実効性に至るまで多くの論争の的となっています．上記の伊藤他（1988）は戦後日本の産業政策について積極的に評価していますが，三輪他（2002）は否定的です．両者を対比させながら読むと興味深いでしょう．

● マクロ経済政策に関する解説書

岩田規久男（2005）『日本経済にいま何が起きているのか』東洋経済新報社

井堀利宏・土居丈朗（2001）『財政読本（第6版）』東洋経済新報社

浜田宏一・堀内昭義・内閣府経済社会総合研究所編（2004）『論争 日本の経済危機——長期停滞の真因を解明する』日本経済新聞社

吉川洋（2003）『構造改革と日本経済』岩波書店

マクロ経済政策の大きな関心事の1つが1990年代以降2000年代初頭までの日本経済の長期停滞です．それを説明する仮説は大きく分けて供給側要因説と需要側要因説に分類できます．浜田他（2004）では対立的な見解をもつ論者同士の対論が行われており，比較対照して理解を深めることができるでしょう．

●所得再分配政策や社会保障に関する解説書

 小塩隆士（2005）『人口減少時代の社会保障改革』日本経済新聞社
 八田達夫（1996）「所得税と支出税」木下和夫編著『租税構造の理論と課題』税務経理協会
 八田達夫・八代尚宏編（1998）『社会保険改革 年金，介護・医療・雇用保険の再設計』日本経済新聞社
 八田達夫・小口登良（1999）『年金改革論 積立方式へ移行せよ』日本経済新聞社
 八代尚宏・日本経済研究センター編著（2003）『社会保障改革の経済学』東洋経済新報社

八田（1996）は所得税と支出税の理論的な比較のうえに立って，現実的な税制改革として概算所得税を提言しています．小塩（2005）は八田・八代編（1998）以下の参考文献で提言されている改革案も含めて，2004年の年金改革とその他さまざまな改革案を批判的に検討しており，公的年金制度と医療保険制度の問題点を理解するうえで，大変有益です．

索　引

欧　文

BIS自己資本比率規制　182
easy talk　324, 325
GDPデフレーター　12, 23
GDP統計　20
IS-LMモデル　236, 248
IS-MPモデル　347
IS曲線　240, 248
JIS　175
LM曲線　245, 248
M2＋CD　243
NEET　298
SNA　19
TFP　223, 226
VARモデル　329

ア　行

アウトサイダー　311
赤字公債　345
足による投票　152
新しいケインズ経済学　291
アンカー　328
安定化機能　249
安定化政策　42, 230
医師誘発型需要　412
一次同次　198
一般間接税　49
一般競争入札　65
一般的技能　235
一物一価の法則　8
意図された在庫投資　237
意図せざる在庫投資　237
稲田条件　201
医療改革　415
医療保険　408
インカム・ゲイン　276

インサイダー　311
インサイダー・アウトサイダー理論　279
インセンティブ　5, 60, 92, 95, 96, 103, 104, 148, 369, 415, 426
インセンティブ規制　98
インセンティブ契約　172
インフレ・ギャップ　234, 284
インフレーション（インフレ）　11, 15
インフレーション・ターゲティング　327, 347, 354
インフレ率　285
ウォーム・ハート　40
売りオペ　262
益税問題　402
汚染物質排出権　139
温情主義的所得再分配政策　374

カ　行

買いオペ　261
介護保険　407
外生変数　17, 242, 244
外部経済　118, 145, 147, 378
外部経済の内部化　77
外部資金　186
外部性　41, 73, 74, 76, 116
外部性の内部化　121
外部不経済　117
外部ラグ　319
カウベル効果　79
価格硬直性　277
価格支配　228
価格上限規制　55, 58, 103
価格伸縮性　308
価格調整　236
価格粘着性　277
隠された行動　170
隠された情報　168

確実性等価 163
家計 5
囲い込み 278
過去債務 422
貸出 244
可処分所得 238
課税最低限 399
価値財 373, 378
価値判断 34
株式 3
株式譲渡所得税 398
貨幣 243
貨幣価値 283
貨幣供給量 244, 260
貨幣市場 248
貨幣需要関数 245
貨幣需要の名目利子率弾力性 258
貨幣数量説 283
貨幣による分配 369
可変的預金保険料率制度 183
カルテル 80
環境改善技術 136
環境税 125, 128, 133
関係特殊的人的資本 235
完全競争市場 17, 27
完全雇用 35, 36, 334
完全雇用GDP 233, 283, 305
完全雇用生産量 233
完全失業者 290
完全失業率 289
完全なクラウディング・アウト 334
完全保険 164, 166
機会の平等 377, 381
機会費用 8, 117, 119
企業 5
企業会計制度 173
企業物価指数 12
危険愛好行動 183, 281
危険愛好者 161
危険愛好的 161
危険回避者 159, 161

危険回避的 232
危険回避度 164
危険中立者 161
危険中立的 161
技術革新 107
技術進歩 203, 205, 225, 228
技術水準 221
稀少性 4
稀少な資源 54
規制 55, 375
規制価格 102
規制緩和 38, 105, 110
規制レント 65
帰属所得 386
帰属家賃 20
基礎的財政収支 340
基礎年金 421, 427
基礎年金保険料免除制度 426
期待効用仮説 158
規模に関して収穫一定 198
規模に関して収穫逓増 198
規模の経済 73, 86, 87, 105, 111
基本料金 97
義務教育 154, 378
逆選択 168, 169, 303, 407, 411
逆淘汰 169
キャピタル・ゲイン 363
キャピタル・ロス 363, 401
旧銀行法 180
求職意欲喪失者化 298
教育切符（バウチャ）制度 379
教育政策 225, 378
教育の機会均等 378
供給価格 16
供給曲線 15, 28, 47, 55, 67
供給能力 230
強制貯蓄 208
競争均衡 18, 27
競争市場 366
競争制限的規制 375
競争政策 41, 107

競争メカニズム　101
協調の失敗　278
京都議定書　142
均衡状態　233
均衡賃金　62
銀行取付　180
均衡予算乗数　268
金融緩和　262, 264
金融政策　259, 347
金融引締　263, 264
勤労世代　418
偶発的遺産　381
クール・マインド　40
くたばれGNP　39
口先だけでの介入　324
靴底コスト　314
クラウディング・アウト　257
クラウディング・アウト効果（締め出し効果）　254
クリーム・スキミング　112
クロヨン　402
景気過熱　235
経済成長　35
経済成長率　213
ケインジアン　291, 296
結果の平等　366, 370
決済手段　179
決定ラグ　320
現役世代　424
限界　9
限界外部費用　119
限界効用　16
限界削減費用　133, 138
限界収入　90
限界生産性　200
限界生産性逓減の法則　198
限界税率　396
限界費用　9, 16, 133
限界費用価格規制　91
限界費用曲線　47
限界補償金　122

限界利益　138
研究開発投資　227
健康保険組合　408, 415
現在価値　275, 389, 392
ケンブリッジ方程式　283
高位均衡　219
効果ラグ　320
公共財　41, 73, 143, 144, 147
公共財の最適供給　149
公共財の需要曲線　150
公共事業　215
公債の中立命題　271
公債の負担　333
恒常所得仮説　270
公正報酬　94
構造改革　41
構造的失業　179
公的年金　376, 416
公的年金制度　422
高度成長　80
公平　33
公平な所得分配　38
効用　6
効用関数　158
効率性　33
効率賃金仮説　280
効率的な資源配分　38, 41, 60
合理的予想形成　295
合理的予想形成への誤解　300
小売店保護政策　66
コースの定理　122, 124, 128
国庫負担　422
国民医療費　410
国民皆保険　408
国民経済計算　19
国民所得統計　20
個別間接税　49
個別ショック　175
個別物品税　46, 49
コミットメント　327, 345
雇用契約　167

434

雇用保険　63, 174, 407
混雑料金　146

サ　行

財・サービスによる分配　369
債券　3, 244
債券・手形オペレーション　261
債権者損失　302, 312
債権者利得　303, 312
財源　267
在庫　3, 237
在庫循環　250
在庫調整　250
在庫投資　21
財産所得　363, 364
財市場　241, 248
財政赤字　332
財政赤字の中立命題　338
財政危機　346
財政原理　406
財政硬直化　332
財政支出　345
財政政策　249, 320
財政破綻　333
財政法　320
裁定機会　7
最低賃金規制　60, 64
裁定取引　7
債務者損失　303, 312
債務者利得　302, 312
債務超過　184
裁量型経済政策　321
裁量的金融政策　328
産業育成論　74
産業政策　74
産業保護政策　375
参入規制　63, 94
参入脅威　100
三面等価定理　21, 237
時価会計　174
資金供給曲線　307

資金需要曲線　307
シグナリング　169
資源　2
資源配分　23, 32, 33
資源配分機能　249
資源配分の効率性基準　35
自己資金　186
自己資本比率　182
資産価格　304
資産課税　209
資産効果　269
資産市場　243
資産所得税　395
支出税　391
市場　2
市場の失敗　41, 73, 79, 88, 116, 157, 379
市場分断　278
システミック・リスク　180
事前的規制　176
自然独占　85, 111
自然独占の非効率性　88
失業対策　63
失業のコスト　313
失業保険　174, 177, 407
実現キャピタル・ゲイン　386
実行による学習　75
実行ラグ　320
実質　12
実質GDP　22, 35, 196, 230
実質価格　14
実質貨幣需要　245
実質貨幣需要の実質所得弾力性　286
実質貨幣需要の名目利子率弾力性　286
実質値　12
実質賃金　13, 233
実質賃金の硬直性　279
私的財　144
自動安定化機能　315
自動安定化装置　249
自動車産業不要論　75
自賠責保険　179

自発的失業　289, 313
資本　2, 363
資本減耗　201, 207
資本市場の不完全性　379
資本装備率　199, 203
資本蓄積　201, 202
資本の限界生産性逓減　217
資本の限界生産性逓増　217
指名競争入札　65
社会的規制　176
社会的限界費用　119
社会的損失　48, 56, 71, 91, 120
社会的余剰　27
車検制度　175
従価税　47
修正賦課方式　417, 425
収束論　213, 225
住宅サービス　362
自由貿易の利益　67
従量税　47
従量料金　97
需給均衡　16, 18
受給者部分　422
需給調整　176
需給分析　15
受動的金融政策　352
需要価格　16, 150
需要曲線　15, 28, 55, 67
需要の価格弾力性　49, 50
準公共財　144
純資産　4, 189, 190
純粋公共財　144
準備預金　261
生涯支出　392, 394
生涯賃金　390, 394
証券投資　244
小国の仮定　68
乗数効果　255
譲渡所得　386
消費　238
消費者主権　374

消費者物価指数　12
消費者物価上昇率　103
消費者余剰　24, 25, 28, 52, 55, 67, 90
消費税　401
消費の排除原則　144, 146
消費の非競合性　143, 373
消費の非排除性　144
情報開示　173
情報の非対称性　41, 167, 177, 270, 279, 400
情報の不確実性　41
情報の不完全性　73
将来債務　422
将来世代　424
所得格差　213
所得効果　239
所得再分配　35, 213, 309, 421
所得再分配機能　249
所得再分配政策　42, 178, 366
所得再分配理論　366
所得倍増計画　82
所得分配　33, 97
所得分配の公平性基準　35, 365, 400, 410
人口成長率　203, 207
新古典派　292, 297
新古典派成長理論　202
審査費用　96
伸縮的インフレーション・ターゲティング　328
人的資本　3, 235
衰退産業　74
垂直的公平　385, 392, 397, 399
水平的公平　385, 390
スタグフレーション　293, 322
ストック　275
生活保護　376
生活保護費　368, 369
政策金融　190
政策決定会合　321
政策ラグ　319, 322
生産者補助金　72
生産者余剰　25, 26, 28, 52, 55, 65, 67, 90

生産要素　3, 363
正常利潤　30, 92
成長政策　196, 346
政府　5
政府の失敗　79, 157
セーフティ・ネット　252
セーフティ・ネット政策　181
世代間再分配　425
世代間所得分配　37
世代間の助け合い　419
世代間の不公平　333, 419
世代内所得分配　36
世代内不公平　426
絶対価格　274
セットアップ・コスト　75
専業主婦　426
線形賃金税　397
潜在GDP　233
総括原価方式　94
総供給　237
総需要　237
相続財産　364
相続税　380
相対価格　14, 17, 274
相対価格の硬直性　278
総余剰　27, 54, 55, 67, 90, 233
ソフトな予算制約　332
ソロー・スワンの基本方程式　204, 217
ソロー・スワンモデル　224
ソロー残差　222
損失補填　91

タ　行

対外債権　336
対外債務　336
対外純債権　337
退職世代　418
代替効果　239
代理契約　167
ただ乗り　151
短期　197

短期安定化政策　318
短期均衡点　248
短期フィリップス曲線　326
短期マクロ計量モデル　266
担保融資　189
弾力性　10
地域間格差　214
地域公共財　152, 373
地価　276
地球温暖化ガス　142
知的財産権　77
知的財産の保護　227
中央銀行　244, 259
中期的な物価安定化政策　318
中立命題　348
超過供給　18, 62
超過需要　18
超過利潤　31, 92
長期　197
長期均衡　31
長期契約　282
長期雇用　235
長期定常状態　205
長期的な成長政策　318
長期フィリップス曲線　294
長期平均費用　131
長期平均費用曲線　30
直接投資　79
貯蓄　202, 221, 238
貯蓄率　208
賃金　363
賃金所得　364
賃金税　393
賃貸料　363
積立方式　417
低位均衡　217, 219
低開発　217
ディスインフレーション　324
テイラー, J　353
テイラー・ルール　328, 353
定率賃金税　397

ティンバーゲンの定理　38, 100
デット・デフレーション　302, 308
デット・デフレーション仮説　309
デフレ・ギャップ　233, 284
デフレーション（デフレ）　11, 15
デフレ予想　305
転嫁　49
伝統的ケインジアン　297
電力の自由化　108
動学的一般均衡　329
動学的規模の経済　75
動学的に不安定　219
動学的非整合　346
動学的非整合性　322, 347
動学モデル　318
投機的需要　245
投資　201, 202
投資・貯蓄　3
投資と消費の名目利子率弾力性　258
投資の二重性　210
等生産量曲線　130
等比級数　277
等費用曲線　131
等量消費　150
ドーマーの条件　342
土地　363
土地サービス　362
土地長者　365
取引需要　244, 263
取引費用　124
トレード・オフ　51, 287, 365
トレンド　230

ナ　行

内生的成長　220
内生変数　17
内部非効率　98
内部ラグ　319
ナロウバンク制度　183
南北問題　214
2重課税　387

2部料金制　97
日本銀行　259, 260
日本銀行当座預金　261
日本銀行法　259
任意保険　179
認知ラグ　319
年金純債務　423
年金のバランス・シート　422
年金保険数理理論　417
粘着情報　301
農業保護政策　366

ハ　行

パーシェ指数　12
パーシェ方式　23
配給　372
配偶者控除　400, 426
排出権価格　140
排出権市場　141
排出権売買　141
排出上限規制　141
配当　363
ハイリスク・ハイリターン　182
波及効果　77
破綻処理　181
バロー, J　224
ハロッド・ドーマーモデル　210
範囲の経済　73, 87, 107
非荷重損失　48
非自発的失業　289, 313
非線形賃金税　397
非対称情報　172, 303, 310
非対称性　73
非対称性問題　74
ビッグ・プッシュ　219
1人当たり実質GDP　196
一人っ子政策　212
103万円の壁　400
費用　5
費用・便益分析　151, 373
費用逓減産業　41

費用の劣加性　87, 91, 107
費用負担　151
比例報酬年金　425
貧困のわな　219
フィスカル・ポリシー　252, 254
フィッシャー, I.　302
フィッシャー効果　305, 315
フィリップス曲線　287
付加価値　20, 197
賦課方式　417
不完全雇用　335
不完全情報　158, 172
不完全なクラウディング・アウト　335
ブキャナン, J　331
不況　235
不況対策　230
物価　11, 35
物価水準　274, 282
負の所得税　367
プライスキャップ規制　103
プライマリー・バランス　340, 346
ブランシャール, O　339
フリードマン, M.　269, 300, 326, 367, 379
プロ・パテント　77
プロ・パテント政策　77
フロー　275
プロフィット・シーキング　227
分離均衡　169, 172
分類所得税　398
ペイ・オフ　181
平均生産性　200
平均税率　396
平均費用　9
平均費用価格規制　93
包括的所得　390
包括的所得税　385
包括払い制度　413
ボーンの条件　343
保険供給　164, 166
保険サービス　406
保険需要　162

保険の原理　165, 405
保護政策　81
保護貿易政策　67
補助金　52, 127, 234
補助金政策　52
補正予算　319
ボルカー, P.　326

マ　行

マーシャルの k　283, 286
マーシャルの外部性　78
マクロ・ショック　175
マクロ経済政策　42, 236
マクロ計量モデル　329
マクロ生産関数　197
摩擦的失業　289, 314
マッカラム・ルール　355
マネー・サプライ　243, 260
マネタリー・ベース　348, 356
マル優　209
マンキュー, G.　326
マンデルの定理　38, 58, 60, 63, 314, 315, 377
未実現キャピタル・ゲイン　386
ミニマム・アクセス制度　67
民営化　105, 109, 110
民間銀行　244, 260
無差別曲線　371
名目　12
名目GDP　22
名目貨幣供給量　245
名目貨幣需要量　245
名目固定資産　312
名目固定負債　312
名目値　12
名目利子率　238, 264, 348
名目利子率の下限制約　309
名目利子率のゼロ制約　281, 287, 307, 315
メディケア　409
メディケイド　409
メニュー・コスト　282, 314

免許入札制　99
モニタリング　189
モラル・ハザード　170, 181, 303, 411, 416

ヤ　行

ヤードスティック規制　101
家賃規制　55, 64, 375
有限責任制　183
有効需要の原理　254
ユニバーサル・サービス　112
輸入関税　67, 70
輸入許可制　81
輸入制限規制　67, 71
幼稚産業保護論　74
預金保険　179
預金保険機構　181
預金保険制度　179
余剰　23, 32
予想インフレ率　238, 305
予想実質収益率　240
予想実質利子率　14, 15, 238, 348, 399
予想実質利子率の硬直性　280
予想実質利子率ルール　347
予想の誤り　234
予想の誤認仮説　294
予想物価水準　284

ラ・ワ行

ラスパイレス指数　12
リカード・バローの中立命題　338
利子　363
利潤　6
リスク・プール　166, 406, 421
リスク・プレミアム　164, 276, 342
リスク回避　231
利他的遺産　381
利得　5
流動性制約　270
流動性のワナ　265, 335
累進課税　251
累進所得税　367
累進包括的所得税　386
ルーカス, E.　300
レント・シーキング　227
ローマー, D.　348
労働　363
労働供給曲線　289
労働サービス　362
労働市場　310
労働需要曲線　289
労働人口　2
労働力人口　290
労働力調査　290
ワグナー, R.　331

【著者略歴】

岩田規久男（いわた・きくお）
1942年　大阪府に生まれる
　　　　東京大学大学院経済学研究科を修了
　　　　上智大学経済学部助教授，同教授，学習院大学経済学部教授，日本銀行副総裁を経て
現　在　上智大学・学習院大学名誉教授
主な著書
『ゼミナール・ミクロ経済学入門』『金融政策の経済学』（以上，日本経済新聞社），『金融』『デフレの経済学』『昭和恐慌の研究』（編著：第47回日経・経済図書文化賞受賞）『金融危機の経済学』（以上，東洋経済新報社），『金融入門』『国際金融入門』（以上，岩波新書），『日本経済を学ぶ』『世界同時不況』（ちくま新書）など

飯田泰之（いいだ・やすゆき）
1975年　東京都に生まれる
　　　　東京大学大学院経済学研究科博士課程単位取得退学
　　　　内閣府経済社会総合研究所，参議院第二特別調査室客員，駒澤大学経済学部准教授を歴任
現　在　明治大学政治経済学部教授
　　　　財務省財務総合政策研究所上席客員研究員
　　　　(http://d.hatena.ne.jp/Yasuyuki-Iida/)
主な著書
『経済学思考の技術』『歴史が教えるマネーの理論』（以上，ダイヤモンド社），『考える技術としての統計学』（NHKブックス），『論争　日本の経済危機』（共著，日本経済新聞社），『昭和恐慌の研究』（共著，第47回日経・経済図書文化賞受賞）『長期不況の理論と実証』（以上，東洋経済新報社）など

ゼミナール　経済政策入門

2006年3月24日	1版1刷	
2022年8月29日	12刷	

著　者　　岩　田　規久男
　　　　　飯　田　泰　之
　　　　　©2006 Kikuo Iwata
　　　　　　　　Yasuyuki Iida

発行者　　國　分　正　哉

発　行　　株式会社日経BP
　　　　　日本経済新聞出版

発　売　　株式会社日経BPマーケティング
　　　　　〒105-8308　東京都港区虎ノ門4-3-12

奥村印刷／大口製本　　ISBN978-4-532-13310-8

本書の無断複写・複製（コピー等）は著作権法上の例外を除き，禁じられております。
購入者以外の第三者による電子データ化および電子書籍化は，私的使用を含め一切認められておりません。
本書籍に関するお問い合わせ，ご連絡は下記にて承ります。
https://nkbp.jp/booksQA

Printed in Japan